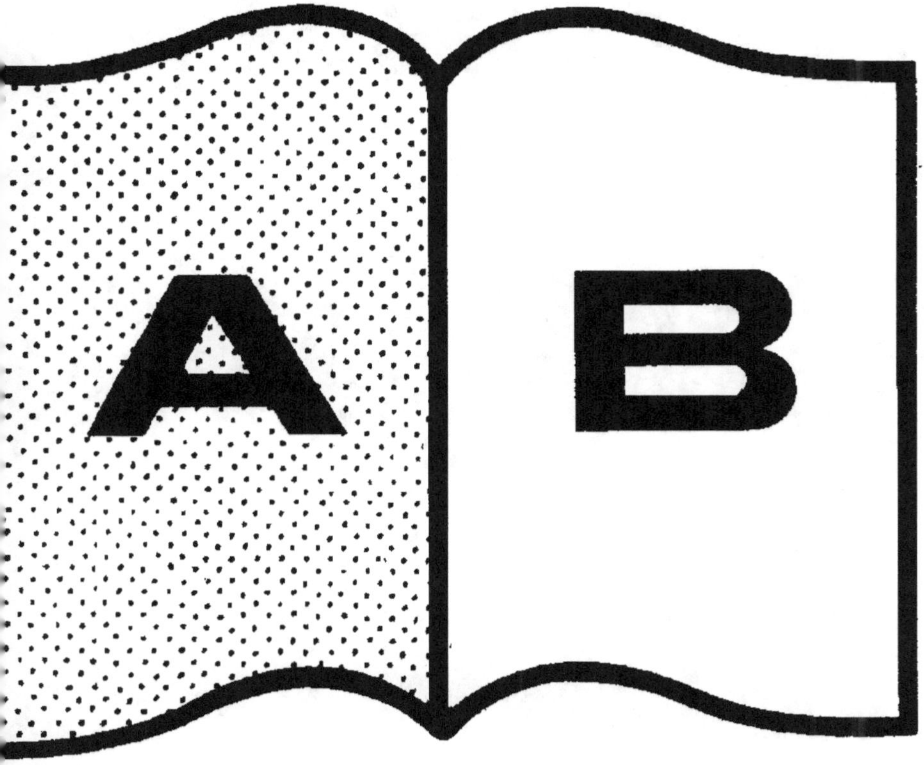

Contraste insuffisant

NF Z 43-120-14

RÉPERTOIRE

DE LA

LITTÉRATURE

ANCIENNE ET MODERNE.

IMPRIMERIE DE E. POCHARD,
RUE DU POT-DE-FER, N° 14, A PARIS.

RÉPERTOIRE

DE LA

LITTÉRATURE

ANCIENNE ET MODERNE,

CONTENANT :

1° LE LYCÉE DE LA HARPE, LES ÉLÉMENTS DE LITTÉRATURE DE MARMONTEL, UN CHOIX D'ARTICLES LITTÉRAIRES DE ROLLIN, VOLTAIRE, BATTEUX, etc ;

2° DES NOTICES BIOGRAPHIQUES SUR LES PRINCIPAUX AUTEURS ANCIENS ET MODERNES, AVEC DES JUGEMENTS PAR NOS MEILLEURS CRITIQUES, TELS QUE :

D'Alembert, Batteux, Bernardin de Saint-Pierre, Blair, Boileau, Chénier, Delille, Diderot, Dussault, Fénelon, Fontanes, Ginguené, La Bruyère, La Fontaine, Marmontel, Maury, Montaigne, Montesquieu, Palissot, Rollin, J.-B. Rousseau, J.-J. Rousseau, Thomas, Vauvenargues, Voltaire, etc.;

Et MM. Amar, Andrieux, Auger, Burnouf, Buttura, Chateaubriand, Duviquet, Feletz, Gaillard, Le Clerc, Lemercier, Patin, Villemain, etc.;

3° DES MORCEAUX CHOISIS AVEC DES NOTES.

TOME DIX-NEUVIÈME.

A PARIS,

CHEZ CASTEL DE COURVAL, LIBRAIRE-ÉDITEUR,

RUE DE RICHELIEU, N° 87;

ET BOULLAND ET Cie, PALAIS ROYAL, GALERIES DE BOIS, N° 254

M DCCC XXV.

RÉPERTOIRE

DE LA

LITTÉRATURE

ANCIENNE ET MODERNE.

MASSILLON (JEAN - BAPTISTE), évêque de Clermont[*], naquit à Hières en Provence, en 1663. Il eut pour père un citoyen pauvre de cette petite ville. L'obscurité de sa naissance, qui relève tant l'éclat de son mérite personnel, doit être le premier trait de son éloge; et l'on peut dire de lui comme de cet illustre Romain qui ne devait rien à ses aïeux : *videtur ex se natus* (*il n'a été fils que de lui-même*). Mais non-seulement son humble origine honore infiniment sa personne, elle honore encore plus le gouvernement éclairé, qui en l'allant chercher au milieu du peuple pour le placer à la tête d'un des plus grands diocèses du royaume, a bravé le préjugé assez commun, même de nos jours, que la Providence n'a pas destiné aux grandes places le génie

[*] Reçu à l'Académie le 25 février 1719, à la place de Camille Le Tellier, abbé de Louvois.

qu'elle a fait naître aux derniers rangs. Si les distributeurs des dignités ecclésiastiques n'avaient pas eu la sagesse, ou le courage, ou le bonheur d'oublier quelquefois cet apophtegme de la vanité humaine, le clergé de France eût été privé de la gloire dont il est aujourd'hui si flatté, de compter l'éloquent Massillon parmi ses évêques.

Ses humanités finies, il entra dans l'Oratoire à l'âge de dix-sept ans.

Les supérieurs de Massillon jugèrent bientôt par ses premiers essais, de l'honneur qu'il devait faire à leur congrégation. Ils le destinèrent à la chaire; mais ce ne fut que par obéissance qu'il consentit à remplir leurs vues; lui seul ne prévoyait pas la célébrité dont on le flattait, et dont sa soumission et sa modestie allaient être récompensées. Il est des talents pleins de confiance, qui reconnaissent, comme par instinct, l'objet que la nature leur destine, et qui s'en emparent avec vigueur; il en est d'humbles et de timides qui ont besoin d'être avertis de leurs forces, et qui, par cette naïve ignorance d'eux-mêmes, n'en sont que plus intéressants, plus dignes qu'on les arrache à leur obscurité modeste pour les présenter à la renommée et leur montrer la gloire qui les attend.

Le jeune Massillon fit d'abord tout ce qu'il put pour se dérober à cette gloire. Déjà il avait prononcé, par pure obéissance, étant encore en province, les oraisons funèbres de Villeroy, archevêque de Lyon, et de Villars, archevêque de Vienne : ces deux discours, qui n'étaient à la vérité que le coup d'essai d'un jeune homme, mais d'un jeune homme qui annonçait déjà ce qu'il fut depuis, eurent le plus brillant succès. L'humble orateur, effrayé de sa réputation naissante, et craignant, comme il le disait, le *démon de l'orgueil*, résolut de lui échapper pour toujours, en se vouant à la retraite la plus profonde, et même la plus austère. Il alla s'ensevelir dans l'abbaye de Septfons, où l'on suit la même règle qu'à la Trappe, et il y prit l'habit. Pendant son noviciat, le cardinal de Noailles adressa à l'abbé de Septfons, dont il respectait la vertu, un mandement qu'il venait de publier. L'abbé, plus religieux qu'éloquent, mais conservant encore, au moins pour sa communauté, quelque reste d'amour-propre, voulait faire au prélat une réponse digne du mandement qu'il avait reçu. Il en chargea le novice ex-oratorien, et Massillon le servit avec autant de succès que de promptitude. Le cardinal, étonné de recevoir de cette thébaïde un ouvrage si bien écrit, ne craignit point de blesser la vanité du pieux abbé de Septfons, en lui demandant qui en était l'auteur. L'abbé nomma Massillon, et le prélat lui répondit qu'il ne fallait pas qu'un si grand talent, suivant l'expression de l'Écriture, demeurât *caché sous le boisseau*. Il exigea qu'on fît quitter l'habit au jeune novice, il lui fit reprendre celui de l'Oratoire, et le plaça dans le séminaire de St.-Magloire, à Paris, en l'exhortant à cultiver l'éloquence de la chaire, et en se chargeant, disait-il, *de sa fortune*, que les vœux du jeune orateur bornaient à celle des apôtres, c'est-à-dire au nécessaire le plus étroit, et à la simplicité la plus exemplaire.

Ses premiers sermons produisirent l'effet que ses supérieurs et le cardinal de Noailles avaient prévu. A peine commença-t-il à se montrer dans les églises de Paris, qu'il effaça presque tous ceux qui brillaient alors dans cette carrière. Il avait déclaré qu'*il ne prêcherait pas comme eux*, non par un sentiment présomptueux de sa supériorité, mais par l'idée, aussi juste que réfléchie, qu'il s'était faite de l'éloquence chrétienne. Il était persuadé que si le ministre de la parole divine se dégrade en annonçant d'une manière triviale des vérités communes, il manque aussi son but en croyant subjuguer, par des raisonnements profonds, des auditeurs qui pour la plupart ne sont guère à portée de le suivre ; que si tous ceux qui l'écoutent n'ont pas le bonheur d'avoir des lumières, tous ont un cœur où le prédicateur doit aller chercher ses armes; qu'il faut, dans la chaire, montrer l'homme à lui-même, moins pour le révolter par l'horreur du portrait, que pour l'affliger par la ressemblance; et qu'enfin, s'il est quelquefois utile de l'effrayer et de le troubler, il l'est encore plus de faire couler ces larmes douces, bien plus efficaces que celles du désespoir.

Tel fut le plan que Massillon se proposa, et qu'il remplit en homme qui l'avait conçu, c'est-à-dire en homme supérieur. Il excelle dans la partie de l'orateur, qui seule peut tenir lieu de toutes les autres, dans cette éloquence qui va droit à l'âme, mais qui l'agite sans la renverser, qui la consterne sans la flétrir, et qui la pénètre sans la déchirer. Il va chercher au fond du cœur ces replis cachés où les passions s'enveloppent, ces sophismes secrets dont elles savent si bien s'aider pour nous aveugler et nous séduire. Pour combattre et détruire ces sophismes, il lui suffit presque de les développer, mais il les développe avec une onction si affectueuse et si tendre, qu'il subjugue moins qu'il n'entraîne, et qu'en nous offrant même la peinture de nos vices, il sait encore nous attacher et nous plaire. Sa diction, toujours facile, élégante et pure, est partout de cette simplicité noble, sans laquelle il n'y a ni bon goût, ni véritable éloquence; simplicité qui étant réunie dans Masillon à l'harmonie la plus séduisante et la plus douce, en emprunte encore des graces nouvelles; et, ce qui met le comble au charme que fait éprouver ce style enchanteur, on sent que tant de beautés ont coulé de source, et n'ont rien coûté à celui qui les a produites. Il lui échappe même quelquefois, soit dans les expressions, soit dans les tours, soit dans la mélodie si touchante de son style, des négligences qu'on peut appeler heureuses, parce qu'elles achèvent de faire disparaître non-seulement l'empreinte, mais jusqu'au soupçon du travail. C'est par cet abandon de lui-même que Massillon se faisait autant d'amis que d'auditeurs; il savait que plus un orateur paraît occupé d'enlever l'admiration, moins ceux qui l'écoutent sont disposés à l'accorder, et que cette ambition est l'écueil de tant de prédicateurs, qui chargés, si on peut s'exprimer ainsi, des intérêts de Dieu même, veulent y mêler les intérêts si minces de leur vanité. Massillon pensait, au contraire, que c'est un plaisir bien vide *d'avoir affaire*, suivant l'expression de Montaigne, *à des gens qui nous admirent toujours et fassent place*, sur-tout dans ces moments où il est si doux de s'oublier soi-même pour ne s'occuper que des êtres faibles et malheureux qu'on doit instruire et consoler. Il comparait l'éloquence étudiée des prédicateurs profanes *à ces fleurs dont les moissons se trouvent si souvent étouffées, et qui très agréables à la vue, sont très nuisibles à la récolte.*

On s'étonnait comment un homme voué par état à la retraite, pouvait connaître assez bien le monde pour faire des peintures si vraies des passions, et sur-tout de l'amour-propre. *C'est en me sondant moi-même*, disait-il avec candeur, *que j'ai appris à tracer ces peintures*. Il le prouva d'une manière aussi énergique qu'ingénue, par l'aveu qu'il fit à un de ses confrères, qui le félicitait sur le succès de ses sermons. *Le diable*, lui répondit-il, *me l'a déjà dit plus éloquemment que vous*.

Massillon tirait un autre avantage de cette éloquence de l'âme, dont il faisait un si heureux usage. Comme il parlait la langue de tous les états en parlant au cœur de l'homme, tous les états couraient à ses sermons; les incrédules mêmes voulaient l'entendre; ils trouvaient souvent l'instruction où ils n'étaient allés chercher que l'amusement, et revenaient quelquefois convertis, lorsqu'ils n'avaient cru sortir qu'en accordant ou en refusant leurs éloges. C'est que Massillon savait descendre pour eux au seul langage qu'ils voulussent écouter, celui d'une philosophie purement humaine en apparence, mais qui trouvant ouvertes toutes les portes de leur âme, préparait les voies à l'orateur pour s'approcher d'eux sans effort et sans résistance, et pour s'en rendre vainqueur avant même de les avoir combattus.

Son action était parfaitement assortie au genre d'éloquence qu'il avait embrassé. Au moment où il entrait en chaire, il paraissait vivement pénétré des grandes vérités qu'il allait dire ; les yeux baissés, l'air modeste et recueilli, sans mouvements violents, et presque sans gestes, mais animant tout par une voix touchante et sensible, il répandait dans son auditoire le sentiment religieux que son extérieur annonçait ; il se faisait écouter avec ce silence profond qui loue encore mieux l'éloquence que les applaudissements les plus tumultueux. Sur la réputation seule de sa déclamation, le célèbre Baron voulut assister à un de ses discours ; et s'adressant, au sortir du sermon, à un ami qui l'accompagnait : *Voilà*, dit-il, *un orateur, et nous ne sommes que des comédiens.*

Bientôt la cour désira de l'entendre ou plutôt de le juger. Il parut, sans orgueil comme sans crainte, sur ce grand et dangereux théâtre; son début y fut des plus brillants, et l'exorde du premier discours qu'il y prononça est un des chefs-d'œuvre de l'éloquence moderne. Louis XIV était alors au comble de sa puissance et de sa gloire ; vainqueur et admiré de toute l'Europe, adoré de ses sujets, enivré d'encens et rassasié d'hommages. Massillon prit pour texte le passage de l'Écriture qui semblait le moins fait pour un tel prince, *Bienheureux ceux qui pleurent*, et sut tirer de ce texte un éloge d'autant plus neuf, plus adroit et plus flatteur, qu'il parut dicté par l'Évangile même, et tel qu'un apôtre l'aurait pu faire. *Sire*, dit-il au roi, *si le monde parlait ici à votre majesté, il ne lui dirait pas*, bienheureux ceux qui pleurent. *Heureux*, vous dirait-il, *ce prince qui n'a jamais combattu que pour vaincre; qui a rempli l'univers de son nom; qui, dans le cours d'un règne long et florissant, jouit avec éclat de tout ce que les hommes admirent, de la grandeur de ses conquêtes, de l'amour de ses peuples, de l'estime de ses ennemis, de la sagesse de ses lois.... Mais, sire, l'Évangile ne parle pas comme le monde.* L'auditoire de Versailles, tout accoutumé qu'il était aux Bossuet et aux Bourdaloue, ne l'était pas à une éloquence tout à la fois si fine et si noble; aussi excita-t-elle dans l'assemblée, malgré la gravité du lieu, un mouvement involontaire d'admiration. Il ne manquait à ce morceau, pour en rendre l'impression plus touchante encore, que d'avoir été prononcé au milieu des malheurs qui suivirent nos triomphes, et lorsque le monarque, qui pendant cinquante années n'avait eu que des succès, ne répandait plus que des larmes. Si jamais Louis XIV a entendu un exorde plus éloquent, c'est peut-être celui d'un religieux missionnaire, qui paraissant pour la première fois devant lui, commença ainsi son discours: *Sire, je ne ferai point de compliment à votre majesté, je n'en ai point trouvé dans l'Évangile.*

La vérité, même lorsqu'elle parle au nom de Dieu, doit se contenter de frapper à la porte des rois, et ne doit jamais la briser. Massillon, persuadé de cette maxime, n'imita point quelques-uns de ses prédécesseurs, qui, soit pour déployer leur zèle, soit pour le faire remarquer, avaient prêché la morale chrétienne, dans le séjour du vice, avec une dureté capable de la rendre odieuse, et d'exposer la religion au ressentiment de l'autorité orgueilleuse et offensée. Notre orateur fut toujours ferme, mais toujours respectueux, en annonçant à son souverain les volontés de celui qui juge les rois, il remplit la mesure de son ministère, mais il ne la passa jamais; et le monarque, qui aurait pu sortir de sa chapelle mécontent de la liberté de quelques autres prédicateurs, ne sortit jamais des sermons de Massillon, que *mécontent de lui-même*.

Des succès si multipliés et si éclatants eurent leur effet ordinaire; ils firent à Massillon des ennemis implacables. Mais ses sentiments, exposés chaque jour à la critique d'une cour attentive et scrupuleuse, n'offraient pas même le nuage le plus léger aux yeux clairvoyants de la haine; et son orthodoxie irréprochable était le désespoir de ses ennemis. Déjà l'Église et la nation le nommaient à l'épiscopat; l'envie, presque toujours aveugle sur ses vrais intérêts, aurait pu, avec une politique plus raffinée, envisager cette dignité comme un honnête moyen d'enfouir les talents de Massillon, en le reléguant à cent lieues de Paris et de la cour; elle ne porta pas si loin sa dangereuse pénétration, et ne vit dans l'épiscopat qu'une récompense brillante dont il lui importait de priver l'orateur qui en était digne. Elle fit pour y réussir un dernier effort, et jouit du triste avantage d'obtenir au moins un succès passager ; elle calomnia les mœurs de Massillon, et trouva facilement, suivant l'usage, des oreilles prêtes à l'entendre, et des âmes prêtes à croire. Le souverain même, tant le mensonge est habile à s'insinuer auprès des monarques les plus justes, fut, si non convaincu, au moins ébranlé ; et ce même prince, qui avait dit à Massillon *qu'il voulait l'entendre tous les deux ans*, sembla craindre de donner à une autre église l'orateur qu'il s'était réservé pour lui.

Louis XIV mourut, et le régent, qui honorait les talents de Massillon, et qui méprisait ses ennemis, le nomma à l'évêché de Clermont ; il voulut de plus que la cour l'entendît encore une fois, et l'engagea à prêcher un carême devant le roi, alors âgé de neuf ans.

Ces sermons, composés en moins de trois mois, sont connus sous le nom de *Petit Carême.* C'est peut-être, sinon le chef-d'œuvre, au moins le vrai modèle de l'éloquence de la chaire. Les grands sermons du même orateur peuvent avoir plus de mouvement et de véhémence ; l'éloquence du *Petit Carême* est plus insinuante et plus sensible, et le charme qui en résulte augmente encore par l'intérêt du sujet; par le prix inestimable de ces leçons simples et touchantes, qui destinées à pénétrer avec autant de douceur que de force dans le cœur d'un monarque enfant, semblent préparer le bonheur de plusieurs millions d'hommes, en annonçant au jeune prince qui doit régner sur eux, tout ce qu'ils ont droit d'en attendre. C'est là que l'orateur met sous les yeux des souverains les écueils et les malheurs du rang suprême; la vérité fuyant les trônes, et se cachant pour les princes mêmes qui la cherchent; la confiance présomptueuse que peuvent leur inspirer les louanges, même les plus justes; le danger presque égal pour eux de la faiblesse qui n'a point d'avis, et de l'orgueil qui n'écoute que le sien; le funeste pouvoir de leurs vices pour corrompre, avilir et perdre toute une nation; la détestable gloire des princes conquérants, si cruellement achetée partant de sang et tant de larmes; l'Être suprême enfin, placé entre les rois oppresseurs et les peuples opprimés, pour effrayer les rois et venger les peuples. Tel est l'objet de ce *Petit Carême*, digne d'être appris par tous les enfants destinés à régner, et d'être médité par tous les hommes chargés de gouverner le monde. Quelques censeurs sévères ont néanmoins reproché à ces excellents discours un peu d'uniformité et de monotonie. Ils n'offrent guère, dit-on, qu'une vérité à laquelle l'orateur s'attache et revient toujours, la bienfaisance et la bonté que les grands et les puissants du siècle doivent aux petits et aux faibles, à ces hommes que la nature a créés leurs semblables, que l'humanité leur a donnés pour frères, et que le sort a fait naître malheureux. Mais sans examiner la justice de ce reproche, cette vérité est si consolante pour tant d'hommes qui gémissent et qui souffrent, si précieuse dans l'institution d'un jeune roi, si nécessaire sur-tout à faire entendre aux oreilles endurcies des courtisans qui l'environnent, que l'humanité doit bénir l'orateur qui en a plaidé la cause avec tant de persévérance et d'intérêt. Des enfants peuvent-ils se plaindre qu'on parle trop long-temps à leur père du besoin qu'ils ont de lui, et du devoir que la nature lui fait de les aimer?

La même année (1719) où furent prononcés ces discours, Massillon entra dans l'Académie Française. L'abbé Fleury, qui le reçut en qualité de directeur, lui donna entre autres éloges celui d'avoir su se mettre à la portée du jeune roi dans les instructions qu'il lui avait destinées. *Il semble*, lui dit-il, *que vous ayez voulu imiter le prophète, qui pour ressusciter le fils de la Sunamite, se rapetissa, pour ainsi dire, en mettant sa bouche sur la bouche, ses yeux sur les yeux, ses mains sur les mains de l'enfant, et qui après l'avoir ainsi réchauffé, le rendit à sa mère plein de vie.*

Ce même discours du directeur offre un second trait, aussi édifiant que remarquable. Massillon venait d'être sacré évêque; aucune place à la cour, aucune affaire, aucun prétexte enfin ne pouvait le retenir loin de son troupeau. L'abbé Fleury, observateur inexorable des canons, ne vit, en recevant son nouveau confrère, que les devoirs rigoureux que l'épiscopat lui imposait; les devoirs de l'académicien disparurent entièrement à ses yeux; loin d'inviter le récipiendaire à l'assiduité, il ne l'exhorta qu'à une absence éternelle ; et ce qui rendait le conseil plus sévère encore, il le revêtit de la forme obligeante des regrets les plus fortement exprimés : *nous prévoyons avec douleur*, lui dit-il, *que nous allons vous perdre* POUR JAMAIS *et que la loi* INDISPENSABLE *de la résidence va vous enlever sans retour à nos assemblées ; nous ne pouvons plus espérer de vous voir, que dans les moments où quelque affaire* FACHEUSE *vous* ARRACHERA MALGRÉ VOUS *à votre Église*

Ce conseil fut d'autant plus efficace, que celui qui le recevait se l'était déjà donné lui-même. Il partit pour Clermont, et n'en revint plus que pour des causes indispensables, et par conséquent très rares. Il donna tous ses soins au peuple heureux que la Providence lui avait confié. Il ne crut pas que l'épiscopat qu'il avait mérité par ses succès dans la chaire, fût pour lui une dispense d'y monter encore, et que pour avoir été récompensé, il dût cesser d'être utile. Il consacrait avec tendresse à l'instruction des pauvres, ces mêmes talents tant de fois accueillis par les grands de la terre, et préférait aux bruyants éloges des courtisans, l'attention simple et recueillie d'un auditoire moins brillant et plus docile. Les plus éloquents peut-être de ses sermons sont les conférences qu'il faisait à ses curés Il leur prêchait les vertus dont ils trouvaient en lui l'exemple, le désintéressement, la simplicité, l'oubli de soi-même, l'ardeur active et prudente d'un zèle éclairé.

Vivement pénétré des vraies obligations de son

état, Massillon remplit sur-tout le premier devoir d'un évêque, celui qui le fait chérir et respecter de l'incrédulité même, le devoir, ou plutôt le plaisir si doux de l'humanité et de la bienfaisance. Il réduisit à des sommes très modiques ses droits épiscopaux, qu'il aurait entièrement abolis s'il n'avait cru devoir respecter le patrimoine de ses successeurs, c'est-à-dire leur laisser de bonnes actions à faire. Il fit porter en deux ans vingt mille livres à l'Hôtel-Dieu de Clermont. Tout son revenu appartint aux pauvres. Son diocèse en conserve le souvenir après plus de trente années, et sa mémoire y est honorée tous les jours de la plus éloquente oraison funèbre, des larmes de cent mille malheureux.

Il avait joui, dès son vivant, de cette oraison funèbre qu'il ne peut plus entendre. Dès qu'il paraissait dans les rues de Clermont, le peuple se prosternait autour de lui en criant : *vive notre père*. Aussi ce vertueux prélat disait-il souvent, que ses confrères ne sentaient pas assez quel degré de considération et d'autorité ils pouvaient tirer de leur état; que ce n'était ni par le faste, ni par une dévotion minutieuse, qu'ils pouvaient se rendre chers à l'humanité et redoutables à ceux qui l'oppriment, mais par ces vertus dont le cœur du peuple est le juge, et qui dans un ministre de la vraie religion retracent à tous les yeux l'Être juste et bienfaisant dont il est l'image.

Parmi les aumônes qu'il a faites, il en est qu'il a cachées avec le plus grand soin, non-seulement pour ménager la délicatesse des particuliers malheureux qui les recevaient, mais pour épargner quelquefois à des communautés entières le sentiment, même le plus mal fondé, d'inquiétude et de crainte que ces aumônes pouvaient leur causer. Un couvent nombreux de religieuses était sans pain depuis plusieurs jours; elles étaient résolues de périr plutôt que d'avouer cette affreuse misère, dans la crainte qu'on ne supprimât leur maison, à laquelle elles étaient bien plus attachées qu'à leur vie. L'évêque de Clermont apprit en même temps, et leur indigence extrême, et le motif de leur silence. Pressé de leur donner des secours, il craignit de les alarmer en paraissant instruit de leur état; il envoya secrètement à ces religieuses une somme très considérable, qui assurait leur subsistance, jusqu'à ce qu'il eût trouvé moyen d'y pourvoir par d'autres ressources; et ce ne fut qu'après la mort de Massillon qu'elles connurent le bienfaiteur à qui elles étaient si redevables.

Non-seulement il prodiguait sa fortune aux indigents, il les assistait encore, avec autant de zèle que de succès, de son crédit et de sa plume. Témoin, dans ses visites diocésaines, de la misère sous laquelle gémissaient les habitants de la campagne, et son revenu ne suffisant pas pour donner du pain à tant d'infortunés qui lui en demandaient, il écrivait à la cour en leur faveur; et par la peinture énergique et touchante qu'il faisait de leurs besoins, il obtenait, ou des secours pour eux, ou des diminutions considérables sur les impôts. On assure que ses lettres sur cet objet intéressant sont des chefs-d'œuvre d'éloquence et de pathétique, supérieurs encore aux plus touchants de ses sermons : et quels mouvements en effet ne devait pas inspirer à cette âme vertueuse et compatissante le spectacle de l'humanité souffrante et opprimée ?

Il mourut comme était mort Fénelon, et comme tout évêque doit mourir, sans argent et sans dettes. Ce fut le 28 septembre 1742, que l'Église, l'éloquence et l'humanité firent cette perte irréparable.

Un évènement assez récent, et bien fait pour toucher les cœurs sensibles, prouve combien la mémoire de Massillon est précieuse, non-seulement aux indigents dont il a essuyé les larmes, mais à tous ceux qui l'ont connu. Il y a quelques années qu'un voyageur, qui se trouvait à Clermont, désira de voir la maison de campagne où le prélat passait la plus grande partie de l'année. Il s'adressa à un ancien grand-vicaire, qui depuis la mort de l'évêque n'avait pas eu la force de retourner à cette maison de campagne, où il ne devait plus retrouver celui qui l'habitait. Le grand-vicaire consentit néanmoins à satisfaire le désir du voyageur, malgré la douleur profonde qu'il se préparait en allant revoir des lieux si tristement chers à son souvenir. Ils partirent donc ensemble, et le grand-vicaire montra tout à l'étranger. *Voilà*, lui disait-il les larmes aux yeux, *l'allée où ce digne prélat se promenait avec nous.... Voilà le berceau où il se reposait en faisant quelques lectures.... Voilà le jardin qu'il cultivait de ses propres mains....* Ils entrèrent ensuite dans la maison, et quand ils furent arrivés à la chambre où Massillon avait rendu les derniers soupirs : *Voilà*, dit le grand-vicaire, *l'endroit où nous l'avons perdu*; et il s'évanouit en prononçant ces mots. La cendre de Titus et de Marc-Aurèle eût envié un pareil hommage.

On a aussi souvent comparé Massillon à Bourdaloue, qu'on a comparé Cicéron à Démosthène, ou Racine à Corneille : ces sortes de parallèles, féconde matière d'antithèses, prouvent seulement qu'on a plus ou moins le talent d'en faire. Nous nous interdirons sans regret ces lieux communs, et nous nous bornerons à une seule réflexion. Lorsque Bourdaloue parut, la chaire était encore barbare, disputant, comme le dit Massillon lui-même, ou de bouffonnerie avec le théâtre, ou de sécheresse avec l'école. L'orateur jésuite fit le premier parler à la religion un langage digne d'elle ; il fut solide, vrai, et surtout d'une logique sévère et pressante. Si celui qui entre le premier dans une carrière a bien des épines à arracher, il jouit aussi d'un grand avantage, c'est que les pas qu'il y fait sont plus marqués, et dès-lors plus célébrés que ceux de tous ses successeurs. Le public, accoutumé à voir régner long-temps Bourdaloue, qui avait été le premier objet de son culte, est demeuré long-temps persuadé qu'il ne pouvait avoir de rival, sur-tout lorsque Masillon vivait, et que Bourdaloue, du fond de son tombeau, n'entendait plus le cri de la multitude en sa faveur. Enfin la mort qui amène la justice à sa suite, a mis les deux orateurs à leur place ; et l'envie qui avait ôté à Massillon la sienne, peut la lui rendre maintenant sans avoir à craindre qu'il en jouisse. Nous nous abstiendrons pourtant de lui donner une prééminence que des juges graves lui contesteraient : la plus grande gloire de Bourdaloue est que la supériorité de Massillon soit encore disputée ; mais si elle pouvait être décidée en comptant le nombre des lecteurs, Masillon aurait tout l'avantage; Bourdaloue n'est guère lu que des prédicateurs ou des âmes pieuses ; son rival est dans les mains de tous ceux qui lisent; et il nous sera permis de dire ici, pour mettre le comble à son éloge, que le plus célèbre écrivain de notre nation et de notre siècle (Voltaire) faisait des sermons de ce grand orateur une de ses lectures les plus assidues; que Massillon était pour lui le modèle des prosateurs, comme Racine est celui des poètes, et qu'il avait toujours sur la même table le *Petit Carême* à côté d'*Athalie*.

Si l'on voulait cependant chercher entre ces deux orateurs illustres une espèce de parallèle, on pourrait dire avec un homme d'esprit, que Bourdaloue *étant plus raisonneur*, et Massillon *plus touchant*, un sermon excellent à tous égards, serait celui dont Bourdaloue aurait fait le premier point et Massillon le second. Peut-être un discours plus parfait encore serait celui où ils ne paraîtraient pas ainsi l'un après l'autre, mais où leurs talents fondus ensemble se pénétreraient, pour ainsi dire, mutuellement, et où le dialecticien serait en même temps pathétique et sensible.

Nous ne devons pas dissimuler qu'on accuse en général tous les sermons de notre éloquent académicien du même défaut que son *Petit Carême;* c'est de n'offrir souvent dans la même page qu'une même idée, variée, il est vrai, par toutes les richesses que l'expression peut fournir, mais qui ne sauvant pas l'uniformité du fond, laissent un peu de lenteur dans la marche. On a fait la même critique de Sénèque, mais avec bien plus de justice. Sénèque, uniquement jaloux d'étonner son lecteur par la profusion d'esprit dont il l'accable, le fatigue d'autant plus, qu'on sent qu'il s'est fatigué lui-même par un étalage si fastueux de ses richesses, et qu'il ne les montre avec tant de luxe qu'après les avoir ramassées avec effort : Massillon, toujours rempli du seul intérêt de son auditeur, semble ne lui présenter en plusieurs manières la vérité dont il veut le convaincre, que par la crainte qu'il a de ne la pas graver assez fortement dans son âme; et non-seulement on lui pardonne ces douces et tendres redites, mais on lui sait gré du motif touchant qui les multiplie; on sent qu'elles partent d'un cœur qui éprouve le plaisir d'aimer ses semblables, et dont la sensibilité vive et profonde a besoin de se répandre.

Ce grand orateur prononça, soit avant que d'être évêque, soit depuis qu'il le fut devenu, quelques oraisons funèbres, dont le mérite fut éclipsé par celui de ses sermons. S'il n'avait pas dans le caractère cette inflexibilité qui annonce la vérité avec rudesse, il avait cette candeur qui ne permet pas de la déguiser. A travers les louanges qu'il accorde dans ces discours, soit à la bienséance, soit même à la justice, le jugement secret qu'il porte au fond de son cœur sur celui qu'il est chargé de célébrer, échappe, sans qu'il y pense, à sa franchise naturelle, et surnage, pour ainsi dire, malgré lui; et on sent en le lisant qu'il est tel de ses héros dont il aurait fait plus volontiers l'histoire que l'éloge.

Il lui était arrivé une seule fois de manquer de mémoire en prêchant; trompé par le dégoût léger que cet accident lui donna, il pensait qu'il y aurait beaucoup plus d'avantage à lire les sermons qu'à les réciter. Nous osons n'être pas de son avis; la lecture forcerait l'orateur, où à se priver de ces grands mouvements qui sont l'âme de la chaire, ou à rendre ces mouvements ridicules en y donnant un air d'apprêt et d'exagération qui détruirait le naturel et la vérité. Massillon semble avoir senti lui-même que le mérite le plus propre à séduire dans un discours oratoire, est qu'il paraisse débité sur-le-champ et sans qu'aucune trace de préparation s'y laisse apercevoir; car lorsqu'on lui demandait quel était celui de ses sermons qu'il croyait le meilleur, il répondait, *celui que je sais le mieux*.

Quoique voué à l'éloquence chrétienne par goût et par devoir, il s'était quelquefois, par délassement, exercé sur d'autres objets : on assure qu'il a laissé une *Vie* manuscrite du Corrège. Il ne pouvait choisir pour sujet de ses éloges un peintre dont les talents fussent plus analogues aux siens : car il était, qu'on nous pardonne cette expression, *le Corrège des orateurs*. On peut ajouter que comme le Corrège s'était formé lui-même, en se traçant une nouvelle route après les Raphaël et les Titien ; Massillon, qui s'était aussi ouvert dans la chaire une carrière nouvelle, aurait pu dire en se comparant aux autres orateurs, ce que disait le Corrège en voyant les tableaux des autres artistes : *et moi aussi je suis peintre.*

D'ALEMBERT, *Éloge de Massillon.*

JUGEMENTS.

I.

O religion ! quels ont été tes triomphes ! Qui pouvait douter de ta beauté lorsque Fénelon et Bossuet occupaient tes chaires, lorsque Bourdaloue instruisait d'une voix grave un monarque alors heureux, à qui dans ses revers, le ciel miséricordieux réservait le doux Massillon.

Non toutefois que l'évêque de Clermont n'ait en partage que la tendresse du génie ; il sait aussi faire entendre des sons mâles et vigoureux. Il nous semble qu'on a vanté trop exclusivement son *Petit Carême*; l'auteur y montre, sans doute, une grande connaissance du cœur humain, des vues fines sur les vices des cours, des moralités écrites avec une élégance qui ne bannit pas la simplicité; mais il y a certainement une éloquence plus pleine, un style plus hardi, des mouvements plus pathétiques, et des pensées plus profondes dans quelques-uns de ses autres sermons, tels que ceux sur la *Mort*, sur l'*Impénitence finale*, sur le *Petit nombre des Élus*, sur la *Mort du Pécheur*, sur la *Nécessité d'un avenir*, sur la *Passion de Jésus-Christ*.

Que l'on compare Cicéron à Massillon, Bossuet à Démosthènes, et l'on trouvera toujours entre leur éloquence les différences que nous avons indiquées dans les orateurs chrétiens, un ordre d'idées plus général, une connaissance du cœur humain plus profonde, une chaîne de raisonnements plus claire, enfin une éloquence religieuse et triste, ignorée de l'antiquité.

Massillon a fait quelques oraisons funèbres ; elles sont inférieures à ses autres discours. Son éloge de Louis XIV n'est remarquable que par la première phrase : « Dieu seul est grand, mes frères! » c'est un beau mot que celui-là, prononcé en regardant le cercueil de Louis-le-Grand.

Chateaubriand, *Génie du Christianisme.*

II.

Massillon avait le génie de l'éloquence ; l'imagination, le mouvement et le pathétique ; mais la prédication est le seul genre où il déploie ces hautes facultés de l'orateur. Dans l'éloge funèbre, il ne se retrouve pas tout entier, et reste au-dessous de son art et de lui-même. Cette douceur persuasive, et cette touchante insinuation qui le rendaient si puissant sur l'âme des pécheurs, n'ont pas assez de force pour le récit des grands évènements. L'orateur qui retraçait avec tant de vérité les vains calculs et les troubles cruels des consciences égarées, dessine faiblement les caractères. Il connaît bien ce fond de faiblesse et de corruption qui se cache dans le cœur de tous les hommes ; mais il ne saisit pas avec force, il n'exprime pas avec énergie les vertus humaines qui séparent le héros de la foule des autres hommes.

On sait que l'oraison funèbre de Louis XIV commence par un trait sublime. Le discours n'est pas indigne d'un tel début; mais on y trouve en général plus d'élocution que d'éloquence. L'orateur tâche de transporter dans son style la majesté extérieure et la décoration éclatante qui entouraient le trône de Louis XIV. Cette pompe de style, n'empêchant pas la vigueur des censures, parait dictée par une sorte de bienséance, plutôt qu'inspirée par l'enthousiasme. Il semble que le panégyriste ait cru devoir à la dignité du roi de ne le blâmer que dans un langage magnifique.

Dès-lors tout cet appareil oratoire étonne, impose, éblouit, mais ne parle pas à l'âme. On a félicité Massillon du courage qu'il a montré en adressant de dures vérités à la cendre d'un grand monarque. Peut-être s'il eût été moins sévère, s'il eût oublié quelques fautes et quelques malheurs, pour ne regarder que la gloire et n'écouter que l'admiration, il se serait montré plus éloquent, sans être moins utile; car si l'éloge des grands hommes a pour objet d'exciter l'émulation en honorant la vertu, il ne faut pas craindre d'agrandir ce qui est déjà grand, et d'embellir le modèle, pour imposer plus de devoirs aux imitateurs.

VILLEMAIN, *Essai sur l'Oraison funèbre.*

III.

L'usage d'assembler les hommes dans les temples,

pour leur prêcher, par l'organe d'un ministre des autels, ce qu'ils doivent croire et pratiquer, est une institution particulière aux chrétiens, et qui a pris son origine dans les premiers jours de l'établissement du christianisme. Les anciens philosophes, à compter depuis Socrate et Platon, dissertaient sur la morale naturelle dans leurs écoles et dans leurs ouvrages, sans autre autorité que celle de la raison ; mais la loi de l'Évangile ayant ajouté à cette morale un degré de perfection qui tient à la croyance, et qui fait partie de ses mystères, puisque le mystère de la grace en est la source, il fallait une mission divine pour prêcher des vertus surnaturelles. On en a fait une des principales fonctions du sacerdoce, qui remonte à Jésus-Christ et aux apôtres ; et l'objet de ces prédications étant toujours une vie à venir, on n'a pas cru pouvoir les répéter trop souvent devant des hommes occupés de la vie présente.

Il est vrai que cette répétition même, si fréquente et si multipliée de toutes parts, a dû malheureusement affaiblir un peu l'effet de ces discours. Ils avaient sans doute un grand pouvoir sur les premiers fidèles, qui, dans la ferveur d'une religion naissante et persécutée, ne s'assemblaient guère que pour se préparer à l'héroïsme du martyre, ou s'encourager à l'héroïsme persévérant, et peut-être plus difficile, d'une vie entièrement détachée du monde. Mais quand le relâchement et la corruption s'introduisirent parmi les pasteurs aussi bien que dans le troupeau, la parole évangélique dut perdre sa première force qui était celle de l'exemple. Les auditeurs, au fond de leur conscience, confrontèrent le prédicateur avec ses maximes, quoique ces mêmes maximes les avertissent assez de ne pas se rassurer par l'exemple. Alors ce qui était un besoin et un secours dans les dangers de l'Église opprimée, devint une sorte d'habitude dans ses prospérités.

Mais aussi c'est à un grand talent qu'il est donné de réveiller la froideur et de vaincre l'indifférence; et lorsque l'exemple s'y joint (heureusement encore tous nos prédicateurs illustres ont eu cet avantage), il est certain que le ministère de la parole n'a nulle part plus de puissance et de dignité que dans la chaire. Partout ailleurs c'est un homme qui parle à des hommes : ici c'est un être d'une autre espèce; élevé entre le ciel et la terre, c'est un médiateur que Dieu place entre la créature et lui. Indépendant des considérations du siècle, il annonce les oracles de l'éternité. Le lieu même d'où il parle, celui où on l'écoute, confond et fait disparaître toutes les grandeurs pour ne laisser sentir que la sienne. Les rois s'humilient comme le peuple devant son tribunal, et n'y viennent que pour être instruits. Tout ce qui l'environne ajoute un nouveau poids à sa parole; sa voix retentit dans l'étendue d'une enceinte sacrée et dans le silence d'un recueillement universel. S'il atteste Dieu, Dieu est présent sur les autels; s'il annonce le néant de la vie, la mort est auprès de lui pour lui rendre témoignage, et montre à ceux qui l'écoutent qu'ils sont assis sur des tombeaux.

Ne doutons pas que les objets extérieurs, l'appareil des temples et des cérémonies, n'influent beaucoup sur les hommes et n'agissent sur eux avant l'orateur, pourvu qu'il n'en détruise pas l'effet. Représentons-nous Massillon dans la chaire, prêt à faire l'oraison funèbre de Louis XIV, jetant d'abord les yeux autour de lui, les fixant quelque temps sur cette pompe lugubre et imposante qui suit les rois jusque dans ces asyles de mort où il n'y a que des cercueils et des cendres, les baissant ensuite un moment avec l'air de la méditation; puis les relevant vers le ciel, et prononçant d'une voix ferme et grave: *Dieu seul est grand, mes frères!* Quel exorde renfermé dans une seule parole accompagnée de cette action! comme elle devient sublime par le spectacle qui entoure l'orateur! comme ce seul mot anéantit tout ce qui n'est pas Dieu!

Chaque homme a reçu son partage; et le talent de l'éloquence, comme celui de la poésie, appelle ceux qui les possèdent à des genres différents. Bossuet était médiocre dans les sermons, et Massillon le fut dans l'oraison funèbre. Au trait que je viens de citer, on ne pourrait joindre que peu de morceaux d'une beauté remarquable, et il est bien naturel que je choisisse de préférence les portraits de Montausier et de Bossuet, tracés par une main à tous égards si digne de peindre de tels modèles. Ils se trouvent dans l'oraison funèbre du dauphin, Monseigneur, élève de ces deux respectables maîtres.

« L'un, d'une vertu haute et austère, d'une probité
« au-dessus de nos mœurs, d'une vérité à l'épreuve
« de la cour, philosophe sans ostentation, chrétien
« sans faiblesse, courtisan sans passion, l'arbitre du

« bon goût et de la rigidité des bienséances, l'ennemi
« du faux, l'ami et le protecteur du mérite, le zé-
« lateur de la gloire de la nation, le censeur de la
« licence publique; enfin un de ces hommes qui
« semblent être comme les restes des anciennes
« mœurs, et qui seuls ne sont pas de notre siècle.
« L'autre d'un génie vaste et heureux, d'une can-
« deur qui caractérise toujours les grandes âmes et
« les esprits du premier ordre, l'ornement de l'épis-
« copat, et dont le clergé de France se fera honneur
« dans tous les siècles; un évêque au milieu de la
« cour, l'homme de tous les talents et de toutes les
« sciences, le docteur de toutes les Églises, la ter-
« reur de toutes les sectes, le Père du dix-septième
« siècle, et à qui il n'a manqué que d'être né dans
« les premiers temps, pour avoir été la lumière des
« conciles, l'âme des Pères assemblés, dicté des ca-
« nons, et présidé à Nicée et à Éphèse. »

De ces deux portraits, qui n'ont peut-être d'autre défaut qu'un peu de ressemblance dans la tournure, le premier me paraît un peu supérieur à l'autre; mais tous deux sont exactement fidèles.

C'est dans les sermons que Massillon est au-dessus de tout ce qui l'a précédé et de tout ce qui l'a suivi, par le nombre, la variété et l'excellence de ses productions. Un charme d'élocution continuel, une harmonie enchanteresse, un choix de mots qui vont tous au cœur ou qui parlent à l'imagination; un assemblage de force et de douceur, de dignité et de grace, de sévérité et d'onction; une intarissable fécondité de moyens, se fortifiant tous les uns par les autres ; une surprenante richesse de développements ; un art de pénétrer dans les plus secrets replis du cœur humain, de manière à l'étonner et à le confondre, d'en détailler les faiblesses les plus communes, de manière à en rajeunir la peinture ; de l'effrayer et de le consoler tour à tour, de tonner dans les consciences et de les rassurer, de tempérer ce que l'Évangile a d'austère par tout ce que la pratique des vertus a de plus attrayant ; l'usage le plus heureux de l'Écriture et des Pères ; un pathétique entraînant, et par-dessus tout un caractère de facilité qui fait que tout semble valoir davantage, parce que tout semble avoir peu coûté ; c'est à ces traits réunis que tous les juges éclairés ont reconnu dans Massillon un homme du très petit nombre de ceux que la nature fit éloquents ; c'est à ces titres que ceux même, qui ne croyaient pas à sa doctrine ont cru du moins à son talent, et qu'il a été appelé *le Racine de la chaire* et le *Cicéron de la France*.

Lorsqu'étant encore à l'Oratoire, il eut prêché son premier *Avent* à Versailles devant Louis XIV, qui le nomma depuis à l'évêché de Clermont *, ce monarque, dont on a si souvent cité les paroles parce qu'elles étaient si souvent pleines de sens, lui dit : « Mon Père, j'ai entendu de grands orateurs dans ma « chapelle, j'en ai été fort content. Pour vous, toutes « les fois que je vous ai entendu, j'ai été très mécon-« tent de moi-même. » On ne peut ni mieux louer un

---

* On a vu dans la notice que Massillon fut nommé à l'évêché de Clermont par le régent, et non par Louis XIV.

prédicateur, ni profiter mieux d'un sermon. Cet *Avent* et son *Carême*, qui forment cinq volumes, sont une suite presque continue de chefs-d'œuvre. C'est dans son *Avent* que se trouve le sermon sur *la Mort du pécheur* et *la Mort du juste*, deux tableaux également parfaits. Je citerai le premier pour donner un exemple de cette vigueur d'expression qu'on est si souvent tenté de disputer à ceux qui ont porté aussi loin que Massillon le mérite de l'élégance.

« Alors le pécheur mourant, ne trouvant plus dans
« le souvenir du passé que des regrets qui l'acca-
« blent, dans tout ce qui se passe à ses yeux que
« des images qui l'affligent, dans la pensée de l'a-
« venir que des horreurs qui l'épouvantent; ne sa-
« chant plus à qui avoir recours, ni aux créatures
« qui lui échappent, ni au monde qui s'évanouit,
« ni aux hommes qui ne sauraient le délivrer de la
« mort, ni au Dieu juste qu'il regarde comme un
« ennemi déclaré dont il ne doit plus attendre d'in-
« dulgence, il se roule dans ses propres horreurs, il
« se tourmente, il s'agite pour fuir la mort qui le
« saisit, ou du moins pour se fuir lui-même. Il sort
« de ses yeux mourants je ne sais quoi de sombre
« et de farouche qui exprime les fureurs de son âme;
« il pousse du fond de sa tristesse des paroles entre-
« coupées de sanglots qu'on n'entend qu'à demi,
« et l'on ne sait si c'est le désespoir ou le repentir
« qui les a formées. Il jette sur un Dieu crucifié des
« regards affreux, et qui laissent douter si c'est la
« crainte ou l'espérance, la haine ou l'amour qu'ils
« expriment; il entre dans des saisissements où l'on

« ignore si c'est le corps qui se dissout, ou l'âme
« qui sent l'approche de son juge ; il soupire pro-
« fondément, et l'on ne sait si c'est le souvenir de
« ses crimes qui lui arrache ces soupirs, ou le dé-
« sespoir de quitter la vie. Enfin, au milieu de ces
« tristes efforts, ses yeux se fixent, ses traits chan-
« gent, son visage se défigure, sa bouche livide s'en-
« tr'ouvre d'elle-même, tout son esprit frémit, et
« par un dernier effort son âme infortunée s'arrache
« comme à regret de ce corps de boue, tombe entre
« les mains de Dieu, et se trouve seule au pied du
« tribunal redoutable.* »

A cette énergique et effrayante peinture oppo-
sons un morceau d'un ton tout-à-fait différent, et
voyons s'il sait employer les teintes douces aussi
bien que les couleurs fortes. Je le tirerai de son
Petit Carême, celui de ses ouvrages qui peut-être
est plus relu que les autres par les gens du monde,
parce qu'il traite des objets moins sévères, et que,
s'adressant particulièrement à un jeune roi de huit
ans et à sa cour, il proportionne sa matière et son
style à son auditoire et aux circonstances. Il s'agit
ici du plaisir que les grands peuvent trouver dans
la bienfaisance, mis en comparaison avec tous les
autres avantages de leur état. « Quel usage plus
« doux et plus flatteur pourriez-vous faire de votre
« élévation et de votre opulence? Vous attirer des
« hommages? Mais l'orgueil lui-même s'en lasse.
« Commander aux hommes et leur donner des lois?

---

* Voyez t. XVI, p. 372 du *Répertoire* le même sujet traité par M. l'abbé
de La Mennais.   F.

« Mais ce sont là les soins de l'autorité; ce n'en est
« pas le plaisir. Voir autour de vous multiplier à
« l'infini vos serviteurs et vos esclaves? Mais ce sont
« des témoins qui vous embarrassent et vos gênent,
« plutôt qu'une pompe qui vous décore. Habiter des
« palais somptueux? Mais vous vous édifiez, dit Job,
« des solitudes où les soucis et les noirs chagrins
« viennent bientôt habiter avec vous. Y rassembler
« tous les plaisirs? Ils peuvent remplir ces vastes
« édifices, mais ils laissent toujours votre cœur
« vide. Trouver tous les jours dans votre opulence de
« nouvelles ressources à vos caprices? La variété des
« ressources tarit bientôt; tout est bientôt épuisé,
« il faut revenir sur ses pas, et recommencer ce que
« l'ennui rend insipide, et ce que l'oisiveté a rendu
« nécessaire. Employez tant qu'il vous plaira vos
« biens et votre autorité à tous les usages que l'or-
« gueil et les plaisirs peuvent inventer, vous serez
« rassasiés, mais vous ne serez pas satisfaits; ils
« vous montreront la joie; mais ils ne la laisseront
« pas dans votre cœur. Employez-les à faire des heu-
« reux, à rendre la vie plus douce et plus supporta-
« ble à des infortunés que l'excès de la misère a peut-
« être réduits mille fois à souhaiter, comme Job,
« que le jour de leur naissance eût été lui-même la
« nuit éternelle de leur tombeau; vous sentirez alors
« le plaisir d'être né grand; vous goûterez la vérita-
« ble douceur de votre état : c'est le seul privilège
« qui le rend digne d'envie. Toute cette vaine mon-
« tre qui vous environne est pour les autres : ce
« plaisir-là est pour vous seul; tout le reste a ses

« amertumes : ce plaisir seul les adoucit toutes. La
« joie de faire du bien est tout autrement douce et
« touchante que la joie de le recevoir. Revenez-y
« encore, c'est un plaisir qui ne s'use point ; plus on
« le goûte, plus on se rend digne de le goûter. On
« s'accoutume à sa prospérité propre, et on y de-
« vient insensible ; mais on sent toujours la joie d'être
« l'auteur de la prospérité d'autrui, chaque bienfait
« porte avec lui dans notre âme ce plaisir doux et
« secret ; et le long usage qui endurcit le cœur à tous
« les plaisirs le rend ici tous les jours plus sensible. »

Comme toutes ces expressions coulent d'une âme qui s'épanche ! Est-il possible de donner plus de charme à la vérité et à la vertu ?

Ce précieux recueil du *Petit Carême*, et *les Directions pour la conscience d'un roi*, de Fénelon, et la *Politique de l'Écriture sainte*, de Bossuet, sont les meilleures instructions que puissent recevoir les souverains, non-seulement en morale, mais j'oserai dire en politique ; car, tout bien considéré, quand les principes généraux de l'une sont aussi ceux de l'autre, ils conduisent par la voie la plus sûre au même résultat, qui est le bonheur du prince, fondé sur celui des sujets.

Le *Petit Carême*, prononcé en 1718 devant Louis XV, est composé dans le dessein de traiter de toutes les vertus et de tous les vices, dans leurs rapports avec les hommes chargés de commander aux autres hommes ; et ce beau plan, que Massillon sut adapter si bien aux circonstances, est parfaitement rempli. La dignité du ministère évangélique est heureusement tempérée par cette onction paternelle que permettait l'âge du prince à qui l'orateur parlait, et qu'on ne retrouve que dans les *Lettres* de Fénelon au duc de Bourgogne. Toutes les vérités importantes sont exposées ici avec un courage qui n'en dissimule rien, et revêtues d'un charme qui ne permet pas de les repousser. En un mot, si la raison elle-même, si cette faculté souveraine, émanée de l'intelligence éternelle, voulait apparaître aux hommes sous les traits les plus capables de la faire aimer, et leur parler le langage le plus persuasif, il faudrait, je crois, qu'elle prît les traits et le langage de l'auteur du *Petit Carême*, ou de celui de *Télémaque*.

Je ne crains pas de citer Massillon dans le développement de l'une de ces vérités qui depuis longtemps sont du nombre des lieux communs; et la plupart des vérités morales aujourd'hui sont-elles autre chose? Tout dépend de la manière de les rendre; et celle-ci d'ailleurs était de nature à être fortement inculquée à un jeune roi; à un roi de France, à un successeur de Louis XIV. On se ressentait encore des maux affreux qu'avait produits sous le dernier règne la vanité des conquêtes. Massillon, prêchant sur l'ambition des grands et des rois, croyait ne pouvoir pas inspirer à Louis XV trop d'horreur pour la guerre; et voici comme il lui peint un roi conquérant.

« Sa gloire, Sire, sera toujours souillée de sang.
« Quelque insensé chantera peut-être ses victoires;
« mais les provinces, les villes, les campagnes, en

« pleureront. On lui dressera des monuments super-
« bes pour immortaliser ses conquêtes; mais les
« cendres encore fumantes de tant de villes autre-
« fois florissantes, mais la désolation de tant de
« campagnes dépouillées de leur ancienne beauté,
« mais les ruines de tant de murs sous lesquels des
« citoyens paisibles ont été ensevelis, seront des
« monuments lugubres qui immortaliseront sa va-
« nité et sa folie. Il aura passé comme un torrent
« pour ravager la terre, et non comme un fleuve
« majestueux pour y porter la joie et l'abondance.
« Son nom sera inscrit dans les annales de la pos-
« térité parmi les conquérants, mais il ne le sera
« pas parmi les bons rois, et l'on ne rappellera l'his-
« toire de son règne que pour rappeler le souvenir
« des maux qu'il a faits aux hommes. Ainsi son or-
« gueil, dit l'esprit de Dieu, sera monté jusqu'au
« ciel, sa tête aura touché dans les nues, ses succès
« auront égalé ses désirs, et tout cet amas de gloire
« ne sera plus à la fin qu'un monceau de boue,
« qui ne laissera après lui que l'opprobre et l'in-
« fection. »

J'ai dit que je considérais sur-tout le style, sa
richesse, son harmonie : cette dernière qualité si
importante et si recommandée par tous les maîtres,
revendique à elle seule une grande partie des
effets produits par Massillon. Voyez cette phrase :
« Quelque insensé chantera peut-être ses victoires;
« mais les provinces, les villes, les campagnes en
« pleureront. » Je ne m'arrête pas à cette expression si simple, mais si heureuse, *quelque insensé*

qui rabaisse à la fois ses victoires et ceux qui les chantent: je ne remarque que l'arrangement des mots. Ceux-ci, qui terminent la phrase : *en pleureront*, ont je ne sais quel son sourd et lugubre qui attriste la pensée : qu'il eût mis à la place, *mais elles feront gémir les provinces, les villes, les campagnes*, c'était bien la même idée, mais ce n'était plus la même chose.

Il est d'autres vérités que l'adulation parvient à rendre suspectes, et quelquefois même criminelles : ce sont celles-là qu'un homme vertueux ne se lasse point de répéter, sur-tout dans des temps où l'on est plus porté à les oublier qu'on ne songe à en abuser. Le digne évêque croit de son devoir d'instruire le jeune monarque de la véritable origine et de la véritable essence du pouvoir suprême.

« Sire, c'est le choix de la nation qui mit d'abord
« le sceptre entre les mains de vos ancêtres : c'est
« elle qui les éleva sur le bouclier militaire et les
« proclama souverains. Le royaume devint ensuite
« l'héritage de leurs successeurs; mais ils le durent
« originairement au consentement libre des sujets.
« Leur naissance seule les mit ensuite en possession
« du trône; mais ce furent des suffrages publics qui
« attachèrent d'abord ce droit et cette prérogative
« à leur naissance. En un mot, comme la première
« source de leur autorité vient de nous, les rois n'en
« doivent faire usage que pour nous..... Ce n'est
« donc pas le souverain, c'est la loi, Sire, qui doit
« régner sur les peuples : vous n'en êtes que le mi-
« nistre et le premier dépositaire; c'est elle qui doit

« régler l'usage de l'autorité, et c'est par elle que
« l'autorité n'est plus un joug pour les sujets, mais
« une règle qui les conduit, un secours qui les pro-
« tège, une vigilance paternelle qui ne s'assure leur
« soumission que parce qu'elle s'assure leur ten-
« dresse. Les hommes croient être libres quand ils
« ne sont gouvernés que par les lois (l'orateur
« aurait pu ajouter : Et ils le sont en effet; il n'y
« a point d'autre liberté politique) : leur soumission
« fait alors tout leur bonheur, parce qu'elle fait
« toute leur tranquillité et toute leur confiance. Les
« passions, les volontés injustes, les désirs excessifs
« et ambitieux que les princes mêlent à l'autorité,
« loin de l'étendre, l'affaiblissent ; ils deviennent
« moins puissants dès qu'ils veulent l'être plus que
« les lois; ils perdent en croyant gagner : tout ce
« qui rend l'autorité injuste et odieuse l'énerve et
« la diminue. »

Toute la politique de Machiavel, bonne tout au plus pour les petits tyrans de son siècle, ne vaut pas ce passage d'un prédicateur. La saine morale est la bonne politique des siècles éclairés.

Massillon ne craint pas de combattre une autre erreur capitale, trop souvent érigée en système dans les gouvernements absolus, et qui a été la source de longs malheurs et de longues injustices : c'est ce fatal principe des cours, que l'autorité ne doit jamais avoir tort.

« Sire, rien n'est plus grand dans les souverains
« que de vouloir être détrompé, et d'avoir la force
« de convenir soi-même de sa méprise. Assuérus

« ne crut point déroger à la majesté de l'empire en
« déclarant, même par un édit public, que sa bonne
« foi avait été surprise par les artifices d'Aman.
« C'est un mauvais orgueil de croire qu'on ne peut
« avoir tort; c'est une faiblesse de n'oser reculer
« quand on sent qu'on nous a fait faire une fausse
« démarche. Les variations qui nous ramènent au
« vrai, affermissent l'autorité, loin de l'affaiblir. Ce
« n'est pas se démentir que de revenir de sa méprise;
« ce n'est pas montrer au peuple l'inconstance du
« gouvernement, c'est lui en étaler l'équité et la
« droiture. Les peuples savent assez et voient assez
« souvent que les souverains peuvent se tromper;
« mais ils voient rarement qu'ils sachent se désa-
« buser et convenir de leurs méprises. Il ne faut
« pas craindre qu'ils respectent moins la puissance
« qui avoue son tort et qui se condamne elle-même :
« leur respect ne s'affaiblit qu'envers celle, ou qui
« ne le connaît pas, ou qui le justifie; et dans leur
« esprit, rien ne déshonore l'autorité que la fai-
« blesse qui se laisse surprendre, et la mauvaise
« gloire, qui croirait s'avilir en convenant de son
« erreur et de sa surprise. »

Vous pouvez vous apercevoir qu'un des caractères de Massillon est de revenir un peu sur la
même idée; mais il l'étend, ce me semble, sans
l'affaiblir, et c'est un des privilèges de l'art oratoire. Massillon ne retourne pas sa pensée avec une
recherche pénible, comme Sénèque; il la développe
comme Cicéron, sous toutes les faces, de manière
à en multiplier les effets : c'est la lumière d'un dia-

mant dont le mouvement multiplie les rayons. Ce peut être un mérite, et c'en est un dans les grands sujets de spéculation philosophique et politique, dans une histoire où il faut mener le lecteur sur une longue route, en exerçant toujours sa pensée, de jeter la sienne comme un trait rapide ; et c'est ce qu'ont fait Tacite et Montesquieu. Mais l'éloquence, ordinairement renfermée dans un seul objet, et chargée d'en tirer tout ce qu'il est possible, peut user de tous les moyens de le faire valoir, et d'autant plus qu'elle parle souvent au cœur, qui ne fait pas autant de cas de la concision que de l'esprit. Il y a même des idées dont l'imagination aime à se nourrir long-temps, toutes communes qu'elles sont, et ce sont celles dont elle ne peut atteindre les bornes, parce qu'elles touchent à l'infini, le temps, par exemple, et les révolutions qu'il amène, la rapidité de la vie et la succession des âges. Un philosophe aura bientôt dit que tout est passager et périssable ici-bas : mais un orateur chrétien, qui a pour but de frapper fortement ses auditeurs de cette pensée, et de les transporter au-delà de cette vie, peut s'arrêter long-temps sur cet objet ; et s'il le traite comme Massillon, s'il attache à chaque circonstance un sentiment ou une image, sur-tout si, en enchérissant toujours sur lui-même, et s'échauffant dans son abondance, il va jusqu'à ce degré d'enthousiasme qui enfante le sublime, il ne mérite que l'admiration ; et je ne crois pas que vous refusiez la vôtre à l'un des morceaux où Massillon a le plus signalé son étonnante fécondité d'expression. C'est dans le sermon *sur la Mort*, prêché à la cour, qu'il s'adresse ainsi à ses auditeurs, en leur reprochant de n'y pas songer assez :

« Sur quoi vous rassurez-vous donc ? sur la force
« du tempérament ? Mais qu'est-ce que la santé la
« mieux établie ? Une étincelle qu'un souffle éteint :
« il ne faut qu'un jour d'infirmité pour détruire le
« corps le plus robuste du monde. Je n'examine pas
« après cela si vous ne vous flattez point vous-
« mêmes là-dessus; si un corps ruiné par les dé-
« sordres de vos premiers ans ne vous annonce
« pas au dedans de vous une réponse de mort;
« si des infirmités habituelles ne vous ouvrent
« pas de loin les portes du tombeau; si des in-
« dices fâcheux ne vous menacent pas d'un accident
« soudain. Je veux que vous prolongiez vos jours
« au delà même de vos espérances. Hélas ! mes
« frères, ce qui doit finir doit-il vous paraître long ?
« regardez derrière vous : où sont vos premières
« années ? Que laissent-elles de réel dans votre sou-
« venir ? Pas plus qu'un songe de la nuit, vous rê-
« vez que vous avez vécu : voilà tout ce qui vous en
« reste. Tout cet intervalle qui s'est écoulé depuis
« votre naissance jusqu'aujourd'hui, ce n'est qu'un
« trait rapide qu'à peine vous avez vu passer. Quand
« vous auriez commencé à vivre avec le monde, le
« passé ne vous paraîtrait pas plus long ni plus
« réel. Tous les siècles qui se sont écoulés jusqu'à
« nous, vous les regarderiez comme des instants fu-
« gitifs; tous les peuples qui ont paru et disparu
« dans l'univers, toutes les révolutions d'empires et

« de royaumes, tous ces grands évènements qui em-
« bellissent nos histoires, ne seraient pour vous que
« les différentes scènes d'un spectacle que vous
« auriez vu finir en un jour. Rappelez seulement
« les victoires, les prises de places, les traités glo-
« rieux, les magnificences, les évènements pompeux
« des premières années de ce règne. Vous y tou-
« chez encore, vous en avez été pour la plupart,
« non-seulement spectateurs, mais vous en avez
« partagé les périls et la gloire; ils passeront dans
« nos annales jusqu'à vos derniers neveux; mais
« pour vous, ce n'est plus qu'un songe, qu'un éclair
« qui a disparu, et que chaque jour efface même
« de votre souvenir. Qu'est-ce donc que le peu de
« chemin qui vous reste à faire ? Croyons-nous que
« les jours à venir aient plus de réalité que les jours
« passés ? Les années paraissent longues quand elles
« sont encore loin de nous; arrivées, elles disparais-
« sent, elles nous échappent en un instant, et nous
« n'aurons pas tourné la tête que nous nous trou-
« verons, comme par un enchantement, au terme
« fatal qui nous paraît encore si loin et ne devoir
« jamais arriver. Regardez le monde tel que vous
« l'avez vu dans vos premières années, et tel que
« vous le voyez aujourd'hui : une nouvelle cour a
« succédé à celle que vos premiers ans ont vue; de
« nouveaux personnages sont montés sur la scène;
« les grands rôles sont remplis par de nouveaux
« acteurs : ce sont de nouveaux évènements, de
« nouvelles intrigues, de nouvelles passions, de nou-
« veaux héros, dans la vertu comme dans le vice,

« qui font le sujet des louanges, des dérisions, des
« censures publiques : un nouveau monde s'est éle-
« vé insensiblement, et sans que vous vous en soyez
« aperçu, sur les débris du premier. Tout passe
« avec vous et comme vous : une rapidité que rien
« n'arrête entraîne tout dans les abîmes de l'éternité;
« vos ancêtres vous en frayèrent le chemin, et nous
« allons le frayer demain à ceux qui viendront après
« nous. Les âges se renouvellent, la figure du
« monde passe sans cesse, les morts et les vivants
« se remplacent et se succèdent continuellement,
« tout change, tout s'use, tout s'éteint. Dieu seul
« demeure toujours le même : le torrent des siè-
« cles qui entraîne tous les hommes roule devant
« ses yeux, et il voit avec indignation de faibles
« mortels emportés par ce cours rapide l'insulter en
« passant, vouloir faire de ce seul instant tout leur
« bonheur, et tomber au sortir de là entre les
« mains de sa colère et de sa vengeance. »

Ce n'est là, je le veux bien, qu'une superbe am-
plification; mais elle est vraiment oratoire; puisqu'elle va au but : on voit, par tout ce qu'elle réveille de réflexions, de souvenirs, de sentiments,
que l'orateur est dans le secret des âmes. Ce sont
comme autant d'éclairs redoublés qui finissent par
un éclat de tonnerre; car j'appelle ainsi cette expression, *l'insulter en passant*, l'une des plus belles
que l'imagination ait inventées. N'oublions pas avec
quelle adresse il entremêle ici les plus belles années
de Louis XIV, sans paraître songer à autre chose
qu'à la puissance du temps qui efface si vite tous

les souvenirs. Il y a plus d'art dans cette manière de louer que dans celle de Bossuet, dont les louanges sont toujours directes, et sur le ton de l'hyperbole. * Mais pourtant on est forcé de con-

* Peut-être La Harpe n'est-il pas tout-à-fait juste envers Bossuet. Cet orateur exalte il est vrai avec enthousiasme la gloire humaine, mais c'est toujours pour la rabaisser au-dessous des vertus chrétiennes qui sont la véritable grandeur de l'homme, la seule durable, la seule éternelle. Jamais il ne sépare l'image de cette gloire, dont il semble lui-même ébloui, de l'idée de notre néant qui l'obscurcit de son ombre. Cette manière manque-t-elle donc de dignité apostolique, et est-elle si dépourvue d'art? on en pourrait citer mille exemples qu'offrent à chaque page ses Oraisons funèbres, et qui sont dans la mémoire de tout le monde. En voici un moins connu, la louange y est des plus ingénieuses et des plus nobles, quoique adressée en face et tout aussi *directe* que possible.

« Bossuet, dit son digne historien, M. le cardinal de Bausset, n'avait pu se refuser au vœu des habitants de la ville qui l'avait vu naître, et il prêchait un jour à Dijon sur *le mépris de l'honneur du monde*, lorsque le grand Condé, que le traité des *Pyrénées* venait de rendre à sa patrie, et qui traversait alors la France pour aller à Aix abjurer aux pieds de Louis XIV ses erreurs et même ses victoires, parut tout-à-coup dans l'assemblée; le sujet du discours paraissait bien peu favorable à l'éloge d'un prince qui avait tant combattu et tant souffert pour la gloire du monde. Sa présence inattendue, loin d'intimider Bossuet, servit à lui inspirer un des plus beaux mouvements oratoires dont l'histoire de l'éloquence puisse offrir l'exemple; au moment même où il abaissait avec le plus de fierté aux pieds de la religion tous les trophées de la victoire, il donna au grand Condé les louanges les plus délicates sur son retour dans sa patrie, et sur la gloire dont il était environné; il se tourna tout-à-coup vers ce prince, qui, venu sans aucun appareil à ce sermon, s'était confondu dans la foule des auditeurs, et lui adressa ces paroles :

« Je ne serais pas sans appréhension de condamner devant V. A. S. la gloire dont je la vois environnée, si je ne savais qu'autant qu'elle sait la mériter, autant elle a de lumière pour en connaître le faible. Je reconnais en elle le grand prince, le grand génie, le grand capitaine, mais toutes ces grandeurs qui ont tant d'éclat devant les hommes doivent être anéanties devant Dieu. Cependant je ne puis m'empêcher de me réjouir avec toute la France de recevoir ensemble la paix et V. A. S. La France voit dans l'une sa tranquillité assurée, et dans l'autre un rempart invincible; no-

venir à regret que Massillon lui même n'a pas pu se garantir tout-à-fait de cette complaisance adulatoire, de toutes les convenances locales la plus impérieuse pour tout ce qui approche de la cour. Il parle de l'esprit de discorde et d'ambition qui arme les rois les uns contre les autres. « Je le dis hardi-« ment, ajoute-t-il, devant un prince qui a mille « fois préféré la paix à la victoire. » Est-ce à Louis XIV que ce témoignage s'adresse ? Était-il conforme à la vérité ? Je m'en rapporte à ceux qui savent l'histoire, et je dis avec regret à Massillon : *Et vous aussi!*

Voltaire avait beaucoup lu Massillon ; et quand on songe à ce qu'était le christianisme pour Voltaire, on conçoit qu'il fallait que le style de l'orateur eût un attrait bien puissant pour vaincre une aversion si décidée. Cet attrait fut porté au point qu'à l'article *Éloquence*, qu'il a fourni à l'*Encyclopédie*, c'est un morceau de Massillon qu'il choisit, et, ce qui est plus fort, un morceau qui roule sur un des dogmes surnaturels du christianisme, qui effraye le plus la raison, quand elle n'est pas éclairée par la foi. Ce dogme est celui du petit nombre des élus : c'est le sujet de l'un des plus fameux sermons de l'orateur ; et je croirais avoir négligé un des titres de sa gloire, si je ne m'arrêtais pas sur ce qui a mérité l'admiration d'un juge tel que Voltaire : je rapporterai ses propres termes, et c'est lui qui va parler :

nobstant la surprise de sa présence imprévue, les paroles ne me manqueraient pas sur un sujet si auguste : mais en me souvenant au nom de qui je parle, j'aime mieux abattre aux pieds de J.-C. les grandeurs du monde que de les admirer plus long-temps en votre personne. » (*Histoire de Bossuet, liv.* II, *t.* I, *p.* 141.)

M. PATIN.

« Le lecteur sera bien aise de trouver ici ce qui arriva la première fois que Massillon, depuis évêque de Clermont, prêcha son fameux sermon *du petit nombre des Élus*. Il y eut un moment où un transport de saisissement s'empara de tout l'auditoire; presque tout le monde se leva à moitié par un mouvement involontaire; le mouvement d'acclamation et de surprise fut si fort, qu'il troubla l'orateur, et ce trouble ne servit qu'à augmenter le pathétique de ce morceau. Le voici :

« Je suppose que c'est ici votre dernière heure et la fin de l'univers, que les cieux vont s'ouvrir sur nos têtes, Jésus-Christ paraître dans sa gloire au milieu de ce temple, et que vous n'y êtes assemblés que pour l'attendre, et comme des criminels tremblants, à qui l'on va prononcer une sentence de grace ou un arrêt de mort éternelle; car vous avez beau vous flatter, vous mourrez tels que vous êtes aujourd'hui : tous ces désirs de changement qui vous amusent vous amuseront jusqu'au lit de la mort : c'est l'expérience de tous les siècles. Tout ce que vous trouverez alors en vous de nouveau sera peut-être un compte un peu plus grand que celui que vous auriez aujourd'hui à rendre; et sur ce que vous seriez si l'on venait vous juger dans ce moment, vous pouvez presque décider de ce qui vous arrivera au sortir de la vie.

« Or, je vous demande, et je vous le demande frappé de terreur, ne séparant pas en ce point mon sort du vôtre, et me mettant dans la même disposition où je souhaite que vous entriez, je vous demande donc, si Jésus-Christ paraissait dans ce temple, au milieu de cette assemblée, la plus auguste de l'univers, pour nous juger, pour faire le terrible discernement des boucs et des brebis, croyez-vous que le plus grand nombre de tout ce que nous sommes ici fût placé à la droite ? Croyez-vous que les choses du moins fussent égales ? Croyez-vous qu'il s'y trouvât seulement dix justes, que le Seigneur ne put trouver autrefois en cinq villes tout entières ? Je vous le demande, vous l'ignorez; et je l'ignore moi-même. Vous seul, ô mon Dieu, connaissez ceux qui vous appartiennent. Mais si nous ne connaissons pas ceux qui lui appartiennent, nous savons du moins que les pécheurs ne lui appartiennent pas. Or, qui sont les fidèles ici rassemblés ? Les titres, les dignités ne doivent être comptés pour rien; vous en serez dépouillés devant Jésus-Christ : qui sont-ils ? Beaucoup de pécheurs qui ne veulent pas se convertir; encore plus qui le voudraient, mais qui diffèrent leur conversion; plusieurs autres qui ne se convertissent jamais que pour retomber; enfin, un grand nombre qui croient n'avoir pas besoin de conversion. Voilà le parti des réprouvés. Retranchez ces quatre sortes de pécheurs de cette assemblée, comme ils en seront retranchés au dernier jour... Paraissez maintenant, justes : où êtes-vous ? Restes d'Israël, passez à la droite; froment de Jésus-Christ, démêlez-vous de cette paille destinée au feu.... O Dieu ! où sont vos élus, et que reste-t-il pour votre partage ? »

« Cette figure, la plus hardie qu'on ait jamais

« employée, et en même temps la plus à sa place,
« est un des plus beaux traits d'éloquence qu'on
« puisse lire chez les nations anciennes et moder-
« nes; et le reste du discours n'est pas indigne de
« cet endroit si brillant; de pareils chefs-d'œuvre
« sont très rares. »

Voltaire a rendu à Massillon une autre espèce d'hommage en empruntant plusieurs fois ses idées, et les faisant passer dans des poésies dont elles ne sont pas les moindres ornements. Massillon avait dit, dans son *Petit Carême*, en traçant les caractères d'un bon prince : « Les pères raconteront à leurs
« enfants le bonheur qu'ils eurent de vivre sous un
« si bon maître; ceux-ci le rediront à leurs neveux;
« et dans chaque famille ce souvenir, conservé
« d'âge en âge, deviendra comme un monument
« domestique élevé dans l'enceinte des murs pater-
« nels, qui perpétuera la mémoire d'un si bon roi
« dans tous les siècles. »

Le vieillard expirant
De ce prince à son fils fait l'éloge en pleurant,
Le fils, éternisant des images si chères,
Raconte à ses neveux le bonheur de leurs pères;
Et ce nom, dont la terre aime à s'entretenir,
Est porté par l'amour aux siècles à venir.

Ailleurs, voulant prouver que la nature a ménagé pour toutes les créatures des moyens de jouissance, le poète a dit :

L'aigle fier et rapide, aux ailes étendues,
Suit l'objet de sa flamme élancé dans les nues.
Dans l'ombre des vallons le taureau bondissant

Cherche en paix sa génisse, et paît en mugissant :
Au retour du *printemps*, la douce Philomèle
Attendrit par ses *chants* sa compagne fidèle ;
Et, du sein des buissons, le moucheron léger
Se mêle en bourdonnant, aux insectes de l'air.
De son être content, qui d'entre eux s'inquiète
S'il est une autre espèce ou plus ou moins parfaite ? etc.

Vous allez reconnaître tous ces détails dans un morceau où Massillon, comme en cent autres endroits, n'a fait qu'analyser supérieurement des vérités de morale et de sentiment, communes à tous les hommes, de quelque religion qu'ils soient ; et ce n'est pas de ses avantages celui qui a le moins contribué à lui valoir partout des lecteurs. Ici son dessein est de développer une des preuves morales de l'immortalité de l'âme, employée par plusieurs philosophes, et fondée sur ce que tout homme, quelque heureux qu'il puisse être ici-bas, a toujours l'idée et le besoin d'un bonheur plus grand, où il ne peut jamais atteindre sur la terre. On sent bien que c'est aux athées et aux matérialistes qu'il s'adresse, et aucun écrivain ne les a plus éloquemment combattus.

« Si tout doit finir avec nous, si l'homme ne doit
« rien attendre après cette vie, et que ce soit ici
« notre patrie, notre origine, et la seule félicité que
« nous pouvons nous promettre, pourquoi n'y sommes-nous pas heureux ? Si nous ne naissons que
« pour le plaisir des sens, pourquoi ne peuvent-ils
« nous satisfaire, et laissent-ils toujours un fonds
« d'ennui et de tristesse dans notre cœur ? Si l'homme

« n'a rien au-dessus de la bête, que ne coule-t-il ses
« jours comme elle, sans souci, sans inquiétude,
« sans dégoût, sans tristesse, dans la félicité des
« sens et de la chair ? Si l'homme n'a point d'autre
« bonheur à espérer qu'un bonheur temporel, pour-
« quoi ne le trouve-t-il nulle part sur la terre ? D'où
« vient que les richesses l'inquiètent, que les hon-
« neurs le fatiguent, que les plaisirs le lassent, que
« les sciences le confondent, et irritent sa curio-
« sité, loin de la satisfaire; que la réputation le gêne
« et l'embarrasse; que tout cela ensemble ne peut
« remplir l'immensité de son cœur, et lui laisse en-
« core quelque chose à désirer ? Tous les autres êtres,
« contents de leur destination, paraissent heureux,
« à leur manière, dans la situation où l'auteur de
« la nature les a placés. Les astres, tranquilles dans
« le firmament, ne quittent pas leur séjour pour
« aller éclairer une autre terre, la terre réglée dans
« ses mouvements, ne s'élance pas en haut pour aller
« reprendre leur place; les animaux rampent dans les
« campagnes, sans envier la destinée de l'homme
« qui habite les villes et les palais somptueux; les
« oiseaux se réjouissent dans les airs, sans penser
« s'il y a des créatures plus heureuses qu'eux sur la
« terre. Tout est heureux, pour ainsi dire, tout est
« à sa place dans la nature : l'homme seul est inquiet,
« mécontent; l'homme seul est en proie à ses désirs;
« se laisse déchirer par des craintes, trouve son sup-
« plice dans ses espérances, devient triste et malheu-
« reux au milieu de ses plaisirs : l'homme seul ne ren-
« contre rien ici-bas où son cœur puisse se fixer. »

« D'où vient cela? O homme, ne serait-ce point
« parce que vous êtes ici-bas déplacé; que vous
« êtes fait pour le ciel; que votre cœur est plus
« grand que le monde; que la terre n'est pas votre
« patrie; et que tout ce qui n'est pas Dieu n'est rien
« pour vous? »

Ce que dit Massillon du vide que toutes les choses humaines laissent dans le cœur de l'homme a été différemment exprimé, et avec des conséquences différentes, par les philosophes et les poètes de tous les temps, depuis Lucrèce, Sénèque, Juvénal, jusqu'à Pascal, Corneille et Addison. Ce dernier, dans la tragédie de *Caton*, fait raisonner ce stoïcien patriote précisément comme notre orateur; il lui fait dire dans cet admirable monologue que Voltaire a imité plutôt que traduit:

Oui, Platon, tu dis vrai, notre âme est immortelle:
C'est un dieu qui lui parle, un dieu qui vit en elle.
Et d'où viendrait sans lui ce grand pressentiment,
Ce dégoût des faux biens, cette horreur du néant?
Vers des siècles sans fin je sens que tu m'entraînes;
Du monde et de mes sens je vais briser les chaînes,
Et m'ouvrir, loin d'un corps dans la fange arrêté,
Les portes de la vie et de l'éternité.

Ce sentiment, que l'on retrouve partout, n'est pas, il est vrai, une démonstration métaphysique, mais c'est ce qu'on appelle en philosophie une probabilité morale, qui est bien près de l'évidence.

Nous avons encore de Massillon, des *Paraphrases de Psaumes*, où il a répandu les richesses d'une diction aussi poétique que l'original, et les sentiments d'une humilité pénitente et résignée dont ces Psaumes sont remplis. On y a joint des *Discours synodaux*, instructions particulièrement adressées aux curés de son diocèse, et dont le ton, toujours aussi simple que le sujet le comporte, se ressent toujours de cette élégance naturelle à l'auteur, et qui ne l'abandonne jamais, même dans les détails familiers où les circonstances l'obligeaient d'entrer. La célébrité de son nom a fait recueillir aussi jusqu'aux *Mandements* qu'il publiait à propos des évènements publics qui exigent de l'Église des prières et des actions de graces. Nous avons eu de nos jours en ce genre des morceaux qui étaient de véritables ouvrages, remarquables par un talent qui apparemment n'avait pas eu jusque-là d'autres occasions de se manifester. Ceux de Massillon sont d'un homme qui n'a point de réputation à acquérir, et qui n'a rien à dire que ce qui est de son sujet : ils sont la plupart aussi courts qu'une lettre; et ne contiennent que ce qui est nécessaire. Mais ce qu'il nous a laissé de plus intéressant après ses *Sermons*, ce sont ses *Conférences* : il appelle ainsi des discours adressés aux jeunes ecclésiastiques qu'il dirigeait dans le séminaire de Saint-Magloire, dont il était supérieur. Ces excellents discours sont encore de véritables sermons, qui ne different guère des autres que parce qu'ils se rapportent tous à un même ordre de la société; et ce que le *Petit Carême* est pour les grands et les rois, les *Conférences* le sont pour les ministres de l'Église. Massillon n'a nulle part déployé davantage ce sévère amour de la vérité et du devoir, qui a tant honoré en lui son ministère. Il paraît sentir que l'honneur du clergé intéresse le sien, et il n'en est que zélateur plus ardent des maximes qu'il est chargé de lui prêcher, et censeur plus inflexible des abus, des désordres, des vices qui les contredisent. Le moindre de ces abus est d'abord l'inutilité à laquelle semblent se vouer ceux qui n'ont embrassé l'état ecclésiastique que pour en recueillir les avantages. Que ceux qui ont oublié qu'à l'exception des hommes attachés au service des autels et à la conduite des âmes, la prière est le devoir de tous, et n'est l'état de personne, que ceux-là se jugent sur ces paroles de Massillon :

« Dans le monde même chacun dans son état a
« des devoirs et des fonctions qui occupent une par-
« tie de sa vie; le magistrat, l'homme de guerre, le
« père de famille, le marchand, l'artisan, la vie de
« tous ces différents genres de citoyens est mêlée
« d'occupations sérieuses; ils ont tous des heures,
« des jours, des temps destinés aux fonctions pénibles
« de leur profession. Le prêtre mondain seul, au mi-
« lieu du monde, est le plus inutile et le plus désoc-
« cupé qui soit sur la terre. Le prêtre seul, dont tous
« les moments doivent être si précieux à l'Église,
« dont les devoirs sont si sérieux et si étendus, dont
« les soins doivent augmenter à mesure que les vices
« des hommes se multiplient, le prêtre seul n'a aucune
« fonction parmi les hommes, passe ses jours dans
« un vide éternel, dans un cercle d'inutilités frivoles;
« et la vie qui aurait dû être la plus occupée, la plus

4.

« chargée de devoirs, la plus respectée, devient la
« vie la plus vide et la plus méprisable. »

Il faut lire le discours qui a pour titre : *De l'ambition des Clercs* : c'est là qu'il tonne contre cet impérieux préjugé qui voudrait attribuer les grands biens et les dignités de l'Église à une seule classe d'hommes, comme une espèce de patrimoine qui leur appartient. « Que produit-on aujourd'hui comme
« un titre qui donne droit aux honneurs et au minis-
« tère redoutable du temple? Le nom et la naissance,
« comme si en Jésus-Christ on distinguait le noble et
« le roturier; comme si la chair et le sang devaient
« posséder le royaume de Dieu et l'héritage de Jésus-
« Christ; comme si le vain éclat d'un nom qui n'a
« peut-être commencé à être illustre que par les
« crimes et l'ambition de vos ancêtres, devait vous
« donner avec leur sang, l'humilité, la pudeur, le
« zèle, l'innocence, la sainteté qu'ils n'eurent jamais
« eux-mêmes; comme si une distinction tout humaine,
« qui traîne après soi l'orgueil, la mollesse, le luxe,
« les profusions, des mœurs toujours opposées à
« votre ministère, devait elle-même vous en rendre
« dignes. Non, mes frères : l'Église n'a pas besoin
« de grands noms, mais de grandes vertus[*]. La no-
« blesse que demande la sublimité de vos fonctions
« est une noblesse d'âme, un cœur héroïque, un cou-
« rage sacerdotal, que les menaces, les promesses,
« la faveur et la disgrace du monde trouvent égale-

---

[*] Voltaire a encore pris cela mot à mot :

Faut-il des noms à Rome ? il lui faut des vertus.

Rome sauvée.

« ment inébranlable. La seule roture qui déshonore
« votre ministère, c'est une vie souillée de mœurs
« profanes, des penchants mondains, un cœur lâche
« et rampant qui sacrifie la règle et le devoir à des
« faveurs humaines, et qui, ne cherchant qu'à plaire
« aux hommes, ne mérite plus non-seulement d'être
« ministre, mais même serviteur de Jésus-Christ.
« Depuis que les Césars et les maîtres du monde se
« sont soumis au joug de la foi, l'Église a assez d'éclat
« extérieur, elle n'a pas besoin d'en emprunter de ses
« ministres; la protection des souverains assure sa
« tranquillité, et lui conserve le respect et l'obéis-
« sance des peuples : voilà à quoi les puissances de
« la terre lui sont utiles. Mais la noblesse et la gran-
« deur humaine de ses ministres lui sont à charge; il
« faut qu'elle en soutienne le faste et l'orgueil, et
« qu'un bien consacré à des usages saints, et destiné
« à soulager des misères réelles, soit employé à dé-
« corer le fantôme du nom et de la naissance. Aussi,
« ses fondateurs et ses plus illustres pasteurs furent
« d'abord pris d'entre le peuple; les siècles de sa
« gloire furent les siècles où ses ministres n'étaient
« que la balayure du monde; elle a commencé à dé-
« générer depuis que les puissants du siècle se sont
« assis sur le trône sacerdotal, et que la pompe sé-
« culière est entrée avec eux dans le temple. »

Sans doute Massillon ne veut pas dire que la noblesse soit un titre d'exclusion; il s'en explique positivement, et ajoute même que c'est pour l'Église une décoration de plus quand les talents et les vertus se joignent à la naissance; mais il affirme que toute seule elle n'est pas un titre. Un cardinal de Noailles édifia le clergé de France par sa piété, un Fénelon l'illustra pas ses talents; mais Bossuet, Massillon, Fléchier, Mascaron, qui l'ont aussi honoré et servi avec autant d'utilité que d'éclat, étaient des hommes sans naissance. Celle de Fléchier était même si obscure, qu'un de ses confrères se crut en droit de la lui reprocher. On sait la réponse de Fléchier: *Il y a toute apparence que, si votre père avait été ce qu'était le mien, vous ne seriez pas ce que je suis.*

Le discours sur l'*Usage des revenus ecclésiastiques* offre quelque chose de plus frappant; il ressemble à une prophétie qui n'a été que trop vérifiée.

« Le maniement des revenus ecclésiastiques n'est
« qu'une simple dispensation, puisque ce sont des
« fonds publics pour ainsi dire destinés à servir de
« ressource aux calamités publiques : nos besoins
« une fois mesurés avec la religion, et retranchés,
« le reste n'est plus à nous, n'est plus qu'un bien
« étranger qu'on met en dépôt entre nos mains.....
« Nous ne saurions avoir d'autre droit sur les biens
« sacrés, que celui que nous ont donné les fidèles,
« qui s'en sont dépouillés entre nos mains. Ces pieuses
« donations renferment une espèce de traité fait
« entre eux et nous, qui a ses conditions et ses ré-
« serves inséparablement attachées à la nature des
« biens qu'ils nous ont laissés. Si nous violons les
« conditions de ce traité, nous sommes déchus du
« droit que nous avions aux biens que ce traité
« saint et sacré nous assure. Or, n'est-il pas vrai que
« s'ils nous ont préférés à leurs proches, ce n'a été

« que par un sentiment de religion, que pour mettre
« à couvert entre nos mains le patrimoine des pau-
« vres, qui n'eût pas été en sûreté au milieu des ré-
« volutions et de la cupidité des familles?..... Si ces
« fondateurs venaient à reparaître au milieu de nous,
« à voir l'usage que la plupart des ministres font
« des biens offerts à nos temples..... s'ils les voyaient
« dissiper dans l'oisiveté, dans la bonne chère et les
« plaisirs, un bien destiné à tant de pieux usages;
« s'ils voyaient ces abus et ces scandales, ne nous
« appelleraient-ils pas en jugement? Ne demande-
« raient-ils pas à rentrer en possession de ces héri-
« tages qu'ils avaient cru consacrer à la religion et à
« la piété, et qu'ils verraient employés à des usages
« mondains et profanes?..... Et n'accusons pas le
« monde de nos abus; rendons-lui justice : ce monde
« lui-même, tout corrompu qu'il est, blâme en secret,
« dans les pasteurs et les ministres, ce faste et ces
« profusions dont il semble leur faire honneur. Il
« est le premier et le plus rigide censeur d'un abus
« qui paraît son ouvrage : tout aveugle et injuste
« qu'il est, il respecte encore assez la majesté de la
« religion pour comprendre que ses ministres doivent
« l'honorer plutôt par la sainteté de leur vie que par
« la pompe qui les environne. Il sent le ridicule et
« l'indécence d'un faste attaché à un état saint et à
« l'usage d'un bien consacré à la piété et à la misé-
« ricorde. Les plus mondains eux-mêmes sont indi-
« gnés, scandalisés de voir servir au luxe, à la sen-
« sualité, à l'intempérance et à toutes les pompes
« du siècle, des richesses prises sur l'autel. Ils blâment

« la simplicité de leurs pieux ancêtres, d'avoir laissé
« des biens si considérables aux églises pour nourrir
« la mollesse, la vanité et le faste des ministres, et
« de n'avoir diminué les possessions et les héritages
« de leurs maisons que pour augmenter les abus et les
« scandales de l'église. Ils disent que ces biens sortis
« de leurs maisons auraient été plus utilement em-
« ployés à l'éducation de leurs enfants, et à les mettre
« en état de servir la patrie, qu'à nourrir le faste et
« l'oisiveté d'un clerc inutile à l'église et à l'état. Ils
« se plaignent que les clercs tout seuls vivent dans
« l'opulence, tandis que tous les autres états souf-
« frent, et que le malheur des temps se fait sentir
« au reste des citoyens. L'hérésie, en usurpant, dans
« le siècle passé, les biens consacrés à l'église, n'allégua
« point d'autre prétexte : l'usage profane que la plu-
« part des ministres faisaient des richesses du sanc-
« tuaire, l'autorisa à les arracher de l'autel, et à
« rendre au monde des biens que les clercs n'em-
« ployaient que pour le monde ; et qui sait si le
« même abus qui règne parmi nous n'attirera pas un
« jour à nos successeurs la même peine ? »

Je m'arrête sur les citations, car il faut mettre
des bornes à tout, et même au plaisir d'admirer.
Pourrais-je, d'ailleurs, mieux finir que par une leçon
devenue depuis si mémorable, pour avoir été alors
inutile ?

La Harpe, *Cours de Littérature.*

MASSILLON.

MORCEAUX CHOISIS *.

I. Preuves physiques de l'existence de Dieu.

Qu'est-il besoin de nouvelles recherches et de spéculations pénibles pour connaître ce qu'est Dieu? Nous n'avons qu'à lever les yeux en haut : nous voyons l'immensité des cieux qui sont l'ouvrage de ses mains, ces grands corps de lumière qui roulent si régulièrement et si majestueusement sur nos têtes, et auprès desquels la terre n'est qu'un atome imperceptible. Quelle magnificence !... Qui a dit au soleil : « Sortez du néant et présidez au jour? » et à la lune : « Paraissez et soyez le flambeau de la « nuit? » Qui a donné l'être et le nom à cette multitude d'étoiles qui décorent avec tant de splendeur le firmament, et qui sont autant de soleils immenses, attachés chacun à une espèce de monde nouveau qu'ils éclairent? Quel est l'ouvrier dont la toute puissance a pu opérer ces merveilles, où tout l'orgueil de la raison éblouie se perd et se confond? Quel autre que le souverain créateur de l'univers pourrait les avoir opérées? seraient-elles sorties d'elles-mêmes du sein du hasard et du néant? et l'impie sera-t-il assez désespéré pour attribuer à ce qui n'est pas une toute-puissance, ce qu'il ose refuser à celui qui est essentiellement, et par qui tout a été fait?

Les peuples les plus grossiers et les plus barbares

* Voyez les nombreux passages cités par La Harpe.

entendent le langage des cieux. Dieu les a établis sur nos têtes comme des hérauts célestes qui ne cessent d'annoncer à tout l'univers sa grandeur : leur silence majestueux parle la langue de tous les hommes et de toutes les nations ; c'est une voix entendue partout où la terre nourrit des habitants. Qu'on parcoure jusqu'aux extrémités les plus reculées de la terre et les plus désertes, nul lieu dans l'univers, quelque caché qu'il soit au reste des hommes, ne peut se dérober à l'éclat de cette puissance qui brille au-dessus de nous dans les globes lumineux qui décorent le firmament.

Voilà le premier livre que Dieu a montré aux hommes pour leur apprendre ce qu'il était : c'est là où ils étudièrent d'abord ce qu'il voulait leur manifester de ses perfections infinies ; c'est à la vue de ces grands objets que, frappés d'admiration et d'une crainte respectueuse, ils se prosternaient pour en adorer l'auteur tout-puissant. Il ne leur fallait pas des prophètes pour les instruire de ce qu'ils devaient à la majesté suprême ; la structure admirable des cieux et de l'univers le leur apprenait assez. Ils laissèrent cette religion simple et pure à leurs enfants ; mais ce précieux dépôt se corrompit entre leurs mains. A force d'admirer la beauté et l'éclat des ouvrages de Dieu, ils les prirent pour Dieu même : les astres, qui ne paraissaient que pour annoncer sa gloire aux hommes, devinrent eux-mêmes leurs divinités. Insensés ! ils offrirent des vœux et des hommages au soleil, à la lune, et à toute la milice du ciel, qui ne pouvaient ni les entendre, ni les

recevoir !..... La beauté de ces ouvrages fit oublier aux hommes ce qu'ils devaient à leur auteur.
Paraphrase du psaume XVIII.

II. Conséquences du Matérialisme.

Si tout meurt avec le corps, il faut que l'univers prenne d'autres lois, d'autres mœurs, d'autres usages, et que tout change de face sur la terre. Si tout meurt avec le corps, les maximes de l'équité, de l'amitié, de l'honneur, de la bonne foi, de la reconnaissance, ne sont donc plus que des erreurs populaires, puisque nous ne devons rien à des hommes qui ne nous sont rien, auxquels aucun nœud commun de culte et d'espérance ne nous lie, qui vont demain retomber dans le néant, et qui ne sont déjà plus. Si tout meurt avec nous, les doux noms d'enfant, de père, d'ami, d'époux, sont donc des noms de théâtre, et de vains titres qui nous abusent, puisque l'amitié, celle même qui vient de la vertu, n'est plus un lien durable; que nos pères, qui nous ont précédé, ne sont plus; que nos enfants ne seront point nos successeurs, car le néant, tel que nous devons être un jour, n'a point de suite; que la société sacrée des noces n'est plus qu'une union brutale, d'où, par un assemblage bizarre et fortuit, sortent des êtres qui nous ressemblent, mais qui n'ont de commun avec nous que le néant.

Que dirai-je encore ? Si tout meurt avec nous, les annales domestiques, et la suite de nos ancêtres n'est donc plus qu'une suite de chimères, puisque nous n'avons plus d'aïeux, et que nous n'aurons point de neveux. Les soins du nom et de la postérité sont donc frivoles; l'honneur qu'on rend à la mémoire des hommes illustres, une erreur puérile, puisqu'il est ridicule d'honorer ce qui n'est plus; la religion des tombeaux, une illusion vulgaire; les cendres de nos pères et de nos amis, une vile poussière qu'il faut jeter au vent, et qui n'appartient à personne; les dernières intentions des mourants, si sacrées parmi les peuples les plus barbares, le dernier son d'une machine qui se dissout; et, pour tout dire en un mot, si tout meurt avec nous, les lois sont donc une servitude insensée; les rois et les souverains, des fantômes que la faiblesse des peuples a élevés; la justice, une usurpation sur la liberté des hommes; la loi des mariages, un vain scrupule; la pudeur, un préjugé; l'honneur et la probité, des chimères; les incestes, les parricides, les perfidies noires, des jeux de la nature, et des noms que la politique des législateurs a inventés.

Voilà où se réduit la philosophie sublime des impies : voilà cette force, cette raison, cette sagesse, qu'ils nous vantent éternellement. Convenez de leurs maximes, et l'univers entier retombe dans un affreux chaos; et tout est confondu sur la terre; et toutes les idées du vice et de la vertu sont renversées; et les lois les plus inviolables de la société s'évanouissent; et la discipline des mœurs périt; et le gouvernement des états et des empires n'a plus de règle; et toute l'harmonie du corps politique s'écroule; et le genre humain n'est plus qu'un assemblage d'insensés, de barbares, d'impudiques, de furieux, de

fourbes, de dénaturés, qui n'ont plus d'autre loi que la force, plus d'autre frein que leurs passions et la crainte de l'autorité, plus d'autre dieu qu'eux-mêmes. Voilà le monde des impies; et si ce plan affreux de république vous plaît, formez, si vous le pouvez, une société de ces hommes monstrueux. Tout ce qu'il nous reste à vous dire, c'est que vous êtes dignes d'y occuper une place.
Sermon sur la Vérité d'un Avenir.

III. L'Avarice.

L'avare n'amasse que pour amasser; ce n'est pas pour fournir à ses besoins, il se les refuse; son argent lui est plus précieux que sa santé, que sa vie, que lui-même; toutes ses actions, toutes ses vues, toutes ses affections ne se rapportent qu'à cet indigne objet. Personne ne s'y trompe, et il ne prend aucun soin de dérober aux yeux du public le misérable penchant dont il est possédé; car tel est le caractère de cette honteuse passion de se manifester de tous les côtés, de ne faire au dehors aucune démarche qui ne soit marquée de ce maudit caractère, et de n'être un mystère que pour celui seul qui en est possédé. Toutes les autres passions sauvent du moins les apparences; on les cache aux yeux du public; une imprudence peut quelquefois les dévoiler, mais le coupable cherche, autant qu'il est en soi, les ténèbres. Mais, pour la passion de l'avarice, l'avare ne se la cache qu'à lui-même : loin de prendre des précautions pour la dérober aux yeux du public, tout l'annonce en lui, tout la montre à découvert; il la porte écrite dans son langage, dans ses actions, dans toute sa conduite, et, pour ainsi dire, sur son front.

L'âge et les réflexions guérissent d'ordinaire les autres passions, au lieu que l'avarice semble se ranimer et reprendre de nouvelles forces dans la vieillesse. Plus on avance vers ce moment fatal, où tout cet amas sordide doit disparaître et nous être enlevé, plus on s'y attache; plus la mort approche, plus on couve des yeux son misérable trésor, plus on le regarde comme une précaution nécessaire pour un avenir chimérique. Ainsi l'âge rajeunit, pour ainsi dire, cette indigne passion; les années, les maladies, les réflexions, tout l'enfonce plus profondément dans l'âme; elle se nourrit et s'enflamme par les remèdes mêmes qui guérissent et éteignent toutes les autres. On a vu des hommes, dans une décrépitude où à peine leur restait-il assez de force pour soutenir un cadavre tout prêt à retomber en poussière, ne conserver dans la défaillance totale des facultés de leur âme, un reste de sensibilité, et, pour ainsi dire, de signe de vie, que pour cette indigne passion; elle seule se soutenir, se ranimer sur les débris de tout le reste; le dernier soupir être encore pour elle; les inquiétudes des derniers moments la regarder encore; et l'infortuné qui meurt, jeter encore des regards mourants qui vont s'éteindre, sur un argent que la mort lui arrache, mais dont elle n'a pu arracher l'amour de son cœur.

Discours synodaux.

IV. La Dureté envers les Indigents.

On accompagne souvent la miséricorde de tant de dureté envers les malheureux ; en leur tendant une main secourable, on leur montre un visage si dur et si sévère, qu'un simple refus eût été moins accablant pour eux qu'une charité si sèche et si farouche ; car la pitié, qui paraît touchée de leurs maux, les console presque autant que la libéralité qui les soulage. On leur reproche leur force, leur paresse, leurs mœurs errantes et vagabondes ; on s'en prend à eux de leur indigence et de leur misère ; et, en les secourant, on achète le droit de les insulter.

Mais s'il était permis à ce malheureux que vous outragez, de vous répondre ; si l'abjection de son état n'avait pas mis le frein de la honte et du respect sur sa langue : « Que me reprochez-vous ? vous di-
« rait-il ; une vie oiseuse et des mœurs inutiles et
« errantes ? Mais quels sont les soins qui vous oc-
« cupent dans votre opulence ? Les soucis de l'ambi-
« tion, les inquiétudes de la fortune, les mouve-
« ments de la volupté. Je puis être un serviteur inu-
« tile : n'êtes-vous pas vous-même un serviteur infi-
« dèle ? Ah ! si les plus coupables étaient les plus
« pauvres et les plus malheureux ici-bas, votre
« destinée aurait-elle quelque chose au-dessus de la
« mienne ? Vous me reprochez des forces dont je ne
« me sers pas : mais quel usage faites-vous des vôtres ?
« Je ne devrais pas manger parce que je ne travaille
« point : mais êtes-vous dispensé vous-même de cette
« loi ? N'êtes vous riche que pour vivre dans une

« indigne mollesse? Ah! Dieu jugera entre vous et
« moi; et, devant son tribunal redoutable, on verra
« si vos voluptés et vos profusions vous étaient plus
« permises que l'innocent artifice dont je me sers
« pour trouver du soulagement à mes peines. »

Offrons du moins aux malheureux des cœurs sensibles à leurs misères ; adoucissons du moins, par notre humanité, le joug de l'indigence, si la médiocrité de notre fortune ne nous permet pas d'en soulager tout-à-fait nos frères. Hélas! on donne dans un spectacle des larmes aux aventures chimériques d'un personnage de théâtre ; on honore des malheurs feints, d'une véritable sensibilité; on sort d'une représentation, le cœur encore tout ému du récit de l'infortune d'un héros fabuleux ; et votre frère que vous rencontrez au sortir de là, couvert de plaies, et qui veut vous entretenir de l'excès de ses peines, vous trouve insensible; et vous détournez vos yeux de ce spectacle de religion! et vous ne daignez pas l'entendre, et vous l'éloignez même rudement, et achevez de lui serrer le cœur de tristesse! Ame inhumaine! avez-vous donc laissé toute votre sensibilité sur un théâtre infâme? Le spectacle d'un homme souffrant n'offre-t-il rien qui soit digne de votre pitié?

Carême III.

V. La Médisance.

C'est un feu dévorant qui flétrit tout ce qu'il touche, qui exerce sa fureur sur le bon grain comme sur la paille, sur le profane comme sur le sacré; qui ne laisse, partout où il a passé, que la ruine et la désolation; qui creuse jusque dans les entrailles de la terre, et va s'attacher aux choses les plus cachées; qui change en de viles cendres ce qui nous avait paru, il n'y a qu'un moment, si précieux et si brillant; qui, dans le temps même qu'il paraît couvert et presque éteint, agit avec plus de violence et de danger que jamais; qui noircit ce qu'il ne peut consumer, et qui sait plaire et briller quelquefois avant que de nuire.

C'est un orgueil secret qui nous découvre la paille dans l'œil de notre frère, et nous cache la poutre qui est dans le nôtre; une envie basse, qui, blessée des talents ou de la prospérité d'autrui, en fait le sujet de sa censure, et s'étudie à obscurcir l'éclat de tout ce qui l'efface; une haine déguisée, qui répand sur ses paroles l'amertume cachée dans le cœur; une duplicité indigne, qui loue en face, et déchire en secret; une légèreté honteuse, qui ne sait pas se vaincre et se retenir sur un mot, et qui sacrifie souvent sa fortune et son repos à l'imprudence d'une censure qui sait plaire; une barbarie de sang-froid, qui va percer notre frère absent.

La medisance est un mal inquiet qui trouble la société, qui jette la dissension dans les cités, qui désunit les amitiés les plus étroites, qui est la source des haines et des vengeances, qui remplit tous les lieux où elle entre de désordre et de confusion; partout ennemie de la paix, de la douceur et de la politesse. Enfin, c'est une source pleine d'un venin mortel: tout ce qui en part est infecté, et infecte tout ce qui l'environne; ses louanges mêmes sont empoisonnées; ses applaudissements malins, son silence criminel, ses gestes, ses mouvements, ses regards, tout a son poison, et le répand à sa manière.

Ibid.

VI. La Vie humaine et les hommes.

Qu'est-ce que la vie humaine ? qu'une mer furieuse et agitée, où nous sommes sans cesse à la merci des flots, et où chaque instant change notre situation, et nous donne de nouvelles alarmes. Que sont les hommes eux-mêmes ? que les tristes jouets de leurs passions insensées et de la vicissitude éternelle des évènements. Liés par la corruption de leur cœur à toutes les choses présentes, ils sont avec elles dans un mouvement perpétuel : semblables à ces figures que la roue rapide entraîne, ils n'ont jamais de consistance assurée ; chaque moment est pour eux une situation nouvelle ; ils flottent au gré de l'inconstance des choses humaines ; voulant sans cesse se fixer dans les créatures, et sans cesse obligés de s'en déprendre ; croyant toujours avoir trouvé le lieu de leur repos, et sans cesse forcés de recommencer leur course ; lassés de leurs agitations, et cependant toujours emportés par le tourbillon, ils n'ont rien qui les fixe, qui les console, qui les paye de leurs peines, qui leur adoucisse le chagrin des évènements ; ni le monde qui le cause, ni leur conscience qui le rend plus amer, ni l'ordre de Dieu contre lequel ils se révoltent. Ils boivent jusqu'à la lie toute l'amertume de leur calice ; ils ont beau le verser d'un vase dans un autre, se consoler d'une passion par une passion nouvelle, d'une perte par un nouvel attachement, d'une disgrace par de nouvelles espérances, l'amertume les suit partout; ils changent de situation, mais ils ne changent pas de supplice.

Mystères.

MAURY (JEAN - SIFFREIN), naquit à Valréas, petite ville du comtat Venaissin, le 26 juin 1746. Son père était cordonnier, et dans une condition fort éloignée de l'aisance. Mais le jeune Maury, ayant montré des talents précoces, fut destiné au ministère de l'église, qui a souvent retiré de l'obscurité des génies supérieurs condamnés par leur naissance à des professions manuelles. Combien de grands hommes ont commencé par servir la messe au curé de leur village, et n'ont dû qu'à ses instructions gratuites leur élévation et leur fortune! Tels furent les commencements du cardinal Maury. Après s'être distingué dans ses premières études au collège de Valréas, il fut admis dans le séminaire de Saint-Charles à Avignon, d'où il passa à celui de Sainte-Garde. Sans y négliger les études prescrites, il quittait souvent les livres de théologie pour se livrer à des lectures moins arides. La littérature et l'éloquence occupaient déjà presque toutes ses pensées, et son imagination s'enflammait d'avance à l'espoir des plus brillants succès. Avant l'âge de vingt ans, il vint à Paris, et trouva moyen de s'y fixer comme instituteur particulier. L'*Éloge funèbre du Dauphin*, et l'*Éloge de Stanislas*, qu'il composa à cette époque, annonçaient déjà son talent comme

écrivain. Il fit encore mieux ses preuves l'année suivante, en concourant pour les prix de l'Académie française, qui avait proposé l'*Éloge de Charles V* et *les Avantages de la paix*. Promu aux ordres sacrés, Maury travailla pour la chaire, et confirma la gloire de ses premiers essais par les *Panégyriques de saint Louis* et *de saint Augustin*, prononcés, l'un en présence de l'Académie, l'autre devant l'assemblée du clergé. Bientôt il eut l'honneur de prêcher à Versailles devant le roi. C'était déjà beaucoup pour sa gloire, mais trop peu pour sa fortune. L'art de parvenir n'était pas alors moins compliqué qu'aujourd'hui, et la coterie des encyclopédistes, devant qui tout genou fléchissait, affichait des préférences singulièrement exclusives. L'abbé Maury, par une habileté de conduite trop souvent démentie depuis, sut ménager tous les esprits sans compromettre son caractère ni ses principes. L'abbé de Boismont, dont il gagna l'amitié, lui résigna le prieuré de Lions qui valait 20,000 livres de rente. Ils composèrent ensemble les *Lettres secrètes sur l'état du clergé en France*. En 1785, Maury remplaça à l'Académie Le Franc de Pompignan, et fut encore assez adroit pour faire son éloge sans trop indisposer un auditoire où les philosophes étaient en majorité : on admira la modeste simplicité de son exorde ; on reconnut sur-tout l'empreinte d'une belle imagination dans l'éloge de Louis XIV, « en-
« touré de tous les grands hommes de son siècle
« et apparaissant au milieu de ce cortège aux re-
« gards de la postérité. »

Bientôt la convocation des états généraux ouvrit une carrière plus vaste à son éloquence. Maury défendit les intérêts du clergé et de la noblesse avec une énergie qui semblait acquérir des forces nouvelles à mesure que le parti contraire gagnait du terrain. Les plébéiens menaçaient sa vie ; il avait pris des mesures pour sortir du royaume ; mais arrêté à Péronne, il fut obligé de reprendre son poste dans l'assemblée, où il continua à balancer avec plus de courage que de succès l'impétueuse faconde de Mirabeau. Souvent poursuivi en revenant de la tribune, par le peuple des rues, Maury dut son salut à sa bonne contenance ou à d'heureuses réparties. Quelques forcenés criaient autour de lui : « L'abbé « Maury à la lanterne. — Y verrez-vous plus clair ? « leur répondit-il. » D'autres *voulaient l'envoyer dire la messe à tous les diables.* « Soit, leur dit Maury, « mais vous viendrez me la servir ; voici mes bu- « rettes. » C'étaient deux pistolets, dont l'aspect imprévu rendit sa réponse encore plus significative.

Après la séparation de l'assemblée constituante, il se rendit en Allemagne, auprès des chefs de l'émigration, et de là à Rome, où Pie VI le nomma archevêque *in partibus* de Nice. Député par la cour de Rome à Francfort pour assister à l'élection de l'empereur François II, il obtint, à son retour, l'évêché de Montefiascone et de Cornetto, et fut enfin élevé au cardinalat en 1794. L'invasion des Français en Italie l'obligea de se refugier à Venise, et de là à Saint-Pétersbourg. En 1799, les succès des Russes lui permirent de revenir à Venise pour assister au conclave qui donna un successeur à Pie VI : il résida ensuite à Rome comme ambassadeur de Louis XVIII, alors réfugié à Mittau. L'élévation de Napoléon à l'empire fut pour le cardinal Maury le plus dangereux écueil qu'il ait rencontré dans sa longue et orageuse carrière. En 1804, il adressa au nouvel empereur des félicitations qui ne démontraient pas l'invariabilité de ses principes, mais qui lui furent sans doute arrachées par l'extrême désir qu'il éprouvait de revoir la France après un si long exil : il obtint en effet la permission de venir à Paris en 1806. Ce premier pas l'entraîna probablement plus loin qu'il n'avait prévu. Séduit par des promesses et gagné par Fouché, il accepta une place d'aumônier de Jérôme, qui lui-même espérait une couronne. L'Institut lui ouvrit ses portes, et le cardinal voulut, contre l'usage, être traité *d'éminence* parmi ses pairs académiques. D'autres honneurs l'attendaient encore. Napoléon, après avoir suffisamment sondé ses dispositions, le nomma archevêque de Paris, de préférence au cardinal Fesch, dont il n'attendait pas la même docilité. Le rôle que joua le nouvel archevêque lui concilia très peu de suffrages, soit dans le monde, soit dans l'église; ses mandements et ses sermons, consacrés à commenter les bulletins des armées, soutinrent mal son ancienne réputation oratoire; et le cardinal aurait pu se dire à lui-même ce que chacun disait autour de lui : *Quantùm mutatus ab illo!* A l'époque de l'occupation de Paris par les alliés, il éprouva diverses mortifications qui le déterminèrent à reprendre la route de Rome. Le pape le fit enfermer dans le château Saint-Ange ; il y demeura six mois, et six autres mois chez les lazaristes. Le diocèse de Montefiascone fut confié à un vicaire apostolique, et Maury fut exclu des réunions du sacré collége. Condamné à passer dans la retraite le peu de jours qui lui restaient à vivre, cet illustre cardinal termina, le 10 mai 1817, une vie qui ne fut pas, comme on l'a dit de J.-B. Rousseau, *trop longue de moitié*, mais de laquelle il faudrait supprimer dix ans pour en effacer une grande tache.

Ses ouvrages les plus remarquables, comme orateur sacré, sont : 1° *Essai sur l'Éloquence de la Chaire*, traité devenu classique, quoique l'auteur n'y rende pas entièrement justice à Massillon, qu'il accuse d'avoir corrompu l'éloquence de la chaire ; 2° *Panégyrique de saint Louis*, 1773 ; 3° *Panégyrique de saint Augustin*, 1775 ; 4° *Discours préliminaire* placé en tête des Sermons de Bossuet : comme orateur profane, 5° *Éloge de Fénelon*, qui a obtenu l'accessit à l'Académie en 1771 ; 6° *Discours de réception* à l'Académie, 1786 ; 7° *Discours de réception* à l'Institut, 1807. Les ouvrages précédents ont été rassemblés en 2 vol. in-8°, 1810. Maury a composé aussi le *Panégyrique de saint Vincent de Paule*, considéré comme son chef-d'œuvre, mais encore inédit. Parmi ses discours politiques, on cite, comme dignes d'être conservés, ceux qu'il prononça sur le *veto* du roi, sur les pensions, sur l'impôt, sur le droit de faire la paix et la guerre, qu'il réclamait pour le roi, etc. Ces grands débats inspirèrent à

Maury des morceaux d'éloquence qui firent sa réputation dans l'Europe, et qu'on ne relirait pas sans quelque fruit; mais il y a une sorte d'instabilité inhérente à tout ce que produisent les révolutions. Les discours de tribune semblent condamnés par leur nature, ou plutôt par notre indifférence, à n'avoir point de lendemain; et plus ils sont remplis de cet intérêt particulier qui absorbe un instant l'attention publique, moins il leur est donné de survivre à la discussion qui les a fait naître.

Favier.

JUGEMENTS.

I.

Je dois vous faire connaître l'abbé Maury en qualité d'homme public, et tel que ses ennemis eux-mêmes n'ont pu s'empêcher de le voir : invariable dans les principes de la justice et de l'humanité; défenseur intrépide du trône et de l'autel, aux prises tous les jours avec les Mirabeau et les Barnave; en butte aux clameurs menaçantes du peuple des tribunes; exposé aux insultes et aux poignards du peuple du dehors, et assuré que les principes dont il plaidait la cause succomberaient sous le plus grand nombre; tous les jours repoussé, tous les jours sous les armes sans que la certitude d'être vaincu, le danger d'être lapidé, les clameurs, les outrages d'une populace effrénée, l'eussent jamais ébranlé ni lassé. Il souriait aux menaces du peuple, il répondait par un mot plaisant ou énergique aux invectives des tribunes, et revenait à ses adversaires avec un sang-froid imperturbable.

L'ordre de ses discours, faits presque tous à l'improviste, et durant des heures entières, l'enchaînement de ses idées, la clarté de ses raisonnements, le choix et l'affluence de son expression, juste, correcte, harmonieuse, et toujours animée, sans aucune hésitation, rendaient comme impossible de se persuader que son éloquence ne fût pas étudiée et préméditée ; et cependant la promptitude avec laquelle il s'élançait à la tribune et saisissait l'occasion de parler, forçait de croire qu'il parlait d'abondance.

J'ai moi-même été plus d'une fois témoin qu'il dictait de mémoire le lendemain ce qu'il avait prononcé la veille, en se plaignant que dans ses souvenirs sa vigueur était affaiblie et sa chaleur éteinte. « Il n'y a, disait-il, que le feu et la verve de la tri-« bune qui puissent nous rendre éloquents. »

MARMONTEL, Mémoires.

II.

L'*Essai sur l'Éloquence de la Chaire*, de l'abbé Maury, est écrit avec autant de sagesse que de goût. Ses discours sacrés, et principalement son *Panégyrique de saint Vincent de Paule*, prouvent qu'il n'est pas moins heureux à donner des exemples qu'à rappeler les vrais principes. Personne n'a parlé de Bossuet plus dignement, sans être injuste envers Fénelon. Il faut consulter l'ouvrage même, et voir avec quelle force l'auteur s'élève contre la fausse chaleur et les déclamations convulsives de nos charlatans d'éloquence : « Veux-tu savoir, dit-il, « ce qui est froid ? c'est tout ce qui est exagéré. »

PALISSOT, Mémoires sur la Littérature.

III.

L'*Essai sur l'Éloquence de la Chaire* s'étend par la généralité des principes, et même par la variété des applications, à tous les genres dans lesquels peut s'exercer et se développer le génie oratoire. Les orateurs qui sont appelés à protéger de leur talent le bon droit et la justice dans les luttes du barreau, ne le liront pas avec moins de fruit que ceux mêmes qui, du haut des chaires chrétiennes, doivent consacrer le ministère de la parole au triomphe de la morale évangélique. C'est un très bon livre de littérature, autant qu'un traité spécial; et l'on ne peut le parcourir sans se sentir enflammé d'un amour plus vif pour les lettres, et d'une ardeur favorable au développement du talent. Le grand nombre de beaux exemples et d'extraits brillants dont il est orné, remet agréablement sous les yeux tout ce que l'éloquence française a produit de plus doux, de plus noble, de plus pathétique, de plus énergique, tout ce qui élève les Bossuet, les Fléchier, les Bourdaloue, les Massillon, les Fénelon au niveau des hommes les plus éloquents de l'antiquité; les missionnaires eux-mêmes n'ont point été oubliés : les missionnaires qui, dans leur éloquence négligée, inculte et sauvage, ont eu quelquefois des élans sublimes.

La manière du cardinal Maury est aussi riche que celle de Thomas est aride; son expression est aussi vive et aussi entraînante que celle de l'auteur *de l'Essai sur les Éloges* est froide et lente : chacune des phrases de Thomas a trop l'air d'avoir été méditée, combinée, faite à part; chacune de ses pensées semble trop indépendante de celles qui la précèdent et de celles qui la suivent. Thomas n'a que deux méthodes qui sont deux excès : tantôt il fait des périodes infinies, qui remplissent des pages entières; tantôt il procède par phrases coupées et détachées les unes des autres. Tout est fondu d'un seul jet dans le style de M. le cardinal Maury : tout est lié, tout marche d'ensemble; Thomas, dans la pompe toujours affectée de sa diction, est toujours froid; M. le cardinal Maury, dans l'abandon de son éloquence, quelquefois un peu négligée, se fait pardonner quelques incorrections, quelques traits d'un goût moins pur, à force de chaleur, de verve et d'intérêt : peu d'ouvrages de littérature et de critique offrent une lecture plus attachante que l'*Eloquence de la Chaire*.

Dussault, *Annales littéraires*.

IV.

M. l'abbé Maury fait une analyse abrégée de toutes les parties relatives à l'éloquence de la chaire; il n'en omet aucune, depuis l'invention jusqu'au geste, et saisit dans chaque objet les points essentiels. Dans ce plan, il était impossible qu'il ne répétât pas quelquefois ce qui avait été dit. Il eût peut-être été plus piquant et plus agréable de ne prendre que la fleur du sujet, et de ne donner qu'un essai sur ce qu'il y a de plus important dans les études de l'orateur chrétien. Mais M. l'abbé

Maury a cru qu'un Traité complet serait plus utile à ceux qui courent la même carrière que lui. D'ailleurs, toutes les parties qu'il embrasse sont discutées avec esprit et avec intérêt. Il écrit en homme fait pour donner le précepte et l'exemple, et pour parler avec affection d'un art qu'il a cultivé avec succès. Il sait proportionner son ton aux matières qu'il traite, et c'est avec énergie qu'il peint l'énergie de Démosthène.

« Il parle (dit-il) non comme un écrivain élégant
« qui veut être admiré, mais comme un homme
« passionné que la vérité tourmente, comme un
« citoyen menacé des plus grands malheurs, et qui
« ne peut plus contenir les transports de son indi-
« gnation contre les ennemis de la patrie. C'est
« l'athlète de la raison : il la défend de toutes les
« forces de son génie, et la tribune où il parle de-
« vient une arène. Il subjugue à la fois ses auditeurs,
« ses adversaires, ses juges : il ne paraît point cher-
« cher à vous attendrir : écoutez-le cependant, et
« *il vous fera pleurer par réflexion*. Il accable ses
« concitoyens de reproches ; mais alors il n'est que
« l'interprète de leurs propres remords. Réfute-t-il
« un argument, il ne discute point, il propose une
« simple question pour toute réponse, et l'objection
« ne reparaîtra jamais. Veut-il soulever les Athé-
« niens contre Philippe, ce n'est plus un orateur
« qui parle, c'est un général, c'est un roi, c'est un
« prophète, c'est l'ange tutélaire de la patrie ; et
« quand il menace ses concitoyens de l'esclavage,
« on croit entendre retentir dans le lointain, de dis-

« tance en distance, le bruit des chaînes que leur
« apporte le tyran. »

J'avoue que je n'entends pas comment un orateur *fait pleurer par réflexion*. Si les larmes ne coulent pas pendant qu'il parle, comment se flatter qu'elles couleront après ? Le moment où il est dans la tribune est celui de sa force. L'effet qu'il produit est puissant ; mais il est rapide et momentané. *Nil citiùs arescit lacrymâ*, dit Cicéron lui-même en parlant des pleurs que l'éloquence arrache ; il convient que *rien ne se sèche plus vite*. Pourquoi, d'ailleurs, parler de larmes à propos de Démosthène ? Son objet n'était pas d'en faire répandre ; et M. l'abbé Maury doit être au-dessus de ce défaut trop commun, d'attribuer toutes les qualités à l'homme qu'on loue, au lieu de se borner à caractériser celles qu'il a. M. l'abbé Maury, sachant faire l'un, pouvait se dispenser de l'autre[*].

On ne trouve point ce défaut dans le portrait de Bossuet, naturellement amené par celui de Démosthène, mais dans lequel il y a quelques répétitions.

« Au nom de Démosthène, mon admiration me
« rappelle l'homme le plus éloquent de ma nation.
« Que l'on se représente un de ces orateurs que Ci-
« céron appelle véhéments et *en quelque sorte tra-
« giques*, qui, emportés par une éloquence passion-
« née, s'élèvent au-dessus des règles et des modèles,

---

[*] Ce portrait de Démosthène, trop vanté à mon avis, et trop souvent cité, est bien moins vrai, bien moins éloquent, moins digne du génie qu'il célèbre, que celui qu'en a tracé Fénelon et que nous avons rapporté t. VIII, p. 137 de notre *Répertoire*.　　　　　　　　　H P.

« et portent l'art à toute la hauteur de leur propre
« génie; un orateur qui monte au haut des cieux,
« d'où il descend avec ses vastes pensées pour s'as-
« seoir sur les bords d'un tombeau, et abattre l'or-
« gueil des princes et des rois devant le Dieu qui,
« après les avoir distingués un moment sur la terre,
« les confond à jamais dans la poussière commune;
« Un écrivain qui se crée une langue aussi nouvelle
« que ses idées, qui donne à ses expressions un tel
« caractère d'énergie, qu'on croit l'entendre quand
« on le lit, et à son style une telle majesté d'élocu-
« tion, que l'idiome dont il se sert semble se trans-
« former et s'agrandir sous sa plume; un apôtre
« qui instruit l'univers en célébrant les plus illus-
« tres de ses contemporains, qu'il rend eux-mêmes,
« du fond de leur cercueil, les prédicateurs de tous
« les siècles; qui répand la consternation en ren-
« dant pour ainsi dire présents les malheurs qu'il
« raconte, et qui, en déplorant la mort d'un seul
« homme, montre à découvert le néant de la gran-
« deur humaine; enfin, un orateur dont les dis-
« cours, animés par le génie le plus ardent et le
« plus original, sont, en éloquence, des ouvrages
« classiques, qu'il faut étudier sans cesse, comme
« dans les arts on va former son goût à Rome sur
« les chefs-d'œuvre de Raphaël et de Michel-Ange.
« Voilà le Démosthène français, voilà Bossuet. On
« peut appliquer à ses écrits oratoires l'éloge que
« Quintilien donnait au Jupiter de Phidias, lors-
« qu'il disait que cette statue avait ajouté à la re-
« ligion des peuples. »

Il y a un rapport marqué entre quelques traits de ce tableau et ceux dont on a peint Corneille dans l'éloge de Racine. Corneille, dit-on dans cet éloge, éleva notre langue à la hauteur de ses idées ; il l'enrichit de tournures mâles et vigoureuses, qui n'étaient que l'expression de sa propre force, etc. On n'observe ce rapport que parce qu'il a dû se trouver entre deux hommes qui tous deux ont porté un esprit de création, l'un dans notre poésie, l'autre dans notre prose.

Un des endroits les plus curieux et les plus intéressants de ces discours, est celui qui regarde saint Vincent de Paule. Comme les faits qu'il renferme sont aussi touchants qu'ils sont peu connus, nous croyons remplir un devoir respectable en contribuant à étendre la mémoire des vertus, et les lecteurs sensibles ne nous reprocheront pas d'avoir transcrit ce morceau tout entier.

« Il fut successivement esclave à Tunis, précepteur du cardinal de Retz, curé de village, aumônier-général des galères, principal de collège, chef des missions et adjoint au ministère de la feuille des bénéfices. Il institua en France les Séminaristes, les Lazaristes, les filles de la Charité, qui se dévouent au soulagement des malheureux, et qui ne changent presque jamais d'état, quoique leurs vœux ne les lient que pour un an. Il fonda des hôpitaux pour les enfants trouvés, pour les orphelins, pour les forçats, et pour les vieillards.

« Il exerça pendant quelque temps un ministère de zèle et de charité sur les galères. Il vit un jour

« un malheureux forçat qui avait été condamné à
« trois années de captivité pour avoir fait la contre-
« bande, et qui paraissait inconsolable d'avoir laissé
« dans la plus extrême misère sa femme et ses en-
« fants. Vincent de Paule, vivement touché de sa
« situation, offrit de se mettre à sa place; et, ce
« qu'on aura peine sans doute à concevoir, l'échange
« fut accepté. Cet homme vertueux fut enchaîné
« dans la chiourme des galériens, et ses pieds res-
« tèrent enflés, pendant le reste de sa vie, du poids
« de ces fers honorables qu'il avait portés.

« Lorsque ce grand homme vint à Paris, on
« vendait les enfants trouvés, dans la rue Saint-
« Landry, vingt sous la pièce, et on les donnait par
« charité, dit-on, aux femmes malades qui avaient
« besoin de ces innocentes créatures pour leur faire
« sucer un lait corrompu. Ces enfants, que le gou-
« vernement abandonnait à la pitié publique, péris-
« saient presque tous; et ceux qui échappaient par
« hasard à tant de dangers, étaient introduits fur-
« tivement dans des familles opulentes pour dé-
« pouiller les héritiers légitimes; ce qui fut pendant
« plus d'un siècle une source intarissable de procès,
« dont on voit les détails dans les compilations de
« nos anciens jurisconsultes. Vincent de Paule four-
« nit d'abord les fonds pour nourrir douze de ces
« enfants : bientôt sa charité soulagea tous ceux
« qu'on trouvait aux portes des églises; mais cette
« nouvelle ferveur, qu'inspire toujours un nouvel
« établissement, s'étant refroidie, les secours man-
« quèrent entièrement, et les outrages faits à l'hu-

« manité allaient recommencer. Vincent de Paule
« ne se découragea pas. Il convoqua une assemblée
« extraordinaire; il fit placer dans l'église un grand
« nombre de ces malheureux enfants; et, montant
« aussitôt en chaire, il prononça, les yeux baignés
« de larmes, ce discours qui fait autant d'honneur
« à son éloquence qu'à sa piété, et que je transcris
« fidèlement de l'histoire de sa vie, composée par
« M. Abelli, évêque de Rhodez.

— « Or sus, Mesdames, la compassion et la cha-
« rité vous ont fait adopter ces petites créatures
« pour vos enfants. Vous avez été leurs mères selon
« la grace, depuis que leurs mères selon la nature
« les ont abandonnés : voyez maintenant si vous
« voulez les abandonner. Cessez à présent d'être
« leurs mères pour devenir leurs juges. Leur vie et
« leur mort sont entre vos mains. Je m'en vais
« prendre les voix et les suffrages. Il est temps de
« prononcer leur arrêt, et de savoir si vous ne
« voulez plus avoir de miséricorde pour eux. Ils
« vivront, si vous continuez d'en prendre un soin
« charitable, et ils mourront tous, si vous les dé-
« laissez.

— « On ne répondit à cette pathétique exhorta-
« tion que par des sanglots; et le même jour, dans
« la même église, au même instant, l'hôpital des
« Enfants-Trouvés de Paris fut fondé, et doté de
« quarante mille livres de rente. »

Si jamais homme a mérité un éloge public, c'est
sans doute saint Vincent de Paule. Celui de *saint
Augustin*, prononcé devant l'assemblée du clergé

par M. l'abbé Maury, prouverait seul un talent très distingué. Le sujet est bien conçu, bien développé; la marche des idées est nette et sûre; le style a de la noblesse, de la force, des mouvements, et la diction est élégante et travaillée. On en jugera par le début de la première partie, le seul morceau que nos limites étroites nous permettent de transcrire.

« Représentons-nous, à la naissance d'Augustin,
« l'Europe inondée de barbares; le trône des Césars
« transporté ou plutôt enseveli dans l'Orient; des
« usurpateurs sans génie se *disputant* un diadème
« avili et toujours *flottant* sur le front d'un fantôme
« sans autorité; Rome déchue, je ne dis pas seule-
« ment de son antique liberté, mais encore de cette
« brillante servitude dont elle osa s'énorgueillir
« lorsque les premiers empereurs daignaient encore
« flatter sa fierté en lui présentant le frein, et les
« descendants des arbitres du monde ne connaissant
« déjà plus d'autres révolutions que les changements
« d'oppresseurs; les Gaules, ravagées par des sédi-
« tions intestines, qui ravirent à cette malheureuse
« contrée ses lois, ses mœurs, ses habitants, et jus-
« qu'à son nom; le christianisme, agité par les longues
« secousses que lui *imprimèrent* ses désastres et ses
« victoires, s'appuyant alors sur le sceptre de Cons-
« tantin; toutes les religions de l'univers ébranlées
« à la fois à l'approche de l'Évangile, et chaque en-
« thousiaste voulant former de leurs débris de nou-
« veaux cultes : espèce d'anarchie religieuse, où
« toutes les opinions engendrèrent des sectes, et où

« les hérétiques forcèrent l'Église, encore dégout-
« tante du sang de ses martyrs, de regretter la hache
« de ses anciens tyrans. »

On dit bien *imprimer* un mouvement : dit-on *imprimer* une secousse ? On voit, au reste, que l'auteur a imité très heureusement cette belle expression de Tacite : *In tantùm non modò à libertate, sed etiam à servitute degeneravimus.*

Nous ne pouvons mieux terminer cet article que par deux anecdotes sur Fénelon, rapportées dans les notes qui suivent l'*Éloge* de ce grand homme. Elles ont un caractère de simplicité et de liberté qui font aimer de plus en plus cet homme si aimable.

« De retour à Cambrai, il confessait assidument
« et indistinctement dans sa métropole toutes les
« personnes qui s'adressaient à lui. Il y disait la messe
« tous les samedis. Un jour, il aperçut, au moment
« où il allait monter à l'autel, une pauvre femme,
« fort âgée, qui paraissait vouloir lui parler. Il s'ap-
« proche d'elle avec bonté, et l'enhardit par sa dou-
« ceur à s'exprimer sans crainte. *Monseigneur*, lui
« dit-elle en pleurant et en lui présentant une pièce
« de douze sous, *je n'ose pas, mais j'ai beaucoup*
« *de confiance dans vos prières. Je voudrais vous*
« *prier de dire la messe pour moi. Donnez, ma bonne,*
« lui dit Fénelon en recevant son offrande, *votre*
« *aumône sera agréable à Dieu. Messieurs*, dit-il
« ensuite aux prêtres qui l'accompagnaient pour le
« servir à l'autel, *apprenez à honorer votre ministère.*
« Après la messe il fit remettre à cette femme une
« somme assez considérable, et lui promit de dire

« une seconde messe le lendemain à son intention. »

Pendant que l'armée des alliés était maîtresse d'une partie de la Flandre, des villages entiers se retirèrent dans la métropole, et l'archevêque lui-même ouvrit son palais pour recevoir ces malheureux habitants de la campagne, chassés de leurs possessions.

« Il vit un paysan, jeune encore, qui ne mangeait
« point, et qui paraissait profondément affligé. Fé-
« nelon vint s'asseoir à ses côtés pour le distraire.
« Il lui dit qu'on attendait des troupes le lendemain ;
« qu'on chasserait les ennemis, et qu'il retournerait
« bientôt dans son village. *Je n'y trouverai plus ma*
« *vache*, répondit le paysan. *Ce pauvre animal me*
« *donnait beaucoup de lait, et nourrissait mon père,*
« *ma femme et mes enfants.* Fénelon promit alors de
« lui donner une autre vache, si les soldats s'empa-
« raient de la sienne; mais après avoir fait d'inutiles
« efforts pour le consoler, il voulut avoir une indi-
« cation précise de la chaumière qu'habitait ce pay-
« san à une lieue de Cambrai. Il partit ensuite à dix
« heures du soir à pied, avec son sauf-conduit et un
« seul domestique; il se rendit à ce village, ramena
« lui-même la vache à Cambrai vers le milieu de la
« nuit, et alla sur-le-champ en donner avis à ce
« pauvre laboureur. »

On voit que ce recueil peut intéresser les lecteurs de plus d'une manière. On doit le placer dans le petit nombre des livres estimables dans le genre oratoire, et son auteur parmi les bons écrivains et nos vrais littérateurs.

On peut faire quelques reproches fondés à M. l'abbé Maury. Il semble ne pas rendre assez de justice à Massillon, l'un des écrivains chez qui notre langue a le plus de richesse, de douceur et de charme. Il l'oppose à Bossuet dans l'oraison funèbre, et cite en parallèle deux morceaux où l'évêque de Meaux paraît incomparablement supérieur. Mais pourquoi juger un écrivain dans un genre où l'on sait qu'il n'a jamais réussi ? Massillon n'a jamais saisi le caractère de l'oraison funèbre, et en général le genre de son éloquence le portait moins à l'élévation des idées et à la magnificence du style qu'aux effets du pathétique et aux développements du cœur humain. C'est le Racine de la chaire, comme on l'a dit : *Non omnia possumus omnes*. Si Massillon n'est pas comparable à Bossuet dans l'oraison funèbre, M. l'abbé Maury croit-il que Bossuet dans ses sermons soutînt mieux la comparaison avec Massillon (*) ? *Ce dernier*, dit-il, *est au-dessus de sa propre renommée, comme orateur*. J'avoue que je ne

---

* Il le croyait sans doute, et ne s'en est pas caché. Il est permis d'être de son avis. La plupart des sermons de Bossuet ne sont que des ébauches préparées pour la chaire, et que le génie facile de ce grand homme achevait devant ses auditeurs ; mais ceux auxquels il a mis la dernière main sont des morceaux pour le moins comparables aux beaux discours de Massillon. Tels sont les sermons sur la *Providence*, sur l'*Immortalité de l'âme*, etc. La gloire qu'il s'est acquise par ses oraisons funèbres, a éclipsé celle qu'il s'était faite comme prédicateur. Il n'en a pas moins été le créateur de l'éloquence française dans le sermon, le précurseur et le maître de Bourdaloue et de Massillon. On peut voir ce que dit M. le cardinal de Bausset du mérite de ces beaux ouvrages, de l'espèce d'oubli où ils tombèrent même du vivant de l'orateur, et du jugement trop sévère qu'en porte La Harpe. (*Histoire de Bossuet*, liv. II, p. 125 et suiv.) H. P.

suis nullement de cet avis, et je doute que beaucoup de gens de lettres en soient. Au contraire, je regarde Massillon, dans le genre de la prédication, comme le premier des orateurs ; car c'est lui qui a le mieux atteint le but de ce genre d'éloquence, celui d'émouvoir les cœurs et de faire aimer la morale évangélique. Comme prédicateur, il parle à l'âme, et comme écrivain il nous charme; que faut-il de plus?

Tous les beaux sermons de son *Carême*, que M. l'abbé Maury lui-même cite comme ses chefs-d'œuvre, et qui le sont en effet, ne suffisent-ils pas pour le placer au premier rang? Que peut-on leur opposer? Trois ou quatre morceaux où Bourdaloue s'est élevé à la véritable éloquence sont encore loin, à mon gré, de balancer les chefs-d'œuvre de l'évêque de Clermont. Il est lu même des gens du monde, et Bourdaloue ne l'est guère que des prédicateurs. C'est que le dernier écrit presque toujours en théologien, et qu'il met la dialectique à la place de l'éloquence. Son style est le plus souvent d'une austérité sèche. Sa force est dans les raisonnements ; elle devrait être dans les mouvements, car la véritable victoire des orateurs chrétiens n'est pas de convaincre, mais bien plutôt de persuader.

On pourrait aussi relever quelques inexactitudes dans le style de M. l'abbé Maury, quelques incorrections, comme par exemple, lorsqu'il fait d'*intercéder*, un verbe actif : *que nos vœux l'intercèdent.* On dit intercéder auprès de quelqu'un : ce verbe est neutre. Mais ces fautes sont rares, et la diction de l'auteur est soignée.

La Harpe, *Cours de Littérature.*

MORCEAUX CHOISIS.

Voyez les jugements du cardinal Maury, sur Bossuet, Bourdaloue, Démosthène, Fénelon, etc., à ces divers articles.

MAYNARD (François), poète français, naquit à Toulouse en 1582 de Claude Maynard, savant conseiller au parlement de cette ville. Il se forma, ainsi que Racan, à l'école de Malherbe qui disait : « Maynard a plus de tour, et Racan a plus de force; « de tous les deux on ferait un grand poète. » Charmée de son esprit, la reine Marguerite, première femme du roi Henri IV, se l'attacha en qualité de secrétaire.

Vers l'an 1634, Maynard suivit le duc de Noailles dans son ambassade à Rome. C'est là qu'il sut se concilier l'amitié et les bonnes graces du cardinal Bentivoglio et du pape Urbain VIII.

Nommé à la même époque, membre de l'Académie française, Maynard, quoique d'un mérite éminent, ne put individuellement participer aux bontés du fondateur, le cardinal de Richelieu, tandis que les Bois-Robert, les Colletet et autres étaient comblés de ses faveurs. Le pauvre poète lui adressa un jour les beaux vers dont l'idée semble avoir été suggérée, suivant Luneau de Boisgermain, par un endroit de l'*Hécube* d'Euripide, acte II, scène dernière :

>Armand, l'âge affaiblit mes yeux,
>Et toute ma chaleur me quitte :
>Je verrai bientôt mes aïeux
>Sur le rivage du Cocyte.
>Là, je serai l'un des suivants
>De ce bon monarque de France [*],
>Qui fut le père des savants
>Dans un siècle plein d'ignorance.
>Dès que j'approcherai de lui,
>Il faudra que je lui raconte
>Tout ce que tu fais aujourd'hui
>Pour combler l'Espagne de honte.
>Je contenterai son désir
>Par le beau récit de ta vie,
>Et charmerai le déplaisir
>Du malheureux jour de Pavie ;
>Mais s'il demande à quel emploi
>Tu m'as occupé dans le monde,
>Et quel bien j'ai reçu de toi,
>Que veux-tu que je lui réponde ?

Rien ; répondit brusquement l'orgueilleux cardinal. Découragé par cet injuste refus, auquel il ne devait pas s'attendre, Maynard quitta Paris, emportant dans son cœur aigri le désespoir et la honte ; mais il se vengea, et du fond de sa province, il ne cessa de harceler son ennemi par des épigrammes aussi mordantes qu'ingénieuses. Celle-ci mérite d'être rapportée :

>Par votre humeur le monde est gouverné,

---

[*] François 1er, restaurateur des lettres.

Vos volontés font le calme ou l'orage:
Vous riez fort de me voir confiné,
Loin de la cour*, dans mon petit ménage.
Cléomédon, mes désirs sont contents,
Je trouve beau le désert où j'habite,
Et connais bien qu'il faut céder au temps,
Fuir** l'éclat, et devenir ermite.
N'est-ce donc *rien* que d'être tout à soi,
De n'avoir pas le fardeau d'un emploi,
D'avoir dompté la crainte et l'espérance?
Ah! si le sort, qui vous traite si bien,
Avait pitié de vous et de la France,
Votre bonheur serait égal au mien.

« Depuis la mort du cardinal, dit Voltaire, il dit dans
« d'autres vers que le tyran est mort, et qu'il n'en
« n'est pas plus heureux. Si le cardinal lui avait fait
« du bien, ce ministre eût été un dieu pour lui. Il
« n'est tyran que parce qu'il ne lui donna rien. C'est
« trop ressembler à ces mendiants qui appellent les
« passants, *Monseigneur*, et qui les maudissent s'ils
« n'en reçoivent pas d'aumône. Les vers de Maynard
« étaient fort beaux; il eût été plus beau de passer
« sa vie sans demander et sans murmurer. L'*épitaphe*
« qu'il fit pour lui-même est dans la bouche de tout
« le monde :

Las d'espérer et de me plaindre
Des muses, des grands et du sort,

---

* Aujourd'hui ce ne serait pas trop la peine qu'un poète fît remarquer qu'il vit loin de la cour: mais il faut se souvenir que du temps de Richelieu tous les poètes étaient courtisans, excepté le grand Corneille.

** *Fuir* était alors de deux syllabes. L'oreille apprit depuis à n'en faire qu'une.

C'est ici que j'attends la mort,
Sans la désirer ni la craindre [*].

« Les deux derniers vers sont la traduction de cet
« ancien vers latin :

Summum nec metuas diem nec optes.
MART. *Epigr.* X, 47.

« La plupart des beaux vers de morale sont des tra-
« ductions. Il est bien commun de ne pas désirer la
« mort ; il est bien rare de ne pas la craindre ; et il
« eût été grand de ne pas seulement songer s'il y a
« des grands au monde. » (*Siècle de Louis XIV.*)

Maynard avait fait graver ce quatrain sur la porte
de son cabinet à Aurillac. Comment Voltaire s'est-
il imaginé d'en faire une *épitaphe!* l'épitaphe s'inscrit sur un tombeau, et lorsqu'on y est descendu,
on n'attend plus la mort.

Sur la fin de ses jours, Maynard vint à Paris.
Souvent, dans la conversation, ses amis l'interrom-
paient pour lui dire : ce mot-là n'est plus d'usage.
Impatienté de leurs observations, il improvisa ces
vers :

En cheveux blancs il me faut donc aller
Comme un enfant tous les jours à l'école ?
Je serais fou d'apprendre à bien parler,
Lorsque la mort vient m'ôter la parole.

Il mourut le 28 décembre 1646, à 64 ans, avec le

---

[*] J. B. Rousseau a imité ces vers dans cette strophe de l'ode XLII du deuxième livre :

Je songe aux jours que j'ai passés,
Sans les regretter ni m'en plaindre ;
Je vois ceux qui me sont laissés,
Sans les désirer ni les craindre.

titre de conseiller d'état que le roi venait de lui accorder.

On a de lui des *Épigrammes*, des *Chansons*, des *Sonnets*, des *Odes*, des *Lettres* en prose, 1646 in-4°, et un poème intitulé *Philandre*, 1619 et 1623, in-12.

Le genre où il a le mieux réussi est l'épigramme. On rapporte à ce sujet qu'un illustre président au parlement de Toulouse, appelé Caminade, lui donnait chaque année un *Martial* pour étrennes.

Les critiques lui ont appliqué ce que Jules César Scaliger disait d'Erasme : « Homo ex alieno ingenio poeta, ex suo versificator. »

L'Académie des jeux floraux de Toulouse se fit gloire d'admettre dans son sein cet illustre compatriote, quoiqu'il n'eût pas concouru pour les prix, et lui décerna un Apollon d'argent.

« La diction est plus soignée dans les vers de Maynard que dans ceux de Racan, dit La Harpe, la langue s'y épure de plus en plus ; mais ses vers, plus travaillés, n'ont pas le caractère aimable de ceux de Racan. On a de lui des sonnets* et des épigrammes d'une bonne tournure et d'une expression choisie ; mais il est toujours un peu froid. Si jamais on a pu appliquer particulièrement à quelqu'un ces vers de Deshoulières, qui sont assez vrais de tout le monde,

Nul n'est content de sa fortune,
Ni mécontent de son esprit,

---

* Un sonnet sans défaut vaut seul un long poème......
A peine dans Gombaut, Maynard et Malleville,
En peut-on admirer deux ou trois entre mille.
  BOILEAU, *Art poétique*, chant II.

c'est sur-tout à Maynard. Il loue sans cesse son talent, et même un peu au-delà des libertés poétiques, et se plaint continuellement du peu de fruit qu'il en retira. C'est ce qu'on verra dans le sonnet suivant, qui peut d'ailleurs faire juger de sa manière d'écrire dans le genre noble, et de la clarté, de la correction et de la pureté de ses vers :

Mes veilles, qui partout se font des partisans,
N'ont pu toucher le cœur de ma grande princesse*,
Et le Palais-Royal va traiter mes vieux ans
De même que le Louvre a traité ma jeunesse.

Jamais un bon succès n'accompagna mes vœux,
Bien que ma voix me fasse un des cygnes de France :
Douze lustres entiers ont blanchi mes cheveux
Depuis que ma vertu se plaint de l'espérance.

Un si constant reproche à la fin m'a lassé,
Et je vois à regret, en mon âme glacée,
Que la faveur me fuit et que la cour me trompe.

Voisin comme je suis du rivage des morts,
A quoi me servirait d'acquérir des trésors,
Qu'à me faire enterrer *avecque* plus de pompe?

Ses deux pièces les plus connues et les meilleures sont celles qui regardent le cardinal de Richelieu; et malheureusement l'une est un éloge et l'autre une satire. » (*Cours de Littérature.*)

« Maynard, dit Voltaire, doit être compté parmi ceux qui ont annoncé le siècle de Louis XIV, il reste de lui un assez grand nombre de vers purement écrits. »

Félix Parent.

* La reine Anne.

MORCEAUX CHOISIS[*].

I. Ode.

Alcippe, reviens dans nos bois,
Tu n'as que trop suivi les rois
Et l'infidèle espoir dont tu fais ton idole :
Quelque bonheur qui seconde tes vœux,
Ils n'arrêteront pas le Temps qui toujours vole,
Et qui d'un triste blanc va peindre tes cheveux.

La cour méprise ton encens.
Ton rival monte et tu descends;
Et dans le cabinet le favori te joue.
Que t'a servi de fléchir les genoux,
Devant un dieu fragile et fait d'un peu de boue,
Qui souffre, et qui vieillit pour mourir comme nous?

Romps tes fers, bien qu'ils soient dorés.
Fuis les injustes adorés,
Et descends dans toi-même à l'exemple du sage,
Tu vois de près ta dernière saison;
Tout le monde connaît ton nom et ton visage,
Et tu n'es pas connu de ta propre raison.

Ne forme que de saints désirs,
Et te sépare des plaisirs
Dont la molle douceur te fait aimer la vie.
Il faut quitter le séjour des mortels;
Il faut quitter Philis, Amarante et Silvie,
A qui ta folle amour élève des autels.

Il faut quitter l'ameublement
Qui nous cache pompeusement

---

[*] Voyez les divers passages de Maynard, cités dans la notice, et t. II, p. 21 du *Répertoire*, l'épitaphe de l'Arétin, dont Maynard est l'auteur. F.

Sous de la toile d'or, le plâtre de ta chambre.

Il faut quitter ces jardins toujours verts,
Que l'haleine des fleurs parfume de son ambre,
Et qui font des printemps au milieu des hivers.

C'est en vain que loin des hasards
Où courent les enfants de Mars,
Nous laissions reposer nos mains et nos courages;
Et c'est en vain que la fureur des eaux,
Et l'insolent Borée, artisan des naufrages,
Font à l'abri du port retirer nos vaisseaux.

Nous avons beau nous ménager,
Et beau prévenir le danger,
La mort n'est pas un mal que le prudent évite.
Il n'est raison, adresse, ni conseil,
Qui nous puisse exempter d'aller où le Cocyte
Arrose les pays inconnus au soleil.

Le cours de nos ans est borné;
Et quand notre heure aura sonné,
Clothon ne voudra plus grossir notre fusée.
C'est une loi, non pas un châtiment *,
Que la nécessité qui nous est imposée
De servir de pâture aux vers du monument.

Résous-toi d'aller chez les morts;
Ni la race, ni les trésors
Ne sauraient t'empêcher d'en augmenter le nombre **.

* Sénèque le philosophe avait dit : « Ultimum diem non quasi pœnam, « sed naturæ legem aspice. »   F.

** Imitation du passage d'Horace :

Divesne prisco natus ab Inacho
Nil interest an pauper et infimâ
De gente, sub dio moreris
Victima nil miserantis orci.

HORAT. *Od.*

F.

MAYNARD.

Le potentat le plus grand de nos jours,
Ne sera rien qu'un nom, ne sera rien qu'une ombre,
Avant qu'un demi-siècle ait achevé son cours.

On n'est guère loin du matin
Qui doit terminer le destin
Des superbes tyrans du Danube et du Tage.
Ils font les dieux dans le monde chrétien :
Mais ils n'auront sur toi que le triste avantage
D'infecter un tombeau plus riche que le tien.

Et comment pourrions-nous durer ?
Le temps qui doit tout dévorer*,
Sur le fer et la pierre exerce son empire.
Il abattra ces fermes bâtiments
Qui n'offrent à nos yeux que marbre et que porphyre,
Et qui jusqu'aux enfers portent leurs fondements.

On cherche en vain les belles tours
Où Pâris cacha ses amours,
Et d'où ce fainéant vit tant de funérailles.
Rome n'a rien de son antique orgueil,
Et le vide enfermé de ses vieilles murailles
N'est qu'un affreux objet, et qu'un vaste cercueil.

Mais tu dois avecque mépris
Regarder ces petits débris.
Le temps amènera la fin de toutes choses,
Et ce beau ciel, ce lambris azuré,
Ce théâtre où l'aurore épanche tant de roses,
Sera brûlé des feux dont il est éclairé **.

---

* Ovide a dit plus énergiquement : « Tempus edax rerum. »   F.
** Imitation du passage suivant de Sénèque le tragique :

...... Moles pulcherrima mundi,
Ardebit flammis tota repente suis.
                              F.

  Le grand astre qui l'embellit
  Fera sa tombe de son lit.
L'air ne formera plus ni grêles, ni tonnerres ;
  Et l'univers qui dans son large tour
Voit courir tant de mers, et fleurir tant de terres,
Sans savoir où tomber, tombera quelque jour.

II. Plaintes d'un père sur la mort de sa fille.

  L'astre du jour a beau sortir de l'onde,
  Brillant de l'or qu'il sème dans les cieux,
  Et le printemps a beau parer le monde
  Toute leur pompe importune mes yeux.

  Mon noir chagrin est un mal sans remède :
  La Parque avare a volé tout mon bien.
  Ma fille est morte, et l'Élise* possède
  L'aimable esprit qui possédait le mien.

  Celle qui fut tout l'espoir de ma vie,
  Est exposée à la merci des vers ;
  Le sort rempli de malice et d'envie
  L'a seulement montrée à l'univers.

  Elle vivait sans art et sans finesse,
  Dans la douceur des plaisirs innocents ;
  Et les vertus qui réglaient sa jeunesse,
  Ont triomphé de l'empire des sens.

  Ses doux regards, sa grace naturelle,
  Et sa pudeur la faisait admirer :
  Mille guerriers soupiraient après elle ;
  Mais devant elle ils n'osaient soupirer.

  Qui me console, excite ma colère ;
  Et le repos est le bien que je crains :

---

* L'*Élise* pour l'*Élisée*.

Mon deuil me plaît, et me doit toujours plaire
Il me tient lieu de celle que je plains.

O Ciel, auteur de ma noire aventure,
Mon cœur soumis ne t'a point offensé;
Et cependant l'ordre de la nature
Est pour me nuire aujourd'hui renversé.

Hâte ma fin que ta rigueur diffère :
Je hais le monde et n'y prétends plus rien.
Sur mon tombeau ma fille devrait faire
Ce que je fais aujourd'hui sur le sien.

III. Épigramme contre Saint-Amand, auteur du *Moïse sauvé*, cru fils d'un gentilhomme verrier.

Votre noblesse est mince,
Car ce n'est pas d'un prince,
Daphnis, que vous sortez;
Gentilhomme de verre,
Si vous tombez à terre,
Adieu vos qualités.

MÉMOIRES. Si chacun écrivait ce qu'il a vu, ce qu'il a fait, ce qui lui est arrivé de curieux, et dont le souvenir mérite d'être conservé, il n'est personne qui ne pût laisser quelques lignes intéressantes. Mais combien peu de gens ont droit de faire un livre de leurs mémoires!

Ce n'est pas que si nous voulions en croire notre vanité, les choses mêmes les plus communes ne nous parussent mémorables, dès qu'elles nous seraient personnelles; mais c'est la première illusion dont il faut savoir se préserver en écrivant, ou en parlant de soi.

Il n'y a que des traits de caractère piquants et rares, des situations, des aventures d'une singularité marquée, ou d'une moralité frappante, qui puissent mériter la peine qu'on se donne de raconter sérieusement ce qu'on a fait, ou ce qu'on a été.

L'un des plus misérables travers et des plus indignes manèges de l'amour-propre, c'est d'affecter, en parlant de soi, une sincérité cynique, et de mettre une sorte d'ostentation et d'honneur à révéler sa propre honte : soit pour faire dire qu'on a osé ce que nul autre n'avait osé encore ; soit pour accréditer, par quelques aveux humiliants, les éloges qu'on se réserve, et par lesquels on se dédommage ; soit pour s'autoriser à dire impudemment d'autrui encore plus de mal que de soi-même. Observez attentivement celui qui emploie cet artifice ; vous verrez que dans ses principes il attache peu d'importance à ces fautes dont il s'accuse ; qu'il les fait dériver d'un fonds de caractère dont il se glorifie ; qu'il les attribue à des qualités dont il se pique et dont il s'applaudit ; qu'en les avouant il les environne de circonstances qui les colorent ; qu'il les rejette sur un âge, ou sur quelque situation qui sollicite l'indulgence ; qu'il se garde bien de confesser même des torts plus graves, ou des vices plus odieux ; qu'en feignant de s'arracher le voile, il ne fait que le soulever adroitement et par un coin ; qu'après avoir exercé sur lui-même une sévérité hypocrite, il en prend droit de ne rien ménager, de révéler, de publier des confidences les plus intimes, de trahir les secrets les plus inviolables de l'amour et de l'amitié, de percer même ses bienfaiteurs des traits de la satire et de la calomnie, et que le résultat de ses aveux sera qu'il est encore ce qu'il y a de meilleur au monde. Il n'y a point de succès plus assuré que celui d'un pareil ouvrage : mais il ne laissera pas d'être une tache ineffaçable pour son auteur, et il faut espérer que ce moyen d'amuser la malice humaine ne sera jamais employé deux fois.

Il en est un moins odieux d'égayer le tableau d'une vie ordinaire : c'est celui qu'Hamilton a pris dans les *Mémoires de Grammont*. Mais, s'il m'est permis de le dire, plus le badinage en est léger et séduisant, plus il est immoral. Il ne fallait pas moins que le ministère de Mazarin pour mettre l'escroquerie à la mode; et l'on a peine à concevoir que sous le règne de Louis XIV, qui fut celui des bienséances et du point d'honneur le plus délicat, Hamilton ait eu l'art de faire passer comme des gentillesses les friponneries de son héros. Le succès de ce livre fut un avis pour les gens du bel air, qu'ils seraient dispensés d'avoir des mœurs, s'ils avaient de l'audace et de la bravoure, de l'esprit et de l'enjouement; et rien n'était plus dangereux.

Les *Mémoires de madame de Staal* sont d'un caractère plus estimable, mais moins léger, moins naturel, et moins piquant. La plume d'Hamilton se joue; celle de madame de Staal s'étudie : ses récits ont de l'agrément, mais cet agrément a de la manière. On voit qu'elle a vécu dans une cour où sans cesse, et à toute force, il fallait avoir de l'esprit.

Du reste, ni les *Mémoires du comte de Grammont* ni ceux de madame de Staal n'ont l'intérêt qu'ils pouvaient avoir, liés comme ils l'étaient avec les circonstances des temps auxquels ils appartiennent; et en les lisant, on regrette qu'une foule de personnalités futiles y tienne la place des détails instructifs qu'auraient pu nous donner, sur les affaires de ces temps-là, deux témoins aussi clairvoyants. C'est là le mérite sérieux et durable qu'ont les *Mémoires de madame de Motteville*, dont l'esprit n'est que du bon sens, et dont le naturel ne laisse désirer ni plus d'art ni plus de parure.

Si l'on considère le monde politique et moral comme un spectacle, on y distingue deux parties : ce qui se passe sur la scène, et ce qui se passe derrière la toile; les évènements et leurs causes visibles; les premiers mobiles et leurs ressorts cachés. Ces deux objets de la curiosité et de l'attention de l'observateur ne sont pas si absolument distincts dans le partage, entre celui qui écrit l'histoire de son temps et celui qui écrit ses mémoires, que ce qui est propre à l'un soit étranger à l'autre : celui-ci, quoique plus occupé des épisodes que de l'action, et des détails que de l'ensemble, ne laisse pas de lier ses récits aux grands évènements par tous les points qui l'intéressent; l'autre, en suivant le cours des fortunes publiques, ne néglige pas d'observer la mécanique intérieure du jeu des passions humaines dans les mouvements qu'il décrit : ainsi l'histoire générale et les mémoires particuliers se communiquent et s'entremêlent, toutes les fois que l'intérêt public et l'intérêt privé ont des rapports communs.

Mais ces deux intérêts occupent inégalement l'homme qui écrit l'histoire et celui qui écrit ses mémoires. Le dernier ne songe qu'à dire ce qu'il a fait ou ce qu'il a vu; et l'objet qui l'occupe le plus essentiellement, c'est lui-même. Le premier au contraire ne se compte pour rien dans cette longue suite d'évènements publics qui entraînent son attention. L'un s'affecte sur-tout de ses relations avec les hommes de son temps; et de là sa pénétration à démêler le caractère, le génie, les talents, les vertus, les vices, en deux mots le fort et le faible de ceux qu'il a vus autour de lui et de plus près, en action ou en situation : l'autre embrasse tout le système de l'intérêt public dans ses rapports les plus étendus, et au dedans et au dehors, et ne considère la morale elle-même que dans ses liaisons avec la politique : de là son attention profonde pour tout ce qui influe essentiellement sur le cours des évènements, et sa négligence pour tous les détails qui n'ont qu'un intérêt de personnalité ou de société privée.

Parmi les singularités qui distinguent les mémoires écrits par des femmes, il en est une qui leur est naturelle, et qu'on retrouve dans leurs mœurs : c'est que le plus souvent ce n'est ni l'intérêt public, ni leur intérêt propre qui les a dominées, mais un intérêt d'affection. Un homme, en parlant des affaires au milieu desquelles il s'est trouvé, comme acteur ou comme témoin, s'oublie rarement lui-même pour ne s'occuper que d'un autre ; une femme, au contraire, s'attache à un objet qui n'est pas elle, mais qui dans ce moment est tout pour elle ; et c'est de lui, c'est d'après lui, c'est pour lui qu'elle écrit. Les grands évènements ne la touchent que par des rapports individuels ; et dans les révolutions de la sphère du monde, elle ne voit que les mouvements du tourbillon qui l'environne : son esprit et son âme ne s'étendent point au-delà. Il est possible que la passion l'enivre : mais la passion même est rarement aussi aveugle que l'amour-propre ; et comme il arrive souvent que le sentiment dont une femme est préoccupée est assez calme pour lui laisser la liberté de sa raison et son équité naturelle, il ne fait qu'animer son style sans en altérer la candeur. C'est ce qu'on voit dans les *Mémoires de madame de Motteville* et de madame de La Fayette. Mademoiselle de Montpensier, toujours occupée d'elle-même, ne laisse pas de peindre au vif le prince de Condé, Gaston, Mazarin, la Régente, tout l'intérieur de la cour, l'esprit et les mœurs de son temps.

Ainsi la préoccupation d'un intérêt particulier parmi les affaires publiques, loin de diminuer la valeur et le poids des mémoires dont nous parlons, ne fait que les rendre plus précieux encore à qui sait comme on doit les lire. De deux témoignages, le moins suspect n'est pas celui que l'on dépose, mais celui qu'on laisse échapper. Ce n'est pas à ce qu'on nous dit, ou de soi ou des autres, directement, expressément, et de propos délibéré, que nous donnons le plus de foi, mais à ce qu'on nous dit sans y avoir réfléchi, sans même vouloir nous le dire. Or c'est ainsi que, dans ses mémoires, une femme, en suivant son objet personnel, indique involontairement les motifs, les arrières-causes des révolutions les plus inexplicables, et nous révèle quelquefois des mystères dont ses liaisons, ses relations, les confidences qu'elle a reçues, la familiarité où elle a été admise, l'intimité de l'intérieur dont elle a vu les mouvements, le besoin qu'on aura eu d'elle pour se plaindre ou se consoler, s'affliger ou se réjouir, les caractères que sa position lui a fait connaître jusque dans leurs replis, n'auront bien instruit qu'elle seule. « Les cabinets des « rois sont des théâtres où se jouent continuelle- « ment des pièces qui occupent tout le monde : il y « en a qui sont simplement comiques; il y en a « aussi de tragiques, dont les plus grands évène- « ments sont toujours causés par des bagatelles » (Motteville). C'est de là que s'échappent les grands secrets; c'est là que les inquiétudes, les craintes, les désirs, les espérances, les passions enfin ne craignent pas de se trahir; et c'est là qu'elles se trahissent.

La première place entre les mémoires expressément écrits pour servir à l'histoire me semble due à ceux de Commines, pour leur solidité, leur ingénuité, et leur vérité lumineuse. Ce seraient des trésors pour les historiens qu'une suite complète de pareilles instructions. Commines est le Thucydide des Français, comme de Thou en est le Tite-Live. Le cardinal de Retz semblait né pour en être le Tacite, s'il avait eu des mœurs, et si son temps lui eût présenté des faits d'une importance plus sérieuse. Comme écrivain, on le voit s'élever entre tous ceux du même genre, avec une originalité de génie et de style qui les efface tous. Mais la chaleur et l'énergie de ses récits et de ses peintures ne tenaient-elles pas à cette inquiétude et à cette fougue de caractère qui, dans l'intrigue et les factions, ne cherchait que le bruit; et tel qu'il s'est dépeint lui-même, eût-il été plus grand, sur un plus grand théâtre, comme acteur et comme écrivain? C'est de quoi j'oserais douter. La tragi-comédie de la Fronde paraît avoir été faite exprès pour ce caractère héroï-comique: Turenne et Condé y étaient déplacés; de Retz s'y trouvait dans son centre. Il fallait aux Anglais un factieux comme Cromwel; aux Parisiens, il en fallait un comme le cardinal de Retz. Chacun des deux fut le Catilina de son temps et de son pays, *Cujuslibet rei simulator ac dissimulator*, mais chacun des deux à sa manière: Cromwel, en politique sombre, en triste et profond hypocrite; de Retz, en intrigant adroit, hardi, déterminé, habile, prompt à changer de rôle, et jouant toujours au naturel celui qui convenait le mieux au lieu, au moment, à la scène, au caractère des esprits, et au genre d'illusion et d'émotion qu'il avait à répandre. Je ne serais donc pas surpris d'entendre dire que son caractère s'était accommodé aux mœurs de son théâtre; et qu'avec son ardeur, son habileté, son courage, son audace et son éloquence, la prodigieuse activité et la souplesse de son âme, il aurait été, dans d'autres circonstances, le premier homme de son siècle dans l'art de remuer et de dominer les esprits. Quoi qu'il en soit, ce sera de lui qu'on apprendra comme tout s'anime sous la plume d'un écrivain qui, principal acteur sur la scène du monde, dans des temps de crise et de trouble, ne fait que peindre ce qu'il a vu et raconter ce qu'il a fait.

Un genre absolument contraire à l'esprit des *Mémoires du cardinal de Retz* fut celui des mémoires du sage et vertueux Sully. Ce livre, que l'abbé de l'Écluse a rajeuni et fait revivre, n'a pas moins contribué que *la Henriade* à rendre le souvenir du bon roi Henri IV présent et cher à tous les Français. Mais les *Économies royales* et les *Servitudes loyales* (c'était le titre de ces mémoires), négligemment écrites et dans un vieux langage, seraient restées ensevelies dans la poussière des cabinets; et les lettres n'ont peut-être rien fait de plus utile que de rendre la lecture de ce précieux ouvrage facile et attrayante pour tous les bons esprits. Avec quelle joie n'y voit-on pas le meilleur des ministres et le meilleur des rois se rencontrer dans l'espace des temps, se reconnaître, et, pour ainsi dire, s'embrasser et se réunir, pour travailler au bonheur des peuples! Un ancien a dit que si la vertu se rendait visible aux hommes dans toute sa beauté, elle gagnerait tous les cœurs : c'est là ce qu'on éprouve à la lecture de ces mémoires; et la Minerve du *Télé-*

maque se présente en réalité dans les *Mémoires de Sully*.

Les *Mémoires de Torcy*, comme leçons de politique, ne sont guère moins intéressants que les *Mémoires de Sully* comme leçons d'économie. Torcy fut chargé du fardeau des malheurs de Louis XIV ; et dans des temps de calamité et d'humiliation, il fit parler et agir son maître avec modération, mais avec courage et avec dignité ; et le compte qu'il a rendu de sa conduite dans les conseils et dans les négociations honore également et le ministre et le monarque.

Les *Mémoires de Villars* ont répondu, par le récit des faits, à l'envieuse malignité de ceux qui de son temps ne voulaient voir en lui que jactance et que vanité ; et l'on a enfin reconnu que ce n'était pas sans de grands talents que Villars avait eu le bonheur de sauver la France. Mais ce qui donne encore plus de valeur à ses Mémoires, c'est d'avoir fait connaître le fond de l'âme de ce grand roi, que l'orgueil et la dureté de quelques-uns de ses ministres, comme le Tellier et Louvois, calomniaient aux yeux de la postérité.

Les *Mémoires du maréchal de Noailles* ont aussi ce mérite ; mais il leur manque essentiellement celui d'avoir été rédigés par lui-même. C'est une observation qui n'a point échappé à l'homme de lettres estimable qui a fait l'éloge de l'abbé Millot. « Il « manquait, dit-il, à cet écrivain, une disposition « sans laquelle des Mémoires particuliers ne sau- « raient avoir le mérite qui leur est propre. Cette

« disposition est l'intérêt, qui ne peut se trouver que
« dans l'acteur ou le témoin. Depuis les *Commen-*
« *taires de César*, ajoute M. l'abbé Morellet, que
« sont tous les Mémoires connus, sinon les souve-
« nirs de celui qui les a écrits? et pour ne citer que
« ceux qui appartiennent à notre nation, Commines,
« Montluc, Rohan, La Rochefoucauld, Retz, Vil-
« leroy, Torcy, ont tous vécu au milieu des évène-
« ments qu'ils racontent ; ils nous intéressent, parce
« qu'ils se peignent eux-mêmes, et ne retracent que
« des objets dont ils ont été constamment entourés.
« Leurs regards ont été frappés, leur imagination
« saisie, leur âme émue ; lorsqu'ils entreprennent
« d'écrire, ils trouvent toutes leurs idées présentes,
« toutes leurs passions encore vives, tous leurs sen-
« timents en activité ; et, communiquant à leur style
« l'intérêt dont ils sont remplis, ils peignent tou-
« jours avec énergie ; et ceux mêmes qui nous lais-
« sent entrevoir la partialité des passions nous atta-
« chent encore à leurs récits, lorsque nous les soup-
« çonnons d'altérer la vérité. »

Ce n'est donc qu'avec défiance et beaucoup de précaution que l'historien doit lire et consulter les Mémoires qu'on lui transmet. Ils sont écrits par des témoins, mais par des témoins intéressés et souvent récusables. Les confronter avec eux-mêmes, les uns avec les autres, et chacun avec tous ; en étudier le caractère et l'art, choisir avec discernement les mieux instruits et les plus sincères ; examiner quel sentiment, quelle opinion les dominait, de quel œil ils ont vu les hommes et les choses, en quoi leur jugement a été libre de faveur et de haine, en quoi il a été prévenu et séduit; quels motifs d'adulation, d'inclination, d'amour-propre, ils pouvaient avoir d'altérer, de déguiser les faits, de colorer les uns et de noircir les autres, d'atténuer ou de grossir le mal, d'exagérer, de dépriser le bien, de glisser, d'appuyer sur le blâme ou sur la louange, c'est l'unique moyen de n'être pas surpris, ou de l'être plus rarement, par des relations infidèles. On doit prendre garde sur-tout de ne pas se laisser séduire par cet air de sincérité qui accuse quelques torts légers pour en pallier de plus graves, et qui accorde au mérite quelques éloges vains, pour se donner le droit de le calomnier. Enfin, lors même qu'on n'a pas à douter de la bonne foi de l'écrivain, l'on doit sans cesse épier en lui cet intérêt personnel et furtif, qui souvent se cache aux yeux mêmes de celui qu'il obsède, et qui le rend injuste à son insu. J'ai vu des mémoires où un homme religieux, et qui se croyait la vérité même, malheureusement dominé par des aversions personnelles, a répandu des flots de fiel et de venin.

C'est une fraude répréhensible que de publier, sous le nom des personnages les plus illustres, ce que l'on ose appeler leurs mémoires; et il serait bien à souhaiter que le soin de leur renommée leur fît prendre celui de les rédiger de leur propre main. Combien ceux de Turenne, par exemple, et d'Eugène, seraient précieux, s'ils étaient authentiques, et quel présent le grand Condé, Luxembourg, Créqui, Catinat, n'auraient-ils pas fait à la postérité si, comme Montluc et Rohan, Montecuculli et Berwick, ils avaient décrit leurs campagnes! Si nos généraux ont étudié avec tant de fruit les relations de Polybe et les mémoires de César; si, dans la tactique et dans la discipline, ils ont profité de l'expérience des Grecs et des Romains; s'ils ont savamment employé les manœuvres d'Aratus, de Cimon, de Philopœmen, d'Epaminondas, de Pyrrhus, de Sylla, de Fabius et d'Annibal; si dans les campements, les marches, l'ordre et l'appareil des batailles, les mouvements et les évolutions des armées; si dans tous les détails enfin de la science militaire ils se sont instruits à l'école de ces grands capitaines, malgré la distance des lieux et la différence des temps, soit du côté des hommes, soit du côté des armes, combien plus lumineuse n'eût pas été pour eux, par sa proximité, l'expérience des généraux qui, dans les mêmes temps, avec les mêmes armes, sur le même terrain, leur avaient comme tracé leurs camps, leurs routes, leurs campagnes, leur avaient indiqué les postes les plus sûrs ou les plus périlleux, et le plus ou moins d'avantage des positions qu'ils avaient prises; des lieux qu'ils avaient occupés?

Dans cette partie, l'histoire générale ne peut jamais qu'imparfaitement suppléer aux mémoires particuliers; et c'est sur-tout par les détails dont elle serait surchargée que les exemples et les leçons d'un art si compliqué peuvent avoir toute leur étendue et toute leur utilité.

S'il est vrai, comme je l'ai dit en parlant de l'histoire, qu'elle n'a point de style qui lui soit exclusivement propre, et si son langage varie comme les sujets qu'elle traite, à plus forte raison le style des mémoires particuliers et personnels n'aura-t-il point de ton ni de couleur invariable.

Les *Commentaires de César* sont l'expression la plus naïve du caractère de son âme. Il s'y montre si supérieur à toute vanité, si étranger à sa propre gloire, qu'on a peine à croire que ce soit lui qui ait parlé de lui-même avec tant de simplicité. Dans les périls les plus pressants, dans les résolutions les plus audacieuses, dans les moments où il y va de sa fortune et de celle du monde, il a l'air impassible et inaltérable d'un dieu. C'est là le style qui convient à des mémoires militaires; car celui qui, dans ses relations, n'est pas capable de ce sang-froid, l'aura eu difficilement dans l'attaque et dans la mêlée. Raconter simplement et modestement de grandes choses; parler de ses fautes et de ses revers avec la même ingénuité que de ses plus heureux exploits, et de son ennemi avec autant d'impartialité que de soi-même; laisser douter lequel des deux a fait le récit de l'action; ou plutôt donner à penser que ce récit ne vient ni de l'un ni de l'autre, mais d'un témoin fidèle et désintéressé : tel est le mérite éminent des mémoires d'un homme de guerre.

Il en est à peu près de même des relations qu'un homme d'état nous fait de sa conduite ou des évènements qui se sont passés sous ses yeux. Tout y doit respirer cette modération qui est la dignité d'un ministre. Au milieu de l'agitation et du tumulte des affaires, on aime à voir dans son esprit le même calme que sur le front d'un bon pilote au milieu des orages, et c'est à lui sur-tout de s'appliquer ce précepte d'Horace :

> Æquam memento rebus in arduis
> Servare mentem, non secùs in bonis.

Mais ce que j'ai dit de la gravité de l'historien, je le dirai de même de la dignité de l'homme d'état : elle n'exclut ni le sentiment, ni l'expression modérée de l'intérêt public; et l'équité, l'humanité, l'amour du bien, comme infus dans son style, en feront l'attrait et le charme.

A l'égard des mémoires, où, sans attention pour ces convenances de mœurs, l'auteur n'aura voulu qu'obéir à son propre génie, le ton, le style, la couleur, tout doit s'y ressentir et de son caractère et de la situation où étaient son esprit et son âme. De là une variété infinie dans ce genre d'écrits, lorsqu'ils sont naturels; et ils le sont presque toujours, par une raison bien sensible : on y parle de soi, et c'est dans l'amour-propre que le naturel se décèle, lors même qu'il veut se cacher. Rien donc ne sera plus facile que de démêler dans les mémoires quel esprit les aura dictés, quel motif les aura fait écrire, et quel sentiment, quelle passion aura dominé dans l'écrivain. Si c'est la vanité, il attachera de l'importance aux intérêts les plus futiles, dès qu'ils lui seront personnels : si c'est l'orgueil, il rabaissera tout ce qui peut lui faire ombrage, et réservera ses éloges pour la médiocrité dont il n'a rien à craindre, ou pour un mérite qui n'entre avec le sien dans aucune rivalité; si c'est l'envie, toute espèce de gloire, de succès, de prospérité, lui sera importune; il ne souffrira point que de belles actions soient sans tache ; il cherchera, ou dans le fond de l'âme, ou dans l'intérieur de la vie privée d'un homme illustre, des faiblesses à révéler, et dans tout ce qu'il y a de plus généreux et de plus magnanime il épiera quelque motif secret de personnalité et d'intérêt qui le ravale : il voudrait ternir le soleil ; si c'est la haine ou la vengeance, on le verra tantôt flatter et parer sa victime avant de l'immoler, vanter quelque faible mérite, quelque talent sans importance, quelques formes superficielles, et puis, sous ces dehors, montrer les qualités les plus avilissantes, les vices les plus odieux; tantôt, plus violent et moins perfide, insulter, outrager la cendre de son ennemi et secouer toute pudeur pour démentir les faits, la renommée et l'opinion de tout un siècle. Avec la même facilité on reconnaîtra l'homme qui aura porté à la cour un génie étroit et une âme servile, on le reconnaîtra, dis-je, à son attention pour les menus détails de l'étiquette et de l'intrigue : on reconnaîtra l'homme chagrin que la cour aura rebuté à la sombre misanthropie qui lui fera dépriser ou blâmer tout ce qu'on aurait fait sans lui, et n'attribuer les malheurs des temps qu'aux artisans de son propre malheur et aux causes de sa disgrace. Au contraire l'homme vendu au crédit et à la fortune se trahira par toutes les bassesses de la complaisance et de l'adulation. Enfin l'homme immoral, aux yeux duquel rien n'est important que l'utile, et qui regarde et le juste et l'honnête comme des règles à prescrire, et à ne s'imposer jamais, décèlera son caractère par son mépris pour la simple droiture, et par son admiration pour l'adresse et l'habileté. Ecoutez-le, et voyez quel sera l'objet qui aura captivé son estime : ce sera le fourbe profond qui aura su le mieux intriguer à la cour ou gagner la faveur du peuple, en imposer aux gens de bien, tromper les plus habiles, surprendre les plus sages, s'insinuer et s'introduire dans la confiance des grands, en abuser à son profit, employer à propos la bassesse et l'audace, la calomnie ou l'adulation, et ne rougir de rien, que d'échouer dans ses entreprises devant un plus fourbe que lui.

Si des mémoires prennent l'empreinte d'un caractère vicieux, ils ne reçoivent pas moins celle d'une âme honnête et vertueuse; et le commun symbole de ceux-ci sera la probité. Mais quoique la probité soit une, elle se modifie encore selon la trempe de l'esprit et de l'âme. L'homme de bien, dans son témoignage, ne dira que ce qu'il aura vu, mais les témoins même les plus fidèles n'auront pas vu la même chose ou ne l'auront pas vue avec les mêmes yeux. Le moment ou la position, telle circonstance échappée ou saisie, un mot bien ou mal entendu, peut faire seul que deux témoins diffèrent. Rien de plus ingénu que les *Mémoires de Montpensier*, rien de plus sincère que ceux de Motteville; et souvent l'une blâme ce que l'autre a loué.

Dans la manière de s'affecter de ce qu'on voit, les différences ne sont pas moins sensibles; et c'est la principale cause de la diversité des styles. Supposez des témoins également sincères, également instruits, mais diversement organisés; le même évènement consterne l'un, soulève l'autre, n'inspire à celui-ci qu'une molle tristesse, pénètre celui-là d'une douleur vive et profonde; et leur manière de le raconter se ressent de ces impressions. Je crains bien moins ceux qui rougissent que ceux qui pâlissent, disait César. Celui qui aura rougi de colère sera véhément dans sa narration; celui qui aura pâli d'horreur, sera terrible dans ses peintures. Mais chacun aura dans son style l'intérêt de la vérité, si, librement et de bonne foi, il a laissé couler sa plume; si son langage porte l'empreinte de son esprit et de son caractère, et si dans toutes les situations, il se peint tel qu'il a été, ne disant que ce qu'il a vu, et sans vouloir nous affecter de ses récits plus que l'objet présent n'aura dû l'affecter lui-même.

MARMONTEL, *Éléments de Littérature.*

MÊME SUJET.

Les nombreux mémoires qui nous restent du dernier siècle offrent un plus grand fond d'instruction, et sur-tout plus d'agrément que les historiens. Ils représentent plus en détail et plus naïvement les faits et les personnages; ils fouillent plus avant dans le secret des causes et des ressorts, et c'est avec leur secours que nous avons eu, dans le siècle précédent, de meilleurs morceaux d'histoire. Il est peu de lectures plus agréables, si l'on ne veut qu'être amusé; mais généralement il en est peu dont il faille se défier davantage, si l'on ne veut pas être trompé. Ce sont, il est vrai, des témoins qui vous apprennent les circonstances les plus secrètes; mais si l'on veut s'assurer de la vérité, autant du moins qu'il est possible, il faut les confronter l'un à l'autre, et comparer les dépositions. S'il est difficile qu'un écrivain hors d'intérêt se garantisse de toutes les préventions naturelles à l'esprit humain, il l'est bien plus que celui qui a été un des acteurs dans les évènements qu'il raconte, se dépouille de toute partialité, se désintéresse absolument de sa propre cause; qu'il ne soit jamais flatteur ou apologiste pour lui-même, ni ami ou ennemi pour les autres. Il y a même un danger de plus pour lui et pour ses lecteurs: il peut les tromper comme il se trompe, c'est-à-dire de très bonne foi. Les mêmes passions, les mêmes intérêts qui ont dirigé sa conduite, peuvent encore conduire sa plume. Il y a plus: nous sommes assez disposés à écouter favorablement et à croire avec facilité celui qui nous raconte sa propre histoire: c'est une espèce de confidence qui sollicite notre amitié; il nous gagne dès la première page; et si nous n'y prenons garde, il nous met bientôt de moitié dans ses sentiments comme dans ses secrets.

Le premier motif de confiance qui doit balancer ces considérations, c'est le caractère connu de l'auteur, ensuite l'attention à s'oublier soi-même, pour ne montrer les choses que comme elles sont. C'est ce double motif de crédibilité qui rend si précieux les *Mémoires de Jeannin*, de *Villeroy*, de *Torcy*; ceux de Turenne, malheureusement trop courts; les *Let-*

tres du cardinal d'Ossat. C'est là que la véracité présumée dans la personne a été constatée par tous les témoignages. Les *Mémoires de Sully*, rédigés par ses secrétaires et revus par l'abbé de l'Écluse, ont l'avantage de faire connaître, et par conséquent de faire aimer notre Henri IV, plus qu'aucune des histoires que l'on ait faites de ce grand homme. Ils sont fidèles dans tous les faits essentiels, mais la tournure d'esprit de l'auteur, où il entre volontiers un peu de complaisance en sa faveur, et un peu de dureté pour les autres, avertit de ne pas voir toujours les hommes et les objets dans le même jour qu'il nous les présente. Il faut lire avec plus de précaution encore les *Mémoires de la Fronde*, dont plusieurs ont été composés par des gens d'esprit et de mérite, tels que La Rochefoucauld, Gourville, Bussy, La Fare, etc., mais qui ne sont pas, à beaucoup près, purgés du levain de la faction. Celui que j'ai nommé le premier, comme le plus ingénieux et le meilleur écrivain, La Rochefoucauld, n'est pas plus exempt de préjugés en politique qu'en morale. L'avocat-général Talon, bien moins agréable à lire, mérite beaucoup plus de confiance. Il faut dévorer l'ennui de ses mémoires diffus, qui sont un amas de matériaux entassés sans choix et sans art, mais que l'esprit de vérité et de justice a rassemblés. C'était un excellent citoyen, un grand magistrat, un orateur même pour ce temps où l'éloquence n'était pas encore épurée. On le voit assez par celle qui règne dans ses harangues; et pour comprendre le grand effet qu'elles produisaient, attesté d'une voix unanime, il faut songer qu'il avait deux grands avantages, l'action, qui est nulle sur le papier, mais puissante sur un auditoire, et la vertu qui animait ses paroles ainsi que son âme, et qui respire encore dans ses écrits, les plus utiles et les plus instructifs pour qui voudrait écrire l'histoire de ces temps malheureux. Il n'avait aucun talent pour ce genre; mais on lui pardonne tout en faveur des sentiments qu'il montre, de sa candeur, de son amour pour le bien public, qui le mettent au-dessus de l'esprit de corps, celui de tous dont il est le plus difficile de se défaire. Il déplore avec sincérité les égarements et les scandales de sa compagnie, et nul ouvrage ne fait mieux voir combien un corps de magistrature est par lui-même étranger à la science de l'administration; combien des hommes pour qui les formes sont toujours l'essentiel, sont loin de l'esprit des affaires publiques, pour qui ces mêmes formes ne sont jamais qu'un accessoire de convention; enfin, à quel point peut se dénaturer un corps de judicature, du moment où il veut joindre au pouvoir des lois celui de la force qui les détruit, ou celui de l'intrigue qui les déshonore.

Les *Mémoires de mademoiselle de Montpensier et de madame de Motteville*, écrits avec une extrême négligence, ne laissent pas de nous apprendre beaucoup de particularités et d'anecdotes qui ne sont pas toutes indifférentes. Il y a beaucoup plus à profiter dans les derniers, pourvu qu'on ne s'en rapporte pas absolument à l'extrême attachement de cette dame pour Anne d'Autriche, attachement très louable dans l'amitié, mais qui peut être suspect dans l'histoire. Quant à ceux de Mademoiselle, ce qu'on y voit sur-tout, c'est l'esprit le plus ordinaire à ceux qui ne sont de la cour que pour en être, c'est-à-dire le sérieux des petites choses et l'importance des bagatelles.

Mais pour la connaissance des hommes et des affaires, pour le talent d'écrire, rien ne peut se comparer, même de fort loin, aux *Mémoires du fameux cardinal de Retz*: c'est le monument le plus précieux en ce genre, qui nous reste du siècle passé. Le nom de cet homme vraiment singulier réveille tant d'idées à la fois, qu'il est impossible de ne pas chercher à les démêler; et la supériorité de l'homme et de l'ouvrage est une raison pour arrêter un moment la rapidité de ce résumé, et pour considérer avec réflexion un personnage qui, parmi tant d'autres plus ou moins célèbres, n'a de ressemblance avec aucun d'eux.

Peut-être ne lui a-t-il manqué pour être un grand homme, que d'être à sa place. Mais malheureusement pour lui il était, par son caractère, également déplacé, et dans une monarchie, et dans l'Église; et la première instruction qui résulte de ses aventures et de ses écrits, c'est que des qualités éminentes, en contradiction avec des circonstances insurmontables de leur nature, ne peuvent produire qu'une lutte brillante et momentanée, une célébrité passagère et une chute complète. La première loi d'une grande ambition fondée sur de grands talents, est donc d'en choisir et d'en décider l'objet, suivant les possibilités morales et politiques. C'est un grand acte de la raison ; le plus important de tous, mais en même temps le plus difficile, parce qu'il dépend beaucoup du caractère, qui décide souvent contre la raison ; et c'est ce qui arriva au cardinal de Retz. Né avec du génie pour les affaires, audacieux et adroit, ferme et souple, éloquent en public, insinuant dans le particulier, actif et patient, habile à se procurer de l'argent et à le répandre ; sachant descendre de son rang jusqu'à la dernière popularité, et le soutenir jusqu'à la hauteur la plus fière, il réunissait ce qui peut mener à tout dans un état républicain où chacun a sa valeur personnelle, et peut se placer en raison de ses facultés. Il sentait ses forces ; il y mesura ses projets ; mais il ne mesura pas les projets aux moyens. Dans une monarchie que Richelieu venait de rendre absolue dans les principes et dans le fait, il n'y avait pour l'abbé de Retz, désigné archevêque de Paris, de chemin à l'élévation que celui du ministère, ni de chemin au ministère que l'attachement à la cour. Toutes les conjonctures offraient des facilités : une minorité, un roi enfant, une régente incapable de gouverner par elle-même, et qui avouait le besoin d'être gouvernée ; qui même, si l'on s'en rapporte à lui, ne donna la première place à Mazarin que faute de pouvoir se fier à un autre. Quoique ce dernier fait soit douteux, quoiqu'on ne sache pas bien précisément jusqu'où allait l'influence de Mazarin au commencement de la régence, parce qu'il pouvait être assez fin pour la dissimuler, et que la reine pouvait être intéressée à en déguiser les causes, il est au moins certain que le coadjuteur pouvait alors balancer cette influence, et devait s'y appliquer avant tout, s'il voulait fonder sa fortune sur une base solide. Il était beaucoup plus jeune que Mazarin : c'était un désavantage réel pour l'opinion ; ce pouvait n'en être pas un dans le cabinet de la régente. Elle le voyait favorablement : il lui était redevable de la coadjutorerie qui lui assurait l'archevêché ; la route était ouverte, il fallait la suivre : c'était de ce côté que devaient se tourner toutes les séductions et tous les efforts. Il était aimé de M. le Prince, qui ne pouvait souffrir le ministre. On voyait avec peine un étranger, un cardinal dans un poste que Richelieu avait fait haïr et redouter. Cette considération, l'appui du grand Condé, les avantages naturels du coadjuteur, qui avait pour lui l'élocution et les manières qui souvent rendaient Mazarin ridicule ; l'intrigue, où il était aussi savant que personne ; tous ces moyens réunis pouvaient lui obtenir l'entrée au conseil, et, ce premier pas fait, il pouvait, comme Richelieu, devenir le maître dès qu'il aurait eu l'oreille de la maîtresse. Mais il eût fallu pour cela montrer un dévouement entier aux intérêts de la régente, à ceux de son autorité, et de celle qu'elle devait conserver au roi. Ce fut là le grand art de Mazarin, qui lui servit plus que tout le reste ; et ce sera toujours la marche la plus sûre auprès des souverains, sur-tout auprès de ceux dont le pouvoir affermi par sa nature, n'est combattu que par les circonstances. Tel était le plan d'ambition que pouvait suivre le coadjuteur : il n'était pas infaillible, l'ambition n'a rien qui le soit; mais il était probable, et sur-tout c'était le seul possible dans l'exécution. Le pis-aller eût été de rester archevêque de Paris; et s'il avait un désir fort vif du chapeau, qui dans ces temps était un bien plus grand objet qu'aujourd'hui, lui-même convient dans ses mémoires qu'un archevêque de Paris devait naturellement l'espérer.

Maintenant, que l'on examine la conduite qu'il tint, et l'on verra que cet homme, qui dans ses écrits a tant raisonné sur les principes de l'ambition, manqua entièrement au premier de tous, qui est d'avoir un objet; et que la sienne, qui dans Rome ou dans Athènes eût pu l'élever au plus haut degré, ne pouvait absolument que le perdre en France, comme en effet elle le perdit. Il suffit de lire dans ses mémoires les motifs qui le déterminèrent à la guerre civile, et dont il rend compte avec une bonne foi qui semble ne pas lui coûter, dès qu'il s'agit de choses qui ont au moins un côté brillant, et qui prouvent tout ce qu'il pouvait. C'était la veille de la journée des barricades; il apprend qu'au Palais-Royal on est persuadé qu'il a soufflé le feu de la sédition, loin de chercher à l'éteindre, et que par conséquent la cour le mettait au nombre de ses ennemis. Là-dessus voici comme il s'exprime : « Comme la manière dont j'étais poussé
« et celle dont le public était menacé eurent dissipé
« mon scrupule, et que je crus pouvoir entrepren-
« dre avec honneur et sans être blâmé, je m'aban-
« donnai à toutes mes pensées ; je me rappelai tout
« ce que mon imagination m'avait jamais fourni de

« plus éclatant et de plus proportionné aux vastes
« desseins ; je permis à mes sens de se laisser cha-
« touiller par le titre de chef de parti, *que j'avais*
« *toujours honoré dans les Vies de Plutarque.* Mais
« ce qui acheva d'étouffer tous mes scrupules, fut
« l'avantage que je m'imaginai à me distinguer de
« ceux de ma profession par un état de vie qui les
« confond toutes. Le déréglement des mœurs, très
« peu convenable à la mienne, me faisait peur.....
« Je me soutenais par la Sorbonne, par des ser-
« mons, par la faveur des peuples ; mais enfin cet
« appui n'a qu'un temps, et ce temps même n'est
« pas fort long, par mille accidents qui peuvent ar-
« river dans le désordre. Les affaires brouillent les
« espèces ; elles honorent même ce qu'elles ne jus-
« tifient pas ; et les vices d'un archevêque peuvent
« être, dans une infinité de rencontres, les vertus
« d'un chef de parti. *J'avais eu mille fois cette vue ;*
« mais elle avait toujours cédé à ce que je croyais
« devoir à la reine. Le souper du Palais-Royal et la
« résolution de me perdre avec le public l'ayant
« *purifiée*, je la pris avec joie, et j'abandonnai mon
« destin à tous les mouvements de la gloire. Minuit
« sonnant, je fis rentrer dans ma chambre Laigues
« et Montrésor, et je leur dis..... Je serai demain,
« avant qu'il soit midi, maître de Paris. »

Ces aveux sont un morceau bien curieux : ils contiennent en peu de lignes le caractère, le génie et l'histoire du cardinal de Retz. D'abord est-ce de bonne foi qu'il pouvait se plaindre de l'opinion de la cour ? et, à la place de Mazarin, aurait-il jugé autrement le coadjuteur? Avait-il joué jusque-là un rôle qui dût inspirer beaucoup de confiance? Redevable à la reine d'une dignité plus considérable alors qu'elle ne l'a été depuis, il avait commencé par se déclarer contre le ministre dans une assemblée du clergé, et n'avait tiré d'autre fruit de ses menées que des querelles avec Mazarin, et le plaisir de braver impunément un ministre qui savait dissimuler les injures, mais qui ne les oubliait pas. L'adroit Italien en savait assez pour voir que le coadjuteur en voulait secrètement à sa place, mais que, désespérant de gagner la cour, il cherchait à s'en faire craindre. On ne pouvait ignorer ses liaisons avec les plus déterminés frondeurs, ses intrigues dans le parlement, les soins qu'il avait pris de se faire un parti dans le peuple, les sommes considérables qu'il avait répandues. Dans les premières émeutes que le parlement avait encouragées, on avait entendu plus d'une fois crier: *Vive le coadjuteur!* et quand il avait paru pour les apaiser, il avait tenu cette conduite équivoque et ces discours d'un homme qui ne veut modérer la sédition que de manière à faire voir qu'il est en état de la gouverner. Il avait pris ce moment pour aller au Palais-Royal, comme pour jouir de l'embarras de la reine et du cardinal, et voir à quel point il pouvait se rendre nécessaire. Ce moment était celui qui pouvait le décider: s'il eût obtenu la confiance de la reine, il se fût très certainement rangé de son parti, et aurait tout fait pour la servir et pour chasser Mazarin. Mais cette princesse, qui avait toute la fierté du sang d'Autriche, ne put souffrir qu'un sujet qui lui devait tout prétendît se rendre important par le mal qu'il avait fait ou qu'il pouvait faire. Il fut reçu avec mépris; et plus altier encore que sa souveraine, il se livra dès ce moment à la vengeance et au plaisir si flatteur pour un homme de son caractère, de lutter contre l'autorité royale. A l'entendre, il avait été retenu par la reconnaissance; mais ce qu'il en dit prouve seulement qu'il avait quelque honte de l'ingratitude. Les vrais motifs qui le dirigent se montrent ici d'eux-mêmes; il les produit avec cette effusion et cette complaisance que l'on remarque dans tout ce qui vient du cœur. « Il s'abandonne à ses pensées, aux vastes desseins, « à ce que son imagination lui avait fourni de plus « éclatant, à ce titre de chef de parti qui chatouille « ses sens, et qu'il avait toujours honoré dans les « *Vies de Plutarque.* » Ces expressions étaient le cardinal de Retz tout entier : c'était là tout ce qu'il était, tout ce qu'il pouvait être; et si l'on y fait attention, cet homme qui rapporte tout à la politique, était dominé, sans qu'il s'en doutât, par une imagination où il entrait même un peu de romanesque, puisque le romanesque est ce qui va au-delà de la raison et du vraisemblable. *Il honore le titre de chef de parti*, et il a tort. On peut admirer un chef de parti comme on admire tout ce qui est au-dessus du médiocre : on ne peut *honorer* que ce qui est juste. *Il abandonne son destin à tous les mouvements de la gloire.* Voilà de beaux mots; mais il fallait examiner s'il y avait une *gloire* bien réelle pour un archevêque à se faire chef de sédition, à marcher dans Paris, entouré de glaives, de mousquets et de poignards; si même, en se considérant comme homme d'état, il y avait beaucoup de *gloire* à mettre Paris et le royaume en feu, uniquement pour renvoyer un ministre; à exciter la guerre civile sans pouvoir espérer, sans méditer même une révolution; à profiter des circonstances pour se rendre puissant un jour, et tomber le lendemain. Mais ce n'étaient pas ces considérations qui occupaient Gondi : son génie le maîtrisait, et les troubles civils, les complots, les conspirations étaient son élément naturel. Le coup d'essai de sa première jeunesse avait été une conspiration contre Richelieu, où il ne s'agissait de rien moins que de l'assassiner; et un prêtre nous raconte froidement qu'il eut pendant trois mois dans le cœur le dessein d'assassiner un prêtre! et pendant ce temps, dit-il, *il faisait un peu le dévot, et faisait même des conférences à Saint-Lazare.*

J'avoue que c'étaient les mœurs de ce temps, et que l'humeur implacable et sanguinaire de Richelieu, qui n'écrasait le pouvoir des nobles que pour établir le despotisme, ne pouvait guère produire d'autre effet. La tyrannie ne recueille que la haine : la force appelle la force, et à son défaut l'impuissance appelle la trahison. Mais il n'est pas moins vrai que tous les exemples que le coadjuteur avait devant les yeux étaient plus faits pour l'avertir que pour l'égarer. Il devait voir clairement qu'en allumant la guerre civile contre Mazarin, il avait moins d'excuse, moins de consistance, moins de moyens de sûreté que ceux qui avaient voulu renverser Richelieu. Des princes du sang, tels que Gaston et le comte de Soissons, devaient penser que leur naissance les sauverait toujours des derniers dangers, et qu'un ministre, quel qu'il fût, croirait toujours avoir assez fait s'il n'en avait rien à craindre. Montmorency, en servant Gaston, pouvait se flatter qu'à tout évènement cet appui le sauverait : c'était un homme bien autrement considérable qu'un coadjuteur de Paris : il avait pourtant été décapité à la vue de la France entière qui le pleurait. Cinq-Mars, favori de Louis XIII, avait eu le même sort. Que pouvait raisonnablement espérer Gondi en se déterminant à la guerre civile? Rien n'était si facile que de la commencer : sur ce point Mazarin l'avait servi à souhait. Depuis six mois les édits bursaux les plus odieux et les plus ridicules avaient montré la plus grande avidité; et la résistance des parlements et du peuple, d'abord traitée de révolte, ensuite enhardie et autorisée par ses édits de révocation, puis éludée par mille petits artifices, avait arraché au ministère l'aveu de ce qu'il y a de plus méprisable dans un gouvernement, la violence qui hasarde tout, la faiblesse qui ne soutient rien, et la mauvaise foi, qui est la plus vile des faiblesses. Paris d'ailleurs était alors assez redoutable : la bourgeoisie était armée ; elle l'était légalement pour la défense de la ville. Il y avait des colonels et des compagnies de quartier, et le coadjuteur s'en était assuré par ses séductions, ses libéralités, et par l'ascendant de sa place. Il disposait aussi des curés, qui disposaient de la populace. Le parlement outré, et avec raison, contre Mazarin, était résolu à pousser à toute extrémité un ministère qui avait eu la double imprudence de le ménager trop, après l'avoir ménagé trop peu, et de faire sentir à ces vieux corps toute leur force après avoir attaqué leurs prérogatives. La difficulté n'était donc pas de faire la guerre domestique; il s'agissait de savoir quelle en serait l'issue. Un homme tel que le coadjuteur devait être capable de la prévoir, et le rapport du présent à l'avenir est l'étude du vrai politique. Il n'y avait encore rien à attendre des princes du sang : Gaston était absolument sans caractère et sans dessein, dépendant toujours des circonstances, et alors de la reine. Le prince de Condé, vainqueur à Rocroy et à Lens, le héros du siècle, était le protecteur naturel de la régente et du roi pupille, et d'abord il le fut effectivement. De plus, quelque parti que prissent ces deux princes, le coadjuteur, qui n'était auprès d'eux qu'un particulier, ne pouvait pas croire que leur destinée fût la sienne, quand même leur cause serait commune. Dans tous les cas, il était impossible que ni Gaston, ni Condé, ni le parlement, songeassent à détrôner leur roi, ni à renverser la monarchie; en effet, personne n'y songeait. Le résultat vraisemblable était donc un accommodement, soit que Mazarin fût chassé, soit qu'il ne le fût pas; et Gondi pouvait-il présumer que la régente, dès qu'elle serait maîtresse, ou le roi, dès qu'il serait majeur, pardonnât à un archevêque de Paris d'avoir été le boute-feu de la sédition, et d'avoir soulevé la capitale? Lui-même ne s'aveuglait pas sur le sort qui l'attendait. A peine fut-il engagé dans la carrière, qu'il vit le précipice au bout; il vit que son existence était dépendante et secondaire. Il fallut d'abord s'attacher au parlement, ensuite à Gaston; et il n'ignorait pas que c'était là de ces appuis qui bientôt vous laissent tomber. Enfin, il prophétisa véritablement lorsqu'il dit à Monsieur: *Vous serez fils de France à Blois, et moi cardinal à Vincennes.*

On sait ce qui lui arriva quand la paix fut faite, les rigueurs de sa détention, les périls et les accidents de sa fuite, son voyage à Rome. Il eut encore le plaisir d'y faire un pape, mais il ne put même demeurer archevêque; il fallut donner la démission de cette belle place. Il fallut n'être rien pour avoir voulu être tout; paraître devant Louis XIV, qui le méprisa comme un homme qui n'avait rien été de ce qu'il devait être; vieillir dans l'obscurité; se borner pour toute gloire à l'acquit de quatre millions de dettes, dont le paiement, quoique très louable, n'en faisait pas oublier l'origine, et se réduire, pour toute considération, à une régularité de mœurs un peu tardive, et qui pouvait paraître forcée après des scandales si longs et si éclatants. C'est la dernière observation qui reste à faire sur les motifs de ses entreprises. Il avoue que ce qui acheva d'étouffer tous ses scrupules, fut principalement le désir de couvrir du nom d'un chef de parti les vices d'un archevêque. Ainsi, en dernier résultat, il fut cause de quatre années de guerre civile, parce qu'il avait du goût et du talent pour la faction, et parce qu'il voulait être moins obligé de cacher ses débauches ; et le reste de sa vie fut sacrifié à l'expiation de ces quatre années d'un pouvoir employé à faire du mal. Certes, il n'y a là rien de grand, ni dans les principes ni dans les effets : il n'y a de louable que le repentir.

La seule gloire qui lui soit restée, est celle à laquelle il songeait le moins, celle d'écrivain supérieur. Ce n'est pas que je le compare, comme on l'a fait un peu légèrement, à Tacite, dont il n'a ni la profondeur de vues ni la force de pinceau ; à Salluste, dont il n'égale ni la précision originale ni l'expression heureuse. Son style est comme son génie, plein de feu et de hardiesse, mais sans règle et sans mesure. On peut reprocher à quelques-uns de ses portraits des antithèses accumulées et forcées ; mais ce défaut, qui est rare chez lui, n'empêche point que le naturel de la vérité ne domine dans sa diction : de même ses inégalités n'en diminuent point l'éclat : elles sont évidemment les négligences d'un homme qui adresse ses *Mémoires* à une amie intime comme une confidence épistolaire. Il sait raconter et peindre ; mais on voit par les témoignages de ses contemporains, que sa mémoire le trompe assez souvent sur les faits et les dates, et que ses préventions le rendent quelquefois injuste sur les personnes. Il a beaucoup de franchise sur ce qui le regarde, moins pourtant qu'il n'en veut faire paraître, et son amour-propre, qui le conduisait dans ses écrits comme dans ses actions, avoue quelques fautes, pour faire croire plus aisément à une suite de combinaisons qu'il est trop facile d'arranger après les évènements, pour que l'on puisse toujours les attribuer à la prudence. Malgré cet artifice, ce qu'il peint le mieux dans ses ouvrages, c'est lui-même; et l'on peut dire de lui, comme de César, qu'il a fait la guerre civile et l'a écrite avec le même esprit *. Ses inclinations et ses principes percent de tous côtés; sa politique est tournée tout entière vers les dissensions domestiques; toutes ses maximes sont adaptées à des temps de cabale et de discorde; et il ne juge presque les hommes que par ce qu'ils peuvent être dans les factions, c'est-à-dire sur le modèle qu'il est plus que personne en état de fournir d'après lui. Enfin, ses mémoires, pleins d'esprit, d'agrément, de saillies d'imagination, de traits heureux, laisseront toujours l'idée d'un homme fort au-dessus du commun. Il n'y a guère de défauts que ceux qu'il était capable d'éviter en composant avec plus de soin, comme dans sa conduite ce qu'il y a de plus vicieux n'empêche pas qu'on n'aperçoive ce qu'il aurait pu être, si la fortune l'avait autrement placé.

La Harpe, *Cours de littérature*.

MÉNANDRE, poète comique grec, mourut 290 ans avant J. C., âgé de 52 ans.

---

* Eodem animo scripsit, quo bellavit.

Il fut le chef et l'auteur de la nouvelle comédie. Plutarque (*in Moral.*, p. 853) le préfère infiniment à Aristophane. Il admire en lui une plaisanterie douce, fine, délicate, spirituelle, et qui ne s'écarte jamais des règles de la probité la plus austère; au lieu que les railleries d'Aristophane, amères et mordantes, emportent la pièce, déchirent sans aucun ménagement la réputation des plus gens de bien, et violent avec une impudence effrénée toutes les lois de la modestie et de la pudeur. Quintilien (*liv.* X, *chap.* 1) ne craint point d'avancer que Ménandre a effacé tous ceux qui ont écrit avant lui dans le même genre, et que, par l'éclat de sa réputation, il a entièrement obscurci leur nom. Mais le plus grand éloge qu'on puisse faire de ce poète est de dire que Térence, qui n'a presque fait que copier ses pièces, est regardé par les bons juges comme beaucoup inférieur à son original.

Aulu-Gelle (*liv.* II, *chap.* 23) nous a conservé quelques endroits de Ménandre imités par Cécilius, ancien poète comique latin. A la première lecture il avait trouvé les vers de celui-ci fort beaux ; mais il avoue que dès qu'il les eut comparés avec ceux du poète grec, toute leur beauté disparut, et qu'ils lui parurent pitoyables.

On ne rendit pas à Ménandre de son vivant, toute la justice qui lui était due. De plus de cent comédies qu'il fit représenter, il ne remporta la palme que dans huit seulement. Soit cabale et conspiration contre lui, soit mauvais goût des juges (*Quint.*, *liv.* X, *chap.* 1), Philémon, qui ne méritait certainement que la seconde place, lui fut presque toujours préféré*.

Rollin, *Histoire ancienne.*

MERCIER (Louis-Sébastien), auteur du *Tableau de Paris*, et membre de la troisième classe de l'Institut, mourut le 25 avril 1814, à l'âge de soixante et quatorze ans. Il a terminé tranquillement sa carrière à Paris, où il était né; on le voyait errer, comme une ombre, depuis assez long-temps, avec tous les signes de la caducité, dans ces mêmes rues, dont jadis il s'était constitué le peintre : il se survivait à lui-même. Qu'était devenue l'époque où sa réputation attirait sur ses pas la foule des curieux, où l'on s'empressait dans les lieux publics, dans les cafés, pour le voir, pour l'entendre? L'indifférence la plus froide avait succédé à cette curiosité si vive; sa présence retraçait même plutôt encore ce qu'il y avait de ridicule dans ses paradoxes, que ce qu'on avait observé de remarquable dans son talent. M. Mercier fut d'abord, aux yeux du moins de la jeunesse enthousiaste, une espèce de grand homme; il finit par n'être plus rien du tout : autrefois, on le regardait avec admiration; dans ces derniers temps, on ne pouvait plus le regarder sans rire.

L'image de l'indépendance plaît et séduit toujours, et l'on résiste avec peine aux attraits de la nouveauté: un écrivain qui pense d'après lui-même, et qui par

---

* Voyez dans le *Répertoire* les articles COMÉDIE, par Marmontel et ARISTOPHANE, par La Harpe, où il est parlé de Ménandre. F.

des idées neuves, extraordinaires, heurte et contredit les opinions reçues, est toujours assuré de faire quelque impression, si d'ailleurs il n'est pas dépourvu de talent. Les hommes dont, en général, l'imagination inquiète va cherchant sans cesse je ne sais quelles vérités, hors du vrai même, ne portent qu'impatiemment le joug des traditions; mais si l'on veut spéculer avec quelque bonheur sur cet instinct et sur cette inquiétude, il faut les flatter avec adresse, et non les déconcerter grossièrement : il est un point au-delà duquel la nouveauté perd tous ses appas, et le paradoxe tout son sel. MM. Linguet et Mercier n'ont pas eu l'art de s'y fixer : éblouis des succès brillants de J. J. Rousseau, ils ont cru qu'il suffisait d'abuser encore plus que lui du paradoxe pour atteindre à la gloire, et ils se sont imaginés sans doute qu'inférieurs à leur maître, sous le rapport du génie, ils devaient balancer la supériorité de son éloquence par l'audace de leurs pensées : cette audace si intrépide ne fut qu'une extravagance risible; on eût dit que la folie elle-même avait proposé un prix auquel aspiraient à l'envi les deux concurrents : il me semble qu'à la fin, M. Mercier l'eût emporté; il est douteux que Linguet eût pu soutenir jusqu'au bout le poids d'une rivalité si difficile et si redoutable.

Il faut peu d'esprit pour trouver un paradoxe; il en faut beaucoup pour le bien défendre : M. Mercier n'en manquait pas; mais il avait plus de mouvement que de lumières dans la tête : il mettait plus d'impétuosité et de brusquerie dans ses assertions, que de subtilité dans ses arguments, et paraissait compter plus encore sur l'autorité de ses paroles que sur la force de ses raisons : il déclamait beaucoup ; il argumentait peu ; et comme il attaquait généralement moins des opinions que des sentiments, et qu'il en voulait surtout à certaines admirations, on ne doit pas être surpris qu'il ait été moins fertile en sophismes ingénieux, qu'en décisions tranchantes.

Dans un des plus comiques accès de sa manie paradoxale, qui n'a pas cessé de croître jusqu'à ses derniers jours, il a prétendu, par exemple, qu'on avait le plus grand tort d'aimer et d'admirer le *chant du Rossignol*: avec quel sérieux il soutenait cette thèse ! mais de quel raisonnement pouvait-il l'étayer ? N'en était-il pas réduit à opposer son organisation particulière à celle de tous les autres hommes ? Si, avec une simplicité modeste, il eût avoué bonnement que jamais dans le silence d'une belle soirée du printemps, au détour secret d'un bois solitaire, les accents du rossignol n'avaient charmé son oreille et pénétré jusqu'à son cœur, on l'eût plaint sans doute : il trouvait plus agréable d'exciter la surprise, que d'émouvoir la commisération, et d'avancer fièrement un paradoxe, que de proférer humblement un regret ; je le conçois ; son esprit d'ailleurs suivait naturellement cette pente, mais il était obligé de s'en tenir à l'assertion pure et simple : comment, en effet, essayer même de nous prouver que nous avions tort de n'être pas universellement organisés, comme l'était M. Mercier ?

Sur presque toutes les matières de goût, on pouvait toujours l'enfermer dans ce cercle étroit : il avait le malheur d'être insensible aux beautés de Racine et de Boileau; il avait celui de n'aimer presque aucun des grands écrivains du siècle de Louis XIV, et il voulait que ce malheur, qui lui était propre, devînt un argument irréfragable contre l'admiration générale : il ressemblait à un sourd, qui, dans un concert délicieux, s'inscrirait intrépidement en faux contre les sensations et le plaisir des gens pourvus de bonnes oreilles, ou à un aveugle qui, devant un beau feu d'artifice, se moquerait de l'attention, des exclamations et des applaudissements des spectateurs enchantés. Je n'ai jamais bien compris qu'un homme eût la témérité de s'en rapporter plus à lui-même qu'à tous les autres, quand ils sont tous d'accord contre lui sur un des points dont le goût et la sensibilité décident, et où l'avis le plus général est évidemment la règle la plus sûre : si vous ne goûtez ni la mélodie du rossignol, ni les vers de Racine, vous devez vous taire, et ne conclure en secret qu'une chose, c'est qu'il vous manque un organe, et que vous êtes privé d'un plaisir, parce que vous êtes privé d'un sens.

La gloire de l'originalité a de quoi flatter; et le détracteur de Racine, de Boileau et du rossignol, y prétendait sans doute plus ambitieusement qu'un autre; mais il y a deux sortes d'originalité : il en est une, compagne nécessaire du génie, mère des pensées profondes et neuves, source des vérités les plus élevées ou des combinaisons les plus piquantes, principe de cette éloquence qui crée des expressions et un style pour des idées, qui sont elles-mêmes des créations : c'est la véritable. Il en est une autre dont les caractères sont tout différents : elle est fille de l'amour-propre, et elle en met les vaines prétentions à la place des titres solides du génie ; elle ne veut que se singulariser ; elle se présente comme un don spécial, comme une empreinte particulière et privilégiée de la nature, et n'est au fond que la marque d'une organisation défectueuse : c'est la fausse ; c'était celle de M. Mercier. Si, pour avoir le mérite de l'originalité, soit au physique, soit au moral, il ne tient qu'à sortir de l'ordre commun, rien ne peut à cet égard le disputer aux monstres : toutes les difformités du corps comme tous les travers de l'esprit deviendront des droits incontestables à ce genre de gloire, et l'hôpital des Incurables ainsi que celui des Fous, seront peuplés d'originaux très remarquables.

On se tromperait pourtant si l'on croyait M. Mercier aussi original qu'il voulait le paraître : il ne faisait souvent que s'approprier les paradoxes d'autrui ; son droit sur eux n'était que le degré d'exagération auquel son audace effrénée les portait : les véritables propriétaires les eussent désavoués et abandonnés en les voyant défigurés d'une manière si étrange ; dans ses opinions si fameuses sur le *drame*, M. Mercier n'était que la caricature de Diderot. On créa, pour caractériser le zèle du disciple, un titre qu'aurait sans doute rejeté l'enthousiasme du maître, tout exalté qu'il était : M. Mercier fut appelé le *dramaturge*, qualification comique qui semble désigner moins une doctrine littéraire, qu'une espèce de fanatisme religieux; s'il s'était proposé de faire sentir le ridicule des principes et l'absurdité des systèmes qu'il avait embrassés, il n'aurait pu s'y prendre mieux; mais le vulgaire est toujours bien décidé à accepter, comme sérieux, ce qu'on lui donne pour tel : il aime qu'on l'endoctrine; les opinions de M. Mercier sur Boileau et sur Racine n'étaient pas, non plus, tout-à-fait à lui. Elles furent d'abord inspirées par l'esprit d'adulation à des littérateurs fort au-dessus de M. Mercier : c'est à la cour de M. de Voltaire qu'elles commencèrent à se montrer : c'était pour flatter Voltaire qu'on essaya de les accréditer; ses adulateurs se chargèrent d'immoler Racine et Boileau à la gloire de leur maître, avant qu'il se chargeât lui-même d'immoler le grand Corneille. M. Mercier n'examinait pas sous quels auspices un paradoxe était né, ni dans quelles vues il avait été créé; il suffisait que ce fût un paradoxe : il y reconnaissait son bien; quoiqu'il n'aimât point Voltaire, il se constitua l'ennemi personnel de Boileau et de Racine, et l'on sait quelle guerre il avait déclarée à leur renommée et à leurs grands ouvrages. Le langage du mépris n'avait pas d'expressions assez fortes pour rendre le peu de cas qu'il faisait d'eux : M. Mercier était le Diogène de la littérature.

Malheureusement il se rencontra un homme qui croyait à la puissance de la raison, comme M. Mercier croyait à la puissance du paradoxe; cet homme

principe de cette éloquence qui crée des expressions et un style pour des idées, qui sont elles-mêmes des créations : c'est la véritable. Il en est une autre dont les cararactères sont tout différents : elle est fille de l'amour-propre, et elle en met les vaines prétentions à la place des titres solides du génie ; elle ne veut que se singulariser ; elle se présente comme un don spécial, comme une empreinte particulière et privilégiée de la nature, et n'est au fond que la marque d'une organisation défectueuse : c'est la fausse; c'était celle de M. Mercier. Si, pour avoir le mérite de l'originalité, soit au physique, soit au moral, il ne tient qu'à sortir de l'ordre commun, rien ne peut à cet égard le disputer aux monstres : toutes les difformités du corps comme tous les travers de l'esprit deviendront des droits incontestables à ce genre de gloire, et l'hôpital des Incurables ainsi que celui des Fous, seront peuplés d'originaux très remarquables.

On se tromperait pourtant si l'on croyait M. Mercier aussi original qu'il voulait le paraître : il ne faisait souvent que s'approprier les paradoxes d'autrui ; son droit sur eux n'était que le degré d'exagération auquel son audace effrénée les portait : les véritables propriétaires les eussent désavoués et abandonnés en les voyant défigurés d'une manière si étrange; dans ses opinions si fameuses sur le *drame*, M. Mercier n'était que la caricature de Diderot. On créa, pour caractériser le zèle du disciple, un titre qu'aurait sans doute rejeté l'enthousiasme du maître, tout exalté qu'il était : M. Mercier fut appelé le *dramaturge*, qualification comique qui semble désigner moins une doctrine littéraire, qu'une espèce de fanatisme religieux; s'il s'était proposé de faire sentir le ridicule des principes et l'absurdité des systèmes qu'il avait embrassés, il n'aurait pu s'y prendre mieux; mais le vulgaire est toujours bien décidé à accepter, comme sérieux, ce qu'on lui donne pour tel : il aime qu'on l'endoctrine; les opinions de M. Mercier sur Boileau et sur Racine n'étaient pas, non plus, tout-à-fait à lui. Elles furent d'abord inspirées par l'esprit d'adulation à des littérateurs fort au-dessus de M. Mercier; c'est à la cour de M. de Voltaire qu'elles commencèrent à se montrer : c'était pour flatter Voltaire qu'on essaya de les accréditer; ses adulateurs se chargèrent d'immoler Racine et Boileau à la gloire de leur maître, avant qu'il se chargeât lui-même d'immoler le grand Corneille. M. Mercier n'examinait pas sous quels auspices un paradoxe était né, ni dans quelles vues il avait été créé; il suffisait que ce fût un paradoxe : il y reconnaissait son bien; quoiqu'il n'aimât point Voltaire, il se constitua l'ennemi personnel de Boileau et de Racine, et l'on sait quelle guerre il avait déclarée à leur renommée et à leurs grands ouvrages. Le langage du mépris n'avait pas d'expressions assez fortes pour rendre le peu de cas qu'il faisait d'eux : M. Mercier était le Diogène de la littérature.

Malheureusement il se rencontra un homme qui croyait à la puissance de la raison, comme M. Mercier croyait à la puissance du paradoxe; cet homme était M. de La Harpe : il fondit impétueusement sur MM. Linguet et Mercier, avec toutes les fureurs de l'indignation et toutes les armes de la dialectique. L'importance d'un tel adversaire, le luxe de logique, la surabondance d'arguments, qu'il déploya dans ses attaques, ne réussirent qu'à relever aux yeux du public des absurdités risibles, dont les traits du ridicule auraient fait plus sûrement justice. La raison fut profanée dans ces combats ; et comme il faut toujours qu'il y ait des rieurs, ils se décidèrent pour les vaincus contre un vainqueur qui n'avait pas su les mettre de son côté, et couvrirent la honte de la défaite des apparences de la victoire : c'était un spectacle assez plaisant de voir la raison se compromettre avec la folie, et sortir d'une lutte qu'elle devait dédaigner, à la fois victorieuse et ridicule ; il ne s'agissait que d'attendre un peu. M. Mercier ne devait pas tarder à ébranler lui-même le crédit de ses doctrines par le progrès de ses paradoxes : quand il s'en prit à Newton sans savoir un mot de physique ni de mathématiques, on vit bien que sa manie de contredire n'était que la fièvre d'un cerveau malade ; et quand il en vint jusqu'à dénigrer le rossignol, le paroxisme du délire en manifesta toute l'étendue.

Il est difficile qu'un grand talent s'unisse avec un si prodigieux penchant à l'extravagance : M. Mercier n'en eut qu'un médiocre ; ses meilleurs drames sont très inférieurs aux chefs-d'œuvre du genre ; et l'on ne peut comparer *l'Habitant de la Guadeloupe* et *la Brouette du Vinaigrier* au *Père de*

Famille. L'*An* 2440 et *le Bonnet de Nuit*, productions déclamatoires, diffuses et ennuyeuses à l'excès, méritent à peine d'être rappelées à la mémoire de ceux qui veulent se souvenir de tout; *le Tableau de Paris*, que l'auteur a gâté dans ces derniers temps, en voulant le compléter et l'étendre, n'est qu'une esquisse grossière, où l'on rencontre quelques traits saillants, quelques heureux coups de pinceau, mêlés à beaucoup de fatras : c'est un ouvrage peint à la brosse : il fit sensation quand il parut, parce qu'il parut à propos : la disposition des esprits assura le succès de ce livre; qu'on essaie aujourd'hui de le relire, on le trouvera bien au-dessous de sa réputation; on verra qu'il dut beaucoup aux circonstances dans lesquelles il fut publié : la hardiesse de quelques idées obtint grace pour la faiblesse et la pauvreté du plus grand nombre, et la franchise presque cynique de quelques peintures en imposa sur l'insignifiance générale du coloris. J'ai bien peur que personne ne veuille faire l'épreuve que je propose : qui pourrait aujourd'hui se résoudre à lire un ouvrage de M. Mercier? ses écrits sont morts avant lui.

On sait toujours quelque gré aux hommes qui veulent soumettre les vérités les mieux reconnues à un nouvel examen : ils entretiennent dans les esprits un certain mouvement favorable à la vérité même; ils les empêchent de s'endormir insipidement dans la tranquillité d'une croyance paisible; ils les rappellent au sentiment de leur indépendance, et leur rendent la conscience de leur activité; aussi, malgré les reproches que la raison peut faire avec une justice trop évidente à M. Mercier, sa mémoire ne reste pas sans quelque intérêt; et cet intérêt s'augmente, quand on songe que jamais les désordres de sa tête ne passèrent jusqu'à son cœur : on peut être honnête homme, et ne pas aimer le chant du rossignol; M. Mercier, en s'élançant toujours hors de la sphère des idées sensées, s'est toujours maintenu dans l'ordre des affections louables; il n'a figuré que parmi les victimes d'une révolution, que ses livres, comme tant d'autres, avaient pu provoquer ; il fit souvent entendre des réclamations courageuses, et la bizarrerie de son éloquence néologique était du moins consacrée à l'expression des plus purs sentiments; lorsque tout se taisait, excepté la louange, il ne laissait point de parler assez publiquement avec tout l'abandon de son caractère; il est mort dans les bras de la religion, au bruit des applaudissements excités par un changement de choses, auquel il applaudissait lui-même des bords de son tombeau.

Dussault, *Annales littéraires*.

MERVEILLEUX. On peut distinguer dans la poésie deux espèces de merveilleux.

Le merveilleux naturel est pris, si je l'ose dire, sur la dernière limite des possibles : la vérité y peut atteindre, et la simple raison peut y ajouter foi. Tels sont les extrêmes en toutes choses, les évènements sans exemple, les caractères, les vertus, les crimes inouïs, les jeux du hasard qui semblent annoncer une fatalité marquée, ou l'influence d'une cause puissante qui préside à ces accidents : telles sont les grandes révolutions dans le physique, les déluges, les tremblements de terre, les bouleversements qui ont changé la face du globe, ouvert un passage à l'Océan dans les profondes vallées qui séparaient l'Europe de l'Afrique, ou la Suède de l'Allemagne, rompu la communication du nord de l'Amérique et de l'Europe, englouti peut-être la grande île Atlantique, et mis à sec les bancs de sable qui forment l'Archipel de la Grèce et celui de l'Inde, peut-être aussi, élevé si haut les volcans de l'ancien et du nouveau monde : telles sont aussi, dans le moral, les grandes incursions et les vastes conquêtes, le renversement des empires et leur succession rapide, sur-tout lorsque c'est un seul homme dont le génie et le courage ont produit ces grands changements : tels sont par conséquent les caractères et les génies d'une force, d'une vigueur, d'une élévation extraordinaires : tels sont enfin les évènements particuliers dont la rencontre semble ordonnée par une puissance supérieure.

Aristote en donne pour exemple la chute de la statue de Miris sur le meurtrier de Miris. Le théâtre grec est rempli de ces rencontres merveilleuses : tel est le sort d'Oreste, cru meurtrier d'Oreste, et sur le point d'être immolé par Iphigénie sa sœur; tel est le sort d'Egyste, cru meurtrier d'Egyste, et sur le point d'être immolé par Mérope sa mère; tel est le sort d'OEdipe, meurtrier de Laïus son père, et cherchant lui-même à découvrir le meurtrier de Laïus.

L'histoire présente plusieurs de ces hasards, dont la poésie pourrait, au besoin, faire une sorte de prodige : de ce nombre est la naissance d'Alexandre, le même jour que fut brûlé le temple de Diane à Ephèse; Carthage et Corinthe détruites dans une même année; Prague emportée d'assaut le 28 novembre 1631, par Jean-George, électeur de Saxe, et par escalade le même jour 28 novembre 1641, par son arrière-petit-fils; la pluie qui lave le visage de Britannicus à ses funérailles, et y fait découvrir les traces du poison; l'orage qu'il y eut à Pau le jour de la mort de Henri IV, où l'on dit que le tonnerre brisa les armes du roi sur la porte du château dans lequel ce prince était né, et qu'un taureau, appelé *le roi des taureaux*, à cause de sa beauté, effrayé de ce coup de foudre, se tua en se précipitant dans les fossés du château; ce qui fit que dans toute la ville le peuple cria : *Le roi est mort.*

Ces circonstances, que l'on remarque dans les évènements publics, sont aussi quelquefois assez singulières et assez frappantes, dans les évènements particuliers, pour y jeter du merveilleux. Telle serait, par exemple, l'aventure de ce comte de Guiche, qui, par amour, portant sur son cœur le portrait d'Henriette d'Angleterre, le jour d'une bataille, reçut une balle à l'endroit même où était la boîte qui l'enfermait, et dut la vie à ce bouclier précieux.

De ce même genre de merveilleux, sont toutes ces descriptions des poètes, où, sans sortir des bornes de la nature, l'imagination renchérit tant qu'elle peut sur la réalité; ce qui fait de la fiction un continuel enchantement.

Le merveilleux surnaturel est l'entremise des êtres qui, n'étant pas soumis aux lois de la nature, y produisent des accidents au-dessus de ses forces, ou indépendants de ses lois.

On a dit, en parlant du merveilleux poétique : « Minerve et Junon, Mars et Vénus, qui jouent de si grands rôles dans *l'Iliade* et dans *l'Enéide*, ne seraient aujourd'hui, dans un poème épique, que des noms sans réalité, auxquels le lecteur n'attacherait aucune idée distincte, parce qu'il est né dans une religion toute contraire, ou élevé dans des principes tout différents ». On a dit que la chute de la mythologie entraîne nécessairement l'exclusion de cette sorte de merveilleux, et que l'illusion ne peut être complète qu'autant que la poésie se renferme dans la créance commune. On a dit qu'en vain se fonderait-on, dans les sujets profanes, sur le merveilleux admis dans nos opéra; et que, si on le dépouille de tout ce qui l'y accompagne, on ose répondre que ce merveilleux ne nous amusera pas une minute.

Ces spéculations, démenties par l'expérience, ne sont fondées que sur une fausse supposition, savoir, que la poésie, pour produire son effet, demande une illusion complète.

Il est démontré qu'au théâtre, où le prestige poétique a tant de forces et de charmes, non-seulement l'illusion n'est pas entière, mais ne doit pas l'être; il en est de même à la lecture : sans quoi l'impression faite sur les esprits serait souvent pénible et douloureuse. (*Voyez* ILLUSION).

Le lecteur n'a donc pas besoin que le merveilleux soit pour lui un objet de créance, mais un objet d'opinion hypothétique et passagère. C'est en poésie, une donnée dont tous les peuples éclairés sont d'accord : tout ce qu'on y exige, ce sont les convenances, ou la vérité relative; et celle-ci consiste à ne supposer dans un sujet que le merveilleux reçu dans l'opinion du temps et du pays où l'action s'est passée : en sorte qu'on ne nous donne à croire que ce que les peuples de ce temps-là, ou de ce pays-là, semblent avoir dû croire eux-mêmes. Alors, par cette complaisance que l'imagination veut bien avoir pour ce qui l'amuse, nous nous mettons à la place de ces peuples; et pour un moment nous nous laissons séduire par ce qui les aurait séduits.

Ainsi, autant il serait ridicule d'employer le merveilleux de la mythologie ou de la magie dans une action étrangère aux lieux et aux temps où l'on croyait à l'une ou à l'autre, autant il est raisonnable et permis de les employer dans les sujets auxquels l'opinion du temps et du pays les rend comme adhérentes. Eh! qui jamais a reproché l'emploi de la magie au Tasse; et à l'auteur du *Télémaque*, l'emploi du merveilleux d'Homère? Une piété trop délicate et trop timide pourrait seule s'en alarmer; mais ce que blâmerait un scrupule mal entendu, le goût et le bon sens l'approuvent.

La seule attention que l'on doit avoir est de saisir bien au juste l'opinion des peuples à la place desquels on veut nous mettre, afin de ne pas faire du merveilleux un usage dont eux-mêmes ils seraient blessés. C'est ainsi, par exemple, qu'un poète qui traiterait aujourd'hui le sujet de la *Pharsale*, serait obligé de faire ce qu'a fait Lucain, de s'interdire l'entremise des dieux dans la querelle de César et de Pompée. La raison en est qu'on ne se prête à l'illusion qu'autant qu'on suppose que les témoins de l'évènement auraient pu s'y livrer eux-mêmes. Cette convention paraît singulière; et cependant rien n'est plus réel.

Il s'ensuit que, dans les sujets modernes, le merveilleux ancien ne peut être sérieusement employé, et c'est une perte immense pour la poésie épique.

Ce n'est pas que le merveilleux soit réduit pour nous, comme on l'a prétendu, à l'allégorie des passions humaines personnifiées. Avec de l'art, du goût et du génie, nos prophètes, nos anges, nos démons et nos saints peuvent agir décemment et dignement dans un poème; et à la maladresse du Camoëns, de Sannazar, de Saint-Didier, de Chapelain, etc., on peut opposer les exemples du Tasse, de Milton, de l'auteur d'*Athalie* et de celui de *la Henriade*.

Mais ce qui manque au merveilleux moderne, c'est d'être passionné. La Divinité est inaltérable par essence; et tout le génie des poètes ne saurait faire de Dieu qu'un homme : ce qui est une ineptie ou une impiété. Nos anges et nos saints, exempts de passions, seront des personnages froids, si on les peint dans leur état de calme et de béatitude ; ou indécemment dénaturés, si on leur donne les mouvements tumultueux du cœur humain.

Nos démons, plus favorables à la poésie, sont susceptibles de passions, mais sans aucun mélange ni de bonté ni de vertus : une fureur plus ou moins atroce, une malice plus ou moins artificieuse et profonde, en deux mots le vice et le crime sont les seules couleurs dont on puisse les peindre.

Voilà les véritables raisons pour lesquelles on serait insensé de croire pouvoir substituer, sans un extrême désavantage, le merveilleux de la religion à celui de la mythologie.

Les dieux d'Homère sont des hommes plus grands et plus forts que nature, soit au physique, soit au moral. La méchanceté, la bonté, les passions, les vices, les vertus, le pouvoir et l'intelligence au plus haut degré concevable, tout le système enfin du bien et du mal mis en action par le moyen de ces agents surnaturels, voilà le merveilleux favorable à la poésie. Mais quel effet produire sur l'âme des hommes avec de pures intelligences, sans passions, ni vices, ni vertus, qui n'ont plus rien à espérer, à désirer, ni à craindre, et dont une tranquillité éternelle est l'immobile élément ? Voyez aussi combien est absurde et puéril, dans le poème de Milton, le péril où il met les anges, et leur combat contre les démons ?

Les deux magies rapprochent un peu plus le merveilleux de la religion de celui de la fable, en donnant aux deux puissances, infernale et céleste, des ministres passionnés, et dont il semble qu'on peut animer et varier les caractères : mais les magiciens eux-mêmes sont décidés bons ou méchants, par cela seul que le ciel ou que l'enfer les seconde; et il n'est guère possible de les peindre que de l'une de ces deux couleurs. Les premiers poètes qui, avec succès, ont employé cette machine, en doivent donc avoir usé tous les ressorts.

Quelle comparaison avec un système religieux, où non seulement les passions, les vertus, les talents, les arts, le génie, toute la nature intellectuelle et morale, mais les éléments, les saisons, tous les grands phénomènes de la nature physique, toutes ses grandes productions avaient leurs dieux plus ou moins dépendants, mais assez libres pour agir chacun selon leur caractère *.

Cet avantage des anciens sur les modernes est élégamment exprimé dans le poème de l'anti-Lucrèce :

O utinam, dùm te regionibus infero sacris,
Arentem in campum liceat deducere fontes
Castalios, versis læta in viridaria dumis;
Ac totam in nostros Aganippida fundere versus !
Non mihi, quæ vestro quondam facundia vati,
Nec tam dulce melos, nec par est gratia cantûs.
Reddidit ille suâ Graiorum somnia linguâ,
Nostra peregrinæ mandamus sacra loquelæ.
Ille voluptatem et veneres, charitumque choreas

* Ces réflexions de Marmontel sur l'emploi du merveilleux chrétien, paraissent sans réplique, et on ne peut leur opposer l'emploi ingénieux qu'en a fait M. de Chateaubriand dans ses *Martyrs*, ni la théorie qu'il a si spirituellement exposée dans son *Génie du Christianisme*. H. P.

Carmine concelebrat; nos veri dogma severum :
Triste sonant pulsæ nostrâ testudine chordæ.
Olli suppeditat dives natura leporis
Quidquid habet, lætos summittens prodiga flores...
Æneadum genitrix felicibus imperat arvis,
Aeriasque plagas recreat, pelagusque profundum.

Quant aux personnages allégoriques, il faut renoncer à en faire jamais la machine d'un poème sérieux. On pourra bien les y introduire en épisodes passagers, lorsqu'on aura quelque idée abstraite, quelque circonstance morale à présenter sous des traits plus sensibles ou plus intéressants que la vérité nue; ou que celle-ci aura besoin d'un voile pour se montrer avec décence, ou passer avec modestie : c'est ainsi que, dans *la Henriade*, la politique personnifiée est un ingénieux moyen de nous peindre la cour de Rome; c'est ainsi que, dans le même poème, la peinture allégorique des vices rassemblés aux portes de l'enfer, est l'exemple le plus parfait de la vérité philosophique, animée, embellie et rendue sensible aux yeux par la fiction :

Là gît la sombre Envie, à l'œil timide et louche,
Versant sur des lauriers les poisons de sa bouche :
Le jour blesse ses yeux dans l'ombre étincelants;
Triste amante des morts, elle hait les vivants.
Elle aperçoit Henri, se détourne et soupire.
Auprès d'elle est l'Orgueil, qui se plaît et s'admire;
La Faiblesse au teint pâle, aux regards abattus,
Tyran qui cède au crime et détruit les vertus;
L'Ambition sanglante, inquiète, égarée,
De trônes, de tombeaux, d'esclaves entourée;

La tendre Hypocrisie, aux yeux pleins de douceur
(Le ciel est dans ses yeux, l'enfer est dans son cœur);
Le faux Zèle étalant ses barbares maximes;
Et l'Intérêt enfin, père de tous les crimes.

Les anciens ont eux-mêmes allégorisé quelques-uns de leurs épisodes comme la ceinture de Vénus dans *l'Iliade*, et la jalousie de Turnus dans *l'Énéide*. Mais qu'on se garde bien de compter sur les personnages allégoriques, pour être constamment, comme les dieux d'Homère, les mobiles de l'action. Ces personnages ont deux défauts, l'un d'avoir en eux-mêmes trop de simplicité de caractère, l'autre de n'avoir pas assez de consistance dans l'opinion.

J'oserais comparer un caractère poétique à un diamant qui n'a du jeu qu'autant qu'il a plusieurs faces; ou plutôt à un composé chimique, dont la fermentation et la chaleur ont pour cause la contrariété de ses éléments. Un caractère trop simple est uniforme : il peut avoir de l'énergie et de l'impétuosité; mais il n'a qu'une impulsion, sans aucune révolution en sens contraire et sur lui-même : l'envie sera toujours l'envie, et la vengeance, la vengeance; au lieu que le caractère moral de l'homme est composé, divers et changeant; et des combats qu'il éprouve en lui-même, résulte la variété et l'impétuosité de son action. Quel personnage allégorique peut-on imaginer jamais qui occupe la scène comme le caractère d'Hermione ou celui d'Orosmane?

Les dieux d'Homère, comme je l'ai dit, sont des hommes passionnés : au lieu que les personnages allégoriques sont des définitions personnifiées et immuables par essence.

D'un autre côté, l'opinion n'y attache pas assez de réalité pour donner lieu à l'illusion poétique ; cette illusion n'est jamais complète : mais lorsque le merveilleux a été réellement, parmi les hommes, un objet de créance, nous voulons bien, pour un moment, nous mettre à la place des peuples qui croyaient à ces fables ; et dès lors elles ont pour nous une espèce de réalité. Mais les fictions allégoriques n'ont formé le système religieux d'aucun peuple du monde : on les voit naître çà et là de l'imagination des poètes ; et on ne les regarde jamais que comme un jeu de leur esprit, ou comme une façon de s'exprimer symbolique et ingénieuse. L'allégorie ne peut donc jamais être la base du merveilleux de l'épopée, par la raison qu'en un simple récit elle ne fait jamais assez d'illusion. Ce n'est que dans le dramatique, où l'objet présent en impose, qu'elle peut quelquefois acquérir, par l'erreur des yeux, assez d'ascendant sur l'esprit ; et de là vient que, dans l'opéra d'*Armide*, l'épisode de la haine fait toute son illusion *.

Il n'y a donc plus pour nous que deux moyens d'introduire le merveilleux dans l'épopée : ou de le rendre épisodique, accidentel et passager, si c'est le merveilleux moderne, et d'employer alors les vices,

---

* Cet épisode est d'une invention ingénieuse mais froide ; et en général e ne crois pas qu'on puisse accorder à Marmontel que cette sorte de merveilleux fasse plus d'effet sur la scène qu'en récit. Ce serait plutôt le contraire qui me paraîtrait la vérité.   H.P.

les vertus, les passions humaines, non pas allégoriquement, mais en réalité, à produire, animer et soutenir l'action; ou, si l'on veut faire usage du merveilleux de la mythologie ou de celui de la magie, de prendre son sujet dans les temps et les lieux où l'on croyait à ces prodiges. C'est ce qu'ont fait les deux hommes de génie à qui la France doit la gloire d'avoir deux poèmes épiques dignes d'être placés à côté des anciens, Fénelon et Voltaire.

Marmontel, *Éléments de Littérature*.

MÉTASTASE (Pierre-Bonaventure), célèbre poète italien, naquit à Rome, le 3 janvier 1698, d'un pauvre artisan nommé Trapassi. Il eut néanmoins pour parrain le cardinal Pierre Ottoboni qui lui donna son nom, et fut adopté ensuite par le célèbre jurisconsulte Gravina, qui, ayant reconnu en lui les plus heureuses dispositions, se chargea de l'initier lui-même dans les lettres grecques, latines et italiennes.

Par un caprice assez bizarre, le jeune homme changea alors son nom de Trapassi en celui de Metastasio qui a la même signification en grec, et y ajouta le titre d'abbé, selon l'usage d'Italie.

Le talent poétique que Métastase, avait montré dès sa plus tendre enfance se développa à tel point par l'étude des lettres, que dès l'âge de quatorze ans il composa son *Giustino*, auquel on n'a reproché qu'une trop servile imitation des anciens. Quoiqu'un tel début dût faire espérer qu'il réussirait dans la carrière dramatique, son bienfaiteur n'en exigea pas moins qu'il s'attachât à l'étude de la jurisprudence, et le jeune poète, quoiqu'à regret, se soumit à sa volonté ; mais il était à peine âgé de vingt ans lorsque la mort lui enleva tout-à-coup cet appui de sa jeunesse et lorsqu'il se vit libre de suivre l'impulsion de ses penchants.

Gravina, qui avait eu pour lui l'affection d'un tendre père, lui avait laissé en mourant une grande partie de ses biens. Le jeune poète se vit bientôt entouré d'un grand nombre de connaissances et de distractions qui l'arrachèrent à ses utiles travaux, et en l'espace de deux ans il eut dissipé les bienfaits de l'amitié, et fut obligé d'abandonner le théâtre de ses folies pour se dérober à ses créanciers.

Ce fut à Naples qu'il se réfugia, et qu'il revint tout entier à son goût pour la carrière dramatique. Le talent d'une actrice, nommée la *Romanina*, contribua tellement au succès de ses premières pièces, qu'il prit pour cette femme un véritable attachement, et n'eut bientôt plus d'autre maison que la sienne. Ce fut pour elle qu'il composa sa fameuse *Didone abbandonata*, qui fut jouée pour la première fois à Naples en 1724. Cet ouvrage eut un succès si éclatant que la réputation de l'auteur se répandit dans toute l'Europe, et qu'il fut dèslors en état de satisfaire ses créanciers et de vivre dans une grande aisance.

Quels que fussent les succès de Métastase en Italie, il crut devoir cependant accepter en 1729 le titre de *Poeta cesareo* que lui fit offrir l'empereur

Charles VI. En conséquence après avoir assuré un sort à ses parents, il se rendit à Vienne, et s'y annonça bientôt par de nouveaux triomphes. Parmi les pièces qu'il composa dans les premières années de son séjour en Allemagne, on cite le *Giuseppe riconosciuto*, le *Demofonte*, la *Clemenza di Tito* et son *Olimpiade*, surnommée la *divine* par toute l'Italie. Plus d'un chagrin vint pourtant troubler le bonheur qu'il devait goûter au milieu de tant de succès. Le premier fut la mort de son amie la *Romanina* dont il s'était séparé en Italie avec beaucoup de regrets. Cette cantatrice lui avait laissé par testament un legs de 25,000 écus romains; mais il renonça généreusement à cette somme en faveur de l'époux presque inconnu de celle qu'il avait tant aimée. Métastase était à peine remis de cette vive affliction, et s'occupait d'un nouveau chef-d'œuvre intitulé l'*Attilio Regolo*, lorsque la mort de l'empereur Charles VI vint détruire un grande partie de ses espérances. L'inimitié et la calomnie s'attachèrent dès-lors à sa poursuite, et c'est à dater de cette époque qu'il ressentit les premières atteintes d'une maladie nerveuse dont il se plaignit le reste de sa vie.

Cependant la bienveillance dont l'honora toujours Marie-Thérèse, lui fit ensuite oublier ses chagrins. Cette grande princesse lui écrivait souvent des billets pleins de grace et de bonté, qui étaient pour le poète la plus douce récompense de ses travaux. Elle lui dit dans un de ces billets : « Mon ancien maître fait la gloire de notre siècle,

« et plus encore de ceux à qui il s'est voué. » Métastase n'ambitionnait que ce genre de faveur.

Il avait refusé tous les titres que l'empereur Charles VI avait voulu lui conférer. Il refusa aussi la croix de Saint-Étienne, que lui offrit l'impératrice, et lorsque cette princesse exprima le désir de le voir couronner au Capitole, comme l'avait été Corilla, et que Clément XIV accueillit ce vœu avec empressement, le poète refusa obstinément cet honneur disant qu'il était trop vieux pour monter au Capitole.

Peu à peu Métastase s'était retiré du monde et s'occupait dans la retraite de ses savantes observations sur les écrits des anciens. La piété sincère qu'il avait professée toute sa vie, l'aida puissamment à supporter les maux dont il fut accablé dans sa vieillesse, et ce fut à Dieu qu'il consacra les derniers élans de son génie poétique. Il était âgé de quatre-vingt-deux ans lorsqu'il composa ces vers pleins d'une onction touchante : *Eterno genitor*, etc. Il mourut deux ans après, en 1782, ayant eu la douleur d'être précédé au tombeau par son auguste bienfaitrice. Métastase reçut à ses derniers moments les plus grands témoignages d'estime de la part du souverain pontife, Pie VI qui était alors à Vienne.

On a de cet illustre poète 63 tragédies lyriques et opéra de divers genres, 12 oratorio, 48 cantates ou scènes lyriques, une foule d'élégies, idylles, *canzonette*, sonnets, etc ; des traductions en vers d'auteurs latins, parmi lesquelles on distingue l'*Art poétique* d'Horace. Parmi ses ouvrages en prose, on cite l'*Analyse de la poétique d'Aristote*, ses *Observations sur le théâtre grec*, et sa *Correspondance*, souvent intéressante et instructive.

Cet auteur a vu de son vivant plus de quarante éditions de ses œuvres. Il appelait celle qui fut publiée à Paris en 1755, en 12 vol. in-8°, et dédiée à madame de Pompadour, la gloire et la couronne de ses vieux ans.

Les italiens regardent Métastase comme un modèle de pureté, d'élégance et d'harmonie. Les écrivains les plus célèbres des autres nations rendirent aussi hommage à son talent. Voltaire comparait certaines scènes de Métastase à tout ce que la Grèce a produit de plus sublime, il les jugeait « dignes de « Corneille quand il n'est pas déclamateur, et de « Racine quand il n'est pas faible. » Rousseau, dans sa *Nouvelle Héloïse*, s'écriait que Métastase était « le seul poète du cœur, le seul génie fait pour « émouvoir par le charme de l'harmonie poétique « et musicale. »

« Une pureté parfaite dans la diction, une grace « et une élégance soutenues, ont fait regarder Mé- « tastase par ses compatriotes comme un auteur clas- « sique, et, pour ainsi dire, comme le Racine de « l'Italie. Il a sur-tout une douceur ravissante dans « les vers destinés au chant. Peut-être jamais aucun « poète n'a-t-il possédé au même degré le don de « rassembler dans un étroit espace, les traits les « plus touchants d'une situation pathétique. Les « monologues lyriques, à la fin des scènes, sont

« l'expression harmonieuse, à la fois la plus
« concise et la plus juste, d'une disposition de l'âme.
« il faut cependant convenir que Métastase ne peint
« les passions que sous des couleurs très générales :
« il ne donne au sentiment du cœur rien qui appar-
« tienne au caractère individuel, ni à la contempla-
« tion universelle. Aussi ses pièces ne sont-elles pas
« fortement conçues.... Quand on en a lu quelques-
« unes, on les connaît toutes. Il ne faut cependant
« pas être trop sévère. Les héros de Métastase sont
« galants, il est vrai ; ses héroïnes poussent la déli-
« catesse jusqu'à la mignardise ; mais peut-être n'a-
« t-on blâmé cette poésie efféminée que parce que
« l'on ne songeait pas à la nature de l'opéra. »
(A. W. SCHLEGEL, *Cours de Littérature dramatique*.)

En 1788, le cardinal Riminaldi a fait placer à Rome, dans l'église de Sainte-Marie, appelée la Rotonde, le buste de Métastase avec cette inscription : *Petro Metastasio, civi romano, principi italici dramatis, ne viro ubique gentium clarissimo honor in patriâ deesset*[*].

MÉZERAY (FRANÇOIS-EUDES DE), historien célèbre, né en 1610, dans le village de Rye en Basse-Normandie, était fils d'un chirurgien. Il fit ses études avec succès à l'université de Caen, et parut d'abord se diriger vers la poésie ; mais il la quitta pour

---

[*] Voyez le jugement de La Harpe sur La Motte, t. XVI, p. 410. Il dit ailleurs : « Je ne connais pas parmi les modernes un écrivain plus précis que Métastase. »

l'histoire et la politique. Avant que d'entreprendre les travaux qui l'ont rendu célèbre, Mézeray occupa pendant deux ans, dans l'armée de Flandre, l'emploi de commissaire des guerres. S'en étant bientôt dégoûté, il vint à Paris, où il se livra d'abord à la composition de quelques écrits satiriques sur les affaires du temps. Il était entré au collège de Sainte-Barbe dans le dessein de s'y appliquer à des études historiques, et de donner ensuite une *Histoire de France*. L'ardeur qu'il mit à ces études l'ayant fait tomber malade, il reçut dans cette circonstance des marques d'intérêt de la part du cardinal de Richelieu, qui durent encourager son zèle et lui donner l'espérance que ses travaux seraient bien récompensés. Ils le furent en effet. Ayant fait paraître le premier volume de son *Histoire* en 1643, cet ouvrage eut un tel succès, que Mézeray obtint de la cour une pension de 4,000 livres, et qu'à la publication du second volume, en 1646, il fut nommé membre de de l'Académie, où il remplaça Voiture, et fut élu ensuite secrétaire perpétuel à la place de Conrart. Son troisième volume, qui ne fut achevé qu'en 1651, ne reçut pas un accueil moins favorable que les deux premiers. L'auteur fut mis au-dessus des historiens qui l'avaient devancé. Ce n'est pas cependant qu'on s'accordât sur son exactitude : des critiques relevèrent un grand nombre d'erreurs auxquelles il ne semble pas qu'il attachât une grande importance. « Il aimait la vérité, dit La Harpe, mais il ne « la cherchait pas avec assez de soin; et, soit né- « gligence, soit misanthropie, il adopta trop légè-

« rement les inculpations hasardées et les soupçons
« vagues. A ce défaut près, il juge sainement les
« hommes et les choses ; mais il ne sait ni appro-
« fondir les idées, ni peindre les objets. Sa narra-
« tion ne manque pas de naturel ; elle plaît même
« par un ton de franchise, mais elle est dénuée d'a-
« grément et d'intérêt. Incapable de rien soigner,
« et le style encore moins que tout le reste, Mé-
« zeray a écrit son *Histoire* comme une conversation
« négligée. » Cependant, « malgré la rudesse de son
« style, dit Palissot, c'est encore de tous nos histo-
« riens celui qui a le plus de caractère, et dont la
« lecture fait le plus de plaisir, quand une fois on a
« surmonté une première impression défavorable*. »

A ce grand travail, qui venait d'établir sa réputation, Mézeray fit succéder des écrits peu impor-
tants, mais où il répandit cette humeur satirique qui se
fait souvent remarquer dans ses autres compositions.
Il publia, sous le nom de Sandricour, une vingtaine
de pamphlets contre Mazarin ; mais cédant ensuite
aux conseils de ses amis, il revint à ses travaux accoutumés, et mit le sceau à sa réputation par un
Abrégé chronologique de l'Histoire de France, qu'il
fit paraître en 1668. Cet ouvrage eut un grand
succès ; mais on lui reprocha encore beaucoup de
fautes, et bientôt l'auteur eut à se défendre contre
des reproches d'une autre nature. Il avait examiné,

---

* Voyez le parallèle de Daniel et de Mézeray, par d'Aguesseau, t. IX, p. 458 de notre *Répertoire*, et à l'article ÉLOQUENCE, t. XII, p. 262, une harangue de Mézeray, que Voltaire regarde pour le moins comme égale aux anciens dans cet endroit.

dans son *Abrégé*, l'origine de toutes les espèces d'impôts des Français, et y avait joint des réflexions si hardies, qu'elles déplurent à Colbert. Ce ministre le fit menacer de lui ôter sa pension de 4,000 livres; Mézeray consentit à retoucher, dans une seconde édition, les passages dont on se plaignait; mais, ayant en même temps annoncé au public qu'on l'y avait forcé, la moitié de la pension fut supprimée, et ses plaintes lui firent perdre l'autre moitié. Ce fut alors que son aversion pour les financiers devint si forte, qu'il avait coutume de dire qu'il réservait deux écus, frappés au coin de Louis XII, surnommé le *Père du peuple*, pour louer une place lorsqu'on pendrait quelqu'un d'eux en place de Grève. Il s'avisa aussi, en travaillant au *Dictionnaire de l'Académie*, d'ajouter cette phrase au mot *comptable*, *tout comptable est pendable*, et forcé par ses confrères de supprimer cette belle sentence, il écrivit en marge *rayé quoique véritable*.

Mézeray mourut le 10 juillet 1683. Il avait affecté pendant tout le cours de sa vie un pyrrhonisme qui était plus dans sa bouche que dans son cœur, car ayant fait venir à ses derniers moments ceux de ses amis qui avaient été les témoins de sa licence à parler sur les choses de la religion, il les pria d'oublier ce qu'il avait pu dire de répréhensible à ce sujet, et ajouta *souvenez-vous que Mézeray mourant est plus croyable que Mézeray en santé.*

On prétend que Mézeray avait des manières fort originales et une si grande négligence dans ses vêtements qu'il fut arrêté un jour par des archers qui le prirent pour un mendiant vagabond. Il avait aussi la manie de vouloir se soustraire à la clarté du soleil, et d'éclairer sa chambre en plein midi avec des flambeaux; et, de peur que cette singularité ne ressortît pas assez, sa coutume était de reconduire jusque dans la rue, un flambeau à la main, les personnes qui lui faisaient visite.

Ses biens patrimoniaux, qui étaient peu de chose, furent le seul héritage qu'il laissa à ses parents. Le reste de sa succession, consistant en argent comptant, argenterie, bijoux, fut donné par testament à un nommé Lefaucheur, cabaretier à La Chapelle, pour lequel il s'était pris d'une si grande amitié qu'il le qualifie de *mon cher compère, fidèle et véritable ami, homme de bien et loyal.*

Outre sa grande *Histoire* et l'*Abrégé chronologique*, dont la meilleure édition est celle de 1775, 14 vol. in-12, Mézeray a encore donné un *Traité de l'Origine des Français*, qui suppose une connaissance profonde de notre histoire; une *Histoire des Turcs de Chalcondyle*, Paris, 1662, 2 vol. in-fol.; une traduction française du Traité de Jean de Salisbury, intitulé: *La Vanité de la cour*, Paris, 1640, in 4; *Traité de la Vérité de la religion chrétienne*, traduit du latin de Grotius, *ibid.*, 1644, in-8°; *Histoire de la Mère et du Fils*, c'est-à-dire de Marie de Médicis et de Louis XIII, Amsterdam, 1730, in-4°, ou 2 vol. in-12. On a publié aussi sous son nom des *Mémoires historiques et critiques sur divers points de l'histoire de France*, Amsterdam 1732, 2 vol. in-12; mais quelques biographes doutent que cette compilation soit de lui.

MORCEAUX CHOISIS.

I. *Le maréchal de Biron à Henri IV.*

Voyez tome XII, page 362 de notre *Répertoire.*

II. *Le maréchal de Biron le fils à ses juges.*

Je vous ai rétablis, Messieurs, sur les fleurs de lis, d'où les saturnales de la ligue vous avaient chassés. Ce corps, qui dépend de vous aujourd'hui, n'a veine qui n'ait saigné pour vous. Cette main, qui a écrit ces lettres produites contre moi, a fait tout le contraire de ce qu'elle écrivait....

Il est vrai, j'ai écrit, j'ai pensé, j'ai dit, j'ai parlé plus que je ne devais faire. Mais où est la loi qui punit de mort la légèreté de la langue et le mouvement de la pensée? Ne pouvais-je pas desservir le roi en Angleterre et en Suisse? Cependant j'ai été irréprochable dans ces deux ambassades; et, si vous considérez avec quel cortège je suis venu, dans quel état j'ai laissé les places de Bourgogne, vous reconnaîtrez la confiance d'un homme qui compte sur la parole de son roi, et la fidélité d'un sujet, bien éloigné de se rendre souverain dans son gouvernement....

J'ai voulu mal faire; mais ma volonté n'a point passé les bornes d'une première pensée, enveloppée dans les nuages de la colère et du dépit; et ce serait chose bien dure, que l'on commençât par moi à punir les pensées. La reine d'Angleterre m'a dit que, si le comte d'Essex eût demandé pardon, il l'aurait obtenu; je le demande aujourd'hui : le comte d'Essex était coupable, et moi je suis innocent.

Est-il possible que le roi ait oublié mes services ? Ne se souvient plus du siège d'Amiens, où il m'a vu tant de fois, couvert de feu et de plomb, courir tant de hasards, pour donner ou pour recevoir la mort ? Le cruel ! il ne m'a jamais aimé que tant qu'il a cru que je lui étais nécessaire. Il éteint le flambeau en mon sang, après qu'il s'en est servi. Mon père a souffert la mort pour lui mettre la couronne sur la tête ; j'ai reçu quarante blessures pour la maintenir ; et, pour récompense, il m'abat la tête des épaules. C'est à vous, Messieurs, d'empêcher une injustice qui déshonorerait son règne, et de lui conserver un serviteur, à l'état un bon guerrier, et au roi d'Espagne un grand ennemi.

Histoire de France.

III. La Pucelle d'Orléans sur le bûcher.

Eh bien ! êtes-vous à la fin de vos souhaits ? m'avez-vous enfin amenée à un endroit où vous pensez que je ne vous serai plus redoutable ? lâches que vous êtes, qui avez eu peur d'une fille, et qui, n'ayant pu être soldats, êtes devenus bourreaux ; impies et impitoyables, qui vous efforcez en vain de combattre contre Dieu, dites-moi, pensez-vous par votre tyrannie détourner les secrets de sa toute-puissance ? Ne restait-il plus pour comble à votre orgueil et à vos injustices, qui veulent, en dépit de la Providence divine, ravir la couronne de France au légitime héritier, que de faire mourir une innocente prisonnière de guerre par un supplice digne de votre cruauté? Celui même qui m'a donné la force de vous châtier en tant de rencontres, de vous chasser de tant de villes, et de vous mener battant aussi facilement que j'ai mené autrefois un troupeau de moutons, m'a encore, par sa divine bonté, donné le courage de craindre aussi peu vos flammes que j'ai redouté vos épées. Vous ne me faites point injure, parce que je suis disposée à tout souffrir pour sa gloire ; mais votre crime s'élevant contre Sa Majesté, vous sentirez bientôt la pesanteur de sa justice, dont je n'étais qu'un faible instrument. De mes cendres naîtront vos malheurs et la punition de vos crimes. Ne vous mettez pas dans l'esprit qu'avec moi la vengeance de Dieu soit étouffée ; ces flammes ne feront qu'allumer sa colère, qui vous dévorera ; ma mort vous coûtera deux cent mille hommes, et, quoique morte, je vous chasserai de Paris, de la Normandie et de la Guyenne, où vous ne remettrez jamais le pied. Et, après que vous aurez été battus en mille endroits et chassés de toute la France, vous n'emporterez avec vous en Angleterre que la colère divine, qui, vous poursuivant toujours sans relâche, remplira votre pays de beaucoup plus grandes calamités, meurtres et discordes, que votre tyrannie n'en a fait naître dans ce royaume ; et sachez que vos rois perdront le leur avec la vie pour avoir voulu usurper celui d'autrui. C'est le Dieu des armées, protecteur des innocents et sévère vengeur des outrages, qui vous l'annonce par ma bouche.

Ibid.

MICHAUD (JOSEPH), de l'Académie française, est né vers 1771. Après avoir fait ses études à Bourg-en-Bresse, il vint à Paris en 1791, se livra à la rédaction de plusieurs journaux, et embrassa le parti royaliste, ce qui lui attira un grand nombre de persécutions.

Condamné à mort en 1795, il parvint à se soustraire à l'exécution de son jugement, qui fut révoqué un an après; mais ayant repris la rédaction de la *Quotidienne*, dans laquelle il continua de défendre les mêmes opinions, il fut poursuivi de nouveau et condamné en 1797 à la déportation à la Guiane. M. Michaud fut assez heureux pour échapper encore une fois à ses persécuteurs; il se réfugia dans les montagnes du Jura et trouva dans son talent pour la poésie un adoucissement à tant de maux. *Le Printemps d'un proscrit*, poème en trois chants, qu'il composa dans ce séjour, et qu'il fit paraître en 1803, nous offre des peintures aussi touchantes que gracieuses. « L'auteur chante la saison de son « exil, le lieu de sa retraite, dit M. Feletz, les vertus « de ses hôtes, la paix et la tranquillité dont le « sage jouit dans les hameaux, comparées avec le « tumulte et le fracas qui règnent toujours dans les « villes, et la misère et la terreur qui y régnaient « alors. Il anime ses tableaux par des scènes tou- « chantes, il les varie par d'ingénieux contrastes. « Ainsi après avoir peint à grands traits la nature « fière et sévère, telle qu'elle existe sur les mon- « tagnes du Jura, les torrents, les cascades, les « éclairs, les tempêtes, les rochers noircis par la

« foudre, l'auteur descend aux plus petits objets
« de la nature, et le tableau qu'il en présente est,
« en même temps, plein de graces et de philoso-
« phie.

« Quelqu'agréable et quelqu'imposant que soit
« le tableau de la nature, il devient froid et mono-
« tone, s'il n'est animé par les regards de l'homme;
« aussi M. Michaud a-t-il soin de mettre souvent
« l'homme en scène, comme un spectateur néces-
« saire de la nature, et comme l'acteur le plus
« intéressant du poëme qui la décrit. Ainsi après
« nous avoir présenté le tableau du hameau qu'il ha-
« bite, il fait le portrait de l'homme vertueux, du
« pasteur vénérable qui brave le danger qui le
« menace, pour y apporter des paroles de paix et
« de consolation.

« Les adieux de M. Michaud à sa paisible retraite
« sont très touchants. Il regrette les vertus simples et
« modestes de ses hôtes, le charme de sa solitude;
« et quand on lit le poëme qui célèbre si agréable-
« ment la saison de son exil, on regretterait presque,
« puisqu'il s'y accoutumait si bien, que cet exil n'ait
« pas été prolongé pendant les quatre saisons de
« l'année. »

M. de Chateaubriand a dit en parlant de M. Michaud : « Ce n'est point un poète qui cherche la
« pompe et la perfection de l'art; c'est un infortuné
« qui s'entretient avec lui-même et qui touche la
« lyre, seulement pour rendre l'expression de sa
« douleur plus harmonieuse; c'est un proscrit qui
« dit à son livre, comme Ovide disait au sien : *Mon*

« *livre, vous irez à Rome sans moi!.... Hélas que*
« *n'est-il permis à votre maître d'y aller lui-même!*
« *Partez, mais sans appareil, comme il convient au*
« *livre d'un poète exilé.* »

De retour en France, M. Michaud se montra toujours fidèle à la cause qu'il avait embrassée. Après le 31 mars 1814, il fut nommé censeur-général des journaux, mais il n'en exerça point les fonctions. Le roi le nomma dans la même année officier de la Légion-d'Honneur et l'un de ses lecteurs suppléants. Pendant les *cent jours*, en 1815, il se retira dans le département de Saône-et-Loire, et lors du second retour du roi, il fut élu à la chambre des députés par le département de l'Ain.

Outre l'ouvrage que nous avons cité, M. Michaud a publié : *Voyage littéraire au Mont-Blanc et dans quelques lieux pittoresques de la Savoie*, 1787, in-8°; *Origine poétique des mines d'or et d'argent*, conte oriental, sans date, in-8°, de huit pages; *Déclaration des droits de l'homme*, poème, précédé de quelques *Réflexions sur la rédaction de la déclaration des droits adoptés par l'assemblée constituante*, 1792, c'est une critique de cette fameuse *déclaration des droits de l'homme*; *Petite dispute entre deux grands hommes*, 1797, in-12, satire dirigée contre Chénier et Louvet; *Les adieux à Bonaparte*, 1799, in-8°, deux brochures réimprimées en 1814, in-18; l'*Histoire de la chute de l'empire de Mysore*, 1801, 2 vol. in-8°; *l'Enlèvement de Proserpine*, poème imité de Claudien, et imprimé à la suite du *Printemps d'un Proscrit*, qui eut un grand nombre d'éditions; *His-*

toire des Croisades, 7 vol. in-8°, ouvrage très estimé et qui a été réimprimé plusieurs fois. M. Michaud est encore auteur d'un grand nombre d'articles de la *Biographie universelle*, entre autres ceux de *César*, *Godefroy de Bouillon*, *Guillaume de Tyr*, etc.

MORCEAUX CHOISIS.

I. Le Printemps.

Déjà les nuits d'hiver, moins tristes et moins sombres,
Par degrés de la terre ont éloigné leurs ombres,
Et l'astre des saisons, marchant d'un pas égal,
Rend au jour moins tardif son éclat matinal.
Avril a réveillé l'aurore paresseuse ;
Et les enfants du Nord, dans leur fuite orageuse,
Sur la cime des monts ont porté les frimats.
Le beau soleil de mai, levé sur nos climats,
Féconde les sillons, rajeunit les bocages,
Et de l'hiver oisif affranchit ces rivages.
La sève, emprisonnée en ses étroits canaux,
S'élève, se déploie, et s'allonge en rameaux ;
La colline a repris sa robe de verdure ;
J'y cherche le ruisseau dont j'entends le murmure ;
Dans ces buissons épais, sous ces arbres touffus,
J'écoute les oiseaux, mais je ne les vois plus.
Des pâles peupliers la famille nombreuse,
Le saule ami de l'onde, et la ronce épineuse,
Croissent au bord du fleuve, en longs groupes rangés.
Dans leur feuillage épais les zéphyrs engagés
Soulèvent les rameaux ; et leur troupe captive
D'un doux frémissement fait retentir la rive.

 Le serpolet fleurit sur les monts odorants ;
Le jardin voit blanchir le lis, roi du printemps ;

L'or brillant du genêt couvre l'humble bruyère;
Le pavot dans les champs lève sa tête altière;
L'épi, cher à Cérès, sur sa tige élancé,
Cache l'or des moissons dans son sein hérissé;
Et l'aimable espérance, à la terre rendue,
Sur un trône de fleurs du ciel est descendue.

 Dans un humble tissu long-temps emprisonné,
Insecte parvenu, de lui-même étonné,
L'agile papillon, de son aile brillante,
Courtise chaque fleur, caresse chaque plante;
De jardin en jardin, de verger en verger,
L'abeille en bourdonnant poursuit son vol léger;
Zéphyr, pour ranimer la fleur qui vient d'éclore,
Va dérober au ciel les larmes de l'Aurore;
Il vole vers la rose, et dépose en son sein
La fraîcheur de la nuit, les parfums du matin.
Le soleil, élevant sa tête radieuse,
Jette un regard d'amour sur la terre amoureuse;
Et du fond des bosquets un hymne universel
S'élève dans les airs, et monte jusqu'au ciel.
L'amour donne la vie à ces beaux paysages.
Pour construire leurs nids, les hôtes des bocages
Vont chercher dans les prés, dans les cours des hameaux,
Les débris des gazons, la laine des troupeaux.
L'un a placé son nid sous la verte fougère;
D'autres, au tronc mousseux, à la branche légère,
Ont confié l'espoir d'un mutuel amour:
Les passereaux ardents, dès le lever du jour,
Font retentir les toits de la grange bruyante;
Le pinson remplit l'air de sa voix éclatante;
La colombe attendrit les échos des forêts;
Le merle des taillis cherche l'ombrage épais;
Le timide bouvreuil, la sensible fauvette,

Sous la blanche aubépine ont choisi leur retraite ;
Et les chênes des bois offrent à l'aigle altier
De leurs rameaux touffus l'asyle hospitalier.
Le Printemps d'un Proscrit, chant I.

II. Les Fleurs.

Ce sol, sans luxe vain, mais non pas sans parure,
Au doux trésor des fruits mêle l'éclat des fleurs.
Là, croît l'œillet si fier de ses mille couleurs ;
Là, naissent au hasard, le muguet, la jonquille,
Et des roses de mai la brillante famille,
Le riche bouton d'or, et l'odorant jasmin,
Le lis, tout éclatant des feux purs du matin,
Le tournesol, géant de l'empire de Flore,
Et le tendre souci qu'un or pâle colore ;
Souci simple et modeste, à la cour de Cypris,
En vain sur toi la rose obtient toujours le prix :
Ta fleur, moins célébrée, a pour moi plus de charmes ;
L'Aurore te forma de ses plus douces larmes.
Dédaignant des cités les jardins fastueux,
Tu te plais dans les champs ; ami des malheureux,
Tu portes dans les cœurs la douce rêverie ;
Ton éclat plaît toujours à la mélancolie ;
Et le sage Indien, pleurant sur un cercueil,
De tes fraîches couleurs peint ses habits de deuil.
Ibid, chant II.

III. Fin d'une belle journée de Printemps.

Mais, tandis qu'à regret je quitte ces demeures,
Entraînant dans son cours le char léger des Heures,
L'astre brûlant du jour s'incline vers les monts,
Et Zéphyr, endormi dans le creux des vallons,
S'éveille, et, parcourant la campagne embrasée,

Verse sur le gazon la féconde rosée :
Un vent frais fait rider la surface des eaux,
Et courbe, en se jouant, la tête des roseaux.
Déjà l'ombre s'étend ; ô frais et doux bocages !
Laissez-moi m'arrêter sous vos jeunes ombrages,
Et que j'entende encor, pour la dernière fois,
Le bruit de la cascade et les doux chants des bois.
De la cime des monts tout prêt à disparaître,
Le jour sourit encore aux fleurs qu'il a fait naître ;
Le fleuve, poursuivant son cours majestueux,
Réfléchit par degrés sur ses flots écumeux
Le vert sombre et foncé des forêts du rivage.
Un reste de clarté perce encor le feuillage,
Sur ces toits élevés, d'un ciel tranquille et pur
L'ardoise fait au loin étinceler l'azur ;
Et la vitre embrasée, à la vue éblouie
Offre à travers ces bois l'aspect d'un incendie.

 J'entends dans ces bosquets le chantre du printemps ;
L'éclat touchant du soir semble animer ses chants,
Ses accents sont plus doux et sa voix est plus tendre ;
Et, tandis que les bois se plaisent à l'entendre,
Au buisson épineux, au tronc des vieux ormeaux,
La muette Arachné suspend ses longs réseaux ;
L'insecte que les vents ont jeté sur la rive,
Poursuit en bourdonnant, sa course fugitive :
Il va de feuille en feuille, et, pressé de jouir,
Aux derniers feux du jour vient briller et mourir.
La caille, comme moi, sur ces bords étrangère,
Fait retentir les champs de sa voix printanière.
Sorti de son terrier, le lapin imprudent
Vient tomber sous les coups du chasseur qui l'attend ;
Et par l'ombre du soir la perdrix rassurée
Redemande aux échos sa compagne égarée.

Quand la fraîcheur des nuits descend sur les côteaux,
Le peuple des cités court oublier ses maux
Dans ces brillants jardins, sous ces vastes portiques
Qu'embellissent des arts les prestiges magiques.
Là, cent flambeaux, vainqueurs des ombres de la nuit,
Renouvellent aux yeux l'éclat du jour qui fuit;
Là, le salpêtre éclate, et la flamme élancée,
En sillons rayonnants dans les airs dispersée,
Remplit tout l'horizon, s'élève jusqu'aux cieux,
Tonne, brille et retombe en globes lumineux;
Tantôt elle s'élève en riches colonnades,
Tantôt elle jaillit en brillantes cascades;
Et tantôt c'est un fleuve, un torrent orageux
Qui roule avec fracas son cristal sulfureux.

Mais à ce luxe vain, ô combien je préfère
Cette pompe du soir dont brille l'hémisphère,
Ces nuages légers l'un sur l'autre entassés,
Et sur l'aile des vents mollement balancés!
L'imagination leur prête mille formes:
Tantôt c'est un géant, qui de ses bras énormes
Couvre le vaste Olympe, et tantôt c'est un Dieu
Qui traverse l'Éther sur un trône de feu.
Là, ce sont des forêts dans le ciel suspendues,
Des palais rayonnants sous des voûtes de nues;
Plus loin, mille guerriers se heurtant dans les airs
De leurs glaives d'azur font jaillir les éclairs.
Que j'aime de Morven le barde solitaire!
Quand le brouillard du soir descend sur la bruyère,
Assis sur la colline où dorment ses aïeux,
Il chante des Héros les mânes belliqueux.
Dans l'humide vapeur, sur ces bois étendue,
L'ombre du vieux Fingal vient s'offrir à sa vue;
Le vent du soir gémit sous ces saules pleureurs;

C'est la voix d'Ithona qui demande des pleurs;
Ces antiques forêts, leurs mobiles ombrages,
L'aspect changeant des lacs, des monts et des nuages,
Rappellent à son cœur tout ce qu'il a chéri.

 Oh! qui pourra jamais voir sans être attendri
L'éclat demi-voilé de l'horizon plus sombre,
Ce mélange confus du soleil et de l'ombre,
Ces combats indécis de la nuit et du jour,
Ces feux mourants épars sur les monts d'alentour,
Ce brillant occident où le soleil étale
Sa chevelure d'or et sa robe d'opale,
Ce ciel qui par degrés se peint d'un gris obscur,
Et le jour qui s'éteint sous un voile d'azur.
Ibid.

MILLEVOYE (CHARLES-HUBERT) naquit le 24 décembre 1782 à Abbeville, où son père tenait un rang honorable parmi les négociants. Après avoir commencé l'étude des langues grecque et latine, sous un habile instituteur qui ne négligea rien pour développer ses heureuses dispositions, le jeune Millevoye fut envoyé à Paris pour suivre les cours de l'école centrale établie au collège des Quatre-Nations, et y remporta, en 1798, le premier prix de littérature.

Né avec le goût de la poésie, il avait composé dès l'âge de treize ans d'agréables petites pièces de vers qui déjà faisaient présager quel serait un jour son talent : les succès qu'il obtint dans ses cours, ne pouvaient qu'augmenter encore son penchant pour les lettres; cependant avant que de s'y livrer entièrement, il fut forcé de s'essayer dans la carrière du barreau; mais accoutumé, pour ainsi dire dès son berceau, au langage harmonieux des muses, il prit en aversion les arides formules de la chicane, et passa de l'étude d'un procureur dans un magasin de librairie. Trois années consacrées à ce nouvel apprentissage, ne purent le familiariser avec les détails fastidieux auxquels on l'obligeait, et il renonça alors au commerce des livres pour s'abandonner à ses occupations favorites.

A l'âge de dix-huit ans, Millevoye publia un petit recueil de vers qui le fit connaître avantageusement. En 1806, il se mit sur les rangs pour disputer les prix poprosés par l'Académie, et chacun de ses pas dans la lice fut marqué par un triomphe. Quoiqu'ennemi de l'intrigue et exempt d'ambition, le jeune poëte cependant trouva des d'attraits au milieu du monde, où ses talents et ses qualités aimables le faisaient rechercher; mais la faiblesse de sa constitution exigeant beaucoup de ménagements, le séjour de la campagne lui fut souvent nécessaire; c'est-là que, dans un doux repos, il composa quelques-unes de ces touchantes élégies, où il a répandu tout le charme de son talent.

Millevoye se maria en 1813, et peu de temps après perdit une partie de sa fortune, enlevée par d'infidèles dépositaires; mais il fut bientôt consolé par les charmes que lui procurait l'heureuse union, pour laquelle il n'avait consulté que son cœur. Sa santé qui devint chaque jour plus chancelante, ne lui permit pas de goûter long-temps le bonheur dont il jouissait auprès d'une épouse chérie; il se sentait lentement dépérir et prédisait lui-même sa fin prochaine dans sa touchante élégie du *Poète mourant*. A un caractère qui avait l'apparence de la légèreté, Millevoye unissait une véritable philosophie, et quoiqu'il eût avidement recherché le plaisir, il savait supporter la douleur, et voir avec calme le sort qui le menaçait ; il avait sans doute apprécié la vie, il en faisait le sacrifice sans regret. Un mot que nous citons en est la preuve. Quelques mois avant la mort de Millevoye, M. de Pongerville lui lisait le troisième chant de la traduction de Lucrèce qu'il allait publier ; le mourant écoutait avec plaisir les passages sur la mort qui se terminent ainsi :

Pourquoi s'épouvanter à l'aspect du trépas,
Est-on infortuné quand on n'existe pas?
Non, l'être fatigué d'une course inutile,
Calme, se réfugie en son premier asyle.
. . . .
Chaque race à son tour par l'autre poursuivie,
Lui transmet en courant le flambeau de la vie.
Tels que leurs précurseurs, tous ces hôtes divers
Disparaîtront bientôt du mobile univers,
La Nature, à ses dons imprimant l'inconstance,
Comme un faible usufruit nous prêta l'existence.
Pour nous commence alors un repos sans réveil,
Un calme encor plus doux que le plus doux sommeil.

Millevoye interrompit M. de Pongerville, en s'écriant avec gaieté : « Quel attrait votre poésie sait donner « à la mort, *vous m'en faites venir l'eau à la bouche.* » C'est aussi huit jours avant sa mort qu'il composa la romance *Priez pour moi*. Malgré son extrême faiblesse, il conserva jusqu'à ses derniers moments l'exercice continuel de la pensée. Près d'expirer, il tenait encore la plume ; après un travail de deux heures, il demanda un volume de Fénelon, qu'il lut fort long-temps; il s'assoupit un moment, rouvrit les yeux, pressa la main de sa femme ; elle lui parla, il n'était plus.

Il succomba le 12 août 1816, à l'âge de trente-quatre ans, emportant les regrets de tous les amis des lettres. Louis XVIII avait accordé à Millevoye une pension de 1200 francs qui a été continuée à sa veuve.

Ce jeune poète joignait à un caractère noble, une sensibilité exquise dont on retrouve l'empreinte dans presque toutes ses productions. Les succès n'étaient pour lui qu'un encouragement à de nouveaux efforts, et il eût sans doute réalisé toutes les espérances qu'il avait fait concevoir, si le déclin rapide de sa santé ne l'eût privé trop tôt de cette vigueur de pensée qui seule enfante les grands ouvrages et leur assure une durée éternelle.

Peu de temps avant sa mort, il donna une édition de ses *OEuvres*, Paris, 1814 — 16, dans laquelle il n'admit, après un examen sévère, que les pièces les plus dignes d'être conservées. Cette édition forme 5 vol. in-18 : le premier, intitulé *Poésies diverses*, contient *les Plaisirs du poète* ; *l'Amour maternel*, *l'Indépendance de l'homme de lettres*, pièce couronnée par l'Académie française en 1806; *l'Invention poétique*, couronné par l'Académie d'Angers; *le Voyageur*, pièce couronnée par l'Académie française en 1807; *Belsunce* ou *la Peste de Marseille*, poëme désigné pour l'un des prix décennaux; *la Mort de Rotrou*, pièce qui a remporté le prix de l'Académie française en 1811; *Goffin* ou *le héros liégeois*, poëme qui a remporté un prix extraordinaire en 1812; et la traduction de quelques chants de *l'Iliade*. Le second volume contient : *Emma* et *Éginard*, fabliau; quelques traductions de Théocrite, de Virgile, du début de la Lusiade et des poésies fugitives. *Charlemagne à Pavie*, poëme en six chants, forme le troisième volume : le quatrième contient trois livres d'*Élégies*, en général fort gracieuses, et dont quelques-unes respirent une douce mélancolie qui leur prête un charme particulier, telles que *la Chute des feuilles* et *le Poète mourant*. Le cinquième se compose d'*Alfred*, roi d'Angleterre, poëme en quatre chants, et de *la Rançon d'Égild*, poëme tiré d'une traduction scandinave. On a encore de lui: *la Fête des martyrs*, Paris, 1813, in-8° de vingt-neuf pages, et le *Testament du roi martyr*. Il a laissé en manuscrit des *Élégies;* des *imitations* en vers de plusieurs *Dialogues* de Lucien ; *Antigone*, *Saül* et *Ugolin*, tragédies; les deux premières en trois actes, et la dernière en cinq; des fragments d'une autre tragédie intitulée *Conradin;* et plusieurs livres de *l'Iliade*. Il se proposait d'achever la traduction des *OEuvres* d'Homère, et d'entreprendre un *poème de Saint Louis* dont le plan a été retrouvé dans ses papiers.

JUGEMENT.

Millevoye s'est placé, jeune encore, parmi les écrivains distingués de notre époque; mais il aurait obtenu des succès plus durables s'il s'était borné au genre de poésie auquel il était appelé par la tournure de ses idées, et la nature de son talent. Il n'e t réservé qu'à un très petit nombre d'écrivains de réussir dans des genres opposés. Millevoye a vainement usé ses forces dans la composition d'ouvrages longs et sérieux. Il était dépourvu de cette puissance d'imagination qui embrasse l'ensemble d'un grand sujet, en coordonne toutes les parties, le développe avec clarté, et entretient un intérêt qui s'accroit jusqu'au dénouement. Aussi les deux poèmes héroïques de *Charlemagne* et d'*Alfred* sont-ils les ouvrages où Millevoye a le moins réussi. La partie dramatique en est mal conçue, le plan manque d'unité, et les caractères, faiblement tracés, ne peuvent suppléer au vide de l'action. Le poète, heureux dans quelques détails, ne tire jamais parti de son sujet, son imagination ne sait pas le féconder; ce défaut se fait même remarquer dans *la Peste de Marseille*, malgré le peu d'étendue de ce poème, l'intérêt y languit; et le noble dévouement de Belzunce, et les scènes déchirantes de la contagion n'échauffent que faiblement la verve du poète.

Ses essais de traduction d'Homère prouvent qu'il n'aurait pas excellé dans ce genre difficile, et qui exige une parfaite analogie de génie et de talent entre l'original et l'interprète. Millevoye avait aussi échoué en traduisant les Bucoliques de Virgile ; il ne possédait pas d'ailleurs pour réussir dans ce travail une connaissance assez profonde des langues et des littératures anciennes.

Les prix nombreux que l'Institut décerna au jeune poète, le firent paraître avec beaucoup d'éclat. *L'Indépendance de l'Homme de lettres*, le *Voyageur*, la *Mort de Rotrou*, le *Héros liégeois*, méritaient les couronnes de l'Académie, mais ces petites pièces où brille un vrai talent, offrent des inégalités, et les défauts du plan en diminuent l'intérêt.

Les principaux titres littéraires de Millevoye sont : *les Plaisirs du poète*, ouvrage qui marqua son début et qu'il retoucha depuis avec soin ; *l'Amour maternel*, tableau charmant, où l'esprit et le cœur se sont entendus pour offrir la peinture délicieuse du plus doux penchant de la nature; *Emma et Eginard*, fabliau qui réunit à l'attrait d'une scène piquante le mérite d'une narration élégante et rapide. Notre littérature comptera toujours ces agréables productions parmi ses richesses, ainsi que les pièces érotiques et les touchantes élégies qui ont mis le sceau à la réputation de Millevoye à un âge où la plupart des écrivains se font à peine remarquer.

DE PONGERVILLE.

MORCEAUX CHOISIS.

I. La tendresse maternelle*.

O bienfaits d'une mère, inaltérable empire !
Elle aime son enfant, même avant qu'il respire.

---

* Voyez, comme objet de comparaison, le même sujet traité par Legouvé, t. XVII, p. 260, de notre *Répertoire*. F.

Mais, après tant de maux, quand ce gage adoré
S'échappe avec effort de son flanc déchiré,
Avec quelle douceur son oreille ravie
Reçoit le premier cri qui l'annonce à la vie!
Heureuse de souffrir, on la voit tour à tour
Soupirer de douleur et tressaillir d'amour.
Ah! loin de le livrer aux soins de l'étrangère,
Sa mère le nourrit, elle est deux fois sa mère.
Quel est son désespoir quand son sein desséché
Est avare d'un lait avec peine arraché!
Je t'interroge, ô toi, dont une main savante
A confié l'histoire à la toile vivante!
Tu regardes ton fils, il pleure, il va périr........
Malheureuse, ton sein ne peut plus le nourrir!
Guidée en ce moment par un Dieu tutélaire,
Une chèvre s'approche, et son lait salutaire
A la bouche enfantine offre un pur aliment.
La mère est immobile, et sourit tristement;
Pensive, elle contemple avec un œil d'envie
La mamelle féconde où l'enfant boit la vie.

Si de ses premiers maux le tribut passager
Au nourrisson débile arrache un cri léger,
Une mère, l'effroi, le désespoir dans l'âme,
Voit déjà de ses jours se délier la trame,
Elle écoute la nuit son paisible sommeil;
Par un souffle elle craint de hâter son réveil;
Elle entoure de soins sa fragile existence;
Avec celle d'un fils la sienne recommence:
Elle sait, dans ses cris devinant ses désirs,
Pour ses caprices même inventer des plaisirs.

Quand la raison précoce a devancé son âge,
Sa mère, la première, épure son langage;

De mots nouveaux pour lui, par de courtes leçons,
Dans sa jeune mémoire elle imprime les sons ;
Soin précieux et tendre, aimable ministère,
Qu'interrompent souvent les baisers d'une mère.

D'un utile entretien elle poursuit le cours,
Sans jamais se lasser répond à ses discours,
L'applaudit doucement, et doucement le blâme,
Cultive son esprit, fertilise son âme,
Et fait luire à son œil, encor faible et tremblant,
De la religion le flambeau consolant.
Quelquefois une histoire abrège la veillée ;
L'enfant prête une oreille active, émerveillée :
Appuyé sur sa mère, à ses genoux assis,
Il craint de perdre un mot de ces fameux récits.
Quelquefois de Gessner la muse pastorale
Offre au jeune lecteur sa riante morale,
Il préfère à ses jeux ces passe-temps chéris,
Et pour lui le travail du travail est le prix.

La lice va s'ouvrir : l'étude opiniâtre
Te dispute ce fils que ton cœur idolâtre,
Tendre mère ! déjà de sérieux loisirs
Préparent ses succès, ainsi que tes plaisirs.
Enfin vient la journée où le grave Aristarque,
D'un peuple turbulent, flegmatique monarque,
Dépouillant de son front la vieille austérité,
Décerne au jeune athlète un laurier mérité.
En silence on attache une vue attendrie
Sur l'enfant qui promet un homme à la patrie.
Cet enfant, c'est le tien. Un cri part ; le vainqueur,
Porté par mille bras est déjà sur ton cœur ;
Son triomphe est à toi, sa gloire t'environne,
Et de pleurs maternels tu mouilles sa couronne.

La Tendresse maternelle

II. Sophocle accusé par ses fils.

Mais l'univers appelle à des travaux plus vastes
Celui qui de l'histoire interrogeant les fastes,
Aux accents de son luth, avec sévérité,
Proclame les arrêts de la postérité.
Il honore ou flétrit, accuse ou divinise :
A sa voix la vertu triomphe et s'éternise ;
Au tribunal du monde il cite les pervers ;
Il condamne leurs noms à vivre dans ses vers.
La vertueuse horreur de sa muse irritée
Poursuit jusqu'aux enfers leur ombre épouvantée ;
Et son vers indigné, tonnant pour les punir,
Frappe d'un long effroi les tyrans à venir.
Tantôt, armant son bras du fer de Melpomène,
Il réveille à nos yeux, sur la tragique scène,
Les forfaits endormis au fond des noirs tombeaux.
Tantôt il peint des traits plus généreux, plus beaux.
Et, saisissant l'effet d'un contraste sublime,
Embellit la vertu de la laideur du crime.
Dieu ! comme à ces tableaux, de moment en moment,
S'élève dans le cirque un doux frémissement !
O pouvoir du génie ! il subjugue, il enchaîne
Tout un peuple attentif et respirant à peine.

 Mais d'un exemple auguste animons nos récits.
Sophocle avait des fils dont les cœurs endurcis,
Avides d'envahir son tardif héritage,
D'un vieillard importun accusaient le long âge.
Ils feignent que leur père, indigne de son art,
N'agit, ne pense plus, ne vit plus qu'au hasard,
Et que de sa raison, par les ans affaiblie,
Le flambeau pâlissant s'éteint avec sa vie.
Sophocle est accusé par ses enfants ingrats ;

Et Sophocle est conduit devant les magistrats.
Calme parmi les flots d'un nombreux auditoire,
Il s'avance escorté de soixante ans de gloire.
On l'interroge; alors levant avec fierté
Un front où luit déjà son immortalité :
« Entre mes fils et moi que l'équité prononce ;
« Sages Athéniens, écoutez ma réponse. »
Il dit, et fait entendre à ses juges surpris
Le dernier, le plus beau de ses nobles écrits :
Il lit OEdipe ! il lit, et sa froide vieillesse
Se réchauffe un instant des feux de la jeunesse.
Ces longs cheveux blanchis, cette imposante voix,
Ce front qu'un peuple ému couronna tant de fois,
Portent dans tous les cœurs une terreur sacrée ;
Le juge est attendri, la foule est enivrée ;
Ses fils même, ses fils tombent à ses genoux.......
Les pleurs ont prononcé, le grand homme est absous.

Les Plaisirs du Poète.

III. La Chute des Feuilles.

De la dépouille de nos bois
L'automne avait jonché la terre :
Le bocage était sans mystère,
Le rossignol était sans voix.
Triste et mourant, à son aurore,
Un jeune malade, à pas lents,
Parcourait une fois encore
Le bois cher à ses premiers ans :
« Bois, que j'aime ! adieu..... je succombe ;
Votre deuil me prédit mon sort ;
Et dans chaque feuille qui tombe
Je vois un présage de mort.
Fatal oracle d'Épidaure,

Tu m'as dit : « Les feuilles des bois
« A tes yeux jauniront encore,
« Mais c'est pour la dernière fois.
« L'éternel cyprès t'environne :
« Plus pâle que la pâle automne,
« Tu t'inclines vers le tombeau.
« Ta jeunesse sera flétrie
« Avant l'herbe de la prairie,
« Avant les pampres du coteau. »
Et je meurs !..... De leur froide haleine
M'ont touché les sombres autans :
Et j'ai vu comme une ombre vaine
S'évanouir mon beau printemps.
Tombe, tombe, feuille éphémère !
Voile aux yeux ce triste chemin ;
Cache au désespoir de ma mère
La place où je serai demain.
Mais, vers la solitaire allée,
Si mon amante échevelée
Venait pleurer quand le jour fuit,
Éveille par ton léger bruit
Mon ombre un instant consolée. »
Il dit, s'éloigne.... et sans retour !
La dernière feuille qui tombe
A signalé son dernier jour.
Sous le chêne on creusa sa tombe......
Mais son amante ne vint pas
Visiter la pierre isolée ;
Et le pâtre de la vallée
Troubla seul du bruit de ses pas
Le silence du mausolée.

MILTON (JEAN), naquit à Londres le 9 décembre 1608, d'une famille noble qui avait possédé, avant la guerre des York et des Lancastre, le riche domaine de Milton dans le comté d'Oxford. Son père, habile musicien, acquit une grande réputation et même une honnête fortune en exerçant la double profession de compositeur et de notaire. Le jeune Milton reçut une éducation soignée, et dès l'âge de quinze ans, il possédait assez bien le latin pour composer en cette langue des vers qu'on a conservés. Il fut, dit-on, le premier Anglais qui depuis la renaissance des lettres écrivit des vers latins avec une élégance classique. Au sortir de la maison paternelle, il alla terminer ses études au collège du Christ à Cambridge; ses talents y furent peu remarqués, et son caractère altier lui attira des traitements sévères qu'il n'oublia jamais, et qui expliquent l'espèce d'aversion qu'il manifesta souvent contre l'université. Il eut un moment le projet d'embrasser la carrière de l'église, mais comme toute espèce de dépendance le révoltait, il retourna auprès de son père, alors retiré à Buckingam, et consacra cinq ans entiers à lire les auteurs grecs et latins. Il composa dans cette retraite un intermède intitulé *Comus*, imité de la *Circé* d'Homère. Cet essai fut joué à Ludlow en 1634. On distingue encore parmi les productions de sa jeunesse, l'élégie de *Lycidas*, un divertissement dramatique intitulé *Arcade*, l'*Allegro* et *il Penseroso*, deux petits poèmes qu'on ne lit pas sans quelque plaisir. L'auteur y montre comment l'homme gai et l'homme pensif choisissent parmi les objets extérieurs ceux qui leur procurent des sensations analogues à l'état de leur âme. Aucun de ces ouvrages n'annonçait encore l'auteur du *Paradis perdu*, et cet homme extraordinaire devait rester long-temps médiocre avant de donner l'essor à tout son génie. Né pour créer un chef-d'œuvre, il sentait son propre talent, mais il en ignorait la nature, et dans les tourments que lui causait cette incertitude, il n'attendait ses inspirations que du ciel. Après la mort de sa mère, comme la solitude accablait son âme, Milton entreprit de voyager. Il vint à Paris en 1638, et parcourut ensuite les principales villes d'Italie; Rome, Naples et Florence admirèrent son savoir précoce; il connaissait parfaitement sa langue et la littérature des Italiens, et les éloges qu'on lui prodigua en prose et en vers, ajoutèrent beaucoup à la haute idée qu'il avait de lui-même. Il se disposait à visiter pareillement la Grèce, lorsque les différends survenus dans sa patrie entre le roi et le parlement, le déterminèrent à retourner en Angleterre. L'espoir qu'il avait d'y jouer un rôle fut déçu pour un temps, et Milton dont la fortune était nulle ou fort médiocre s'occupa à élever quelques enfants, parmi lesquels étaient ses deux neveux, dans un quartier obscur de Londres. Mais les travaux de son école lui laissèrent assez de loisir pour se livrer aux controverses du temps. Il publia en 1641, un *Traité de la Réformation*, en faveur des puritains contre les prélats. Ce livre donna naissance à beaucoup d'autres diatribes soit de l'auteur soit de ses adversaires que nous croyons superflu d'indiquer, persuadés que nos lecteurs n'auront jamais assez de temps à perdre pour aller déterrer ces tristes monuments des discordes religieuses. Le talent funeste qu'il déploya dans ces discussions ténébreuses l'entraîna bientôt dans des erreurs infiniment plus coupables, et cet ami passionné de l'indépendance devint le docile fauteur des plus vils fanatiques. Dévoué aux meurtriers du roi Charles, on le vit seconder tous les projets du parlement rebelle, et justifier le plus grand attentat qui ait jamais souillé l'histoire d'un peuple civilisé.

Le prince en montant sur l'échaffaud avait livré différents papiers dont ses ennemis furent les éditeurs, et dont se composa le recueil intitulé *Icon basiliké* (portrait du roi). Milton est généralement accusé d'avoir inséré dans ce livre, une prière païenne, pour se ménager l'avantage de calomnier la religion du roi, dans son *Inconoclaste* qui était la réfutation du recueil précédent. Saumaise dont le nom est plus connu par un vers de Boileau, que par ses volumineux écrits, composa en 1649 la *Défense du roi*. Milton y répondit par la *Défense du peuple*. La lutte fut si acharnée et devint tellement personnelle, que le dernier se flatta d'avoir abrégé les jours de Saumaise, comme celui-ci triompha d'avoir hâté la cécité de Milton. Après la dissolution du parlement, Milton remplit les fonctions de secrétaire auprès de Cromwel. On le vit alors, dit Johnson, défendre tout ce qui avait besoin d'être défendu, et prodiguer au Protecteur les plus basses flatteries, sans oublier l'apologie de sa propre conduite. Ce fut à l'âge de quarante sept ans, et pendant l'espèce de calme que procura à l'Angleterre l'oppression de Cromwel, que Milton reprit ses occupations littéraires. Trois grands ouvrages exercèrent à la fois, son activité : un dictionnaire de la langue latine, l'histoire de son pays, et un poème épique. Il laissa le premier incomplet, et les matériaux en furent refondus, après sa mort, dans le dictionnaire de Cambridge. Pour l'histoire, il fut obligé de s'arrêter à Guillaume le conquérant, sa cécité ne lui ayant pas permis de rassembler les évènements beaucoup plus compliqués des temps postérieurs. Cet essai, publié en 1670, n'a point assuré à son auteur un rang distingué parmi les historiens Anglais. Milton comprit enfin qu'il ne pouvait s'illustrer que par sa poésie. Après avoir essayé de composer une tragédie, ou plutôt un *mystère* sur la chute de l'homme, il finit par étendre ce vaste sujet aux dimensions du poème épique. Johnson a transcrit dans sa *Vie de Milton*, les éléments informes du *Paradis perdu*, tels que le poète les avait conçus d'abord. Ce premier germe est loin de faire pressentir le chef-d'œuvre qui en fut le développement. Tant que l'auteur partagea son temps entre les études particulières, et les affaires publiques, son ouvrage ne parut pas avancer beaucoup, mais après la mort de Cromwel, la restauration opérée presque sans résistance, rendit Milton à la condition privée. Les dangers dont il se crut alors menacé, et les terreurs qui l'agitèrent malgré l'*acte d'oubli* qui avait signalé la clémence royale, finirent par lui imposer silence.

Son poème ne contient aucun passage qui indique le temps précis où il fut composé ; cependant le commencement du troisième livre montre que l'auteur avait perdu la vue ; et l'introduction du septième prouve que le retour du roi l'avait attristé et découragé, puisqu'il se plaint de vivre « dans un mau- « vais temps, entouré de méchantes langues, et « enveloppé dans les ténèbres » ; il appelait mauvais temps l'époque où les régicides ne purent plus se vanter de leur scélératesse ; et Johnson observe qu'il fallait avoir infiniment peu de pudeur, pour se plaindre des mauvaises langues, après avoir été si long-temps l'interprète de toutes les calomnies inventées contre le roi. Le désir de trouver Milton différent des autres hommes, a fait adopter aux biographes les traditions les plus singulières sur sa manière de vivre et de travailler. Les uns disent qu'après avoir composé autant de vers que sa mémoire pouvait en retenir, il avait recours au premier venu pour les fixer sur le papier ; d'autres prétendent que sa verve, stérile en été, avait une fécondité merveilleuse depuis l'équinoxe d'automne jusqu'à l'arrivée du printemps. Milton avoue qu'il se sentait mieux inspiré la nuit et le matin, que pendant le jour. Delille dans son poème de l'*Imagination*, nous représente en très beaux vers, les filles de Milton ranimant la verve épuisée de leur père, par les charmes de la musique. Mais l'ignorance dans laquelle il laissa languir ses enfants, et le mépris qu'il avait pour les femmes ne permettent guères d'attribuer à cette cause les inspirations du poète. Ce fut en 1667 qu'un libraire de Londres acheta le manuscrit du *Paradis perdu* au prix de cinq livres sterlings pour chaque édition. La première renfermait dix livres et formait un petit *in-quarto*. Le nombre des chants fut porté à douze dans la seconde édition, imprimée en 1674. On a prétendu que cet ouvrage n'avait eu qu'un succès tardif, et que le talent de Milton n'aurait jamais été connu des Anglais, si Addison ne leur eût révélé qu'ils possédaient un poème épique. Cependant treize cents exemplaires de l'ouvrage furent vendus en deux ans, à une époque où la classe des lecteurs devait être peu nombreuse, puisqu'il fallut trente ans pour débiter deux mille exemplaires de Shakspeare. Les contemporains de Milton admirèrent sans doute son poème, mais ils s'abtinrent prudemment d'exalter son nom sous les règnes de Jacques II, et de Charles II. Le *Paradis reconquis* fut publié en 1670; Milton qui le préférait à son grand poème, ne trouva personne de son avis. Il employa les dernières années de sa vie à mettre au jour divers petits ouvrages qui n'ont rien ajouté à sa gloire, mais qui prouvent la variété de ses connaissances et de ses travaux. Tels sont : *Samson agoniste*, tragédie écrite à l'imitation des anciens ; un livre de *Logique* en latin ; un traité de la *Véritable Religion*, où il se montre plus tolérant que dans les ouvrages polémiques de sa jeunesse ; enfin un recueil d'*Épîtres familières* en latin, qu'on ne lirait plus aujourd'hui, sans l'intérêt qui s'attache toujours à un nom célèbre. Milton mourut de la goutte le 10 novembre 1674, âgé de soixante six ans. Son tombeau, placé dans le sanctuaire de St. Gilles à Crippe-glate, resta sans inscription. Mais sur la fin du siècle dernier, il a été élevé dans l'abbaye de Westminster, un monument à l'auteur du *Paradis perdu*. Milton se maria jusqu'à trois fois, mais il ne fut pas heureux dans ses relations domestiques, et ses femmes le furent encore moins. La première lui laissa trois filles dont il négligea tout à fait l'éducation. Cependant il exigea que les deux plus jeunes apprissent à lire les langues anciennes et modernes, afin d'avoir toujours et pour toutes sortes de livres, des lectrices à sa disposition. Il fallait que ce poète eut bien à cœur de se distinguer du reste des hommes, pour afficher une fantaisie si bizarre, et pour se condamner à écouter la lecture d'un livre grec ou hébreu, faite par des personnes qui n'y comprenaient rien. Milton était d'une taille moyenne; sa belle physionomie le fit surnommer par ses condisciples la *dame du collège*. Ses cheveux bruns se séparaient sur son front et pendaient sur ses épaules, suivant le portrait qu'il a fait du premier homme. Ses mœurs étaient austères et sa vie très sobre. Ses opinions théologiques sont difficiles à démêler dans les écrits souvent contradictoires qu'il a publiés sur les matières religieuses. On prétend qu'il n'était d'aucune église, et qu'il ne rendait aucun culte extérieur à la divinité. Son républicanisme était moins l'amour de la liberté qu'une haine envieuse des supériorités sociales. Il était même d'un despotisme absolu envers les personnes qui vivaient sous sa dépendance. À tout prendre, il est malheureux pour la gloire de Milton, que la postérité ait recueilli des renseignements trop détaillés sur son caractère, sur sa vie privée et sur son rôle politique.

L'histoire et la fable ont remué leurs pinceaux pour composer à Homère et à Virgile une vie pure et sans tache comme leurs poèmes; les faiblesses du Tasse ont tout le charme de la vertu; mais le beau génie de Milton n'a pas encore obtenu grâce pour ses erreurs.

Il existe plusieurs *Vies* de Milton; les plus complètes sont : 1°. Celle de Samuel Johnson qui nous a fourni les principaux détails de cette notice; 2°. Celle qui a été écrite par Hailey; 3°. Celle que Todd a placée à la tête de sa belle édition des *Œuvres de Milton*, Londres 1801.

La première traduction française du *Paradis perdu* est celle de Dupré de Saint-Maur. « Racine le fils, « dit M. Villemain, qui d'abord avait mis en vers « quelques faibles passages de la traduction de Du- « pré de Saint-Maur, sentit le besoin d'étudier le « poète dans sa langue; et ce travail produisit une « traduction du *Paradis perdu*, qui est fidèle, écrite « avec goût, et accompagnée de notes instructives. « D'autres traductions estimables ont paru de nos « jours; mais le monument qui a naturalisé parmi « nous la gloire et le génie du poète anglais, c'est « la traduction en vers de Delille. Nulle part Delille « n'a jamais montré un plus riche et plus heureux « naturel, plus d'originalité, de chaleur et d'éclat. « Les négligences, les incorrections même, abon-

« dent, il est vrai, dans cet ouvrage, écrit avec au-
« tant de promptitude que de verve. Le caractère
« antique et simple de l'Homère anglais disparaît
« quelquefois sous le luxe du traducteur. Ce n'est
« pas toujours Milton ; mais c'est toujours un poète. »

FAVIER.

JUGEMENTS.

I.

Il y a deux causes du succès que le *Paradis perdu* aura toujours : la première, c'est l'intérêt qu'on prend à deux créatures innocentes et fortunées, qu'un être puissant et jaloux rend par sa séduction coupables et malheureuses; la seconde est la beauté des détails.

Les Français riaient toujours quand on leur disait que l'Angleterre avait un poème épique dont le sujet était le diable combattant contre Dieu, et un serpent qui persuade à une femme de manger une pomme ; ils ne croyaient pas qu'on pût faire sur ce sujet autre chose que des vaudevilles. Je fus le premier qui fis connaître aux Français quelques morceaux de Milton et de Shakspeare. M. Dupré de Saint-Maur donna une traduction en prose française de ce poème singulier. On fut étonné de trouver, dans un sujet qui paraît si stérile, une si grande fertilité d'imagination; on admira les traits majestueux avec lesquels il ose peindre Dieu, et le caractère encore plus brillant qu'il donne au diable; on lut avec beaucoup de plaisir la description du jardin d'Éden, et des amours innocents d'Adam et d'Eve. En effet, il est à remarquer que dans tous les autres poèmes l'amour est regardé comme une faiblesse; dans Milton seul il est une vertu. Le poète a su lever d'une main chaste le voile qui couvre ailleurs les plaisirs de cette passion; il transporte le lecteur dans le jardin des délices; il semble lui faire goûter les voluptés pures dont Adam et Eve sont remplis: il ne s'élève pas au-dessus de la nature humaine, mais au-dessus de la nature humaine corrompue; et comme il n'y a point d'exemple d'un pareil amour, il n'y en a point d'une pareille poésie.

Mais tous les critiques judicieux, dont la France est pleine, se réunirent à trouver que le diable parle trop souvent et trop long-temps de la même chose. En admirant plusieurs idées sublimes, ils jugèrent qu'il y en a plusieurs d'outrées, et que l'auteur n'a rendu que puériles en s'efforçant de les faire grandes. Ils condamnèrent unanimement cette futilité avec laquelle Satan fait bâtir une salle d'ordre dorique au milieu de l'enfer, avec des colonnes d'airain et de beaux chapiteaux d'or, pour haranguer les diables, auxquels il venait de parler tout aussi bien en plein air. Pour comble de ridicule, les grands diables, qui auraient occupé trop de place dans ce parlement d'enfer, se transforment en pygmées, afin que tout le monde puisse se trouver à l'aise au conseil.

Après la tenue des états infernaux, Satan s'apprête à sortir de l'abîme; il trouve la mort à la porte, qui veut se battre contre lui: ils étaient prêts à en venir aux mains, quand le péché, monstre féminin, à qui des dragons sortent du ventre, court au devant de ces deux champions. « Arrête, ô mon père, dit-il au

« diable : arrête, ô mon fils, dit-il à la mort. Et qui
« es-tu donc, répond le diable, toi qui m'appelles
« ton père ? Je suis le péché, réplique ce monstre ;
« tu accouchas de moi dans le ciel ; je sortis de ta
« tête par le côté gauche ; tu devins bientôt amou-
« reux de moi ; nous couchâmes ensemble ; j'entraî-
« nai beaucoup de chérubins dans ta révolte ; j'étais
« grosse, quand la bataille se donna dans le ciel ;
« nous fûmes précipités ensemble : j'accouchai dans
« l'enfer, et ce fut ce monstre que tu vois dont je
« fus père ; il est ton fils et le mien : à peine fut-il
« né qu'il viola sa mère, et qu'il me fit tous ces en-
« fants que tu vois, qui sortent à tous moments de
« mes entrailles, qui y rentrent, et qui les déchi-
« rent. »

Après cette dégoûtante et abominable histoire, le péché ouvre à Satan les portes de l'enfer ; il laisse les diables sur le bord du Phlégéton, du Styx, et du Léthé : les uns jouent de la harpe, les autres courent la bague ; quelques-uns disputent sur la grace et sur la prédestination. Cependant Satan voyage dans les espaces imaginaires : il tombe dans le vide, et il tomberait encore si une nuée ne l'avait repoussé en haut. Il arrive dans le pays du chaos ; il traverse le paradis des fous, *the paradise of fools* (c'est l'un des endroits qui ne sont point traduits en français) : il trouve dans ce paradis les indulgences, les *agnus Dei*, les chapelets, les capuchons et les scapulaires des moines.

Voilà des imaginations dont tout lecteur censé a été révolté ; et il faut que le poème soit bien beau d'ailleurs pour qu'on ait pu le lire, malgré l'ennui que doit causer cet amas de folies désagréables.

La guerre entre les bons et les mauvais anges a paru aussi aux connaisseurs un épisode où le sublime est trop noyé dans l'extravagant. Le merveilleux même doit être sage; il faut qu'il conserve un air de vraisemblance, et qu'il soit traité avec goût. Les critiques les plus judicieux n'ont trouvé dans cet endroit ni goût, ni vraisemblance, ni raison: ils ont regardé comme une grande faute contre le goût la peine que prend Milton de peindre le caractère de Raphaël, de Michel, d'Abdiel, d'Uriel, de Moloc, de Nisroth, d'Astaroth, tous êtres imaginaires dont le lecteur ne peut se former aucune idée, et auxquels on ne peut prendre aucun intérêt. Homère, en parlant de ses dieux, les caractérisait par leurs attributs qu'on connaissait; mais un lecteur chrétien a envie de rire quand on veut lui faire connaître à fond Nisroth, Moloc et Abdiel. On a reproché à Homère de longues et inutiles harangues, et sur-tout les plaisanteries de ses héros: comment souffrir dans Milton les harangues et les railleries des anges et des diables pendant la bataille qui se donne dans le ciel? Ces mêmes critiques ont jugé que Milton péchait contre le vraisemblable, d'avoir placé du canon dans l'armée de Satan, et d'avoir armé d'épées tous ces esprits qui ne pouvaient se blesser; car il arrive que, lorsque je ne sais quel ange a coupé en deux je ne sais quel diable, les deux parties du diable se réunissent dans le moment.

Ils ont trouvé que Milton choquait évidemment la

raison par une contradiction inexcusable lorsque Dieu le père envoie ses fidèles anges combattre, réduire, et punir les rebelles. « Allez, dit Dieu à Michel « et à Gabriel, poursuivez mes ennemis jusqu'aux « extrémités du ciel; précipitez-les, loin de Dieu et « de leur bonheur, dans le Tartare, qui ouvre déjà « son brûlant chaos pour les engloutir ». Comment se peut-il qu'après un ordre si positif la victoire reste indécise? il parle, et n'est point obéi; il veut vaincre, et on lui résiste : il manque à la fois de prévoyance et de pouvoir. Il ne devait point ordonner à ses anges de faire ce que son fils unique seul devait faire.

C'est ce grand nombre de fautes grossières qui fit sans doute dire à Dryden, dans sa préface sur *l'Énéide*, que Milton ne vaut guère mieux que notre Chapelain et notre Le Moine; mais aussi ce sont les beautés admirables de Milton qui ont fait dire à ce même Dryden, que la nature l'avait formé de l'âme d'Homère et de celle de Virgile.

VOLTAIRE, *Essai sur la Poésie épique.*

II.

Milton se fraya une route nouvelle et fort extraordinaire en poésie. Aussitôt que nous ouvrons son *Paradis perdu,* nous nous trouvons tout à la fois introduits dans un monde invisible, et environnés d'êtres célestes et infernaux. Les anges et les diables ne sont pas les *machines*, mais les principaux acteurs du poème; et ce qui, dans toute autre composition formerait le merveilleux, n'est ici que le cours naturel des évènements. Un sujet si éloigné des intérêts de ce monde peut fournir matière à ceux qui croient ces sortes de discussions importantes, de mettre en doute si le *Paradis perdu* est légitimement rangé parmi les poèmes épiques. De quelque nom qu'on l'appelle, il est incontestablement une des plus nobles créations du génie poétique; et, dans un des grands attributs qui caractérisent l'épopée, je veux dire la majesté et le sublime, il ne le cède à aucun des poèmes qui jouissent de ce titre.

La nature du sujet ne comportait pas un grand développement de caractères; mais ceux qui pouvaient être introduits sont soutenus avec beaucoup de dignité; Satan, en particulier, joue un rôle imposant, et c'est véritablement le caractère le mieux tracé du poème. Milton ne l'a pas dépeint tel que nous supposons un esprit infernal; plus convenablement pour son but, il lui a donné un caractère humain, c'est-à-dire mixte, et qui n'est pas absolument dépourvu de bonnes qualités. Il est brave et fidèle à ses compagnons d'armes : au milieu de son impiété, il n'est pas sans remords; il est même ému de compassion pour nos premiers parents, et il se justifie de son complot contre eux par la nécessité de sa position; il est poussé par l'ambition et le ressentiment, plutôt que par une perversité naturelle. En un mot, le Satan de Milton n'est pas plus criminel que beaucoup de conspirateurs ou de chefs de faction qui figurent dans l'histoire. Les divers caractères de Belzébut, de Moloch, de Bélial, sont supérieurement exposés dans les discours éloquents qu'ils prononcent au second livre. Les bons anges, quoique toujours peints avec noblesse et convenance, offrent dans leurs traits plus d'uniformité que les esprits infernaux : néanmoins, même parmi eux, la dignité de Michel, l'affable bienveillance de Raphaël, et la fidélité inébranlable d'Abdiel, forment des distinctions suffisamment marquées. La tentative de décrire Dieu même, et de raconter des dialogues entre le Père et le Fils, était trop hardie et trop périlleuse ; et c'est là aussi que notre poète, comme on devait s'y attendre, a le moins réussi. Quant aux caractères humains, l'innocence de nos premiers parents et leur amour sont tracés avec beaucoup de grace et de délicatesse. Dans quelques-uns de ses discours à Raphaël et à Ève, Adam est peut-être trop savant et trop éclairé pour sa situation. Ève est caractérisée avec plus de justesse; sa douceur, sa modestie et sa faiblesse expriment fidèlement le caractère d'une femme.

Le grand mérite et la qualité distinctive de Milton est la sublimité. Sous ce rapport, il surpasse peut-être Homère, comme il est certain qu'il laisse bien loin derrière lui Virgile et tous les autres poëtes. Presque tout le premier et le second chant du *Paradis perdu* sont de continuels exemples de sublime. Le tableau de l'enfer et de l'armée des anges déchus, l'aspect et la conduite de Satan, la délibération des chefs infernaux, le voyage de Satan, à travers le chaos, jusqu'aux confins de ce monde, présentent les plus hautes conceptions qui soient jamais entrées dans l'imagination d'un poète. Il y a aussi dans le sixième chant beaucoup de grandeur, sur-tout dans l'apparition du Messie, quoique quelques parties de ce chant méritent des reproches, et que les plaisanteries des diables sur le succès de leur artillerie forment une faute choquante. La sublimité de Milton est d'un genre différent de celle d'Homère. Celle d'Homère est ordinairement accompagnée de chaleur et d'impétuosité, celle de Milton conserve une grandeur calme et imposante; Homère nous enflamme et nous entraîne, Milton nous étonne et nous élève. La sublimité d'Homère se montre plus dans le récit des actions, celle de Milton dans la peinture des objets surprenants et prodigieux. Mais, quoique Milton soit plus particulièrement remarquable par sa sublimité, il y a aussi beaucoup de délicatesse, de sensibilité et de charme dans plusieurs parties de son poème. Quand il transporte la scène dans le paradis, ses tableaux sont toujours du genre le plus riant et le plus gracieux. Ses descriptions montrent une imagination d'une fécondité extraordinaire, et, dans ses comparaisons, il est presque toujours singulièrement heureux; elles sont rarement amenées hors de propos, rarement communes ou vulgaires. Elles nous offrent en général des images puisées dans un ordre d'objets beaux ou sublimes; si elles ont quelque défaut, c'est leur allusion trop fréquente à des notions scientifiques et aux fables de l'antiquité. Dans la dernière partie du *Paradis perdu*, il faut reconnaître quelque infériorité. Avec la chute de nos premiers parents, le génie de Milton semble s'affaiblir : il y a néanmoins dans les derniers chants des beautés du genre tragique. Le remords et le repentir du couple criminel, ses regrets, quand il est contraint d'abandonner le paradis, sont extrêmement touchants. Le dernier épisode, où l'ange dévoile à Adam le destin de sa postérité, est heureusement imaginé; mais, en plusieurs endroits, l'exécution est languissante.

Le langage et la versification de Milton ont un mérite éminent. Son style est plein de majesté, et parfaitement assorti à son sujet; son vers blanc est harmonieux, et a de la variété; il offre l'exemple le plus frappant de l'élévation à laquelle peut atteindre notre langue par la force du nombre; il ne se traîne pas, comme le vers français, avec une mélodie calme, régulière et uniforme, qui fatigue bientôt l'oreille; mais il est quelquefois doux et coulant, quelquefois rude, varié dans son rhythme, et entrecoupé de dissonances qui conviennent à la vigueur et à la liberté de la composition épique. On rencontre, il est vrai, quelques vers prosaïques et négligés; mais on peut les excuser dans un ouvrage si long, et en général si harmonieux.

En résumé, le *Paradis perdu* est un poème qui abonde en beautés de toute espèce, et qui assure légitimement à son auteur une renommée égale à celle des plus illustres poètes, quoiqu'on doive y reconnaître aussi plusieurs imperfections. C'est le partage de presque tous les génies élevés et audacieux, de manquer d'égalité et de correction. Milton est trop souvent théologien et métaphysicien, quelquefois il est dur dans son style; souvent il affecte des expressions trop techniques, et un étalage superflu d'érudition. Il faut attribuer plusieurs de ses défauts au pédantisme de l'âge où il vivait. Il montre une force, une portée de génie égale à tout ce qui est grand; et si quelquefois il tombe beaucoup au-dessous de lui-même, d'autres fois il s'élève au-dessus de tous les poètes anciens ou modernes.

BLAIR, *Cours de Rhétorique.*

III.

Et quel objet enfin à présenter aux yeux,
Que le diable toujours hurlant contre les cieux !

Si Boileau était choqué de ce défaut dans le poème de *la Jérusalem*, où l'enfer ne joue qu'un rôle très subordonné, et qui d'ailleurs est plein de tant de beautés poétiques de tous les genres, qu'aurait-il donc dit d'un ouvrage dont Satan est le héros, dont le sujet est la guerre de l'Enfer contre le Ciel et le projet de séduire le premier homme, pour combattre le Créateur ? Sans doute il eût répété ces deux autres vers de *l'Art poétique :*

De la foi d'un Chrétien les mystères terribles
D'ornements égayés ne sont pas susceptibles.

En effet, si l'on veut y réfléchir, on verra que cet esprit si judicieux avait rencontré juste sur ce point comme sur tout le reste, et que le merveilleux de notre religion ne peut pas se substituer heureusement au merveilleux de l'ancienne mythologie. Ce dernier donnait prise à l'imagination et aux sens; l'autre échappe même à la pensée, et ne peut que confondre la raison. Les dieux des Grecs, les dieux d'Homère et de Virgile étaient sans doute des êtres supérieurs à l'homme, mais qui participaient beaucoup de l'humanité. C'étaient des êtres mixtes, aussi favorables à l'imagination d'un poète que contraires à la raison de la philosophie. Ils étaient corporels, mais sans les infirmités du corps, et pouvaient, quand ils le voulaient, changer ou dépouiller leur forme extérieure. Ils pouvaient être blessés, mais le dictame était un remède divin et infaillible, réservé pour leurs blessures. Ils se combattaient les uns et les autres. Ils pouvaient être vainqueurs et vaincus.

Ils avaient les passions des hommes, et cependant ils étaient toujours prêts à punir le crime et à récompenser la vertu. Chacun d'eux avait une certaine mesure de pouvoir qu'un autre pouvait combattre. Jupiter en avait plus qu'eux tous; mais lui-même était soumis au Destin, c'est-à-dire à cette fatalité éternelle et invincible dont tous les anciens systèmes nous offrent l'idée, mais dont le principe obscur et indéterminé laissait encore une libre carrière aux fantaisies et aux inventions du poète. Il est clair qu'en employant de pareils agents, on pouvait en tirer les mêmes intérêts, les mêmes impressions d'espérance et de crainte, d'amour et de haine, que des personnages purement humains. Il y avait alors une communication nécessaire et infiniment heureuse de l'homme à la divinité. Cette divinité même n'était pour ainsi dire que le complément et la perfection de la nature humaine. Les hommes y pouvaient aspirer à force de vertus et de grandes actions. Les demi-dieux étaient les intermédiaires qui rapprochaient la terre de l'Olympe; et cet Olympe même, son ambroisie servie par Hébé, ses foudres portés par un aigle, tout offrait au pinceau du poète des objets sensibles et pittoresques, et jamais on n'inventera rien de plus favorable à ces formes dramatiques qui doivent animer toute grande poésie.

Les fables mêmes des Orientaux, quoique prodigieusement inférieures à celles des Grecs, ces bons, ces mauvais génies, ces dives, ces péris, pouvaient encore ouvrir une source d'intérêt, parce qu'il y avait une gradation de pouvoir établie entre toutes ces créatures immortelles; que les esprits rebelles à Dieu étaient subordonnés en tout aux esprits célestes, qu'ils étaient entre eux soumis à certaines nécessités; et qu'enfin un mage, possesseur du cachet de Salomon, où était empreint le nom de Dieu, pouvait être le maître des uns et des autres. Ces fables n'avaient sans doute, ni la variété, ni la richesse, ni le grand sens des fictions et des allégories grecques; mais l'esprit des romanciers, des conteurs et des poètes pouvait encore se jouer avec elles, en tirer parti, et les contes arabes et persans en sont la preuve.

Il n'en est pas de même du christianisme. Ses merveilles ne sont pas des fables, mais des mystères. Tout y est rigoureusement métaphysique. Dieu est tout, et le reste rien. Si je demandais pourquoi Dieu, qui prévoit la chute de l'homme qu'il vient de créer, permet que le serpent vienne le séduire, on me répondrait avec saint Paul : *O altitudo!* et l'Être suprême ne doit compte à personne de ses secrets. Il suffit que la révélation nous ordonne de croire. Mais si je n'ai pas le droit d'interroger le théologien, j'ai celui d'interroger le poète, qui me doit compte de tous les moyens dont il se sert pour m'émouvoir et m'intéresser, et qui n'y peut parvenir s'il révolte trop ma raison. J'ai le droit de lui dire : Quoi! des anges ont pu combattre contre Dieu, qui, d'une simple opération de sa pensée, pouvait les anéantir! Quoi! le succès du combat a pu être douteux, et il a fallu que le fils de Dieu montât sur son char pour décider la victoire et précipiter Satan! Quoi! des êtres purs et incorporels se sont battus avec des armes matérielles, ont déraciné des montagnes et ont fait tonner l'artillerie des cieux! Quoi! Satan est enchaîné dans les fers, et cependant il est libre d'en sortir et de venir dans le paradis terrestre! il trompe l'ange chargé de veiller à l'entrée d'Éden, et il échappe à sa vue! Comment voulez-vous que je me prête à toutes ces suppositions contradictoires? Et qu'est-ce que douze chants fondés sur tant d'inconséquences? Qu'est-ce qu'une action dont la scène est dans les espaces imaginaires, et dont les personnages sont la plupart des êtres intellectuels, dont les évènements sont d'inexplicables mystères, et où mon esprit se perd sans cesse dans l'infini sans pouvoir se prendre à rien? La poésie ne doit me peindre que ce que je peux comprendre, admettre ou supposer. Le Dieu des chrétiens est trop grand pour être un personnage poétique. J'aime à voir Jupiter peser dans ses balances d'or le sort des Grecs et des Troyens, d'Achille et d'Hector; mais quand le fils de Dieu tire d'une armoire de l'Empyrée ce grand compas avec lequel il marque la circonférence du monde, cette image qu'on veut faire grande, ne me paraît que fausse. L'Éternel n'a pas besoin de compas; il mesure avec sa pensée; et le poète n'a pas compris que, quelque grand que fût le compas, il paraîtra petit dans les mains du Créateur *.

S'il est permis, dans les choses de goût, de dire librement son avis sans prétendre le donner pour loi, j'avoue que, malgré Addison et Pope, un peu suspects en qualité d'Anglais, et malgré ceux de mes compatriotes qui pensent comme eux, un peu suspects aussi en qualité d'anglomanes, je suis loin de regarder Milton comme un homme à mettre à côté d'un Homère, d'un Virgile, d'un Tasse; je le regarde

---

* La Harpe ne fait ici que transcrire et développer quelques lignes satiriques de Voltaire, placées dans son conte de *Candide*. Les défauts que reproche au poëme de Milton le sénateur Pococurante, sont réels, mais ils ne justifient pas ses dédains pour un ouvrage qui est après tout, malgré ses graves imperfections, un des monuments de l'esprit humain. La Harpe n'eût pas dû, ce semble, s'en tenir aux arrêts de ce seigneur ennuyé de tout, qui ne traite guères mieux ces grands génies de l'antiquité. Comme critique, il eût dû faire aussi la part des beautés qui distinguent cette œuvre extraordinaire. H. P.

comme un génie brut et hardi, qui a osé embrasser un plan extraordinaire, et qui, dans un sujet bizarre, a semé des traits d'une sombre énergie, des idées sublimes, et quelques morceaux d'un naturel heureux. Je laisse aux critiques anglais à juger de son style, dont ils blâment la dureté, l'incorrection, et même la barbarie, et qui, selon eux, est très éloigné de la pureté et de l'élégance où la langue anglaise parvint quelque temps après sous le règne de la reine Anne. Mais la description du conseil des démons et des diverses formes qu'ils prennent, le pont de communication de l'enfer à la terre, et la généalogie de la Mort et du Péché, tout cela me paraît plus fait pour les crayons de Callot que pour le pinceau de Raphaël. Les longues harangues, les longues conversations, les longs récits, les froids épisodes, tous ces défauts, joints à celui du sujet, font pour moi, du *Paradis perdu*, un ouvrage très peu intéressant, quoique son auteur ne me paraisse pas un homme vulgaire.

Observons encore une chose, c'est que le peu de morceaux de ce poème, consacrés par une juste admiration, sortent de cette sphère métaphysique, et peignent des objets sensibles et rapprochés de nous. Telle est la peinture d'Adam et Éve au moment qui suit leur création, lorsqu'ils éprouvent le premier sentiment de l'existence, et qu'ils jettent le premier regard sur la nature qui les environne. C'était un sujet neuf, un tableau original; il a été parfaitement exécuté par Milton; et cela seul suffirait pour prouver du génie. Mais un morceau n'est pas un poème, et cet endroit même fait sentir ce qui manque à tout le reste.

La Harpe, *Cours de Littérature.*

IV.

Le sujet du *Paradis perdu* paraît le plus grand que l'imagination ait eu jamais à choisir : il a pour premier caractère d'embrasser l'intérêt, non pas d'une famille ou d'un peuple, mais de l'humanité entière ; sorte de grandeur que l'imagination ne trouve dans aucune autre épopée. Addison a tort de vouloir admirer Milton par les règles et l'autorité d'Aristote. Ce qui constitue le *Paradis perdu*, c'est précisément le défaut de ressemblance avec tout modèle connu. Tandis que les autres poèmes sont fondés sur le mélange du merveilleux et de l'historique, le poème de Milton ne sort pas un moment des vastes limites du merveilleux chrétien. Soit que le poète habite les ténèbres ou la lumière de ce monde mystérieux, il faut que tout ce qu'il raconte soit créé par l'imagination, et soutenu par elle. Le travail de son esprit, dans ce sujet tout idéal, ressemble à ce qu'il a lui-même admirablement décrit, au vol fantastique de Satan à travers les espaces du vide. Un essor si périlleux n'est pas à la vérité sans chute et sans écarts. Les défauts du chantre du *Paradis perdu* sont grands ; et le lecteur français doit en être plus blessé qu'aucun autre. Ce n'est pas que Milton présente fréquemment des traits de ce naturel bas et effréné qui heurte dans Shakspeare. Sa muse savante et mystique toucherait plutôt à l'autre extrémité du mauvais goût. Shakspeare, dans les élans de son génie, tire parti de son ignorance. Il invente hors des règles et des faits qu'il ne sait pas. Il paraît d'autant plus neuf qu'il est plus inculte. C'est au contraire d'un amas de science et de souvenirs que Milton fait jaillir son originalité. Il est d'autant plus neuf que son imagination chargée de connaissances a fermenté par l'étude, et qu'elle invente au-delà de toutes les pensées humaines qui lui sont présentes. Mais l'abus est à côté de cette richesse : des suppositions bizarres et superflues, de fastidieux détails de géographie, de mythologie, des subtilités de controverse, çà et là d'insipides plaisanteries ; quelquefois une foule d'expressions techniques, et un défaut absolu de poésie : voilà ce qui obscurcit le génie de Milton, et diminue le ravissement qu'inspire d'abord son magnifique ouvrage.

Quoi qu'en dise l'ingénieux Addison, l'idée de rapetisser les démons pour les faire siéger à l'aise dans une espèce de parlement infernal est une ridicule fiction ; et l'épouvantable fiction du péché et de la mort, renferme plus d'horreur que de génie. La Mort, qui lève la tête *pour respirer l'odeur des cadavres futurs*, est une atrocité anglaise, surchargée de mauvais goût italien. Les anges révoltés tirant du canon dans le ciel, Dieu prenant un compas pour circonscrire l'univers, les diables changés en serpents pour siffler leur chef, sont des inventions plus capricieuses que grandes. On ne peut nier non plus que Milton ne soit médiocrement inspiré dans le langage qu'il prête à Dieu, et qu'il ne le fasse souvent dogmatiser en théologien. Enfin, et ce défaut paraîtra plus grave, son poème qui n'offre que deux personnages réels, et qu'un seul évènement humain, ce poème, soutenu long-temps à force de génie, tombe au dixième chant, aussitôt après la désobéissance du premier homme. Et les deux derniers livres ne sont plus qu'une déclamation fatiguante, mêlée de traits admirables.

Peut-être aussi manque-t-il au poète anglais quelque chose qui n'a été donné qu'aux heureux génies de la Grèce et de l'Italie, et qui ressemble à l'horizon limpide et pur dont ils étaient environnés. Peut-être dans ses mains la lyre hébraïque, appesantie par les cieux monotones du Nord, rend-elle des sons plus tristes et plus sourds. Et toutefois quels jets de lumière, quelle poésie de l'Orient, brillent à travers ces nuages, et les colorent d'un éclat céleste. On a souvent admiré qu'un poète d'un génie si fier et si sombre ait excellé dans les peintures gracieuses. Cette alliance des images douces et terribles n'est pas cependant particulière à Milton. C'est le caractère même de l'inspiration poétique : c'est la source de l'intérêt et de la variété. Depuis Homère jusqu'au Dante, depuis le Tasse jusqu'à Racine, l'ame du vrai poète a toujours mêlé ces tons divers. Mais comme jamais les contrastes ne furent plus marqués, jamais l'art du poète n'étonna davantage.

Toutefois, ce n'est pas dans la description même de l'Éden que Milton se montre le plus admirable.

Ses images ne semblent pas saisies d'original sur le modèle vivant de la nature, pour être ensuite élevées par l'imagination jusqu'à l'idéal : il décrit d'après les livres. Cette fois, sa mémoire le gêne, au lieu de l'enrichir. Le délicieux *Eden* est pour lui la vallée d'*Enna*, témoin des larmes de Proserpine; et les fleurs de la poésie antique en font toute la parure. Mais Adam et Ève, leur nature fragile et presque divine, leur amour qui fait une partie de leur innocence, l'inexprimable nouveauté de leurs sentiments et de leur langage, cette création est toute au poète anglais. La muse épique n'avait rien inventé de semblable. Malgré le génie de Virgile, et les pleurs dont saint Augustin s'accuse, Didon mourante n'égale pas ce tableau chaste et passionné. L'amour conjugal, retracé par Homère, n'atteint pas à cette pureté sublime. Ici la passion est la vertu même; et la volupté semble un des biens célestes que l'homme a perdus.

Confident du charme prodigieux attaché à de telles images, Milton a su varier et prolonger les scènes d'un drame si admirablement simple. Il ne lui suffit pas d'avoir montré dans l'éclat de leur beauté, dans l'innocence de leur tendresse, ces deux créatures nouvelles; il ne lui suffit pas d'avoir achevé ce tableau de pureté, de gloire et de bonheur, par le contraste d'un témoin invisible échappé de l'enfer, et tout ensemble jaloux et presque attendri de la félicité qu'il vient détruire. Après avoir fait succéder à ces couleurs naïves et gracieuses les gigantesques images du combat céleste, et le spectacle sublime de la création, le poète, dans le récit que le premier homme fait à l'ange Raphaël, ramène la peinture d'Adam et d'Ève, sortant des mains du créateur : il arrête lentement l'imagination charmée sur ce premier amour naissant avec la vie; et il semble recueillir avec un soin religieux toutes les traces du suprême bonheur qui va disparaître. Ce fatal dénouement du poème lui inspire encore des images, non plus animées d'une grace majestueuse comme l'innocence, mais embellies d'une grace touchante, comme la faiblesse unie à la beauté. Rien ne surpasse en pathétique la douleur d'Ève coupable, et le pardon mutuel des deux époux. On raconte que le poète a consacré dans cette scène un trait de sa vie, sa réconciliation avec sa première femme. Le génie n'est jamais mieux inspiré que par les sentiments dont il a souffert.

Milton, d'ailleurs, ne s'interdit pas des allusions plus directes à lui-même et à ses malheurs : l'invocation à la lumière que ses yeux ne voient plus; la prière à Uranie, pour qu'elle daigne visiter sa demeure solitaire, et inspirer ses chants dans la nuit; le morceau, si poétique, où il se représente *tombé dans de mauvais jours, parmi des langues mauvaises, entouré de périls et de ténèbres, seul et redoutant le destin d'Orphée*, toutes ces digressions forment une des plus grandes beautés du *Paradis perdu*, et l'une de celles qui rapprochent le plus de notre nature ce poème trop continuellement idéal. Ce n'est pas que dans l'invention des personnages surnaturels Milton n'ait montré une grande profondeur de génie, et sur-tout qu'il ne prête à leurs discours une admirable éloquence, et une vérité relative, telle que l'imagination peut la concevoir. Satan est un des chefs-d'œuvre de l'invention poétique. Ce réveil de l'orgueil foudroyé, ce désespoir incapable de remords, cet amour du mal accepté pour consolation et pour vengeance ; enfin, l'hypocrisie, dernier trait d'une âme infernale, forment un tableau sublime d'horreur et de génie.

Quel que soit le peu d'intérêt qui s'attache à tant d'autres êtres fantastiques, dont Milton crayonne des portraits arbitraires, la plupart de ces portraits, comme types d'une passion ou d'un vice, sont d'admirables allégories, et, malgré les deux vers de Boileau, qui s'appliquent si bien à Milton, il faut avouer que, dans ces discours infernaux, l'expression poétique est portée à un degré de force et d'énergie qu'aucune langue n'a peut-être égalé. Un écrivain célèbre reproche à Milton de n'avoir pas complété l'image de l'enfer, en mettant la division et la guerre parmi les anges rebelles, comme l'a fait Klopstock dans une belle fiction de sa *Messiade*. Mais dans le plan du poème anglais, rien n'est plus terrible que cette concorde du crime : elle accroît l'horreur des lieux qu'il habite. Milton avait approché ces *niveleurs*, qui couvrirent de sang l'Angleterre ; il avait vu ces âmes obstinées, féroces avec fanatisme, profondément unies par la haine : il les avait vues ; et l'empreinte en restait sur son génie ; elle se communiquait involontairement à ses tableaux, et mêlait à toutes les images de terreur et d'effroi la fureur unanime et l'invariable complicité d'une faction.

Les ressources que le poète a d'ailleurs puisées dans son génie, pour peindre le séjour infernal, sont au rang des plus étonnants efforts de l'imagination humaine. Un critique anglais a dit que Milton avait connu sa force, en choisissant un sujet où l'esprit ne peut rien hasarder de trop, et où l'exagération est impossible! En effet, voyez, au premier chant, les voûtes de l'abîme s'ouvrir, et, à travers les *ténèbres visibles*, Satan apparaître sur l'étang de feu, avec la splendeur éclipsée d'un archange. Jamais poète n'a osé, dès l'abord, saisir l'imagination par de si grandes fictions. Cet enthousiasme anime tout le premier chant; il se soutient dans le second par l'éloquence et la variété des discours. Il devient plus merveilleux dans le récit du voyage de Satan à travers le chaos, l'une des inventions où l'emploi de la langue humaine paraît le plus étonnant. L'inspiration s'élève et monte à son plus haut degré, en approchant d'Éden, où le beau feu du poète s'épure sans s'affaiblir, et jette une si douce lumière.

Si les autres parties du poème égalaient les cinq premiers chants, si ces ailes de feu soutenaient toujours le poète, l'imagination n'aurait rien produit de plus grand que le *Paradis perdu*. Et, même, quelles que soient les langueurs et les disparates qui se fassent sentir dans le reste de l'ouvrage, il y règne un genre de beauté qui rachète toutes les fautes : c'est le sublime. Nul poète, depuis Homère, n'a eu plus de ce vrai sublime, qui consiste, soit dans la magnificence et la splendeur des images, soit dans le plus haut degré de grandeur et de simplicité réunies. Sans doute les livres saints ouvraient à Milton une source abondante et facile. Mais il semble plutôt inspiré qu'enrichi par ce qu'il emprunte ; et l'on voit que son génie tendait naturellement au grand et au sublime. Sous ce rapport, le *Paradis perdu* fournirait des exemples pour un traité tel que celui de Longin. Comme le style ne se sépare point du génie même de l'écrivain, on conçoit sans peine les différents caractères du style de Milton : il est hardi, nouveau, majestueux, excessivement poétique, quelquefois d'une extrême simplicité, et quelquefois bizarre, pénible et prosaïque. La recherche des termes vieillis, l'imitation des tours hébreux et helléniques lui donnent quelque chose d'antique et de solennel, qui convient à l'inspiration du barde sacré. Les règles vulgaires du langage y sont parfois violées. *Notre langue*, dit Addison, *fléchissait sous son génie;* et Johnson va jusqu'à dire que du mélange de tous les idiotismes étrangers qu'il emprunte, Milton s'est formé une espèce de *dialecte babylonien*. Mais ce dialecte est celui d'un homme de génie ; il abonde en expressions d'une inimitable énergie ; et quoique modifié sur le modèle des langues étrangères, il tient aux racines de la langue anglaise, qui nulle part ne paraît plus pompeuse et plus forte.

Cette influence des langues anciennes se fait sentir aussi dans la versification de Milton, non-seulement par la suppression de la rime, liberté que la mesure et l'accent du vers anglais favorisent, mais sur-tout par les coupes suspendues, les mots rejetés, les longues périodes, et une marche généralement conforme au vers grec ou latin. Ces caractères étaient assortis à son sujet; et l'absence même de la rime, que Pope lui reprochait, semble donner à son poème un tour plus fier et plus libre. Les Anglais ont loué son harmonie; et l'on peut remarquer souvent dans ses vers un soin curieux de tempérer l'âpreté des sons anglais par des noms propres, d'origine italienne. Un critique habile* lui reproche cependant d'avoir manqué souvent à cette harmonie première et véritable, qui reproduit dans les sons le caractère des idées, et qui est, pour ainsi dire, l'accent de la pensée. On aperçoit, dans le *Paradis perdu*, des traces fréquentes de fatigue et de négligence, qui peuvent expliquer ce défaut particulier, dont un étranger n'est pas juge. Ce n'est pas en vain, sans doute, que le poète, aveugle et malheureux, se plaignait d'être engourdi par le froid du climat et des ans. Il avait commencé tard son grand ouvrage : il se hâtait de finir; et quand l'inspiration lui manquait, il laissait tomber ses vers, que son siècle n'examinait pas **.

VILLEMAIN, *Essai historique sur Milton.*

* The Rembler, v. 3.
** Voyez encore ce qu'ont écrit sur le *Paradis perdu*, M. de Chateaubriand, dans son *Génie du Christianisme*, et M. Lemercier, dans son *Cours analytique de Littérature.* F.

V.

Quelles scènes neuves et vastes
Naissent sous ton ardent pinceau!
Quel riche ensemble, quels contrastes,
Éclatent dans ce grand tableau!
Dans ton essor rien ne t'arrête:
Le ciel, l'enfer sont la conquête
De tes intrépides regards;
Pareil au grand génie antique *
D'un nouveau monde poétique
Tu dotes l'empire des arts.

Qu'avec goût ta palette pure
Trace ces tableaux éclatants,
Que la jeune et libre nature
Offrait dans son premier printemps!
De quelles riantes images,
En dessinant ces frais bocages,
Tu peins le naissant univers!
Éden, sous tes crayons fidèles,
Paré de couleurs immortelles,
Fleurit encore dans tes vers.

Libres de soins, d'inquiétudes,
Deux êtres, quel couple enchanteur!
Foulent ces belles solitudes
Qu'orna la main du créateur.
Que j'aime ton Ève naissante,
Lorsque, de pudeur rougissante,
Elle entr'ouvre ses yeux au jour;

* Homère.

Et d'hymen ceignant la couronne,
A son jeune époux s'abandonne,
Belle d'innocence et d'amour!

Mais que vois-je? La scène change;
La révolte entre dans le ciel:
Le farouche et jaloux archange
Ose provoquer l'éternel.
Il range les fières milices,
De son grand attentat complices,
Sous ses drapeaux audacieux;
Et ses phalanges enflammées,
Combattant les saintes armées,
Deux fois ont ébranlé les cieux.

Il croyait vaincre!.... Dieu se lève;
Il monte sur son char brûlant:
Il saisit la foudre et le glaive
De sa colère étincelant.
Du tonnerre aux ailes bruyantes
Il prend les gerbes flamboyantes
Qu'il jette aux anges révoltés.
Soudain, des voûtes immortelles,
Tombent les séraphins rebelles,
Par la foudre précipités.

Lassés de leurs fureurs stériles,
Et de désespoir éperdus,
Neuf jours, ils restent immobiles,
Sur le lac de flamme étendus.
Satan, plus qu'eux tous indomptable,
Sous le poids du Dieu qui l'accable,
Relève un front cicatrisé:
Tel un pin, reste de l'orage,

Montre encore au ciel qu'il outrage
Son front par la foudre brisé.

Bientôt, armé de sa vengeance,
Il sort d'un douloureux repos,
Et, déployant son vol immense,
Franchit les portes du chaos.
Il vient, tremblez, couple céleste !
Fuyez cet archange funeste
Qui vous apporte un joug d'airain.
Mais, ô douleur ! Ève succombe ;
Et sa chute a creusé la tombe
Où descendra le genre humain.

Milton que de larmes amères
Ont mouillé mes yeux attristés,
Quand tu peignais nos premiers pères,
De leur Éden déshérités !
De leur bonheur, de leurs disgraces,
Attendri je suivais les traces,
Aux feux de ton brillant flambeau :
Et ton livre, aux pages divines,
De nos humaines origines
M'a déroulé tout le tableau.

Ainsi ton âme rétrécie
Qui, dans le sein des factions,
D'un nuage impur obscurcie,
Avait perdu tous ses rayons ;
Sitôt qu'elle fut dégagée
De l'ombre où la tenait plongée
La main du crime ambitieux,
Déployant sa haute pensée,
Par-delà l'espace élancée,
Comme un aigle embrassa les cieux.

Tel l'astre, âme de la nature,
Qui de ses feux dorait les mers,
Et dont la clarté riche et pure
Inondait la voûte des airs;
Quand ses flammes resplendissantes
Tombent sur des eaux croupissantes,
Y voit expirer tous ses traits :
Et de sa couronne avilie
L'ardente pompe ensevelie
Dort dans le limon des marais.

Mais quand rappelant à lui-même
Ses rayons dans la fange épars,
Son sceptre brûlant et suprême
Les ressaisit de toutes parts :
Alors en longs faisceaux, en gerbes,
Il jette ses clartés superbes
Sur le front des bois ranimés;
Et de ses splendeurs immortelles,
De l'olympe, embelli par elles,
Dore les palais enflammés.

CHÊNEDOLLÉ, *Études poétiques.*

MORCEAUX CHOISIS.

I. Harangue de Satan aux anges rebelles.

Vous, dont le tout-puissant put seul dompter l'audace,
Chérubins, séraphins, vous tous dont le grand cœur
Combattit sans succès, mais non pas sans honneur;
Ce combat fut affreux, hélas! tout nous l'atteste,
Nos revers, nos débris, et ce cachot funeste.
Mais voyez cette armée et ce peuple de dieux,
Fièrement révoltés contre un joug odieux;
Quel esprit pénétrant, et quelle expérience

De leur lutte terrible eût prévu l'impuissance?
Que dis-je? puis-je croire, en cet état cruel,
Que ceux de qui l'exil a dépeuplé le ciel
Ne puissent point briser leur prison infernale,
Vaincre, et reconquérir leur demeure natale?
Et moi, moi votre chef, doutez-vous de ma foi?
Ai-je rien fait sans vous, rien entrepris pour moi?
Nul de vous n'a failli dans cette grande cause.
Mais celui qui là haut tranquillement repose,
Ce Dieu qu'ont soutenu sur son trône incertain
L'imposant appareil du pouvoir souverain,
L'usage, un vieux respect, en cachant sa puissance,
Lui-même encouragea la désobéissance:
De là tous nos malheurs; mais le sort aujourd'hui
Nous apprend à juger et de nous et de lui.
N'allons donc point braver ni craindre son tonnerre:
Moins forts, mais plus adroits, par une sourde guerre
Attaquons son pouvoir; prouvons qu'un ennemi
Par la force accablé n'est vaincu qu'à demi.
Tout change avec le temps : des mondes peuvent naître
Qui de notre oppresseur nous vengeront peut-être.
Un bruit court dans les cieux qu'en un riant séjour
Des êtres de son choix vont recevoir le jour,
Êtres favorisés, et de ses dons suprêmes
Comblés presqu'à l'égal de ses anges eux-mêmes.
Sortons, courons d'abord reconnaître ces lieux;
Sortons : sommes-nous faits pour ce gouffre odieux?
Non, nous n'avons point vu la lumière céleste
Pour languir enchaînés dans ce cachot funeste.
Mais dans un grand conseil mûrissons ces projets:
Enfin, point de traités, de trèves, ni de paix!
Guerre ouverte ou cachée à ce tyran du monde!
La guerre! c'est mon vœu, que le vôtre y réponde.

Paradis perdu, liv. I, *trad. de* DELILLE.

MILTON.

II. *Adam raconte sa naissance et celle de sa compagne.*

J'étais né, tels qu'on voit de l'être qui sommeille
Les sens encor troublés au moment qu'il s'éveille,
Les yeux à peine ouverts, de moi-même surpris,
Je me vis étendu sur des gazons fleuris,
Une douce moiteur sur mon corps épanchée
S'évapore au soleil par ses rayons séchée :
Je regarde, je vois ce ciel brillant et pur,
Ce vaste firmament, cette voûte d'azur;
De mon lit de gazon tout-à-coup je m'élance,
Et sur son double appui mon corps droit se balance.
De là, mes yeux charmés embrassent à la fois
Les coteaux, les vallons, et les prés et les bois;
Tout m'étonne et me plaît. Bientôt d'une onde pure
Arrive jusqu'à moi l'agréable murmure;
Sur ses bords se jouaient mille animaux divers;
Les uns foulent les champs, d'autres fendent les airs;
Du concert des oiseaux le bocage résonne;
Les fleurs, leur doux parfum, tout ce qui m'environne
M'enivre de plaisir. Un instinct curieux
Sur moi-même, à la fin, me fait jeter les yeux.
J'examine mon corps, sa grace, sa souplesse;
J'allais, je revenais plein d'une douce ivresse.
Mais que suis-je? d'où viens-je? et comment suis-je né?
De la terre, du ciel, de moi-même étonné;
J'interroge mes sens, ma voix cherche une route;
J'écoutais les oiseaux, moi-même je m'écoute,
Et ma langue étonnée articule des sons;
A tout ce que je vois elle donne des noms.
  « O soleil! m'écriai-je, ô bienfaiteur du monde!
Toi qu'échauffent ses feux, que sa lumière inonde,
Terre, séjour riant, dont l'aspect enchanté
Réunit la fraîcheur, la grace et la beauté!

Vous, épaisses forêts! vous, superbes montagnes!
Et toi, fleuve pompeux! et vous, vertes campagnes!
Vous tous, êtres charmants, que je vois dans ces lieux
Vivre, agir, se mouvoir, et jouir à mes yeux!
De grace, apprenez-moi, vous le savez peut-être,
Qui m'a mis en ces lieux, et qui m'a donné l'être.
Ce n'est pas moi sans doute: un suprême pouvoir,
Qui par ses bienfaits seuls me permet de le voir,
En me donnant le jour signala sa puissance.
Où chercher, où trouver l'auteur de ma naissance,
Celui par qui je vis, je sens, j'entends, je vois,
Qui m'a fait ce bonheur qu'à peine je conçois? »

Tout se tait. Las d'errer dans ces lieux que j'ignore,
Sur les gazons touffus, qu'un vif émail colore,
Je tombe, je m'étends à l'ombre de ces bois.
Là, vient le doux sommeil, pour la première fois,
De ses molles vapeurs affaisser ma paupière;
Mon œil appesanti se ferme à la lumière;
Je me sens défaillir, et rentre par degré
Dans ce même néant dont Dieu m'avait tiré;
Mais ce néant pour moi n'était pas sans délices.
A peine cependant j'en goûtais les prémices,
A mes yeux s'offre un songe, un fantôme charmant:
Dans mon cœur, à sa vue, un doux tressaillement
M'avertit que j'existe, et mon âme ravie
Retrouve avec transport la lumière et la vie.
Lève-toi, disait-il, toi qui dois être un jour
Le père des humains, lève-toi! ton séjour
Est celui du bonheur: viens, tes jardins t'attendent,
Tes ombrages, tes fleurs et tes fruits te demandent *.

* Imitation de ce passage de Virgile (*Eclog.* I, 38.):
Ipse te, Tityre, pinus,
Ipsi te fontes, ipsa hæc arbusta vocabant.

F.

Il dit, saisit ma main; et, comme si des airs
Nous fendions doucement les liquides déserts,
De ses pieds suspendus à peine effleurant l'herbe,
Glisse, vole, et me pose au haut d'un mont superbe,
En cercle environné d'arbres majestueux.
Là, tout est frais, riant, fécond, voluptueux,
Plein de fruits et de fleurs, et, près de ce bocage,
Tout ce que j'ai connu semble un désert sauvage.
J'avance : autour de moi pendent les pommes d'or,
Et mon avide main convoite leur trésor.
Tout-à-coup je m'éveille : ô surprise ! mon songe
Était une figure et non pas un mensonge ;
Je vois ce qu'il m'a peint, et de mon doux sommeil
L'erreur se réalise au moment du réveil....

 Dieu, quel charme divin brillait dans sa figure !
Jamais objet si beau n'embellit la nature :
Ou plutôt on eût dit que de leurs doux attraits
Les habitants du ciel avaient formé ses traits.
Je la vis : de ses yeux part un rayon de flamme ;
Des plaisirs tout nouveaux ont inondé mon âme....
Le ciel est dans ses yeux, sur son front la candeur :
Ses moindres mouvements ont un charme flatteur ;
La volupté, l'amour, l'essaim riant des graces,
Composent son cortège ; et volent sur ses traces.
Dieu puissant ! m'écriai-je, éperdu, hors de moi,
Le voilà donc, enfin, ce bien promis par toi !
Sévère et bienfaisant, par quelle douce ivresse
Tu viens de racheter un moment de tristesse !
Auteur de tous les biens, à ma félicité
 Mon cœur avec transport reconnaît ta bonté ;
 C'est toi qui m'as choisi ma compagne fidèle ;
 La beauté vient de toi, mais rien n'est beau comme elle :
 De ma propre substance elle naquit par toi ;

C'est moi que j'aime en elle, elle que j'aime en moi.
L'époux doit pour sa femme abandonner son père,
Le père dans ses fils adorera leur mère;
Tous les deux ne seront qu'un esprit et qu'un cœur,
Enchaînés par l'amour, unis par le bonheur.

Ibid, ch. VIII, *trad. du même.*

III. Les anges célèbrent dans le ciel le prodige de la création.

Salut, ô Jéhovah! chantait le ciel en chœur;
Tu nous reviens plus grand que quand ton bras vainqueur
Foudroya la révolte, et vengea ton empire.
Tu détruisais alors, et tu viens de produire.
Ton empire est sans borne, et ton pouvoir sans fin:
Contre un de tes regards, contre un trait de ta main,
Que pouvait, Dieu puissant, leur ligue ambitieuse?
En vain ils espéraient (espérance trompeuse!)
Décourageant la foi, refroidissant l'amour,
Séduire tes sujets et dépeupler ta cour;
Tu te lèves: soudain tes ennemis succombent;
Ton trône est agrandi de leurs trônes qui tombent.
Mais ta bonté, grand Dieu, tire le bien du mal.
Ce globe qu'environne une mer de cristal,
Ce beau séjour de l'homme est ton heureux ouvrage:
Placé si près du ciel, lui-même en est l'image.
Que son sein est fécond, son domaine étendu!
Qu'avec grace dans l'air ta main l'a suspendu!
De quels feux rayonnants la clarté l'environne!
De quels astres pompeux tu formas sa couronne!
Monde encore désert, mais dont peut-être un jour
Des êtres inconnus peupleront le séjour.
Par toi, renouvelant leurs voyages sans nombre,
La nuit succède au jour, et la lumière à l'ombre;
Tu prodigues tes dons à ce jeune univers:
Il a ses continents, son soleil et ses mers;

Digne empire de l'homme, et son noble héritage,
De l'homme où ton amour a gravé ton image;
De qui la douce tâche et le sublime emploi
Est d'honorer son Dieu, d'obéir à son roi;
D'asservir à ses lois les airs, la terre et l'onde;
Noble vassal du ciel et souverain du monde!
De sa race divine à jamais renaissants,
Ses fils sur tes autels feront fumer l'encens.
Que leur bonheur est grand, s'ils savent le connaître,
Et s'ils savent toujours obéir à leur maître.

Ibid, liv. VII, *trad. du même.*

IV. Désespoir d'Adam après sa chute.

Après tant de bonheur, eh quoi! tant d'infortunes!
Fuyez, de mes plaisirs images importunes!
Le voilà donc, ce monde autrefois si charmant!
Et moi, dont la présence en était l'ornement
Voilà mon sort! Du ciel l'amour se change en haine;
Comme il versait la joie, il nous verse la peine.
Je fuis devant ce Dieu dont la céleste voix,
Dans ces lieux enchanteurs, me charma tant de fois:
Sa haine, de mon crime est le juste salaire.
Ah! que ne peut la mort terminer ma misère!
Mais ce trépas si doux et si bien mérité
Finirait-il les maux de ma postérité?
Non, non; mes descendants, leurs fils, toute ma race,
Doivent de mes malheurs perpétuer la trace.
O voix que j'entendis avec un doux transport!
Croissez! Multipliez! Et pour qui? pour la mort.
De mes maux renaissants victime héréditaire,
Chaque âge maudira l'auteur de sa misère:
Il faut attendre, au lieu de bénédictions,
Un concert de douleurs et d'imprécations.
O plaisirs passagers, suivis de longs supplices?

O Dieu! t'avais-je donc demandé ces délices?
Ne m'as-tu donc comblé de richesse et d'honneur,
Que pour me renverser du faîte du bonheur?
Fallait-il dans mes traits, ton plus parfait ouvrage,
Pour l'effacer toi-même imprimer ton image?
A mon limon poudreux n'as-tu pu me laisser?
Ce qu'on n'a pu vouloir on y peut renoncer:
Reprends ces biens cruels, ces dons que je déteste.
Pourquoi m'affligeas-tu de ce bonheur funeste?
Quand de le conserver tu m'imposas la loi,
Devais-tu sans secours m'abandonner à moi?
Le perdre n'est-il point assez pour ta justice?
Faut-il y joindre encore un éternel supplice?
Ah! que dis-je? et comment osé-je t'accuser?
De tes bontés encor n'est-ce pas abuser?
A ces conditions je reçus la naissance,
J'acceptai le bienfait.....j'en dois la récompense.
A son père en courroux un fils dénaturé,
Dirait-il: Du néant pourquoi m'as-tu tiré?
Je ne t'en priais pas. Et cependant son être
Est le fruit du hasard, et ton choix m'a fait naître.
Ah! mon ingratitude en fait enfin l'aveu,
Oui, mon crime est de moi, le bienfait est de Dieu:
De ses dons méconnus je dois porter la peine.
O terre, engloutis-moi! sauve-moi de sa haine!
Que je puisse à jamais, dans ton sein maternel,
M'endormir doucement d'un sommeil éternel!
Que je ne tremble plus sous sa main foudroyante!
Loin de moi les éclats de sa voix effrayante!
Ote-moi du passé le cruel souvenir,
Et la douleur présente et les maux à venir;
Ces maux qui, sur le monde étendant ma misère,
Dans ses derniers neveux iront punir leur père!

Ah! quand arriveront ces fortunés instants?
Faut-il souffrir sans cesse et mourir si long-temps?
O mort! exauce-moi! Mais un doute me reste:
Mourrai-je tout entier? et de ce feu céleste,
Qui de mon corps fragile anima le limon,
Est-il sûr que la mort éteindra le rayon?
O doute épouvantable! à quel trouble il me livre!
Quoi! même en expirant, je risquerais de vivre,
Et je perdrais le jour sans jouir de la mort!
Que dis-je? de mon âme écoutons le remord:
Cette âme intelligente est seule criminelle;
A ce corps innocent pourquoi survivrait-elle?
Je mourrai tout entier. Quoi donc! l'être fini,
D'un supplice sans fin pourrait être puni!
La mort, pour venger Dieu, serait donc immortelle!
Ce pouvoir passerait sa puissance éternelle:
Il le voudrait en vain; par sa fragilité
Mon être échapperait à sa divinité,
Ce vœu démentirait sa sublime sagesse,
Au lieu de son pouvoir montrerait sa faiblesse.
Au-delà de ma cendre étendra-t-il ses coups?
De vengeance affamé, constant dans son courroux,
Voudrait-il, prolongeant son effroyable joie,
Ainsi que sa colère éterniser sa proie?
Contre un être mortel son pouvoir est borné,
Par les décrets du sort lui-même est enchaîné.
Mais si, de son courroux renaissante victime,
L'Éternité sans fond m'ouvrait son noir abîme!...
L'Éternité! ce mot fait dresser mes cheveux,
Et gronde autour de moi comme un tonnerre affreux.
Mon âme et cette argile, également punies,
Pour souffrir à jamais seraient donc réunies!
C'est peu, de mon destin triste fatalité!

Je lègue donc la mort à ma postérité!
Que n'en puis-je épuiser la coupe tout entière,
Et sa première proie être aussi la dernière!
Mon nom serait béni par mes derniers neveux :
Pourquoi les innocents seraient-ils malheureux?
Innocents! le sont-ils? non : de toute ma race
Le levain de mon crime a corrompu la masse :
Leur âme, leur esprit, leur cœur, leurs volontés,
Sont autant de ruisseaux dans leur source infectés.
O ciel! à tes rigueurs il faut donc se résoudre!
Mon aveugle raison est contrainte à t'absoudre;
Et même, en t'accusant, elle parle pour toi.
Mais ce monde futur est malheureux par moi!
Puisque seul, de ce Dieu j'ai bravé la défense,
Si ce Dieu sur moi seul déchargeait sa vengeance!...
Que dis-tu, misérable? ah! frémis d'un tel vœu!
Peux-tu soutenir seul tout le courroux d'un Dieu,
Ce courroux plus affreux que la foudre qui gronde,
Ce courroux plus pesant que la masse du monde?
Ah! quand de ce fardeau ta femme, par pitié,
Coupable comme toi, porterait la moitié,
Pourriez-vous soutenir ce poids insupportable?
Ainsi donc, ô douleur! ô destin lamentable!
Mes prières, mes vœux, mon espoir, mon effroi,
Le passé, l'avenir, tout s'arme contre moi!
Chef-d'œuvre du malheur, qu'en tremblant je contemple,
Qui sera sans égal, et qui fut sans exemple,
Satan, Satan lui seul, ô remords! ô tourment!
Aussi bien qu'en forfait, m'égale en châtiment.
Conscience terrible! inexorable juge!
Contre Dieu, contre moi, je suis donc sans refuge!
Dans un gouffre sans fin je m'enfonce avec toi,
Et l'abîme, en tombant, s'approfondit sur moi.

Ibid, liv. X, *trad. du même.*

MIRABEAU (HENRI-GABRIEL RIQUETTI, comte de), né, en 1749, au Bignon, près Nemours, était fils du marquis de Mirabeau, connu parmi les économistes par un livre intitulé : *l'Ami des hommes*. Ses premières années furent confiées à un instituteur habile, nommé Poisson ; et, au sortir de l'enfance, il était déjà familiarisé avec les classiques anciens et modernes. Son père, qui le destinait à la profession des armes, le plaça dans une école militaire où il étudia les mathématiques sans négliger la littérature. Il cultivait en même temps la musique, le dessin et la déclamation qui fut de très bonne heure son exercice favori, comme s'il eût déjà pressenti que les destinées de la France seraient bientôt livrées à l'empire de la parole. Il publia à cette époque un *Éloge du grand Condé* et quelques pièces de vers dont on ne parlerait plus aujourd'hui, si la curiosité humaine n'aimait à rechercher jusques dans les compositions de collège, le premier germe d'un grand talent. Rentré dans le monde à dix-sept ans, avec un brevet d'officier, une intrigue d'amour le brouilla avec son père, et lui fit subir une courte détention à l'île de Rhé. Après ce triste avant-goût d'un châtiment qui lui fut souvent infligé dans la suite, Mirabeau fit en simple volontaire la campagne de Corse, et mérita par sa bravoure d'être nommé capitaine de dragons. Il renonça néanmoins à la carrière des armes, son père ayant refusé de lui acheter une compagnie, dans l'espoir qu'il viendrait faire avec lui des expériences d'économie rurale. Des travaux paisibles et obscurs ne convenaient pas à une imagination aussi ardente. Fatigué de son oisiveté, il fit un voyage à Aix en Provence, où il épousa en 1772, mademoiselle Émilie de Masignane pour qui cette union devint une source de malheurs. En deux ans, le jeune Mirabeau eut contracté pour plus de 100,000 francs de dettes, et, sur la demande de sa famille, il fut frappé d'interdiction par le Châtelet de Paris, exilé au château de Mirabeau et ensuite à Manosque. Sa femme voulut partager son exil, dévouement que le comte ne paya que par les plus odieux soupçons, suivis immédiatement d'une rupture ouverte. Toujours prêt à aggraver ses torts, il eut l'imprudence de rompre son ban, fut repris à Grasse et renfermé au château d'If, où il ébaucha, comme de verve, son *Essai sur le Despotisme*. Cependant le gouverneur du château s'intéressa au sort de son prisonnier, et sur le compte favorable qu'il rendit de sa conduite au marquis de Mirabeau, ce dernier sollicita pour son fils une captivité moins rigoureuse. Le comte fut alors relégué dans la ville de Montarlier. C'est là que de nouvelles erreurs devaient encore ajouter à sa honte et à ses désastres. Séparé de son épouse, il devint éperduement amoureux de Sophie de Ruffey, jeune femme aimable, unie au marquis de Monnier, alors plus que sexagénaire; cette passion partagée l'exposait à un procès criminel; le père fut encore obligé de solliciter une lettre de cachet pour le soustraire à une condamnation infamante; mais le coupable parvint à gagner la frontière, et trouva d'abord un asyle en Suisse. Il passa plus tard en Hollande avec madame de Monnier, bravant tout à la fois la pudeur, le besoin, la malédiction paternelle, et le ressentiment d'un époux outragé qui le fit condamner à mort par contumace, comme coupable de rapt et de séduction.

Caché dans une profonde retraite, Mirabeau prit le nom de Saint-Mathieu, et se condamna à travailler nuit et jour pour des libraires, puisant dans ses travaux littéraires tous ses moyens d'existence. Sa traduction de l'*Histoire de Philippe II*, par Waston et celle de l'*Histoire d'Angleterre* remontent à cette déplorable époque de sa vie, souillée par une faute qui mit le comble à son déshonneur, et la seule dont il ait songé à se repentir. Dans son aveugle dépit, il fit passer en France des mémoires contre son père, auquel il imputait tous les malheurs de sa vie. C'est sur la foi de ces documents que plusieurs biographes ont rejeté sur l'excessive sévérité du marquis de Mirabeau, les coupables écarts de son fils; mais il est probable que les bons esprits auraient également condamné son indulgence, s'il n'eût opposé que de faibles digues aux déportements de cette âme indomptable. Il était d'ailleurs dans la destinée de Mirabeau d'expier toutes ses fautes par la perte de sa liberté. La police française le fit arrêter en Hollande, et cette fois le château de Vincennes lui servit de prison, tandis que Sophie, alors enceinte de plusieurs mois, était reléguée dans le couvent de Sainte-Claire à Gien. Elle y trouva quelque adoucissement à ses ennuis dans la correspondance passionnée qu'il lui fut permis d'entretenir avec son amant. Leurs lettres, mélange de passion fougueuse et de tendre sensibilité, ont été publiées par M. Manuel sous le titre de *Lettres à Sophie*. L'*Erotica Biblion*, ouvrage d'une érudition licencieuse sur les mœurs des anciens juifs, le *Rubicon*, *ma Conversion*, et le *Libertin de qualité*, romans où l'auteur a reculé les bornes du cynisme, occupaient dans ce même temps les loisirs de Mirabeau. Il désavoua ces honteuses productions. C'est une tactique adoptée pour stimuler plus vivement la curiosité publique. On veut à tout prix connaître un livre que l'auteur le plus notoirement immoral a eu la pudeur de ne pas signer. Ce fut en 1780 que Mirabeau sortit du donjon de Vincennes, emportant dans la doublure de son habit les productions précédentes avec un ouvrage d'une nature plus grave sur *les Lettres de Cachet*. Mais il ne put se croire libre tant que Sophie gémirait dans un cloître. Dans son enthousiasme romanesque, il lui demande une boucle de ses cheveux, partage avec elle un poison des plus actifs, et va se présenter à Montarlier, pour y être jugé sur l'accusation capitale portée contre lui, résolu, s'il succombait, de ne pas survivre à l'arrêt du tribunal. Il plaide lui-même sa cause, attendrit son auditoire, confond ses adversaires, obtient une transaction entre lui et l'époux de Sophie qui recouvre sa dot et sa liberté. Tel fut le premier triomphe de son éloquence.

Il voulut alors contraindre son épouse à revenir auprès de lui; mais la comtesse de Mirabeau obtint une sentence de séparation au parlement de Paris, ce qui le détermina à faire un voyage à Londres. Il y publia des *Considérations sur l'ordre de Cincinnatus*, et les *Doutes sur la liberté de l'Escaut*. De retour en France, quelques nouvelles brochures sur des matières de finances le firent connaître avantageusement à M. de Calonne. Ce ministre lui confia une mission en Prusse, dont il s'acquitta avec adresse. Il recueillit à Berlin des matériaux précieux pour son ouvrage de la *Monarchie prussienne*, publié en 1788, 7 vol. in-8°. Cette composition importante, où quelques maximes dangereuses étaient au moins rachetées par d'excellentes remarques, par des critiques solides et par un style qui décelait le grand écrivain, avait déjà répandu au loin la réputation de Mirabeau, lorsque l'arène des états-généraux présenta tout à coup à son ambition de nouvelles palmes à cueillir. Repoussé par la noblesse de Provence, il se fit marchand de draps à Marseille, pour avoir un titre aux suffrages du tiers-état. A peine est-il proclamé député, qu'il vole des premiers à l'assemblée, impatient d'y jouer un rôle digne de sa réputation, et de confondre, par l'éclat de son début, les railleurs de Versailles, qui lui avaient donné le sobriquet de *Comte plébéien*. Bien des représentants arrivés calmes et modérés à la tribune, s'y échauffèrent par le choc des discussions, et se passionnèrent progressivement pour les opinions qu'ils eurent une fois adoptées; Mirabeau seul apparaît d'abord tout bouillant d'exaltation; il semble pressentir et appeler d'avance le fracas des délibérations où dominera son éloquence; il cherche des adversaires, et envisage avec complaisance les périls même de sa position. « Dans tous les pays et dans tous les âges, « écrivait-il à ses commettants, les aristocrates ont « implacablement poursuivi les amis du peuple. « Ainsi périt le dernier des Gracques, de la main « des patriciens; mais atteint du coup mortel, il « lança de la poussière vers les cieux, en attestant « les dieux vengeurs, et de cette poussière naquit « Marius. » Nous ne suivrons pas l'impétueux tribun dans les détails de sa carrière législative. Depuis que, sur sa proposition, le tiers-état se fut constitué en *Assemblée de représentants du peuple*, la dictature de la parole appartint exclusivement à Mirabeau, et ce fut lui qui fit au marquis de Brézé, intimant aux députés l'ordre de quitter la chambre, cette réponse devenue fameuse : « Allez dire « à votre maître que nous sommes ici par la volonté « du peuple, et que nous n'en sortirons que par la « puissance des baïonnettes. »

Après avoir long-temps dirigé dans cet esprit les volontés de l'assemblée, dont chaque décision emportait un lambeau de la majesté royale, le capricieux orateur parut subitement changer de bannière. Il se prononça avec force pour le *veto royal*, au grand étonnement de ses amis. Cette première contradiction n'alla point jusqu'à compromettre sa popularité; mais au commencement de l'année 1791, il fut sérieusement accusé de trahir la cause des jacobins, et de revenir au parti de la cour, *trahison* peu vraisemblable, si l'on considère que les discours où il parut incliner à la modération sont en très petit nombre. Cependant il perdait chaque jour de son influence, lorsque la mort l'enleva presque subitement, le 2 avril 1791. Les partis opposés s'accusèrent mutuellement de sa mort; mais les bruits d'empoisonnement furent démentis par une déclaration des médecins. Les funérailles de Mirabeau furent d'une magnificence qui attestait le délire de l'époque. Le cortége tenait plus d'une lieue, et la marche en dura quatre heures. Il reçut les honneurs du Panthéon, d'où ses restes furent arrachés en 1793, et traînés dans la boue par des hommes qui ne bornaient plus leur patriotisme à des mouvements oratoires. Les discours de Mirabeau, réunis en 5 vol. in-8°, tiennent une place distinguée dans la trop volumineuse collection des harangues que la révolution a enfantées. Son éloquence pompeuse et amphatique n'exclut pas toujours la solidité de la pensée, ni l'heureux choix de l'expression; mais proposer ses ouvrages comme des modèles classiques, serait renverser les notions que nous ont transmises de la saine éloquence ces grands maîtres qui fondaient l'art de bien dire sur les bases de la vérité et de la vertu, et qui ne séparaient jamais l'orateur de l'homme de bien.

Favier.

JUGEMENT.

Mirabeau composa l'*Essai sur le despotisme* à vingt-quatre ans. Cet ouvrage est doublement remarquable: c'est le coup d'essai d'un grand homme, dont le talent s'y décelait déjà par des touches fortes; il l'écrivit dans un fort où il était renfermé par des ordres arbitraires. *Quoi de plus fou* (disait son père) *que d'écrire contre le despotisme dans un château fort!* Cette *folie*, d'une espèce au moins fort rare, annonçait un grand caractère.

Dans le cours des persécutions tyranniques qu'il essuya de la part de son père, il apprit qu'un des prétextes dont on les couvrait était le reproche d'oisiveté. Il était alors retiré en Hollande : il y publia son *Essai sur le Despotisme*, et l'envoya à l'ami *des hommes et des lettres de cachet*, pour lui faire voir qu'il savait s'occuper.

Il était difficile d'en donner de meilleures preuves. Ce qui, dans cet ouvrage, frappera le plus les lecteurs capables d'attention ou de réflexion, ce n'est pas la quantité de lectures qu'il suppose, c'est le choix des études comparé à l'âge de l'auteur. Dans les nombreuses citations de toute espèce dont les pages sont chargées, il y en a, sans doute, d'éloquence, de poésie, de littérature, assez pour un jeune homme qui doit naturellement se plaire aux ouvrages d'imagination : mais la plupart roulent sur l'histoire et le droit public; et ce n'est pas sur les abrégés et les extraits faits de nos jours qu'il s'est contenté, comme tant d'autres, de jeter un coup-d'œil : on voit qu'il a puisé dans les sources, qu'il a feuilleté laborieusement ces archives antiques des premiers siècles de la monarchie, qui fatiguent même l'infatigable patience des érudits et des publicistes; ces recueils si indigestes, si rebutants, qui font acheter par tant d'ennui quelques découvertes précieuses.

C'est là ce qui n'a pas dégoûté la première vivacité d'un jeune homme, qui d'ailleurs avait tous les goûts et toutes les passions de son âge; et c'est aussi ce genre de travail, et le contraste qu'il formait avec les circonstances où se trouvait l'auteur, c'est cet assemblage vraiment singulier qui préparait et montrait de loin l'homme de la révolution.

Il avait dès ce moment un but qu'il ne perdit jamais de vue : il voulait confondre et démasquer ces écrivains mercenaires que l'on payait pour corrompre et dénaturer les monuments historiques, et en faire disparaître, s'il était possible, les traces de l'ancienne liberté des Francs. Effrayé des progrès de la philosophie et des recherches de la vraie science, qui réunissaient les raisonnements et les faits en faveur des droits des nations, le gouvernement avait imaginé ces fraudes politiques qui rappelaient les fraudes pieuses tant louées dans la première ou primitive Église; il opposait les Moreau, les Linguet, les Cavayrac, etc., aux Rousseau et aux Mably. Mirabeau, indigné de ce trafic de mensonge et de corruption, ne craint pas de s'enfoncer dans la poussière des bibliothèques et dans la nuit des temps, pour y poursuivre ces vils champions qui se cachaient sous des monceaux de textes altérés et falsifiés, comme on nous représente dans les contes de la féerie un paladin qui, couvert d'un bouclier de diamant, faisait tomber devant lui tous les enchantements de la magie. Ainsi le jeune athlète, armé du bouclier de la vérité, attaquait et renversait, à vingt-trois ans, ces vieux soldats du despotisme : c'est en tenant à la main les *Capitulaires* de Charlemagne, les *Recueils* de Ludvig, de Bouquet, de Loisel, les lois normandes, etc., qu'il démontre tous les mensonges de Moreau dans sa prétendue *Histoire de France*, et tous les sophismes de Linguet dans ses extravagantes diatribes.

Mirabeau, en publiant cet *Essai*, plusieurs années après l'avoir composé, sentait et avouait lui-même tout ce qui manquait à cette première production de sa jeunesse. Le sujet n'est pas rempli, le plan n'est pas digéré, la diction n'est point soignée. Il y a beaucoup de lieux communs, des répétitions, et des contradictions; c'est, en un mot, le travail informe d'une jeune tête, qui fermente et cède au besoin de répandre au dehors une foule d'idées et de connaissances récemment acquises, avant d'être en état de faire un choix, d'embrasser un ensemble, de classer les objets, et de leur donner la forme et le tour, de manière à se les rendre propres. Ce n'est encore ici que le produit brut de ses lectures, et ce qui est de sa mémoire y tient plus de place que ce qui est de son esprit. Cependant on aperçoit déjà ce que sera cet esprit quand il aura travaillé sur les idées d'autrui, assez pour s'en faire qui soient à lui-même. On voit qu'il aura la force d'expression qui l'accompagne toujours; que son âme indépendante et fière donnera nécessairement de la hardiesse à ses conceptions et à son style; que, dédaignant toute espèce de préjugé, il repoussera tout esclavage, à commencer par celui de l'imitation; qu'en un mot, comme tout écrivain d'un vrai talent, il composera d'après lui-même, et imprimera à ses écrits l'empreinte de son caractère.

Les *Lettres à Sophie*, qui parlent si bien au cœur, qu'on dirait que l'auteur n'a été occupé qu'à sentir et à aimer, parlent en même temps à la raison, de manière qu'il semble qu'il n'ait été occupé qu'à penser. Vous rencontrez à tout moment des vérités fortement énoncées, des expressions de génie, des traits de passion, des raisonnements vigoureux, des aperçus vastes, des réflexions fines et profondes : une lettre apologétique qu'il adresse à son père; un examen des principes contenus dans ses écrits, et mis en opposition avec sa conduite; un mémoire en forme contre lui, envoyé au lieutenant de police, sont autant de chefs-d'œuvre en leur genre, et réunissent une dialectique victorieuse, une ironie amère et une élégance noble, sans jamais passer la mesure en rien.

On a remarqué dans ces *Lettres* des pensées, des expressions, des phrases, des morceaux entiers d'emprunt, et tirés d'ouvrages connus qu'il ne cite pas ; il ne faudrait pourtant pas en conclure que c'est un plagiat. D'abord, ces *Lettres* n'étaient nullement destinées à l'impression ; de plus, lisant et écrivant beaucoup, et très vite, parce que c'était sa seule ressource, il confondait quelquefois, sans y penser, ses compositions et ses lectures. Celui qui rend ici hommage à sa mémoire se glorifie d'être pour beaucoup dans ces larcins involontaires. Il y a, entre autres, une douzaine de vers de *Mélanie*, réduits en prose, sans autre retranchement que celui de la mesure et de la rime, et d'ailleurs conservés mot pour mot. Il n'y a qu'une seule de ces expressions empruntées qu'il ait soulignée comme citation; elle convenait à sa captivité comme à un couvent: mais ce qui prouve que, quand il ne cite pas, c'est uniquement sa mémoire qui le trompe; c'est qu'il transcrit quelque part huit ou dix vers de Voltaire, sans pouvoir se rappeler où il les a lus.

Travaux de Mirabeau à l'Assemblée nationale.

« M. Mirabeau est puissant en logique, en mouvements, en expressions. Il est vraiment éloquent; c'est l'homme le plus capable d'entraîner une grande assemblée. Et combien de fois ne l'a-t-il pas prouvé? Comme écrivain, il pourrait épurer davantage son style; mais nous n'avons pas encore sur la diction l'oreille aussi délicate que les Athéniens, ou même les Romains du temps de Cicéron, et nous ne sommes sévères sur la correction et le goût que le livre à la main. Il a de plus un avantage précieux: c'est la présence d'esprit; il se possède lorsqu'il meut les autres, et rarement il lui arrive de donner prise sur lui en passant la mesure: en cela, comme en tout le reste, bien différent de tel autre de nos députés [*] à qui j'ai entendu donner le nom de grand orateur, du moins par un parti, et qui n'est en effet qu'un rhéteur élégant, quand il n'est pas un sophiste emporté; qui n'attaque jamais de front une grande question, mais qui commence par dénaturer ou

---

[*] L'abbé Maury.

écarter le principe, et se jette ensuite dans les accessoires et les lieux communs, où il brille par l'élocution; qui, prenant l'audace pour l'énergie, risque à tout moment les assertions et les déclamations les plus révoltantes, et oublie que l'orateur ne saurait se discréditer lui-même sans discréditer sa cause, et que l'observation des convenances est une des premières règles de l'art oratoire, d'autant plus importante que tout le monde en est juge, et que, quand vous la violez, vos adversaires triomphent, et vos partisans rougissent. »

Les discours qu'il prononça dans les assemblées de sa province lors de la convocation des états-généraux, et qui se présentent à la tête du recueil qu'on a publié, n'en sont pas la partie la moins intéressante. Quoiqu'il s'agisse de prétentions et de querelles anéanties depuis trois ans, on est toujours bien aise d'y voir les premiers pas de Mirabeau, qui annonçait déjà la marche constante et invariable qu'il a suivie dans sa théorie politique. On y voit par quels degrés cet homme, né au milieu de tous les préjugés féodaux, et placé alors au centre de la plus absurde aristocratie, dans les états de Provence, fut réduit à renier de fait une noblesse que déjà il avait abjurée dans le cœur, et à se faire membre de ce qu'on appelait encore *les communes*, parce qu'il ne put réussir à convertir ses pairs, *les gentils-hommes*. Ils furent même tellement effrayés de ses opinions, qu'ils lui contestèrent, sur les plus frivoles prétextes, le droit de siéger parmi eux, et ce fut cette première sortie des nobles qui donna au *tiers* un sublime transfuge dans la personne de Mirabeau.

Un de ses grands avantages, qui n'appartient qu'à l'homme naturellement éloquent, c'est qu'il l'était sur-le-champ, dans toutes les circonstances et sur tous les sujets *. Ce n'est pas à dire qu'il eût pu faire dans le moment un discours sur une matière importante, épineuse et étendue, aussi-bien que s'il eût été préparé. Non ; cela n'est pas dans la nature, et nulle force de génie ne peut suppléer soudainement à ce qui demande une force de réflexion. Mais dans les occasions où il ne fallait que l'aperçu d'un esprit juste et le mouvement d'une âme libre,

---

* Voilà de grands éloges ; mais ces éloges étaient pour le public, pour ces patriotes avec lesquels il était utile de se populariser ; on sera peut-être bien aise de voir de quelle manière M. de La Harpe parlait de Mirabeau dans sa correspondance avec le grand-duc de Russie.

« V. A. I., qui lit les papiers publics, n'ignore pas sans doute quel « rôle a joué l'hiver dernier le comte de Mirabeau, qui, voyant « approcher les états-généraux, a pris le parti de se faire déma- « gogue, et, en cette qualité, de souffler le feu de la discorde. Voici « quels étaient ses intérêts et ses moyens : Il cherchait de l'argent et des « places ; de l'argent, pour se libérer des dettes qui l'écrasent ; des places, « pour se tirer de l'inconsidération où l'avait mis sa conduite passée, et « faire oublier ce qu'il appelle lui-même *les fautes de sa jeunesse ;* et ces « fautes n'étaient pas légères. Mirabeau a fait sa brigue pour se faire dépu- « ter par le tiers-état de Marseille. Arrivé à Versailles, il fut applaudi dans « les rues, à la procession, et hué dans la chambre des états. Il y est « jusqu'à présent apprécié à sa valeur. Il a déjà essuyé beaucoup de morti- « fications. On lui a imposé silence plusieurs fois. Ceux qui l'ont entendu « ne sont pas étonnés de ce discrédit. Il n'a nulle idée des bienséances néces- « saires dans une grande assemblée. Il a le langage et le ton d'un bateleur « devant les hommes éclairés. Il manque absolument de goût et de mesure, « et il est désirable qu'il influe fort peu sur les délibérations de l'assemblée. » (*Correspondance*, t. V, p. 335 et suiv.)

il s'exprimait aussi bien qu'il est possible, et les termes ne lui manquaient pas, parce qu'il ne manquait ni de sentiments, ni d'idées. De là tant de paroles mémorables qu'on a retenues de lui, et qui sortaient impétueusement de son âme quand elle était émue; de là aussi ces répliques victorieuses, ces élans irrésistibles, qui emportaient d'emblée la décision, quand il réfutait des adversaires. Comme il était alors préparé sur la discussion dans laquelle il avait déjà fait entendre une opinion méditée, les idées affluaient, parce qu'en énonçant un avis, il avait prévu toutes les objections, et que, pour un bon raisonneur, les réponses aux objections sont toujours contenues dans les principes. Joignez-y le mouvement de réaction qui naît de la résistance; c'est alors qu'il tonnait; que, devenu plus fort par l'obstacle, armé de la conviction intérieure, bouillant de l'impatience d'un esprit droit qui rencontre la déraison sur son passage, il déployait une énergie renversante; que sa voix remplissait l'assemblée; que ses gestes, ses regards, toute son action extérieure, ébranlaient et soulevaient, pour ainsi dire, l'auditoire entier; que l'enchaînement rapide de ses raisonnements, l'abondance d'expressions heureuses et fortes qui se succédaient comme par inspiration, la chaleur des mouvements qui précipitaient les phrases les unes sur les autres, l'éclat des figures, qui chez lui étaient toujours des pensées, faisaient véritablement de Mirabeau le dominateur des hommes rassemblés, et rappelaient ces mots remarquables qu'il avait dits quelque temps avant la révolution, à propos d'une femme alors très puissante qui se refusait à une demande qu'il croyait juste : *Dites-lui qu'elle a tort de me refuser, et que le moment n'est pas loin où le talent sera aussi une puissance.*

Aussi Mirabeau n'a jamais été plus grand, à mon avis, que lorsqu'il improvisait. Quoi de plus beau que ce discours de vingt lignes, recueilli sur-le-champ, lorsqu'il s'agissait d'envoyer au roi une troisième députation pour le renvoi des troupes après deux réponses négatives !

« Dites-lui que les hordes étrangères dont nous
« sommes investis ont reçu hier la visite des princes,
« des princesses, des favoris, des favorites, et leurs
« caresses, et leurs exhortations, et leurs présents;
« dites-lui que, toute la nuit, ces satellites étran-
« gers, gorgés d'or et de vin, ont prédit, dans
« leurs chants impies, l'asservissement de la France,
« et que leurs vœux brutaux invoquaient la des-
« truction de l'Assemblée nationale; dites-lui que
« dans son palais même les courtisans ont mêlé
« leurs danses au son de cette musique barbare, et
« que telle fut l'avant-scène de la Saint-Barthélemi;
« dites-lui que ce Henri, dont l'univers bénit la mé-
« moire, celui de ses aïeux qu'il voulait prendre
« pour modèle, faisait passer des vivres dans Paris
« révolté qu'il assiégeait en personne; et que ses
« conseillers féroces font rebrousser les farines que
« le commerce apporte dans Paris fidèle et affa-
« mé*. »

* Quand Mirabeau se livrait à ces déclamations fanatiques, il ne savait

Les besoins de l'État avaient engagé M. Necker à proposer la contribution du quart des biens de chaque citoyen. Cette mesure paraissait extrême à beaucoup de députés, qui voulaient que l'on examinât le plan du ministre des finances, qui contenait plusieurs autres dispositions. Il était important d'environner ce ministre de la confiance de l'assemblée pour une espèce d'impôt extraordinaire, qui exigeait sur-tout la confiance publique; et Mirabeau, quoique connu pour être ennemi de M. Necker, opinait à s'en rapporter entièrement à lui pour le mode d'imposition. Les moments étaient chers, et on les perdait en difficultés de détail. Mirabeau avait déjà parlé trois fois. Il était quatre heures du soir, rien ne se décidait; et de lassitude, comme il arrive souvent après une longue discussion, on était prêt à renvoyer encore l'affaire au comité; il reprend la parole une quatrième fois, et ramasse toutes ses forces pour emporter le décret. Quoiqu'en général je sois très sobre de citations, si ce n'est dans le cas d'une critique de détail; quoique le morceau dont il s'agit soit assez étendu, je ne puis cependant résister au plaisir de l'offrir aux lecteurs qui peuvent ne pas l'avoir sous les yeux. C'est, dans son

---

pas encore ce qu'amenaient les révolutions; il n'était qu'un factieux qui renversait les règles de la raison, de la vérité, et de tous ses devoirs, pour servir son parti; il ne prévoyait pas le moment où, désolé des maux de sa patrie, il devait s'écrier : *J'emporte en mourant les lambeaux de la monarchie.* Quand M. de La Harpe louait les excès de cette éloquence audacieuse, la grace n'était pas encore descendue d'en-haut pour l'éclairer; mais il commençait à suivre les préceptes de l'Écriture : *Facite vobis amicos de mammoná iniquitatis.*

genre, un des plus admirables monuments de l'éloquence française :

« Au milieu de tant de débats tumultueux, ne pourrai-je donc pas vous ramener à la délibération du jour par un petit nombre de questions bien simples? Daignez, Messieurs, daignez me répondre : Le ministre des finances ne vous a-t-il pas offert le tableau le plus effrayant de notre situation actuelle? Ne vous a-t-il pas dit que tout délai aggravait le péril; qu'un jour, une heure, un instant pouvait le rendre mortel? Avons-nous un plan à substituer à celui qu'il propose? (*Oui*, s'écria quelqu'un.) Je conjure celui qui répond *oui* de considérer que son plan n'est pas connu; qu'il faut du temps pour le développer, l'examiner, le démontrer; que, fût-il immédiatement soumis à notre délibération, son auteur peut se tromper; que, fût-il exempt de toute erreur, on peut croire qu'il ne l'est pas; que, quand tout le monde a tort, tout le monde a raison; qu'il se pourrait donc que l'auteur de cet autre projet, même ayant raison, eût tort contre tout le monde, puisque, sans l'assentiment de l'opinion publique, le plus grand talent ne saurait triompher des circonstances. Et moi aussi, je ne crois pas les moyens de Necker les meilleurs possibles; mais le Ciel me préserve, dans une situation très critique, d'opposer les miens aux siens : vainement je les tiendrais pour préférables. On ne rivalise point en un instant avec une popularité prodigieuse, conquise par des services éclatants, une longue

« expérience, la réputation du premier talent de
« financier connu; et, s'il faut tout dire, une des-
« tinée telle, qu'elle n'échut en partage à aucun
« mortel. Il faut donc en revenir au plan de M. Nec-
« ker. Mais avons-nous le temps de l'examiner, de
« sonder ses bases, de vérifier ses calculs? Non,
« non, mille fois non. D'insignifiantes questions,
« des conjectures hasardées, des tâtonnements in-
« fidèles; voilà tout ce qui, dans ce moment, est
« en notre pouvoir. Qu'allons-nous donc faire par
« le renvoi de la délibération? Manquer le moment
« décisif, acharner notre amour-propre à changer
« quelque chose à un plan que nous n'avons pas
« même conçu; et diminuer, par notre intervention
« indiscrète l'influence d'un ministre dont le crédit
« financier est et doit être plus grand que le nôtre.
« Messieurs, il n'y a là ni sagesse, ni prévoyance;
« mais du moins y a-t-il de la bonne foi? Oh! si les
« déclarations les plus solennelles ne garantissaient
« pas notre respect pour la foi publique, notre hor-
« reur pour l'infâme mot de *banqueroute*, j'oserais
« scruter les motifs secrets, et peut-être, hélas!
« ignorés de nous-mêmes, qui nous font si imprudem-
« ment reculer au moment de proclamer l'acte du
« plus grand dévouement, certainement inefficace, s'il
« n'est pas rapide et vraiment abandonné! Je dirais
« à ceux qui se familiarisent peut-être avec l'idée de
« manquer aux engagements publics, par la crainte
« de l'excès des sacrifices, par la terreur de l'impôt;
« je leur dirais : *Qu'est-ce donc que la banqueroute*,
« *si ce n'est le plus cruel, le plus inique, le plus*

« *inégal, le plus désastreux des impôts ?....* Mes amis,
« écoutez un mot, un seul mot : deux siècles de
« déprédations et de brigandages ont creusé le
« gouffre où le royaume est près de s'engloutir : il
« faut le combler ce gouffre effroyable. Eh bien !
« voici la liste des propriétaires français : choisissez
« parmi les plus riches, afin de sacrifier moins de
« citoyens; mais choisissez : car ne faut-il pas qu'un
« petit nombre périsse pour sauver la masse du
« peuple ? Allons, ces deux mille notables possèdent
« de quoi combler le *déficit* : ramenez l'ordre dans
« vos finances, la paix et la prospérité dans le
« royaume, frappez, immolez sans pitié ces tristes
« victimes; précipitez-les dans l'abîme, il va se re-
« fermer.... Vous reculez d'horreur.... Hommes in-
« conséquents ! hommes pusillanimes ! eh ! ne voyez-
« vous donc pas qu'en décrétant la banqueroute,
« ou, ce qui est plus odieux encore, en la rendant
« inévitable, sans la décréter, vous vous souillez
« d'un acte mille fois plus criminel, et, chose in-
« concevable, gratuitement criminel ? car enfin,
« cet horrible sacrifice ferait disparaître le *déficit*.
« Mais croyez-vous, parce que vous n'aurez pas
« payé, que vous ne devrez plus rien ? Croyez-vous
« que les milliers, les millions d'hommes qui per-
« dront en un instant, par l'explosion terrible, ou
« par ses contre-coups, tout ce qui faisait la conso-
« lation de leur vie, et peut-être l'unique moyen
« de la sustenter, vous laisseront paisiblement jouir
« de votre crime ? Contemplateurs stoïques des
« maux incalculables que cette catastrophe vomira

« sur la France, impassibles égoïstes, qui pensez
« que ces convulsions du désespoir et de la misère
« passeront comme tant d'autres, et d'autant plus
« rapidement qu'elles seront plus violentes, êtes-
« vous bien sûrs que tant d'hommes sans pain vous
« laisseront tranquillement savourer ces mets dont
« vous n'aurez voulu diminuer ni le nombre ni la
« délicatesse? Non : vous périrez : et dans la con-
« flagration universelle que vous ne frémirez pas
« d'allumer, la perte de votre honneur ne sauvera
« pas une seule de vos détestables jouissances. Voilà
« où nous marchons.... J'entends parler de patrio-
« tisme, d'invocation du patriotisme, d'élans du
« patriotisme : ah! ne prostituez pas ces mots et de
« *patrie* et de *patriotisme*. Il est donc bien magna-
« nime, l'effort de donner une portion de son re-
« venu pour sauver tout ce qu'on possède! Eh!
« Messieurs, ce n'est là que de la simple arithméti-
« que; et celui qui hésitera ne peut désarmer l'indi-
« gnation que par le mépris qu'inspirera sa stupidité.
« Oui, Messieurs, c'est la prudence la plus ordi-
« naire, la sagesse la plus triviale; c'est l'intérêt
« le plus grossier que j'invoque. Je ne vous dis plus
« comme autrefois : Donnerez-vous les premiers
« aux nations le spectacle d'un peuple assemblé
« pour manquer à la foi publique? Je ne vous dis
« plus : Eh! quels titres avez-vous à la liberté, quels
« moyens vous resteront pour la maintenir, si, dès
« votre premier pas, vous surpassez les turpitudes
« des gouvernements les plus corrompus, si le be-
« soin de votre concours et de votre surveillance

« n'est pas le garant de votre constitution ? Je vous
« dis : Vous serez tous entraînés dans la ruine uni-
« verselle; et les premiers intéressés au sacrifice
« que le Gouvernement vous demande, c'est vous-
« mêmes. Votez donc ce subside extraordinaire; et
« puisse-t-il être suffisant? Votez-le, parce que
« si vous avez des doutes sur les moyens, doutes
« vagues et non éclaircis, vous n'en avez pas sur sa
« nécessité et sur notre impuissance à le remplacer;
« votez-le, parce que les circonstances publiques
« ne souffrent aucun retard, et que vous seriez
« comptables de tout délai. Gardez-vous de deman-
« der du temps; le malheur n'en accorde pas. Eh!
« Messieurs, à propos d'une ridicule motion du
« Palais-Royal, d'une risible insurrection qui n'eut
« jamais d'importance que dans les imaginations
« faibles, ou les desseins pervers de quelques hom-
« mes de mauvaise foi, vous avez entendu naguère
« ces mots forcenés : *Catilina est aux portes, et l'on*
« *délibère !* et certainement il n'y avait autour de
« nous ni Catilina, ni périls, ni factions, ni Rome :
« mais aujourd'hui la banqueroute, la hideuse ban-
« queroute est là; elle menace de consumer tout,
« vos propriétés, votre honneur, et vous délibérez!»

Non, l'on ne délibéra plus; des cris d'enthousiasme attestèrent la victoire de l'orateur.

Ceux qui ont étudié les immortels orateurs de
l'antiquité ne retrouvent-ils pas ici le talent des
Cicéron et des Démosthène, mais plus particulièrement la manière de ce dernier; cette accumulation
graduée de moyens, de preuves et d'effets; cet art

de s'insinuer d'abord dans l'esprit des auditeurs en captivant l'attention, de la redoubler par des suspensions ménagées, de la frapper par de violentes secousses. Mirabeau procède ici comme les grands maîtres; il fait briller d'abord la lumière du raisonnement, il subjugue la pensée, il fouille ensuite plus avant, et va remuer les passions secrètes jusqu'au fond de l'âme, l'intérêt, la crainte, l'espérance, la honte, l'amour-propre; il frappe partout; et quand il se sent enfin le plus fort, voyez alors comme il parle de haut, comme il domine, comme il mêle l'ironie à l'indignation, comme, en récapitulant tous les motifs, il porte les derniers coups! C'est ainsi que l'on mène les hommes par la parole; c'est par des morceaux de cette force (et il en a beaucoup), qu'il a mérité le titre de *Démosthène français* .

La Harpe, *Cours de Littérature.*

* On cite encore comme un modèle d'éloquence, cette apostrophe de Mirabeau à ses accusateurs: « C'est une étrange manie, c'est un déplorable aveuglement que celui qui anime ainsi les uns contre les autres, des hommes qu'un même but, un sentiment indestructible, devraient, au milieu des débats les plus acharnés, toujours rapprocher, toujours réunir; des hommes qui substituent ainsi l'irascibilité de l'amour-propre au culte de la patrie, et se livrent les uns les autres aux préventions populaires! Et moi aussi, on voulait, il y a peu de jours, me porter en triomphe, et maintenant on crie dans les rues: *La grande trahison de Mirabeau!* Je n'avais pas besoin de cette leçon pour savoir qu'il y a peu de distance du Capitole à la roche Tarpéienne. Mais l'homme qui combat pour la raison, pour la patrie, ne se tient pas si aisément pour vaincu. Celui qui a la conscience d'avoir bien mérité de son pays, et sur-tout de lui être encore utile; celui que ne rassasie pas une vaine célébrité, et qui dédaigne les succès d'un jour pour la véritable gloire; celui qui veut dire la vérité, qui veut faire le bien public, indépendamment des mobiles mouvements de l'opinion populaire; cet homme porte-

MŒURS. Dans un état républicain, presque toutes les habitudes se ressemblent; dans un état monarchique elles diffèrent toutes, entre ce qu'on appelle le grand monde et le peuple. Il fut un temps où la bourgeoisie tenait le milieu de ces deux classes, et alors ce qui ressemblait aux mœurs bourgeoises était encore d'assez bon goût pour amuser les esprits les plus délicats. Ce temps n'est plus. Les mœurs, le goût et les usages du grand monde ont passé dans la bourgeoisie. Il n'y a presque plus que deux tons, et il n'est plus permis à celui du peuple de dominer, même dans la comédie. Au théâtre, comme dans le monde, un valet et une soubrette parlent la langue de leurs maîtres. Le bourgeois gentilhomme est un homme bien élevé, madame Jourdain est une femme du monde. Tout s'est poli, et tout s'est émoussé. Mais remontons plus haut.

En morale et en politique on entend par les

avec lui la récompense de ses services, le charme de ses peines et le prix de ses dangers Il ne doit attendre sa moisson, sa destinée, la seule qui l'intéresse, la destinée de son nom, que du temps, ce juge incorruptible qui fait justice à tous. Que ceux qui prophétisaient depuis huit jours mon opinion sans la connaître, qui calomnient en ce moment mon discours, sans l'avoir compris, m'accusent d'encenser des idoles impuissantes au moment où elles sont renversées, ou d'être le vil stipendié des hommes que je n'ai cessé de combattre; qu'ils dénoncent comme un ennemi de la révolution, celui qui peut-être n'y a pas été inutile, et qui, cette révolution fût-elle étrangère à sa gloire, pourrait là seulement trouver sa sûreté; qu'ils livrent aux fureurs du peuple trompé celui qui, depuis vingt ans, combat toutes les oppressions, et qui parlait aux Français de liberté, de constitution, de résistance, lorsque ses vils calomniateurs suçaient le lait des cours, et vivaient de tous les préjugés dominants. Que m'importe ? Ces coups de bas en haut ne m'arrêteront pas dans ma carrière. Je leur dirai : Répondez, si vous pouvez ; calomniez ensuite tant que vous voudrez. »

mœurs des hommes, leurs inclinations habituelles, ou la forme que l'habitude a donnée à leur naturel. Mais relativement aux arts d'imitation, et particulièrement à l'égard de la poésie, l'idée qu'on attache aux mœurs est plus étendue : elle embrasse le naturel, l'habitude, et les accidents passagers qui se combinent avec l'un et l'autre. Ainsi dans le système des mœurs poétiques sont comprises les inclinations et les affections de l'âme.

Celui qui veut peindre les mœurs doit donc se proposer ces trois objets d'étude : la nature, l'habitude, et la passion.

Le premier soin d'un peintre qui veut exceller dans son art est de chercher des modèles dans lesquels les proportions, les formes, les contours, les mouvements, les attitudes soient tels que les donne la nature avant que l'habitude en altère la pureté. Le même soin doit occuper le poète : il est comme impossible que, dans l'homme en société, le naturel soit pur et sans mélange; mais peut-être avec un esprit juste et capable de réflexion, n'est-il pas aussi malaisé qu'il le semble, de distinguer, en soi-même et dans ses pareils, ce que la nature y produit, de ce que la culture y transplante. Le soin de sa vie et de sa défense, de son repos et de sa liberté; le ressentiment du bien et du mal; les retours d'affection et de haine; les liens du sang et ceux de l'amour; la bienfaisance, la douce pitié, la jalousie et la vengeance, la répugnance à obéir, et le désir de dominer; tout cela se voit dans l'homme inculte bien mieux que dans l'homme civilisé. Or, plus ces formes primitives seront senties sous le voile bizarrement varié de l'éducation et de l'habitude, plus ces mouvements libres et naturels s'observeront à travers la gêne où les retiennent le manège des bienséances et l'esclavage des préjugés, plus l'effet de l'imitation sera infaillible; car la nature est au dedans de nous-mêmes avide de tout ce qui lui ressemble et empressée à le saisir. Voyez dans nos spectacles avec quels transports elle applaudit un trait qui la décèle et qui l'exprime vivement. Si donc le poëte me demande où il doit chercher la nature pour la consulter, je lui répondrai : en vous-même : *nosce te ipsum*. C'est moi que j'étudie quand je veux connaître les autres, disait Fontenelle ; c'était aussi le secret de l'éloquent Massillon : et sous combien de faces Montaigne nous peint tous tant que nous sommes, en ne nous parlant que de lui !

La différence des climats et des âges est la première qu'il faut étudier dans les mœurs, parce qu'elle tient à la nature.

Le climat décide sur-tout du degré d'énergie, d'activité, de sensibilité, de chaleur dans le caractère, et des inclinations qui lui sont analogues. Les climats froids produiront des hommes moins ardents que d'autres, mais plus laborieux, plus actifs, plus vigoureux par leur complexion, plus entreprenants par l'impulsion du malaise, plus occupés de leurs besoins, moins délicats dans leurs plaisirs, moins sensibles à la douleur, moins enclins à la volupté, peu susceptibles des passions adhérentes à la faiblesse, doués d'un esprit sérieux et mâle, d'une âme ferme et d'un courage patient. Sévèrement traités par la nature, ils en contractent l'âpreté, et comme ils attachent peu de prix à la vie, ils comptent pour peu de chose les dangers qu'elle court. Durs pour eux-mêmes, ils le sont pour les autres, sans croire leur faire une injustice. L'indépendance, la liberté, le droit de la force, la gloire de l'invasion et le butin pour prix de la victoire, voilà leur code naturel. Les climats chauds donnent au caractère plus d'ardeur et de véhémence, mais moins d'activité, de force et de courage. La chaleur est dans les fluides, mais les solides énervés s'y refusent; en sorte que les hommes sont à la fois amollis et passionnés. Crime et vertu, tout s'y ressent et de l'ardeur du sang et de la faiblesse des organes. L'amour, la haine, la jalousie, la vengeance, l'ambition même y bouillonnent au fond des cœurs; mais les moyens les plus faciles de s'assouvir sont ceux que la passion préfère. La trahison y est en usage, non parce qu'elle est moins périlleuse, mais parce qu'elle est moins pénible. La lâcheté n'y est pas dans l'âme, mais dans le corps: on y est esclave et tyran par indolence; on y semble moins attaché à la vie qu'à la paresse; le besoin seul y fait violence à la nature. Les peuples des climats tempérés tiennent le milieu entre ces deux extrêmes: actifs, mais moins infatigables que les premiers; voluptueux, mais moins amollis que les seconds; leur volonté, leur force, leur ardeur, leur constance sont également modérées; l'énergie de l'âme et du corps est la même; les passions, au lieu de fermenter, agissent et s'appaisent en s'exhalant. De cet accord des facultés morales et physiques, résulte, et dans le bien et dans le mal, un état de médiocrité éloigné de tous les excès, un caractère mitoyen entre le vice et la vertu, incertain dans son équilibre, également susceptible des inclinations contraires, et aussi variable que le climat dont il éprouve l'influence.

Horace a merveilleusement bien décrit les mœurs des différents âges de la vie, qu'Aristote avait analysées, et il serait superflu de transcrire ici ces beaux vers, que tout le monde sait par cœur. Mais à ces deux causes naturelles de la diversité des mœurs se joint l'influence de l'habitude, et celle-ci est un composé des impressions répétées que font sur nous l'instruction, l'exercice, l'opinion et l'exemple. C'est donc peu d'avoir étudié dans l'homme moral ce que les peintres appellent le *nu*, il faut s'instruire des différents modes que l'institution a pu donner à la nature, selon les lieux et les temps. *Prendendo la poesia ogni sua luce della luce del historia.... senza la quale la poesia camina in oscurissime tenebre.* (LE TASSE.)

« Celui qui sait ce qu'on doit à sa patrie, à ses « amis, à ses parents, quels sont les droits de l'hos- « pitalité, les devoirs d'un sénateur et d'un juge, « les fonctions d'un général d'armée; celui-là, dit « Horace, est en état de donner à ses personnages « le caractère qui leur convient. » Horace parlait des mœurs romaines; mais combien de nuances à observer dans la peinture des mêmes caractères, pris en divers climats, ou dans des siècles différents! C'est là qu'un poète doit s'instruire en parcourant les annales du monde. Le culte, les lois, la discipline, les opinions, les usages, les diverses formes de gouvernement, l'influence des mœurs sur les lois, des lois sur le sort des empires; en un mot, la constitution physique, morale et politique des divers peuples de la terre, et tout ce qui, dans l'homme, est naturel ou factice, de naissance ou d'institution, doit entrer essentiellement dans le plan des études du poète : travail immense, mais d'où résulte cette idée universelle, qui, selon Gravina, est la mère de la fiction, comme la nature est la mère de la vérité.

Encore cette théorie serait-elle insuffisante sans l'étude pratique des mœurs. Le peintre le plus versé dans le dessin et dans l'étude de l'antique ne rendra jamais la nature avec cette vérité qui fait illusion, s'il n'a sous les yeux ses modèles. Il en est de même du poète : la lecture et la méditation ne lui tiennent jamais lieu du commerce fréquent des hommes : pour bien les peindre, il faut les voir de près, les écouter, les observer sans cesse. Un mot, un coup d'œil, un silence, une attitude, un geste est quelquefois ce qui donne la vie, l'expression, le pathétique, à un tableau qui sans cela manquerait d'âme et de vérité. Mais ce n'est pas d'après tel ou tel modèle que l'on peint la nature dans le moral; c'est d'après mille observations faites çà et là, et qui, semblables à ces molécules organiques imaginées par un philosophe poète, attendent au fond de la pensée le moment d'éclore et de se placer :

Respicere exemplar vitæ morumque jubebo
Doctum imitatorem, et veras hinc ducere voces.

(HORAT. *De Art. poet.*)

C'est dans un monde poli, cultivé, qu'il prendra des idées de noblesse et de décence; mais pour les mouvements du cœur humain, le dirai-je ? c'est avec des hommes incultes qu'il doit vivre, s'il veut les voir au naturel. L'éloquence est plus vraie, le sentiment plus naïf, la passion plus énergique, l'âme enfin plus libre et plus franche parmi le peuple qu'à la cour : ce n'est pas que les hommes ne soient hommes partout; mais la politesse est un fard qui efface les couleurs naturelles. Le monde est un bal masqué.

Je sais combien il est essentiel au poète de plaire à ce monde qu'il a pour juge, et dont le goût éclairé décidera de ses succès; mais quand le naturel est une fois saisi avec force, il est facile d'y jeter les draperies des bienséances.

La différence la plus marquée dans les mœurs sociales est celle qui distingue les caractères des deux sexes. Elle tient d'un côté à la nature, et de l'autre à l'institution.

Ce qui dérive de la faiblesse et de l'irritabilité des organes, la finesse de perception, la délicatesse de sentiment, la mobilité des idées, la docilité de l'imagination, les caprices de la volonté, la crédulité superstitieuse, les craintes vaines, les fantaisies, et tous les vices des enfants; ce qui dérive du besoin naturel d'apprivoiser et d'attendrir un être sauvage, fier et fort, par lequel on est dominé; la modestie, la candeur, la simple et timide innocence, ou, à leur place, la dissimulation, l'adresse, l'artifice, la souplesse, la complaisance, tous les raffinements de l'art de séduire et d'intéresser; enfin ce qui dérive d'un état de dépendance et de contrainte, quand la passion se révolte et rompt les liens qui l'enchaînent; la violence, l'emportement et l'audace du désespoir; voilà le fonds des mœurs du côté du sexe le plus faible, et par là le plus susceptible des mouvements passionnés.

Du côté de l'homme, un fond de rudesse, d'âpreté, de férocité même, vices naturels de la force; plus de courage habituel, plus d'égalité, de constance; les premiers mouvements de la franchise et de la droiture, parce que, se sentant plus libre, il en est moins craintif et moins dissimulé; un orgueil plus altier, plus impérieux, plus ouvertement despotique, mais un amour-propre moins attentif et moins adroit à ménager ses avantages; un plus grand nombre de passions, et chacune moins violente, parce que, moins captive et moins contrariée, elle n'a point, comme dans les femmes, le ressort que donne la contrainte aux passions qu'elle retient; voilà le fond des mœurs du sexe le plus fort.

Viennent ensuite les différences des états de la vie. Les mœurs d'un peuple chasseur seront sauvages et cruelles : accoutumé à voir couler le sang, l'habitude le rend prodigue et du sien et de celui d'autrui; la chasse est la sœur de la guerre. Les mœurs d'un peuple pasteur sont douces et voluptueuses : il a les vices de l'oisiveté et les vertus de la paix. Les mœurs d'un peuple laboureur sont plus sévères et plus pures : le père et la mère de l'innocence sont le travail et la frugalité. Les mœurs d'un peuple navigateur sont corrompues par la soif des richesses : car le commerce est l'aliment et le germe de l'avarice; et celui qui passe sa vie à s'exposer pour de l'argent n'est pas éloigné de se vendre.

Nouvelle différence entre le peuple des campagnes et le peuple des villes : dans l'un, les désirs sont bornés comme les besoins, et les besoins comme les idées; dans l'autre, l'imagination, la cupidité, l'envie sont incessamment excitées par la vue des jouissances qui environnent la pauvreté. Plus de défiance, de ruse, d'opiniâtreté dans le villageois, parce qu'il est sans cesse exposé aux surprises de la fraude et de l'usurpation; plus de sécurité, de droiture et de bonne foi dans le citadin, parce qu'il est protégé de plus près par les lois, et qu'il n'est pas obligé d'être en garde contre l'injustice et la force.

Parmi les différents ordres de citoyens, encore mille nuances dans les mœurs; chaque condition a les siennes; la noblesse, la bourgeoisie, l'homme d'épée, l'homme de robe, l'artisan et le financier (je ne parle point de l'église, quoique la censure poétique ne l'ait pas toujours épargnée), tous les rangs, toutes les professions forment ensemble un tableau vivant et varié à l'infini, où l'éducation, l'habitude, le préjugé, l'opinion, la mode et le travail continuel de la vanité pour établir des distinctions, donnent aux mœurs de la société mille et mille couleurs diverses. Voilà le grand objet des études du poète.

Mais avec ces mœurs générales se combinent les accidents qui les modifient diversement selon les divers caractères, et plus encore selon les circonstances de l'action : d'où résulte une variété inépuisable. Le même caractère a paru dix fois sur la scène, et toujours différent par sa seule position : c'est comme le modèle d'une école de dessin, qui varie ses attitudes, et que chacun copie d'un côté différent. Tous les raisonneurs, tous les amoureux de Molière se ressemblent, et tous les amoureux comiques ressemblent à ceux de Molière. Dans Racine, tous les amants, ou tendres ou passionnés, ne diffèrent que par des nuances, ou plutôt par leur situation; supposez qu'ils changent de place; Britannicus sera Hippolyte, Bajazet sera Xipharès, Hermione sera Roxane, et, pour aller plus loin, Ariane sera Didon; Inès sera Monime; Monime, Ariane ou Zaïre.

Au lieu que Racine avait fait ses femmes passionnées et ses hommes tendres, Voltaire a fait ses femmes tendres et ses hommes passionnés; et de ce seul renversement de la même combinaison, il a tiré comme un nouveau théâtre.

A plus forte raison, si le poète combine la même passion avec de nouveaux caractères, ou deux passions opposées dans un caractère déjà connu, produira-t-il de nouvelles mœurs. Phocas est un tyran atroce, mais il est père : il désire ardemment de perdre le roi légitime : mais il craint d'immoler son fils. Voilà un caractère rare, et pourtant naturel et vrai.

Ç'est dans la singularité surprenante de ces contrastes que consiste le merveilleux naturel qui convient à l'épopée et à la tragédie. Le modèle le plus parfait dans ce genre, le chef-d'œuvre du génie poétique est le caractère d'Achille. Rien de plus extraordinaire que l'extrême sensibilité et l'extrême inflexibilité réunies dans le même homme. Mais joignez-y l'extrême fierté, révoltée par une injustice outrageante; dès-lors la bonté même et la droiture de son caractère, profondément blessées, doivent le rendre inexorable, et ce ne sera que pour venger un ami passionnément aimé qu'il oubliera sa propre injure et son propre ressentiment.

Ce merveilleux naturel consiste aussi à contrarier les mœurs générales par les mœurs personnelles. Des hommes réputés sauvages, qui ont reçu de la nature les lumières, la grandeur d'âme, les vertus simples et touchantes de Zamore et d'Alzire, avec ces principes dans l'âme, qu'il est honteux de manquer à sa foi, qu'il est affreux d'être ingrat et parjure, qu'il est beau de mourir plutôt que de trahir sa conscience, et qu'il est juste et grand de se venger, sont un composé de cet ordre extraordinaire et merveilleux.

Par la même raison, lorsqu'on voit dans une femme une vigueur de caractère dont l'homme est à peine capable, comme dans Pulchérie, dans Viriate, dans Cornélie, dans la Cléopâtre de *Rodogune*; ou mieux encore, lorsque, dans la même femme, on voit le contraste de la faiblesse naturelle à son sexe, avec des élans de fierté, de courage et de force héroïque; ce phénomène doit exciter la surprise et l'étonnement.

Où est donc alors la vérité de l'imitation? Elle est dans les causes morales, dont l'influence a dû modifier ainsi les mœurs, dans les circonstances de l'action, qui donnent plus ou moins de force à la nature, à l'habitude, à la passion du moment; et c'est là véritablement ce qu'il y a de plus difficile. Un naturel simple et commun est aisé à imiter ou à feindre avec vraisemblance; mais un naturel extraordinaire et composé de qualités qui semblent se contrarier, quand il est ensemble et d'accord, est le chef-d'œuvre de l'invention. C'est là que l'éloquence est nécessaire au poète. Sans la véhémence de Cassius et les grands mouvements qu'il oppose à l'horreur naturelle du parricide, quelle apparence y aurait-il que le fils de César, juste, sensible et bon, consentît à l'assassiner? Quelle apparence y aurait-il qu'une mère comme Cléopâtre eût fait poignarder un de ses fils et voulût empoisonner l'autre, si l'éloquence de sa passion n'avait rendu cette atrocité vraisemblable et comme naturelle, dans une âme où l'ambition s'est changée en fureur?

Trône, à t'abandonner je ne puis consentir;
Par un coup de tonnerre il vaut mieux en sortir.

Le comique a aussi sa façon de renchérir sur la nature. Un caractère, dans la société, ne se montre pas à chaque instant : l'avare ne se présente pas sans cesse comme avare, et tous les traits qui le dessinent ne lui échappent pas en un jour. La comédie les rassemble : elle écarte les traits indifférents, elle rapproche ceux qui marquent ; tout ce qu'elle fait dire ou faire au personnage ridicule, l'annonce et le caractérise : l'action n'en est que le tableau ; et ce tableau, formé de traits pris çà et là, fait un ensemble plus continu et plus complet qu'aucun modèle individuel ne peut l'être. Telle est la sorte d'exagération que se permet la comédie, et pour la rendre vraisemblable, il faut que tous les incidents qui font sortir le caractère soient naturellement amenés, de façon que chaque circonstance paraisse naître spontanément pour seconder l'intention du peintre et lui placer le modèle à son gré. C'est le talent sublime de Molière, et aucun poète jamais ne l'a porté aussi loin que lui.

Sa grande méthode, en imitant les mœurs, était d'en marquer les contrastes, en opposant les deux extrêmes l'un à l'autre, et quelquefois à tous les deux un caractère modéré ; en sorte que ces deux vers d'Horace (*Sat.* I, 1),

Est modus in rebus, sunt certi denique fines
Quos ultra citraque nequit consistere rectum,

renferment tout l'art de Molière.

A un père avare il oppose des enfants prodigues, des valets fripons, une intrigante intéressée. Au fourbe hypocrite il oppose d'un côté un bon homme et une bonne femme crédules, simples, engoués de sa fausse dévotion ; d'un autre côté, un jeune homme impétueux, qui déteste l'hypocrisie ; une soubrette fine, adroite et pénétrante, qui dit tout ce qu'elle a dans l'âme; et au milieu, un homme sage et une femme vertueuse, qui, l'un par sa raison, l'autre par sa conduite, pressent le fourbe et le démasquent. Après ce groupe, le plus étonnamment conçu, le plus savamment composé qui fut jamais sur aucun théâtre, et qu'on peut regarder comme le prodige du génie comique, il est inutile de citer les contrastes des *Femmes savantes*, du *Misanthrope*, du *Bourgeois gentilhomme* et de l'*École des maris* Dans presque toutes ses compositions, Molière a suivi sa méthode, et c'est bien là vraiment le moule qu'il semble avoir cassé, pour être inimitable.

On ne lit pas sans impatience, dans le discours de Brumoy sur la comédie, que le coloris d'Aristophane est un coloris outré, celui de Ménandre un coloris trop faible; *celui de Molière un vernis singulier, composé de l'un et de l'autre*. Molière avait peint Tartufe, et le *vernis* de ce tableau ne plaisait pas à tout le monde.

Rapin examine si, dans la comédie, on peut faire des images plus grandes que le naturel; un avare plus avare, un fâcheux plus impertinent et plus incommode qu'il ne l'est ordinairement; et il dit : « Plaute, qui voulait plaire au peuple, l'a fait ainsi; « mais Térence, qui voulait plaire aux honnêtes « gens, se renfermait dans les bornes de la nature, « et il représentait les vices sans les grossir. » Ce même Rapin n'aimait pas Molière, et sous le nom de Plaute, on voit qu'il l'attaquait. Mais qui avait dit à Rapin jusqu'où l'importunité d'un fâcheux et l'avarice d'un harpagon pouvaient aller naturellement? Qui lui avait dit que la comédie dût se borner à l'imitation individuelle de telle ou de telle personne? Pourquoi, si d'une seule action de deux ou trois heures un poète a le génie et l'art de faire le tableau d'un vice présenté sous toutes ses faces et dans tous ses effets, sans que l'intrigue soit trop chargée, sans que les incidents soient trop accumulés, sans qu'en un mot la vraisemblance ou l'air de vérité y manquent; pourquoi ne le ferait-il pas? Rapin aurait dû savoir qu'imiter ce n'est pas faire une chose semblable, mais une chose ressemblante; que ce ne serait pas la peine d'aller au théâtre pour ne voir que la copie exacte de ce que l'on voit dans le monde; que toute espèce de poésie doit embellir la nature; que l'embellir, dans le comique, c'est rendre la peinture du ridicule plus vive et plus saillante que la réalité, et que cela ne peut se faire qu'en réunissant les traits les plus marqués du caractère que l'on peint, dans le plus grand nombre possible, sans faire violence à la nature et à la vérité.

Quelques observations relatives à la bonté et à la vérité des mœurs achèveront d'en développer la théorie.

J'ai distingué dans les mœurs les qualités et les inclinations de l'âme. Par les qualités de l'âme, le caractère est décidé naturellement tel ou tel; par les inclinations, il obéit ou à la nature ou à l'habitude, et à celle-ci, secondant ou contrariant celle-là: par les affections, il reçoit une forme accidentelle, souvent analogue, quelquefois opposée à son naturel et à ses penchants. « L'homme, dit Gravina, s'é-

« loigne de son caractère quand il est violemment agi-
« té, comme l'arbre est plié par les vents. » Cet effet
naturel des passions est le grand objet de la tragédie.

Distinguons à présent deux sortes de caractères,
les uns destinés à intéresser pour eux-mêmes, les
autres destinés à rendre ceux-là plus intéressants.

Les mœurs du personnage dont vous voulez que
le péril inspire la crainte, et que le malheur inspire
la pitié, doivent être bonnes, dans le sens d'Aristote. « Il y a, dit-il, quatre choses à observer dans
« les mœurs : qu'elles soient bonnes, convenables,
« ressemblantes et égales...... La première, et la plus
« importante, est qu'elles soient bonnes. » Mais
comment accorder ce passage avec celui-ci ? « L'in-
« clination, la résolution exprimée par les mœurs,
« peut être mauvaise ou bonne; les mœurs doivent
« l'exprimer telle qu'elle est. » Par la bonté des
mœurs, n'a-t-il donc entendu que la vérité ? Non ;
il exige que les mœurs soient bonnes, dans le même
sens qu'il a dit qu'un personnage doit être bon : ce
qui le prouve, c'est l'exemple que lui-même il en a
donné. « Une femme, dit-il, peut être bonne, un
« valet peut être bon, quoique les femmes soient
« communément plutôt méchantes que bonnes, et
» que les valets soient absolument méchants. »

« Je crois, dit Corneille en tâchant de fixer l'idée
« que ce philosophe attachait à la bonté des mœurs,
« je crois que c'est le caractère brillant et élevé
« d'une habitude vertueuse ou criminelle, selon
« qu'elle est propre et convenable à la personne
« qu'on introduit. »

Mais si l'on observe qu'Aristote ne s'occupe jamais que du personnage intéressant, il est bien aisé de l'entendre. Son principe est que ce personnage doit être digne de pitié. Il exige donc en général la bonté poétique des mœurs, c'est-à-dire la convenance, la ressemblance, l'égalité ; mais pour le personnage intéressant il veut encore une bonté morale, c'est-à-dire un fonds de bonté naturelle, qui perce à travers les erreurs, les faiblesses, les passions.

Il est plus difficile de démêler ce caractère primitif dans le vice que dans le crime : le vice est une pente habituelle ; le crime n'est qu'un mouvement. Sur la scène on ne voit pas l'instant où l'homme vicieux ne l'était pas encore ; on n'y voit pas même les progrès du vice : ainsi, dans le vice on confond l'habitude avec la nature ; au lieu que l'homme innocent et même vertueux peut être coupable d'un moment à l'autre : le spectateur voit le passage et la violence de l'impulsion. Or plus l'impulsion est forte et moralement irrésistible, plus aisément le crime obtient grace à nos yeux, et par conséquent mieux la crainte qu'il inspire se concilie avec l'estime, la bienveillance et la pitié. Du crime on sépare le criminel, mais on confond presque toujours le vicieux avec le vice.

D'ailleurs le vice est une habitude tranquille et lente, peu susceptible de combats et de mouvements pathétiques ; au lieu que le crime est précédé du trouble et accompagné du remords. L'un ne suppose que mollesse et que lâcheté dans l'âme ;

l'autre y suppose une vigueur qui, dans d'autres circonstances, pouvait se changer en vertu. Enfin la durée de l'action théâtrale ne suffit pas pour corriger le vice; et un instant suffit pour passer de l'innocence au crime, et du crime au repentir : c'est même la rapidité de ces mouvements qui fait la beauté, la chaleur, le pathétique de l'action.

Le personnage qui, dans l'intention du poète, doit attirer sur lui l'intérêt, peut donc être coupable, mais non pas vicieux; et s'il l'a été, on ne doit le savoir qu'au moment qu'il cesse de l'être. C'est une leçon que nous a donnée l'auteur de *l'Enfant prodigue*. Encore le vice qu'on attribue au personnage intéressant ne doit-il supposer ni méchanceté ni bassesse, mais une faiblesse compatible avec un heureux naturel. Le jeune Euphémon en est aussi l'exemple. (*Voyez* TRAGÉDIE.)

La bonté des mœurs théâtrales, dans le sens d'Aristote, n'est donc que la bonté naturelle du personnage intéressant. Ce personnage était le seul qu'il eût en vue; et en effet, voulant qu'il fût malheureux par une faute involontaire, il n'avait pas besoin de lui opposer des méchants : les dieux et la destinée en tenaient lieu dans les sujets conduits par la fatalité : aussi n'y a-t-il pas un méchant dans l'*OEdipe*; et dans l'*Iphigénie en Tauride*, il suffit que Thoas soit timide et superstitieux. Il en est de même des sujets dans lesquels la passion met l'homme en péril, ou le conduit dans le malheur; il ne faut que la laisser agir : pour rendre ses effets terribles et touchants, on n'a pas besoin d'une cause étrangère.

Tous les caractères sont vertueux dans la tragédie de *Zaïre*; et Zaïre finit par être égorgée de la main de son amant. C'est même un défaut dans la fable d'*Inès*, que la cause du malheur soit la scélératesse au lieu de la passion : l'action est plus pathétique, je l'avoue, mais elle en est beaucoup moins morale. La perfection de la fable, à l'égard des mœurs, est que le malheur soit l'effet du crime, et le crime l'effet de l'égarement.

Plus la passion est violente, plus le crime peut être grand, et la peine qui le suit douloureuse et terrible. Alors, en plaignant le coupable, on se dit à soi-même : « Le ciel qui le punit est rigoureux, « mais il est juste »; et la pitié qu'on en ressent n'est point mêlée d'indignation. Si, au contraire, une passion faible fait commettre un crime atroce, cela suppose un homme méchant : si une faute légère est punie par un malheur affreux, cela suppose des dieux injustes : si un malheur léger est la peine d'un crime horrible, c'est une sorte d'impunité dont l'exemple est pernicieux. Le moyen de tout concilier est donc de commencer par donner à la passion le plus haut degré de chaleur et de force; et puis de la faire agir dans son accès, sans que la réflexion ait le temps de la ralentir et de la modérer. La scélératesse du crime d'Atrée vient non pas de ce qu'il est atroce, mais de ce qu'il est médité. Oserai-je le dire? il y avait un moyen de rendre Médée intéressante après son crime : c'était de rendre Jason perfide avec audace; de révolter le cœur de Médée par l'indignité de ses adieux; de saisir ce moment de dépit, de rage, de désespoir, pour lui présenter ses enfants; de les lui faire poignarder soudain; de glacer tout à coup ses transports; de faire succéder à l'instant la mère sensible à l'amante indignée; et de la ramener sur le théâtre, éperdue, égarée, hors d'elle-même, détestant la vie, et se donnant la mort. Le tableau où l'on a peint les enfants de Médée lui tendant leurs mains innocentes et la caressant avec un doux sourire, tandis que, le poignard à la main, elle balance à les égorger; ce tableau, dis-je, est plus touchant, plus terrible, plus fécond en mouvements pathétiques, et plus théâtral que celui que je viens de proposer; mais j'ai voulu faire voir par cet exemple qu'il n'est presque rien que l'on ne pardonne à la violence de la passion. Toutefois, pour qu'elle soit digne de pitié dans ces mouvements qui la rendent atroce, il faut la peindre avec ce trouble, cet égarement, ce désordre des sens et de la raison, où l'âme ne se consulte plus, ne se possède plus elle-même.

Les passions les plus intéressantes sont par là même les plus dangereuses : ainsi la terreur et la pitié naissent d'une même source. La haine est triste et pénible, elle nous pèse et nous importune. L'envie suppose de la bassesse dans l'âme et porte son supplice avec elle. L'ambition a de la noblesse ; mais comme l'orgueil, l'audace, la résolution, la fermeté qu'elle exige, ne sont pas des qualités touchantes, elle intéresse faiblement. La vengeance, la colère, le ressentiment des injures sont plus dans la nature des hommes nés sensibles, et disposés à la vertu par la bonté de leur caractère : cette sensibilité, cette bonté même, sont quelquefois le principe et l'aliment de ces passions : c'est ce qu'Homère a merveilleusement exprimé dans la colère d'Achille.

En général, le même attrait qui fait le danger de la passion, fait l'intérêt du malheur qu'elle cause ; et plus il est doux et naturel de s'y livrer, plus celui qui s'est perdu en s'y livrant est à plaindre, et son exemple à redouter. Des crimes et des malheurs dont la bonté d'âme, dont la vertu même ne défend pas, doivent faire trembler l'homme vertueux, et à plus forte raison l'homme faible. On méprise, on déteste les passions qui prennent leur source dans un caractère vil ou méchant ; et cette aversion naturelle en est le préservatif. Mais celles qu'animent les sentiments les plus chers à l'humanité nous intéressent par leurs causes ; leurs excès mêmes trouvent grace à nos yeux. Voilà celles dont il est besoin que les exemples nous garantissent ; et rien n'est plus propre que ces exemples à réunir les deux fins de la tragédie, le plaisir qui naît de la pitié, et la prudence qui naît de la crainte.

D'où il suit qu'après les sentiments de la nature, que je ne mets pas au nombre des passions funestes, quoiqu'ils puissent avoir leur danger et leur excès, comme dans Hécube, la plus théâtrale de toutes les passions, la plus terrible, la plus touchante par elle-même, c'est l'amour : non pas l'amour fade et langoureux, non pas la froide galanterie, mais l'amour en fureur, l'amour au désespoir, qui s'irrite contre les obstacles, se révolte contre la vertu même, ou ne lui cède qu'en frémissant. C'est dans ses emportements, ses transports, c'est au moment qu'il rompt les liens de la patrie et de la nature, au moment qu'il veut secouer le frein de la honte ou le joug du devoir; c'est alors qu'il est vraiment tragique. Mais c'est alors, dit-on, qu'il dégrade et déshonore les héros. Il fait bien plus, il dénature l'homme, comme toutes les passions furieuses; et il n'en est que plus digne d'être peint avec ses crimes et ses attraits. Il semble que le bannir du théâtre ce soit le bannir de la nature. Mais s'il n'était plus sur la scène, en serait-il moins dans le cœur? « Le théâtre, dit-on, le rend intéressant, et par là même contagieux. » Le théâtre, puis-je dire à mon tour, le peint redoutable et funeste; il enseigne donc à le fuir. Mais avec des réponses vagues, on élude tout et l'on n'éclaircit rien : allons au fait. Il est bon qu'il y ait des époux, et il est bon que ces époux s'aiment. Or ce sentiment naturel, cette union, cette harmonie de deux âmes, où se cache l'attrait du plaisir, ce n'est pas l'amitié, c'est l'amour. Il est facile de m'entendre. Cet amour chaste et légitime est un bien : il remplit les vues de la nature, il suppose la bonté du cœur, la sensibilité, la tendresse; car les méchants ne s'aiment pas. L'amour est donc intéressant dans sa cause et dans son principe. « Mais cet amour, si pur et si doux, devient « souvent furieux et coupable. » Oui, sans doute, et c'est là ce qui le rend digne d'effroi dans ses effets, comme il est digne de pitié dans sa cause. S'il y a quelque passion en même temps plus séduisante et plus funeste que celle de l'amour, elle mérite la préférence; mais si l'amour est celle des passions qui réunit le plus de charmes et de dangers, c'est de toutes les passions celle dont la peinture est en même temps la plus tragique et la plus morale.

Les mœurs de l'épopée, je l'ai déjà dit, sont les mêmes que celles de la tragédie, aux différences près qu'exigent l'étendue et la durée de l'action. L'épopée demande que le passage d'un état de fortune à l'autre, ou, si l'on veut, de la cause à l'effet, soit progressif et assez lent pour donner aux incidents le temps de se développer. Les passions qu'elle emploie ne doivent donc pas être des mouvements rapides et passagers, mais des sentiments vifs et durables, comme le ressentiment des injures, l'amour, l'ambition, le désir de la gloire, l'amour de la patrie, etc. De là vient que Le Bossu croit devoir préférer, pour l'épopée, des mœurs habituelles à des mœurs passionnées; mais il se trompe, et la preuve en est dans l'avantage du poème pathétique sur le poème qui n'est que moral. Les habitudes sont fortes, mais elles sont presque toutes froides, si la passion ne s'y mêle et ne les sauve de la langueur.

« La beauté de l'action tragique consiste, dit le
« Tasse, dans une révolution soudaine et inattendue
« et dans la grandeur des évènements qui excitent
« la terreur et la pitié. La beauté de l'action épique
« est fondée sur la haute vertu militaire, sur la ma-
« gnanime résolution de mourir pour son pays, etc.
« La tragédie admet des personnages qui ne sont

« ni bons ni méchants, mais d'une qualité mixte.
« Le poème épique demande des vertus éminentes,
« comme la piété dans Enée, la valeur dans Achille, la
« prudence dans Ulysse; et si quelquefois la tragédie
« et l'épopée prennent le même sujet, elles le con-
« sidèrent diversement. Dans Hercule, Thésée, etc.,
« l'épopée considère la valeur et la grandeur d'âme; la
« tragédie les regarde comme tombés dans le mal-
« heur par quelque faute involontaire. »

Cette distinction n'est fondée ni en exemple ni en raison; et Gravina me semble avoir mieux vu que le Tasse, lorsqu'il demande pour l'épopée, comme pour la tragédie, des caractères mêlés de vices et de vertus. « Homère, dit-il, voulant peindre des mœurs
« véritables, et des passions naturelles aux hommes,
« ne représente jamais ceux-ci comme parfaits; il
« ne leur suppose pas même toujours un caractère
« égal et sans quelque variation. Quiconque peint
« autrement que lui, a un pinceau sans vérité et qui
« ne peut faire illusion.

« Les hommes, ajoute-t-il, soit bons, soit mau-
« vais, ne sont pas toujours occupés de malice ou de
« bonté. Le cœur humain flotte dans le tourbillon
« de ses désirs et de ses affections, comme un vais-
« seau battu de la tempête; jusque là qu'on voit
« dans le même personnage la bassesse d'âme suc-
« céder à la magnanimité, la cruauté faire place à la
« compassion, et celle-ci céder à la rigueur. Dans
« certaines occasions le vieillard agit en jeune hom-
« me, et le jeune homme en vieillard. L'homme
« juste ne résiste pas toujours à la puissance de l'or;

« et l'ambition porte quelquefois le tyran à un acte
« de justice. »

On sent bien cependant que cette théorie, mal
entendue, détruirait la règle de l'unité des mœurs :
il ne suffirait pas même de donner aux poètes,
comme a fait Aristote, l'alternative de peindre des
mœurs égales, ou également inégales; car à la faveur de cette inégalité constante, il n'est point de
composé moral si monstrueux qu'on ne pût former.
Le précepte d'Horace, de suivre l'opinion ou d'observer les convenances, est un guide beaucoup plus
sûr. Mais en suivant le précepte d'Horace, il ne faut
point perdre de vue le précepte de Gravina[*].

Homère est divin dans cette partie; et si l'on examine bien pourquoi il dessine si purement, on en
trouvera la raison dans la simplicité de ses caractères.
Que dans la tragédie un personnage soit agité de
divers sentiments; que, dans son âme, l'habitude, le
naturel, la passion actuelle se combattent; ces mouvements tumultueux sont favorables à une action
qui ne dure qu'un jour : mais si elle doit durer une
année, comme il faut plus de consistance, il faut
aussi plus de simplicité. Je conseillerais donc aux
poètes épiques de prendre des caractères simples,
des mœurs homogènes, une seule passion, une
seule vertu, un naturel bien décidé, bien affermi
par l'habitude, et analogue au sentiment dont il
sera le plus affecté.

Les convenances relatives au sexe, à l'âge, à l'é-

---

[*] Voyez sur la nécessité de reproduire les inconséquences aussi bien que
l'unité d'un caractère, t. XXIX, p. 343 de notre *Répertoire*. H. P.

tat, à la qualité des personnes ne sont pas une règle invariable. Si l'on en croyait certains critiques, on ne peindrait les femmes qu'avec des vices : il est cependant injuste et ridicule de leur refuser des vertus : la faiblesse même et la timidité, qui sont comme naturelles à leur sexe, n'empêchent pas qu'elles ne soient bien souvent fortes et courageuses dans le péril et dans le malheur. Ainsi, lorsqu'on peindra une Camille, une Clorinde, une Cornélie, on sera dans la vérité, comme lorsqu'on peindra une Armide, une Didon, une Calypso. J'observerai cependant qu'on a toujours supposé aux femmes des passions plus vives qu'aux hommes, soit, comme je l'ai dit, que, plus retenues par les bienséances, les mouvements de leur âme en deviennent plus véhéments, soit que la nature leur ayant donné des organes plus déliés, l'irritation en soit plus facile et plus prompte. On peut voir, à l'égard des passions cruelles, que toutes les divinités du Tartare nous sont peintes par les anciens sous les traits du sexe le plus faible, mais qu'ils croyaient le plus passionné. Comme on lui attribue des passions plus violentes, on lui attribue aussi des sentiments plus délicats; et ce n'est pas sans raison qu'on a fait les graces et la volupté du même sexe que les furies.

Aux traits dont Aristote et Horace ont peint les mœurs des différents âges, Scaliger en ajoute encore du côté vicieux; et ce sont de nouvelles études pour les poètes comiques. La jeunesse, dit-il, est présomptueuse et crédule; facile à former des liaisons et à s'y livrer; pleine de sensibilité pour les malheurs d'autrui, et indifférente sur les siens; fière, violente, avide de gloire, colère, prompte à se venger, ne pardonnant jamais les mépris qu'elle essuie, méprisant elle-même tout ce qui ne lui ressemble pas. La vieillesse, dit-il encore, est défiante et soupçonneuse, parce qu'elle a sans cesse présentes les perfidies et les noirceurs dont elle a été tant de fois ou la victime ou le témoin; et comme les jeunes gens mesurent tout sur l'espérance de l'avenir, les vieillards jugent de tout sur le souvenir du passé. Ils se décident rarement sur des choses dont il n'ont pas vu des exemples; plus rarement encore ils se détachent de leur sentiment; ils ne souffrent presque jamais qu'on préfère celui des autres; pusillanimes et opiniâtres, cruels dans leurs haines, tristes dans leurs réflexions, d'une curiosité importune, et prévoyant toujours quelque désastre près d'arriver.

Quant à l'état des personnes, le villageois, dit le même critique, est naturellement stupide, crédule, timide, opiniâtre, indocile, présomptueux, enclin à croire qu'on le méprise, et détestant ce mépris. L'habitant des villes est lâche, craintif, plein d'orgueil, indolent, plus prompt en paroles qu'en actions, plongé dans le luxe et dans la mollesse, superbe envers ceux qui lui cèdent, bas avec ceux qui lui imposent, de la nature du crocodile. L'homme de guerre, ajoute-t-il, est malfaisant, ami du désordre, se vantant de ses faits glorieux, soupirant après le repos, et le quittant dès qu'il l'a trouvé.

On voit, il est vrai, dans tous ces états des

exemples de tous ces vices, peut-être même sont-ils plus fréquents que ceux des qualités contraires; et la comédie, qui peint les hommes du côté vicieux et ridicule, a grand soin de recueillir ces traits. Mais et les vices et les vertus d'état peuvent souffrir mille exceptions, comme les vices et les vertus qui caractérisent les âges ; et en invitant les poètes à ne pas perdre de vue ces caractères généraux, je crois devoir les encourager à s'en éloigner au besoin, sur-tout dans la poésie héroïque, où l'on peint la nature non telle qu'elle est communément, mais telle qu'elle est quelquefois. Achille et Télémaque sont du même âge, et rien ne se ressemble moins. On aime sur-tout à voir dans les vieillards les vertus opposées aux défauts qu'on leur attribue. Un vrai sage, comme Alvarès, est bien plus intéressant, et n'est pas moins dans la nature qu'un harangueur comme Nestor.

Cette variété dans les mœurs du même âge ou de la même condition tient au fond du naturel, qui n'est ni absolument différent ni absolument le même dans tous les hommes. Chacun de nous est en abrégé, dans son enfance, ce qu'il sera dans tous les âges de la vie, avec les modifications que les ans doivent opérer. Or ces modifications diffèrent selon la constitution primitive : en sorte, par exemple, que le feu de la jeunesse développe en l'un des vices et en l'autre des vertus. Les forces augmentent, mais la direction reste, à moins que la contention de l'habitude n'ait fait violence au naturel : ce qui sort de la règle commune.

Il y a aussi des qualités naturelles et corrélatives,

auxquelles il est important d'avoir égard dans la peinture des mœurs : je n'en citerai que quelques exemples. De deux amis, le plus tendre est naturellement le plus âgé : en cela Virgile a bien saisi la nature, lorsqu'il a peint Nisus se dévouant à la mort pour sauver le jeune Euryale. Par une raison à peu près semblable, la tendresse d'un père pour son fils est plus vive que celle d'un fils pour son père. Ainsi, lorsque, dans *l'Odyssée*, Ulysse et Télémaque se retrouvent, les larmes de Télémaque sont essuyées quand celles d'Ulysse coulent encore. L'amour d'une mère pour ses enfants est plus passionné que celui d'un père, et le marquis Maffei nous en a donné un exemple bien précieux et bien touchant dans sa *Mérope*. Cette mère, persuadée qu'elle ne reverra plus son fils, s'abandonne à sa douleur ; un sujet fidèle et zélé l'invite à s'armer d'un courage égal aux malheurs qui l'accablent, et il lui cite l'exemple d'Agamemnon, à qui les dieux demandèrent sa fille en sacrifice, et qui eut le courage de la livrer à la mort. A quoi Mérope répond :

> O Cariso ! non avrian gia mai gli dei
> Cio commendato ad una madre.

Le marquis Maffei a eu la modestie de dire à ce sujet : « Ce beau sentiment n'est ni sorti de l'âme du « poète, ni emprunté d'aucun écrivain ; il l'a puisé « dans le grand livre de la nature et de la vérité, « celui de tous qu'il a étudié avec le plus de soin. » Il raconte donc qu'une mère se montrant inconsolable de la perte de son fils unique, enlevé à la fleur de son âge, un saint homme, pour l'en consoler, lui rappela l'exemple d'Abraham, qui s'était soumis avec tant de constance à la volonté de Dieu, quoique le sacrifice qu'il lui demandait fût celui de son fils unique. Ah! monsieur, lui répondit cette mère désolée, Dieu n'aurait jamais demandé ce sacrifice à une mère! Cette différence est merveilleusement observée dans l'*Orphelin de la Chine*, entre Zamti et Idamé. Fénelon l'a marquée dans un discours pieux, en recommandant à un évêque le peuple que Dieu lui confiait : « Soyez pour lui un « père, lui dit-il : ce n'est pas assez, soyez pour « lui une mère. » Toutefois la nature même se laisse vaincre quelquefois par la passion ou par le fanatisme, et une Médée, une Cléopâtre, quoique plus rare dans la nature, n'est pas hors de la vérité.

On peut voir, dans l'article CONVENANCE, l'art de rapprocher de nos mœurs les mœurs qui nous sont étrangères. J'observerai seulement ici que les mœurs les plus favorables à la poésie sont celles qui s'éloignent le moins de la nature : 1° parce qu'elles sont plus fortement prononcées, soit dans les vices, soit dans les vertus, et que les passions s'y montrent toutes nues et dans leur plus grande vigueur ; 2° parce que ces mœurs, affranchies de l'esclavage des préjugés, ont, dans leur simplicité noble, quelque chose de rare et de merveilleux, qui nous saisit et nous enlève. Écoutez ce que disait à Cortès l'un des envoyés du peuple du Mexique : « Si tu es un Dieu cruel, voilà six esclaves, mange-« les, nous t'en amenerons d'autres. Si tu es un Dieu

« bienfaisant, voilà de l'encens. Si tu es un homme,
« voilà des fruits. » On raconte que le chef d'une
nation sauvage, amie des Anglais, ayant été amené
à Londres et présenté à la cour, le roi lui demanda
si ses sujets étaient libres ! « Oui, sans doute, ré-
« pondit le sauvage : je le suis bien, moi qui suis
« leur chef. » Voilà de ces traits qu'on chercherait
en vain parmi les nations civilisées de l'Europe :
leurs vertus ainsi que leurs vices ont une couleur
artificielle qu'il faut observer avec soin, pour les
peindre avec vérité.

Une qualité essentielle des mœurs, c'est l'intérêt;
on en a fait, avec raison, le grand objet de la tragédie; mais dans l'épopée on l'a trop négligé. Or il
n'y a de mœurs bien intéressantes que les mœurs
passionnées; et que ce soit l'amour, la colère,
l'ambition, la tendresse filiale, le zèle pour la religion ou pour la patrie, qui soit l'âme de l'épopée,
plus ce sentiment aura de chaleur, plus l'action sera
intéressante. On a distingué assez mal à propos, ce
me semble, le poème épique moral du poème épique passionné; car le poème moral n'est intéressant
qu'autant qu'il est passionné lui-même. Supposons,
par exemple, qu'Homère eût donné à Ulysse l'inquiétude et l'impatience naturelles à un bon père,
à un bon époux, à un bon roi, qui, loin de ses états
et de sa famille, a sans cesse présents les maux que
son absence a pu causer; supposons, dans le poème
de *Télémaque*, ce jeune prince plus occupé de l'état
d'oppression et de douleur où il a laissé sa mère
et sa patrie : leurs caractères plus passionnés n'en

seraient que plus touchants; et lorsque Télémaque s'arrache aux plaisirs, on aimerait encore mieux qu'il cédât aux mouvements de la nature qu'aux froids conseils de la sagesse. Si ce poème, divin du côté de la morale, laisse désirer quelque chose, c'est plus de chaleur et de pathétique, et c'est aussi ce qui manque à *l'Odyssée* et à la plupart des poèmes connus.

Je ne prétends pas comparer en tous points le mérite d'un beau roman avec celui d'un beau poème : mais qu'il me soit permis de demander pourquoi certains romans nous touchent, nous remuent, nous attachent, et nous entraînent jusqu'à nous faire oublier (je n'exagère pas) la nourriture et le sommeil; tandis que nous lisons d'un œil sec, je dis plus, tandis que nous lisons à peine sans une espèce de langueur les plus beaux poèmes épiques. C'est que dans ces romans le pathétique règne d'un bout à l'autre; au lieu que dans ces poèmes il n'occupe que des intervalles, et qu'il y est souvent négligé. Les romanciers en ont fait l'âme de leur intrigue; les poètes épiques ne l'ont presque jamais employé qu'en épisodes. Il semble qu'ils réservent toutes les forces de leur génie pour les tableaux et les descriptions, qui cependant ne sont à l'épopée que ce qu'est à la tragédie la décoration théâtrale. Or le plus beau spectacle, sans le secours du pathétique, serait froid, languissant, fatiguant même, s'il était long; et c'est ce qui arrive à l'épopée quand la passion ne l'anime pas.

MARMONTEL, *Éléments de Littérature*.

MOLIÈRE (JEAN-BAPTISTE POQUELIN) naquit à Paris en 1620, dans une maison qui subsiste encore sous les piliers des halles. Son père, Jean-Baptiste Poquelin, valet de chambre-tapissier chez le Roi, marchand fripier, et Anne Boutet*, sa mère, lui donnèrent une éducation trop conforme à leur état, auquel ils le destinaient : il resta jusqu'à quatorze ans dans leur boutique, n'ayant rien appris, outre son métier, qu'un peu à lire et à écrire. Ses parents obtinrent pour lui la survivance de leur charge chez le Roi ; mais son génie l'appelait ailleurs. On a remarqué que presque tous ceux qui se

---

* Les actes de naissance, de mariage et de décès des individus de la famille de Molière, portent tantôt *Pouguelin*, tantôt *Pocguelin*, *Poguelin*, *Poquelin*, *Pocquelin*, *Poolin* et *Pauquelin*.

C'est à tort que les biographes ont fait naître Molière en 1620 ou en 1621 ; son acte de naissance porte le 15 janvier 1622.

On a encore faussement désigné la maison rue de la Tonnellerie, sous les piliers des halles, aujourd'hui n° 3, comme étant celle où naquit Molière. Le 28 janvier 1799, on plaça sur la façade de cette maison le buste de Molière avec cette inscription : *Jean-Baptiste Poquelin de Molière est né dans cette maison en 1620*, on a ajouté depuis, entre le buste et l'inscription, l'épigraphe *Castigat ridendo mores*. Cette tradition se trouve détruite par les actes de naissance de Molière, ceux de ses trois frères et de sa sœur, sur lesquels la demeure de leur père est constamment indiquée rue Saint-Honoré. Il est possible que la maison habitée par Molière ait été celle qui, faisant le coin des deux rues, a quatre croisées sur la rue Saint-Honoré, et une seule en retour, sur celle de la Tonnellerie ; ce qui justifierait la tradition de la naissance de Molière dans cette dernière rue, mais non pas dans la maison où l'on a placé l'inscription.

L'acte de naissance de Molière, ainsi que l'acte de mariage de ses père et mère, du 27 avril 1621, et le sien propre, du 20 février 1662, prouvent aussi que sa mère se nommait Marie Cressé, et non pas Anne Boutet ou Boudet. Boudet est le nom du beau-frère de Molière. Ces divers documents sont extraits d'une *Dissertation sur Molière*, par M. Beffara, publiée en 1821. F.

sont fait un nom dans les beaux-arts les ont cultivés malgré leurs parents, et que la nature a toujours été en eux plus forte que l'éducation.

Poquelin avait un grand-père qui aimait la comédie, et qui le menait quelquefois à l'hôtel de Bourgogne. Le jeune homme sentit bientôt une aversion invincible pour sa profession. Son goût pour l'étude se développa; il pressa son grand-père d'obtenir qu'on le mît au collège, et il arracha enfin le consentement de son père, qui le mit dans une pension, et l'envoya externe aux jésuites, avec la répugnance d'un bourgeois qui croyait la fortune de son fils perdue s'il étudiait.

Le jeune Poquelin fit au collège les progrès qu'on devait attendre de son empressement à y entrer. Il étudia cinq années; il y suivit le cours des classes d'Armand de Bourbon, premier prince de Conti, qui depuis fut le protecteur des lettres et de Molière.

Il y avait alors dans ce collège deux enfants qui eurent depuis beaucoup de réputation dans le monde : c'étaient Chapelle et Bernier; celui-ci connu par ses voyages aux Indes, et l'autre célèbre par quelques vers naturels et aisés, qui lui ont fait d'autant plus de réputation, qu'il ne rechercha pas celle d'auteur. L'Huillier, homme de fortune, prenait un soin singulier de l'éducation du jeune Chapelle, son fils naturel; et pour lui donner de l'émulation, il faisait étudier avec lui le jeune Bernier, dont les parents étaient mal à leur aise. Au lieu même de donner à son fils naturel un précepteur ordinaire et pris au hasard, comme tant de pères en usent avec un fils légitime qui doit porter leur nom, il engagea le célèbre Gassendi à se charger de l'instruire.

Gassendi ayant démêlé de bonne heure le génie de Poquelin, l'associa aux études de Chapelle et de Bernier, et jamais plus illustre maître n'eut de plus dignes disciples.

Au sortir du collège, Poquelin, dont le père était devenu infirme et incapable de servir, fut obligé d'exercer les fonction de son emploi auprès du roi. Il suivit Louis XIII dans le voyage que ce monarque fit en Languedoc, en 1641; et, de retour à Paris, sa passion pour la comédie, qui l'avait déterminé à faire ses études, se réveilla avec force.

Le théâtre commençait à fleurir alors : cette partie des belles-lettres, si méprisée quand elle est médiocre, contribue à la gloire d'un état quand elle est perfectionnée.

Avant l'année 1625, il n'y avait point de comédiens fixes à Paris. Quelques farceurs allaient, comme en Italie, de ville en ville : ils jouaient les pièces de Hardy, de Monchrétien ou de Baltazar Baro. Ces auteurs leur vendaient leurs ouvrages dix écus pièce.

Pierre Corneille tira le théâtre de la barbarie et de l'avilissement, vers l'année 1630. Ses premières comédies, qui étaient aussi bonnes pour son siècle qu'elles sont mauvaises pour le nôtre, furent cause qu'une troupe de comédiens s'établit à Paris. Bientôt après, la passion du cardinal de Richelieu pour les spectacles, mit le goût de la comédie à la mode, et il y avait plus de sociétés particulières qui représentaient alors que nous n'en voyons aujourd'hui.

Poquelin s'associa avec quelques jeunes gens qui avaient du talent pour la déclamation; ils jouaient au faubourg Saint-Germain et au quartier Saint-Paul. Cette société éclipsa bientôt toutes les autres; on l'appela l'*Illustre théâtre*. On voit par une tragédie de ce temps là, intitulée *Artaxerce*, d'un nommé Magnon, et imprimée en 1645, qu'elle fut représentée sur l'illustre théâtre.

Ce fut alors que Poquelin, sentant son génie, se résolut de s'y livrer tout entier, d'être à la fois comédien et auteur, de tirer de ses talents de l'utilité et de la gloire.

Il prit le nom de Molière, et il ne fit, en changeant de nom, que suivre l'exemple des comédiens d'Italie et de ceux de l'hôtel de Bourgogne. L'un, dont le nom de famille était Le Grand, s'appelait Belleville dans la tragédie, et Turlupin dans la farce; d'où vient le mot *turlupinade*. Hugues Guéret était connu, dans les pièces sérieuses, sous le nom de Fléchelles; dans la farce, il jouait toujours un certain rôle qu'on appelait Gautier-Garguille: de même Arlequin et Scaramouche n'étaient connus que sous ce nom de théâtre. Il y avait déjà eu un comédien appelé Molière, auteur de la tragédie de *Polixène*[*].

Le nouveau Molière fut ignoré pendant tout le temps que durèrent les guerres civiles en France;

---

[*] Un autre Molière (François), sieur d'Essertines, publia en 1620 un roman en un vol. in-8°, intitulé la *Semaine amoureuse*.

il employa ces années à cultiver son talent et à préparer quelques pièces. Il avait fait un recueil de scènes italiennes, dont il faisait de petites comédies pour les provinces. Ces premiers essais, très informes, tenaient plus du mauvais théâtre italien où il les avait prises, que de son génie, qui n'avait pas eu encore l'occasion de se développer tout entier. Le génie s'étend et se resserre par tout ce qui nous environne. Il fit donc pour la province, le *Docteur amoureux*, les *Trois Docteurs rivaux*, le *Maître d'école*; ouvrages dont il ne reste que le titre. Quelques curieux ont conservé deux pièces de Molière dans ce genre : l'un est le *Médecin volant*, et l'autre la *Jalousie de Barbouille*; elles sont en prose et écrites en entier. Il y a quelques phrases et quelques incidents de la première qui nous sont conservés dans le *Médecin malgré lui;* et on trouve dans la *Jalousie de Barbouille* un canevas, quoique informe du troisième acte de *Georges Dandin*.

La première pièce régulière en cinq actes qu'il composa, fut l'*Étourdi*. Il représenta cette comédie à Lyon en 1653. Il y avait dans cette ville une troupe de comédiens de campagne, qui fut abandonnée dès que celle de Molière parut.

Quelques acteurs de cette ancienne troupe se joignirent à Molière, et il partit de Lyon pour les états du Languedoc avec une troupe assez complète.

Le prince de Conti, qui tenait les états du Languedoc à Béziers, se souvint de Molière, qu'il avait vu au collège; il lui donna une protection distinguée. Molière joua devant lui *l'Étourdi*, le *Dépit amoureux*, et *les Précieuses ridicules*.

Cette petite pièce des *Précieuses*, faite en province, prouve assez que son auteur n'avait eu en vue que les ridicules provinciales ; mais il se trouva depuis que l'ouvrage pouvait corriger et la cour et la ville.

Molière avait alors trente-quatre ans ; c'est l'âge où Corneille fit *le Cid*. Il est bien difficile de réussir avant cet âge dans le genre dramatique, qui exige la connaissance du monde et du cœur humain.

On prétend que le prince de Conti voulut alors faire Molière son secrétaire, et qu'heureusement, pour la gloire du théâtre français, Molière eut le courage de préférer son talent à un poste honorable. Si ce fait est vrai, il fait également honneur au prince et au comédien.

Après avoir couru quelque temps toutes les provinces, et avoir joué à Grenoble, à Lyon, à Rouen, il vint à Paris en 1658. Le prince de Conti lui donna accès auprès de Monsieur, frère unique du roi Louis XIV ; Monsieur le présenta au roi et à la reine-mère. Sa troupe et lui représentèrent la même année, devant leurs Majestés, la tragédie de *Nicomède*, sur un théâtre élevé par ordre du roi dans la salle des gardes du vieux Louvre.

Il y avait depuis quelque temps des comédiens établis à l'hôtel de Bourgogne. Ces comédiens assistèrent au début de la nouvelle troupe. Molière, après la représentation de *Nicomède*, s'avança sur le bord du théâtre, et prit la liberté de faire au roi un discours par lequel il remerciait sa Majesté de son indulgence, et louait adroitement les comédiens de l'hôtel de Bourgogne, dont il devait craindre la jalousie. Il finit en demandant la permission de donner une pièce d'un acte, qu'il avait jouée en province.

La mode de représenter ces petites farces après de grandes pièces était perdue à l'hôtel de Bourgogne. Le roi agréa l'offre de Molière, et l'on joua dans l'instant le *Docteur amoureux*. Depuis ce temps, l'usage a toujours continué de donner de ces pièces d'un acte ou de trois après les pièces de cinq.

On permit à la troupe de Molière de s'établir à Paris : ils s'y fixèrent; et partagèrent le théâtre du Petit-Bourbon avec les comédiens italiens qui en étaient en possession depuis quelques années. Dès-lors la troupe de Molière prit le titre de la *Troupe de Monsieur*, qui était son protecteur.

Depuis l'an 1658 jusqu'à 1673, c'est-à-dire en quinze années de temps, il donna toutes ses pièces; qui sont au nombre de trente. Il voulut jouer dans le tragique; mais il ne réussit pas : il avait une volubilité dans la voix, et une espèce de hoquet qui ne pouvait convenir au genre sérieux, mais qui rendait son jeu comique plus plaisant. La femme* d'un des meilleurs comédiens que nous ayons eu a donné ce portrait-ci de Molière :

« Il n'était ni trop gras ni trop maigre; il avait la
« taille plus grande que petite, le port noble, la jam-
« be belle, il marchait gravement; avait l'air très sé-

---

* Mademoiselle Ducroisy, femme de Paul Poisson.

« rieux, le nez gros, la bouche grande, les lèvres
« épaisses, le teint brun, les sourcils noirs et forts ;
« et les divers mouvements qu'il leur donnait lui ren-
« daient la physionomie extrêmement comique. A
« l'égard de son caractère, il était doux, complaisant,
« généreux. Il aimait fort à haranguer, et quand il
« lisait ses pièces aux comédiens, il voulait qu'ils
« y amenassent leurs enfants, pour tirer des con-
« jectures de leur mouvement naturel. »

Molière se fit dans Paris un très grand nombre de partisans et presque autant d'ennemis. Il accoutuma le public, en lui faisant connnaître la bonne comédie, à le juger lui-même très sévèrement. Les mêmes spectateurs qui applaudissaient aux pièces médiocres des autres auteurs, relevaient les moindres défauts de Molière avec aigreur. Les hommes jugent de nous par l'attente qu'ils en ont conçue ; et le moindre défaut d'un auteur célèbre, joint avec les malignités du public, suffit pour faire tomber un bon ouvrage. Voilà pourquoi *Britannicus* et *les Plaideurs* de Racine furent si mal reçus ; voilà pourquoi *l'Avare*, *le Misanthrope*, *les Femmes savantes*, *l'École des femmes*, n'eurent d'abord aucun succès.

Louis XIV, qui avait un goût naturel et l'esprit très juste, sans l'avoir cultivé, ramena souvent, par son approbation, la cour et la ville aux pièces de Molière. Il eût été plus honorable pour la nation de n'avoir pas besoin des décisions de son prince pour bien juger. Molière eut des ennemis cruels, sur-tout les mauvais auteurs du temps, leurs protecteurs et leurs cabales. On lui imputa des livres scandaleux ; on l'accusa d'avoir joué des hommes puissants ; tandis qu'il n'avait joué que les vices en général, et il eût succombé sous ces accusations, si ce même roi, qui encouragea et qui soutint Racine et Despréaux, n'eût pas aussi protégé Molière.

Il n'eut à la vérité qu'une pension de mille livres, et sa troupe n'en eut qu'une de sept. La fortune qu'il fit par le succès de ses ouvrages, le mit en état de n'avoir rien de plus à souhaiter ; ce qu'il retirait du théâtre avec ce qu'il avait placé, allait à trente mille livres de rente, somme qui, en ce temps là, faisait presque le double de la valeur réelle de pareille somme d'aujourd'hui.

Le crédit qu'il avait auprès du roi, paraît assez par le canonicat qu'il obtint pour le fils de son médecin. Ce médecin s'appelait Mauvilain. Tout le monde sait qu'étant un jour au dîner du roi : *vous « avez un médecin*, dit le roi à Molière, *que vous fait-il ?* « Sire, répondit Molière, nous causons ensemble, « il m'ordonne des remèdes, je ne les fais point, et « je guéris. »

Il faisait de son bien un usage noble et sage ; il recevait chez lui des hommes de la meilleure compagnie, les Chapelle, les Jonsac, les Desbarreaux, etc. Il avait une campagne à Auteuil, où il se délassait avec eux des fatigues de sa profession, qui sont bien plus grandes qu'on ne le pense. Le maréchal de Vivonne, connu par son esprit et par son amitié pour Despréaux, allait souvent chez Molière, et vivait avec lui comme Lélius avec Térence. Le grand Condé exigeait de lui qu'il le vint voir souvent, et disait qu'il trouvait toujours à apprendre dans sa conversation.

Molière employait une partie de son revenu en libéralités, qui allaient beaucoup plus loin que ce qu'on appelle dans d'autres hommes *des charités*. Il encourageait souvent par des présents considérables de jeunes auteurs qui marquaient du talent : c'est peut-être à Molière que la France doit Racine. Il engagea le jeune Racine, qui sortait de Port-Royal, à travailler pour le théâtre dès l'âge de dix-neuf ans. Il lui fit composer la tragédie de *Théagène et Chariclée*; et quoique cette pièce fût trop faible pour être jouée, il fit présent au jeune auteur de cent louis, et lui donna le plan des *Frères ennemis*.

Il est très triste pour l'honneur des lettres, que Molière et Racine aient été brouillés depuis ; de si grands génies, dont l'un avait été le bienfaiteur de l'autre, devaient être toujours amis.

Il éleva et il forma un autre homme, qui, par la supériorité de ses talents et par les dons singuliers qu'il avait reçus de la nature, mérite d'être connu de la postérité. C'était le comédien Baron, qui a été unique dans la tragédie et dans la comédie. Molière en prit soin comme de son propre fils.

Un jour, Baron vint lui annoncer qu'un comédien de campagne, que la pauvreté empêchait de se présenter, lui demandait quelques légers secours pour aller joindre sa troupe. Molière ayant su que c'était un nommé Mondorge, qui avait été son camarade, demanda à Baron combien il croyait qu'il

fallait lui donner. Celui-ci répondit au hasard. « Qua-
« tre pistoles. — Donnez lui quatre pistoles pour
« moi, lui dit Molière; en voilà vingt qu'il faut que
« vous lui donniez pour vous; » et il joignit à ce présent celui d'un habit magnifique. Ce sont de petits
faits; mais qui peignent le caractère.

Un autre trait mérite plus d'être rapporté. Il venait de donner l'aumône à un pauvre. Un instant
après le pauvre court après lui, et lui dit : « Mon-
« sieur vous n'aviez peut-être pas dessein de me
« donner un louis d'or, je viens vous le rendre,
« tiens, mon ami, dit Molière, en voilà un autre. »
et il s'écria : « où la vertu va-t-elle se nicher? » Ex-
clamation qui peut faire voir qu'il réfléchissait sur-
tout ce qui se présentait à lui, et qu'il étudiait partout la nature en homme qui la voulait peindre.

Molière heureux par ses succès et par ses protecteurs, par ses amis et par sa fortune, ne le fut pas
dans sa maison. Il avait épousé en 1661, une jeune
fille, née de la Béjard et d'un gentilhomme nommé
Modène. On disait que Molière en était le père :
le soin avec lequel on avait répandu cette calomnie,
fit que plusieurs personnes prirent celui de la réfuter. On prouva que Molière n'avait connu la mère
qu'après la naissance de cette fille *. La dispro-

---

* Elle naquit en 1638, et fut nommée Françoise. Molière n'avait alors que
seize ans, et ce ne fut que sept ans après que Madeleine Béjard s'engagea
dans sa troupe; mais ce qui prouve bien plus victorieusement encore la
fausseté de l'odieuse imputation, à laquelle Molière ne daigna jamais répondre, c'est son acte de mariage du 20 février 1662, publié par M. Beffara,
et constatant qu'Armande Béjard (femme de Molière), était fille de Joseph
Béjard et de Marie Hervé sa femme, et sœur de Madeleine, qui est qualifiée

portion d'âge, et les dangers auxquels une comédienne jeune et belle est exposée, rendirent ce mariage malheureux; et Molière, tout philosophe qu'il était d'ailleurs, essuya dans son domestique les dégoûts, les amertumes, et quelquefois les ridicules qu'il avait si souvent joués sur le théâtre : tant il est vrai que les hommes qui sont au-dessus des autres par les talents, s'en rapprochent presque toujours par les faiblesses; car pourquoi les talents nous mettraient-ils au-dessus de l'humanité?

La dernière pièce qu'il composa fut *le Malade Imaginaire*. Il y avait quelque temps que sa poitrine était attaquée, et qu'il crachait quelquefois du sang. Le jour de la troisième représentation, il se sentit plus incommodé qu'auparavant : on lui conseilla de ne point jouer; mais il voulut faire un effort sur lui-même et cet effort lui coûta la vie.

Il lui prit une convulsion en prononçant *Juro*, dans le divertissement de la réception du malade imaginaire. On le rapporta mourant chez lui, rue de Richelieu. Il fut assisté quelques moments par deux de ces sœurs religieuses qui viennent quêter à Paris pendant le carême et qu'il logeait chez lui. Il mourut entre leurs bras, étouffé par le sang qui lui sortait de la bouche, le 17 février 1673, âgé de cinquante trois ans. Il ne laissa qu'une fille qui avait beaucoup d'esprit. Sa veuve épousa un comédien nommé Guérin.

La difficulté qu'on fit de lui donner la sépulture,

dans l'acte *sœur de la mariée*. (Voyez la *Dissertation sur Molière*, par M. Beffara.)   F.

et les injustices qu'il avait essuyées pendant sa vie, engagèrent le fameux père Bouhours à composer cette espèce d'épitaphe, qui, de toutes celles qu'on fit pour Molière, est la seule qui mérite d'être rapportée, et la seule qui ne soit pas dans cette fausse et mauvaise histoire qu'on a mise jusqu'ici au-devant de ses ouvrages :

> Tu réformas et la ville et la cour;
> Mais quelle en fut la récompense !
> Les Français rougiront un jour
> De leur peu de reconnaissance.
> Il leur fallut un comédien
> Qui mit à les polir sa gloire et son étude;
> Mais, Molière, à ta gloire il ne manquerait rien,
> Si, parmi les défauts que tu peignis si bien,
> Tu les avais repris de leur ingratitude.
>   VOLTAIRE, *Vie de Molière**.

JUGEMENTS.

I.

Il faut avouer que Molière est un grand poète comique. Je ne crains pas de dire qu'il a enfoncé plus avant que Térence dans certains caractères; il a embrassé une plus grande variété de sujets; il a peint par des traits forts tout ce que nous voyons de déréglé et de ridicule. Térence se borne à repré-

---

* Les *OEuvres de Molière* ont été réimprimées un grand nombre de fois, les meilleures éditions sont celles de M. Auger, avec commentaire, et celle de M. Aimé Martin, qui a réuni dans une espèce de *variorum* les notes de tous les commentateurs. Cette dernière édition fait partie de la collection des *Classiques français*, publiée par M. Lefèvre.   F.

senter des vieillards avares et ombrageux, des jeunes hommes prodigues et étourdis, des courtisanes avides et impudentes, des parasites bas et flatteurs, des esclaves imposteurs et scélérats. Ces caractères méritaient sans doute d'être traités suivant les mœurs des Grecs et des Romains. De plus, nous n'avons que six pièces de ce grand auteur. Mais enfin, Molière a ouvert un chemin tout nouveau. Encore une fois je le trouve grand : mais ne puis-je pas parler en toute liberté sur ses défauts?

En pensant bien, il parle souvent mal: il se sert des phrases les plus forcées et les moins naturelle. Térence dit en quatre mots, avec la plus élégante simplicité, ce que celui-ci ne dit qu'avec une multitude de métaphores qui approchent du galimatias. J'aime bien mieux sa prose que ses vers..... Par exemple, *l'Avare* est moins mal écrit que les pièces qui sont en vers. Il est vrai que la versification française l'a gêné ; il est vrai même qu'il a mieux réussi pour les vers de l'*Amphitryon*, où il a pris la liberté de faire des vers irréguliers. Mais en général, il me paraît, jusque dans la prose, ne parler point assez simplement pour exprimer toutes les passions.

D'ailleurs il a outré souvent les caractères : il a voulu, par cette liberté, plaire au parterre, frapper les spectateurs les moins délicats, et rendre le ridicule plus sensible. Mais, quoiqu'on doive marquer chaque passion dans son plus fort degré et par les traits les plus vifs, pour en mieux montrer l'excès et la difformité, on n'a pas besoin de forcer la nature et d'abandonner le vraisemblable. Ainsi, malgré l'exemple de Plaute, où nous lisons *cedo, tertiam,* je soutiens, contre Molière, qu'un avare qui n'est point fou ne va jamais jusqu'à vouloir regarder dans la troisième main de l'homme qu'il soupçonne de l'avoir volé.

Un autre défaut de Molière, que beaucoup de gens d'esprit lui pardonnent, et que je n'ai garde de lui pardonner, est qu'il a donné un tour gracieux au vice, avec une austérité ridicule et odieuse à la vertu. Je comprends que ses défenseurs ne manqueront pas de dire qu'il a traité avec honneur la vraie probité, qu'il n'a attaqué qu'une vertu chagrine et qu'une hypocrisie détestable : mais, sans entrer dans cette longue discussion, je soutiens que Platon et les autres législateurs de l'antiquité païenne n'auraient jamais admis dans leurs républiques un tel jeu sur les mœurs.

Enfin, je ne puis m'empêcher de croire, avec M. Despréaux, que Molière, qui peint avec tant de force et de beauté les mœurs de son pays, tombe trop bas quand il imite le badinage de la comédie italienne :

Dans ce sac ridicule où Scapin * s'enveloppe,
Je ne reconnais plus l'auteur du *Misanthrope.*
    Fénelon, *Lettre sur l'Éloquence.*

* Sans le troisième acte, cette farce charmante serait une excellente comédie. La première scène du premier acte est un modèle d'exposition; la scène quatrième, où Scapin donne des conseils à Octave; la sixième, où Scapin raconte à Argante l'histoire du mariage de son fils; dans le deuxième acte, la scène cinquième, où Scapin fait cette confession si plaisante; la scène septième, où son maître a besoin de lui, et le supplie de lui pardonner; la huitième, où Scapin tire de l'argent d'Argante pour rompre le ma-

II.

L'ÉTOURDI OU LES CONTRE-TEMPS*.

Cette pièce est la première comédie que Molière ait donnée à Paris : elle est composée de plusieurs petites intrigues assez indépendantes les unes des autres ; c'était le goût du théâtre italien et espagnol, qui s'était introduit à Paris. Les comédies n'étaient alors que des tissus d'aventures singulières, où l'on n'avait guère songé à peindre les mœurs. Le théâtre n'était point, comme il le doit être, la représentation de la vie humaine. La coutume humiliante pour l'humanité, que les hommes puissants avaient pour lors de tenir des fous auprès d'eux, avait infecté le théâtre ; on n'y voyait que de vils bouffons, qui étaient les modèles de nos *Jodelets*, et on ne représentait que le ridicule de ces misérables au lieu de jouer celui de leurs maîtres. La bonne comédie ne pouvait être connue en France, puisque la société et la galanterie, seules sources du bon comique ne faisaient que d'y naître. Ce loisir, dans lequel les hommes rendus à eux-mêmes se livrent à leur caractère et à leur

---

riage de son fils, et où il lui détaille tout ce qu'il lui en coûtera pour plaider ; la onzième, où Scapin tire de l'argent de Géronte par le conte de la galère, sont à remarquer. Dans le troisième, la scène du sac me semble peu digne des autres, mais la suivante, la troisième, où Zerbinette raconte à Géronte sa propre histoire, et celles que j'ai indiquées : voilà les scènes que je trouve admirables dans cette pièce, dont le dénouement est à l'antique.

FLORIAN, *Nouveaux Mélanges*.

* Modèle de ruses, de contre-ruses, d'intrigue, de comique. Imitez Mascarille, si vous voulez faire un de ces valets rusés qui mènent tout. *Ibid.*

ridicule est le seul temps propre pour la comédie, car c'est le seul où ceux qui ont le talent de peindre les hommes aient l'occasion de les bien voir, et le seul pendant lequel les spectacles puissent être fréquentés assidûment. Aussi, ce ne fut qu'après avoir bien vu la cour et Paris, et bien connu les hommes, que Molière les représenta avec des couleurs si vraies et si durables.

Les connaisseurs ont dit que *l'Étourdi* devrait seulement être intitulé, *les Contre-temps*. Lélie, en rendant une bourse qu'il a trouvée, en secourant un homme qu'on attaque, fait des actions de générosité plutôt que d'étourderie. Son valet paraît plus étourdi que lui, puisqu'il n'a presque jamais l'attention de l'avertir de ce qu'il veut faire. Le dénouement, qui a trop souvent été l'écueil de Molière, n'est pas meilleur ici que dans ses autres pièces : cette faute est plus inexcusable dans une pièce d'intrigue que dans une comédie de caractère.

On est obligé de dire, (et c'est principalement aux étrangers qu'on le dit) que le style de cette pièce est faible et négligé, et que sur-tout il y a beaucoup de fautes contre la langue. Non-seulement il se trouve dans les ouvrages de cet admirable auteur, des vices de construction, mais aussi, plusieurs mots impropres et surannés. Trois des plus grands auteurs du siècle de Louis XIV, Molière, La Fontaine et Corneille, ne doivent être lus qu'avec précaution par rapport au langage. Il faut que ceux qui apprennent notre langue dans les écrits des auteurs célèbres y discernent ces petites fautes, et qu'ils ne les prennent pas pour des autorités.

Au reste, *l'Étourdi* eut plus de succès que *le Misanthrope*, *l'Avare* et *les Femmes savantes* n'en eurent depuis. C'est qu'avant *l'Étourdi*, on ne connaissait pas mieux, et que la réputation de Molière ne faisait pas encore d'ombrage. Il n'y avait alors de bonne comédie au théâtre français que *le Menteur*.

LE DÉPIT AMOUREUX*.

Le Dépit amoureux fut joué à Paris immédiatement après *l'Étourdi*. C'est encore une pièce d'intrigue, mais d'un autre genre que la précédente. Il n'y a qu'un seul nœud dans *le Dépit amoureux*. Il est vrai qu'on a trouvé le déguisement d'une fille en garçon peu vraisemblable. Cette intrigue a le défaut d'un roman, sans en avoir l'intérêt, et le cinquième acte, employé à débrouiller ce roman n'a paru ni vif ni comique. On a admiré dans *le Dépit amoureux* la scène de la brouillerie et du raccommodement d'Éraste et de Lucile. Le succès est toujours assuré, soit en tragique, soit en comique, à ces sortes de scènes qui représentent la passion la plus chère aux hommes dans la circonstance la plus vive. La petite ode d'Horace, *donec gratus eram tibi*, a été regardée comme le modèle de ces scènes, qui sont enfin devenues des lieux communs.

* Métaphraste et Albert ont une scène, la septième du second acte, de bavardage de la part de l'un, d'impatience de la part de l'autre, qui est très comique. Polidore et Albert, craignant de s'annoncer tous deux une mauvaise nouvelle, et se demandant réciproquement pardon, dans la scène quatre du troisième acte; Éraste et Lucile se brouillant et se raccommodant,

LES PRÉCIEUSES RIDICULES*.

Lorsque Molière donna cette comédie, la fureur du bel esprit était plus que jamais à la mode. Voiture avait été le premier en France qui avait écrit avec cette galanterie ingénieuse dans laquelle il est si difficile d'éviter la fadeur et l'affectation. Ses ouvrages où il se trouve quelques vraies beautés avec trop de faux-brillants, étaient les seuls modèles; et presque tous ceux qui se piquaient d'esprit n'imitaient que ses défauts. Les romans de mademoiselle Scudery avaient achevé de gâter le goût : Il régnait dans la plupart des conversations, un mélange de galanterie guindée, de sentiments romanesques et d'expressions bizarres, qui composaient un jargon nouveau, inintelligible et admiré. Les provinces, qui outrent toutes les modes, avaient encore renchéri sur ce ridicule : les femmes qui se piquaient de cette espèce de bel esprit s'appelaient *précieuses*. Ce nom, si décrié depuis par la pièce de Molière, était alors honorable, et Molière même dit dans sa préface qu'il a beaucoup de respect pour *les véritables précieuses*, et qu'il n'a voulu jouer que les fausses.

Cette petite pièce, faite d'abord pour la province, fut applaudie à Paris et jouée quatre mois de suite. La troupe de Molière fit doubler pour la première

scène sublime, la troisième du quatrième acte; parodie charmante par le valet et la soubrette. FLORIAN, *Nouveaux Mélanges*.

* La scène de Mascarille et celle de Jodelet sont les modèles de toutes les scènes où les valets sont déguisés en maîtres et font les ridicules. *Ibid.*

fois le prix ordinaire qui n'était alors que de dix sous au parterre.

Dès la première représentation, Ménage, homme célèbre dans ce temps-là, dit au fameux Chapelain : « Nous adorions, vous et moi, toutes les sottises « qui viennent d'être si bien critiquées, croyez-« moi ; il nous faudra brûler ce que nous avons « adoré. » Du moins, c'est ce que l'on trouve dans le *Ménagiana* ; et il est assez vraisemblable que Chapelain, homme alors très estimé, et cependant le plus mauvais poète qui ait jamais été, parlait lui-même le jargon des précieuses ridicules chez madame de Longueville, qui présidait, à ce que dit le cardinal de Retz, à ces combats spirituels, dans lesquels on était parvenu à ne se point entendre.

La pièce est sans intrigue, et toute de caractère. Il y a très peu de défauts contre la langue, parce que, lorsqu'on écrit en prose, on est bien plus maître de son style ; et parce que Molière, ayant à critiquer le langage des beaux esprits du temps, châtia le sien davantage. Le grand succès de ce petit ouvrage lui attira des critiques que *l'Étourdi* et *le Dépit amoureux* n'avaient pas essuyées. Un certain Antoine Bodeau fit *les Véritables précieuses* ; on parodia la pièce de Molière ; mais toutes ces critiques et ces parodies sont tombées dans l'oubli qu'elles méritaient.

On sait qu'à une représentation des *Précieuses ridicules*, un vieillard s'écria du milieu du parterre : « Courage, Molière, voilà la bonne comédie. » On eut honte de ce style affecté, contre lequel Molière et Despréaux se sont toujours élevés. On commença à ne plus estimer que le naturel; et c'est peut-être l'époque du bon goût en France.

L'envie de se distinguer a ramené depuis le style des précieuses; on le trouve encore dans plusieurs livres modernes. L'un * en traitant sérieusement de nos lois, appelle un exploit *un compliment timbré*; l'autre **, écrivant à une maîtresse en l'air, lui dit « votre nom est écrit en grosses lettres sur mon « cœur..... Je veux vous faire peindre en Iroquoise, « mangeant une demi douzaine de cœurs par amu- « sement. » Un troisième *** appelle un cadran au soleil *un greffier solaire*, une grosse rave, *un phénomène potager*. Ce style a reparu sur le théâtre même où Molière l'avait si bien tourné en ridicule. Mais la nation entière a marqué son bon goût en méprisant cette affectation dans des auteurs que d'ailleurs elle estimait.

L'ÉCOLE DES MARIS ****.

L'*École des maris* affermit pour jamais la réputation de Molière. C'est une pièce de caractère et d'in-

---

* Tourreil.

** Fontenelle.

*** La Motte.

**** Chef-d'œuvre de conduite comique, de morale et de diction; tout en est à étudier.

La première scène du premier acte, où les deux caractères principaux s'exposent: la cinquième du premier acte, où Valère veut faire parler Sganarelle et se lier avec lui malgré lui. L'acte deux est tout entier sublime. Sganarelle, qui va porter à Valère la déclaration d'amour, ensuite le billet, ensuite le conseil d'enlever Isabelle; la scène quatorzième de ce deuxième

trigue; quand il n'aurait fait que ce seul ouvrage, il eût pu passer pour un excellent auteur comique.

On dit que *l'École des maris* était une copie des *Adelphes* de Térence : si cela était, Molière eût plus mérité l'éloge d'avoir fait passer en France le bon goût de l'ancienne Rome, que le reproche d'avoir dérobé sa pièce. Mais *les Adelphes* ont fourni tout au plus l'idée de *l'École des maris*. Il y a dans *les Adelphes* deux vieillards de différente humeur, qui donnent chacun une éducation différente aux enfants qu'ils élèvent. Il y a de même dans *l'École des maris* deux tuteurs, dont l'un est sévère et l'autre indulgent ; voilà toute la ressemblance. Il n'y a presque point d'intrigue dans *les Adelphes*; celle de *l'École des maris* est fine, intéressante et comique. Une des femmes de la pièce de Térence, qui devrait faire le personnage le plus intéressant, ne paraît sur le théâtre que pour accoucher. L'Isabelle de Molière occupe presque toujours la scène avec esprit et avec grace, et mêle quelquefois de la bienséance, même dans les tours qu'elle joue à son tuteur. Le dénouement des *Adelphes* n'a nulle vraisemblance : il n'est point dans la nature

---

acte, dans laquelle Sganarelle mène Valère devant Isabelle qui s'explique en sa présence sur ses véritables sentiments, et le trompe sous ses propres yeux ; l'acte qui finit par le dessein d'épouser le lendemain Isabelle, ce qui rompt tout ce qu'elle a fait, et oblige de recommencer la pièce au troisième acte, où le jaloux va lui-même chercher le notaire pour les unir; la scène sixième où il sermonne Ariste; enfin le dénouement qui est superbe, qui se fait par les soins du jaloux, qui satisfait tout le monde.... Il faut lire cent fois cette pièce et l'admirer chaque fois davantage.

FLORIAN, *Nouveaux Mélanges*.

qu'un vieillard qui a été soixante ans chagrin, sévère et avare, devienne tout à coup gai, complaisant et libéral. Le dénouement de *l'École des maris* est le meilleur de toutes les pièces de Molière. Il est vraisemblable, naturel, tiré du fond de l'intrigue, et, ce qui vaut bien autant, il est extrêmement comique. Le style de Térence est pur, sentencieux, mais un peu froid, comme César, qui excellait en tout, le lui a reproché. Celui de Molière, dans cette pièce, est plus châtié que dans les autres. L'auteur français égale presque la pureté de la diction de Térence, et le passe de bien loin dans l'intrigue, dans le caractère, dans le dénouement, dans la plaisanterie.

LES FACHEUX[*].

Nicolas Fouquet, dernier surintendant des finances, engagea Molière à composer cette comédie pour la fameuse fête qu'il donna au roi et à la reine-mère, dans sa maison de Vaux, aujourd'hui appelée Villars. Molière n'eut que quinze jours pour se préparer. Il avait déjà quelques scènes détachées toutes prêtes ; il y en ajouta de nouvelles, et en composa cette comédie, qui fut, comme il le dit dans sa préface, faite, apprise et représentée en moins de quinze jours. Il n'est pas vrai, comme le prétend

---

[*] Pièce à tiroirs. Son valet est le premier fâcheux. La scène cinquième du premier acte du seigneur qui a fait une courante ; la deuxième du deuxième acte du joueur, la septième du deuxième acte du chasseur, la deuxième du troisième acte du savant grec, la troisième du troisième acte de l'homme qui veut mettre la France en ports de mer : voilà les beautés de cet ouvrage.

FLORIAN, *Nouveaux Mélanges.*

Grimarest, auteur d'une vie de Molière, que le roi lui eût alors fourni le caractère du chasseur. Molière n'avait point encore auprès du roi un accès assez libre : de plus, ce n'était pas ce prince qui donnait la fête, c'était Fouquet, et il fallait ménager au roi le plaisir de la surprise.

Cette pièce fit au roi un plaisir extrême, quoique les ballets des intermèdes fussent mal inventés et mal exécutés. Paul Pellisson, homme célèbre dans les lettres, composa le prologue en vers à la louange du roi. Ce prologue fut très applaudi de toute la cour, et plut beaucoup à Louis XIV; mais celui qui donna la fête et l'auteur du prologue, furent tous deux mis en prison peu de temps après. On les voulait même arrêter au milieu de la fête. Triste exemple de l'instabilité des fortunes de cour.

Les Fâcheux ne sont pas le premier ouvrage en scènes absolument détachées qu'on ait vu sur notre théâtre. *Les Visionnaires* de Desmarest étaient dans ce goût, et avaient un succès si prodigieux que tous les beaux esprits du temps de Desmarest l'appelaient *l'inimitable comédie.* Le goût du public s'est tellement perfectionné depuis, que cette comédie ne paraît aujourd'hui inimitable que par son extrême impertinence ; sa vieille réputation fit que les comédiens osèrent la jouer en 1719; mais ils ne purent jamais l'achever. Il ne faut pas craindre que *les Fâcheux* tombent dans le même décri. On ignorait le théâtre du temps de Desmarest. Les auteurs étaient outrés en tout, parce qu'ils ne connaissaient pas la nature. Ils peignaient au hasard des caractères chimériques. Le faux, le bas, le gigantesque, dominaient partout. Molière fut le premier qui fit sentir le vrai; et par conséquent, le beau. Cette pièce le fit connaître plus particulièrement de la cour et du roi; et lorsque, quelque temps après, Molière donna cette pièce à Saint-Germain, le roi lui ordonna d'y ajouter la scène du chasseur. On prétend que ce chasseur était le comte de Soyecour. Molière qui n'entendait rien au jargon de la chasse, pria le comte de Soyecour lui-même de lui indiquer les termes dont il devait se servir.

L'ÉCOLE DES FEMMES*.

Le théâtre de Molière, qui avait donné naissance à la bonne comédie, fut abandonné la moitié de l'année 1661, et toute l'année 1662, pour certaines farces moitié italiennes, moitié françaises, qui furent alors accréditées par le retour d'un fameux pantomime italien, connu sous le nom de Scaramouche. Les mêmes spectateurs qui applaudissaient sans réserve à ces farces monstrueuses, se rendirent difficiles pour

* Chef-d'œuvre de comique. Les trois premiers actes me semblent infiniment supérieurs aux deux autres. La première scène du premier acte, modèle d'exposition morale; la sixième entre Horace et Arnolphe, modèle de récit et de comique. La scène sixième du deuxième acte, entre Arnolphe et Agnès, admirable pour la vérité, le plaisant et le contraste d'un vieillard jaloux et fin, et d'une jeune sotte qui lui dit tout; la deuxième scène du troisième acte, entre Arnolphe et Agnès, où il lui explique les devoirs du mariage; la quatrième du deuxième acte, où Horace lui confie la manière dont Agnès lui a fait parvenir sa lettre, sont des modèles de comique. La scène huit du quatrième acte, d'Arnolphe et de Chrisalde, est d'une philosophie admirable; la scène quatrième du cinquième acte, où Arnolphe cherche ridiculement à plaire à cette Agnès, contre laquelle il est furieux; enfin toute la pièce, hors le dénouement et quelques expressions basses, est sublime. FLORIAN, *Nouveaux Mélanges.*

l'École des femmes, pièce d'un genre tout nouveau, laquelle, quoique toute en récits, est ménagée avec tant d'art, que tout paraît être en action.

Elle fut très suivie et très critiquée*, comme le dit la gazette de *Loret* :

> Pièce qu'en plusieurs lieux on fronde,
> Mais où pourtant va tant de monde,
> Que jamais sujet important
> Pour le voir n'en attira tant.

* STANCES A MOLIÈRE
Sur sa comédie de *l'École des femmes*, que plusieurs gens frondaient.

> En vain mille jaloux esprits,
> Molière, osent avec mépris
> Censurer ton plus bel ouvrage :
> Sa charmante naïveté
> S'en va pour jamais, d'âge en âge,
> Divertir la postérité.
>
> Que tu ris agréablement !
> Que tu badines savamment !
> Celui qui sut vaincre Numance,
> Qui mit Carthage sous sa loi,
> Jadis sous le nom de Térence,
> Sut-il mieux badiner que toi ?
>
> Ta muse avec utilité
> Dit plaisamment la vérité ;
> Chacun profite à ton *École* :
> Tout en est beau, tout en est bon ;
> Et ta plus burlesque parole
> Est souvent un docte sermon.
>
> Laisse gronder tes envieux ;
> Ils ont beau crier en tous lieux
> Qu'en vain tu charmes le vulgaire,
> Que tes vers n'ont rien de plaisant.
> Si tu savais un peu moins plaire,
> Tu ne leur déplairais pas tant.
>
> BOILEAU, *Poésies diverses.*

Elle passe pour être inférieure en tout à *l'École des maris*, et sur-tout dans le dénouement, qui est aussi *postiche* dans *l'École des femmes*, qu'il est bien amené dans *l'École des maris*. On se révolta généralement contre quelques expressions qui paraissent indignes de Molière ; mais aussi les connaisseurs admirèrent avec quelle adresse Molière avait su attacher et plaire pendant cinq actes par la seule confidence d'Horace au vieillard et par de simples récits. Il semblait qu'un sujet ainsi traité ne dût fournir qu'un acte c'est le caractère du vrai génie de répandre sa fécondité sur un sujet stérile, et de varier ce qui semble uniforme. On peut dire en passant que c'est là le grand art des tragédies de l'admirable Racine.

DON JUAN OU LE FESTIN DE PIERRE *.

L'original de la comédie bizarre du *Festin de*

---

* Cette pièce, dont le titre n'a pas de sens, étincelle de bon comique. Quoique Thomas Corneille l'ait mise en vers, et ait ajouté plusieurs bonnes plaisanteries dans la première scène de Charlotte et de Pierrot au deuxième acte ; malgré la scène de Léonor et de sa tante avec don Juan au troisième, et celle de la même Léonor et de sa nourrice au cinquième, qui prépare le dénouement, ajoutées par Corneille, je préfère encore la pièce en prose, telle que Molière l'a faite ; l'exposition en est charmante. La deuxième scène, où don Juan développe son caractère, est un modèle ; la première scène du deuxième acte entre Pierrot et Charlotte ; la cinquième du même acte, où don Juan trompe à la fois les deux paysannes, sont des chefs-d'œuvre de comique. Le troisième acte est tout espagnol. La scène troisième du quatrième acte, entre M. Dimanche et don Juan, est un modèle de vérité et d'excellent comique. La scène deuxième du cinquième acte, où don Juan parle de l'hypocrisie, et la troisième, où il refuse à don Carlos d'épouser sa sœur, par scrupule (scène que Corneille n'aurait pas dû mettre de côté), achèvent de rendre don Juan odieux, et rendent le dénouement moins inconcevable en le faisant souhaiter davantage. FLORIAN, *Nouveaux Mélanges*.

Pierre, est de Triso de Molina, auteur espagnol. Il est intitulée : *el Conbidado de Piedra*, (*le Convié de Pierre.*) Il fut joué ensuite en Italie, sous le titre de *Convitato di Pietra*. La troupe des comédiens italiens le joua à Paris, et on l'appela *Le Festin de Pierre*. Il eut un grand succès sur ce théâtre irrégulier; on ne se révolta point contre le monstrueux assemblage de bouffonnerie et de religion, de plaisanteries et d'horreur, ni contre les prodiges extravagants qui font le sujet de cette pièce. Une statue qui marche et qui parle, et les flammes de l'enfer qui engloutissent un débauché sur le *théâtre d'Arlequin*, ne soulevèrent point les esprits; soit qu'en général il y ait dans cette pièce quelque intérêt; soit que le jeu des comédiens l'embellît; soit plutôt que le peuple, à qui *le Festin de Pierre* plaît beaucoup plus qu'aux honnêtes gens, aime cette espèce de merveilleux.

Villiers, comédien de l'hôtel de Bourgogne, mit *le Festin de Pierre* en vers, et il eut quelque succès à ce théâtre. Molière voulut aussi traiter ce bizarre sujet. L'empressement d'enlever des spectateurs à l'hôtel de Bourgogne, fit qu'il se contenta de donner en prose la comédie : c'était une nouveauté inouie alors qu'une pièce de cinq actes en prose. On voit par là combien l'habitude a de puissance sur les hommes, et comme elle forme les différents goûts des nations. Il y a des pays où l'on n'a pas l'idée qu'une comédie puisse réussir en vers; les Français, au contraire, ne croyaient pas qu'on pût supporter une longue comédie qui ne fût pas rimée. Ce préjugé fit donner la préférence à la pièce de Villiers sur celle de Molière; et ce préjugé a duré si long-temps, que Thomas Corneille, en 1673, immédiatement après la mort de Molière, mit son *Festin de Pierre* en vers : il eut alors un grand succès sur le théâtre de la rue Guénégaud; et c'est de cette manière qu'on le représente aujourd'hui.

LE MISANTHROPE*.

L'Europe regarde cet ouvrage comme le chef-d'œuvre du haut comique. Le sujet du *Misanthrope* a réussi chez toutes les nations long-temps avant Molière et après lui. En effet, il y a peu de choses plus attachantes qu'un homme qui hait le genre humain dont il a éprouvé les noirceurs, et qui est entouré de flatteurs dont la complaisance servile fait un contraste avec son inflexibilité. Cette façon de

* Ce chef-d'œuvre du monde mérite d'être appris par cœur avant que d'être examiné. La première scène du premier acte, où Alceste développe son caractère avec son ami, qui en a un totalement opposé; la deuxième, où Oronte lui vient lire un sonnet, sont d'un excellent comique et d'une vérité sublime. La première scène du deuxième acte, où Alceste est en opposition avec la coquette Célimène; la cinquième, où tous ces marquis, et Célimène sur-tout, médisent de toute la terre devant le misanthrope, sont superbes. La scène cinquième du troisième acte, dans laquelle la prude Arsinoé vient donner des avis à la coquette Célimène, qui les lui rend avec tout l'esprit imaginable; la septième, dans laquelle Arsinoé allume la jalousie d'Alceste, après l'avoir loué malgré lui; la scène troisième du quatrième acte, de fureur et de rage de la part d'Alceste, de finesse et de coquetterie de la part de Célimène, qui s'apaise tant qu'Alceste est en colère, qui se fâche dès qu'Alceste s'apaise; la première scène du cinquième acte, où Alceste, après avoir perdu son procès, veut renoncer à la nature entière et s'enfuir dans les bois; le dénouement enfin : voilà les beautés principales d'un ouvrage dans lequel il n'y a pas un vers qui n'ait rapport au caractère principal.

FLORIAN, *Nouveaux Mélanges*.

traiter le Misanthrope est la plus commune, la plus naturelle, et la plus susceptible du genre comique. Celle dont Molière l'a traité est bien plus délicate, et fournissant bien moins, exigeait beaucoup d'art. Il s'est fait à lui-même un sujet stérile, privé d'action dénué d'intérêt. Son misanthrope hait les hommes, encore plus par humeur que par raison. Il n'y a d'intrigue dans la pièce que ce qu'il en faut pour faire sortir les caractères, mais peut-être pas assez pour attacher; en récompense, tous ces caractères ont une force, une vérité et une finesse, que jamais auteur comique n'a connues comme lui.

Molière est le premier qui ait su tourner en scène ces conversations du monde, et y mêler des portraits. *Le Misanthrope* en est plein; c'est une peinture continuelle, mais une peinture de ces ridicules que les yeux vulgaires n'aperçoivent pas. Il est inutile d'examiner ici en détail les beautés de ce chef-d'œuvre de l'esprit; de montrer avec quel art Molière a peint un homme qui pousse la vertu jusqu'au ridicule, rempli de faiblesses pour une coquette; et de remarquer la conversation et le contraste charmant d'une prude avec cette coquette outrée. Quiconque lit doit sentir ces beautés, lesquelles mêmes, toutes grandes qu'elles sont, ne seraient rien sans le style. La pièce est d'un bout à l'autre à peu près dans le style des Satires de Despréaux; et c'est de toutes les pièces de Molière la plus fortement écrite.

Elle eut à la première représentation les applaudissements qu'elle méritait. Mais c'était un ouvrage plus fait pour les gens d'esprit que pour la multitude, et plus propre encore à être lu qu'à être joué. Le théâtre fut désert dès le troisième jour. Depuis, lorsque le fameux acteur Baron, étant remonté sur le théâtre, après trente ans d'absence, joua *le Misanthrope*, la pièce n'attira pas un grand concours; ce qui confirma l'opinion où l'on était que cette pièce serait plus admirée que suivie. Ce peu d'empressement qu'on a d'un côté pour *le Misanthrope*, et de l'autre la juste admiration qu'on a pour lui, prouvent peut-être plus qu'on ne pense, que le public n'est point injuste : il court en foule à des comédies gaies et amusantes, mais qu'il n'estime guère; et ce qu'il admire n'est pas toujours réjouissant. Il en est des comédies comme des jeux : il y en a que tout le monde joue : il y en a qui ne sont faits que pour les esprits plus fins et plus appliqués.

Si on osait encore chercher dans le cœur humain la raison de cette tiédeur du public aux représentations du *Misanthrope*, peut-être la trouverait-on dans l'intrigue de la pièce, dont les beautés ingénieuses et fines ne sont pas également vives et intéressantes; dans ces conversations même qui sont des morceaux inimitables, mais qui, n'étant pas toujours nécessaires à la pièce, peut-être refroidissent un peu l'action pendant qu'elles font admirer l'auteur; enfin dans le dénouement qui, tout bien amené et tout sage qu'il est, semble être attendu du public sans inquiétude, et qui, venant après une intrigue peu attachante, ne peut avoir rien de piquant. En effet, le spectateur ne souhaite point que le misanthrope épouse la coquette Célimène, et ne s'inquiète pas beaucoup s'il se détachera d'elle. Enfin, on prendrait la liberté de dire que *le Misanthrope* est une satire plus sage et plus fine que celles d'Horace et de Boileau, et pour le moins aussi bien écrite ; mais qu'il y a des comédies plus intéressantes ; et que *le Tartufe*, par exemple, réunit les beautés du style du *Misanthrope* avec un intérêt plus marqué.

On sait que les ennemis de Molière voulurent persuader au duc de Montausier, fameux par sa vertu sauvage, que c'était lui que Molière jouait dans le *Misanthrope*. Le duc de Montausier alla voir la pièce, et dit en sortant qu'il aurait bien voulu ressembler au *Misanthrope* de Molière.

LE SICILIEN OU L'AMOUR PEINTRE*.

C'est la seule petite pièce en un acte où il y ait de la grace et de la galanterie. Les autres petites pièces que Molière ne donnait que comme des farces, ont d'ordinaire un fond plus bouffon et moins agréable.

AMPHITRYON**.

Euripide et Archippus avaient traité ce sujet de

---

* Petite pièce pleine de grace et de galanterie : la scène onzième du portrait est charmante, et la suivante est d'un comique admirable : don Pèdre est un jaloux parfait ; Adraste un amant très aimable, et Hali un fourbe très comique. FLORIAN, *Nouveaux Mélanges*.

** Une des plus comiques pièces de Molière. Le premier monologue de Sosie, quoique très long ; la scène avec Mercure qui lui persuade qu'il est Sosie ; la scène première du deuxième acte entre Amphitryon et Sosie ; la deuxième entre Alcmène et Amphitryon ; la troisième entre Cléanthis et Sosie, où il s'informe à son tour de ce qui s'est passé ; la deuxième du troisième acte, où Mercure se moque d'Amphitryon : voilà les scènes à étudier dans ce chef-d'œuvre de comique. *Ibid.*

tragi-comédie chez les Grecs : c'est une des pièces de Plaute qui a eu le plus de succès : on la jouait encore à Rome cinq cents ans après lui ; et ce qui peut paraître singulier, c'est qu'on la jouait toujours dans des fêtes consacrées à Jupiter. Il n'y a que ceux qui ne savent point combien les hommes agissent peu conséquemment, qui puissent être surpris qu'on se moquât publiquement au théâtre des mêmes dieux qu'on adorait dans les temples.

Molière a tout pris de Plaute, hors les scènes de Sosie et de Cléanthis. Ceux qui ont dit qu'il a imité son prologue de Lucien, ne savent pas la différence qui est entre une imitation et la ressemblance très éloignée de l'excellent dialogue de la Nuit et de Mercure dans Molière, avec le petit dialogue de Mercure et d'Apollon dans Lucien; il n'y a pas une plaisanterie, pas un seul mot que Molière doive à cet auteur grec.

Tous les lecteurs exempts de préjugés savent combien l'*Amphitryon* français est au-dessus de l'*Amphitryon* latin. On ne peut pas dire des plaisanteries de Molière ce qu'Horace dit de celles de Plaute.

*Nostri proavi plautinos et numeros et
Laudavere sales, nimiùm patienter utrumque.*

Dans Plaute, Mercure dit à Sosie : « Tu viens avec « des fourberies cousues ; » Sosie répond : « Je viens « avec des habits cousus. Tu as menti, réplique le « dieu, tu viens avec tes pieds, et non avec tes ha- « bits. » Ce n'est pas là le comique de notre théâtre. Autant Molière paraît surpasser Plaute dans cette espèce de plaisanterie que les Romains nommaient urbanité, autant paraît-il aussi l'emporter dans l'économie de sa pièce. Quand il fallait chez les anciens apprendre aux spectateurs quelque évènement, un acteur venait sans façon le conter dans un monologue : ainsi Amphitryon et Mercure viennent seuls sur la scène dire tout ce qu'ils ont fait pendant les entr'actes. Il n'y avait pas plus d'art dans les tragédies. Cela seul fait peut-être voir que le théâtre des anciens (d'ailleurs à jamais respectable) est par rapport au nôtre ce que l'enfance est à l'âge mûr.

Madame Dacier, qui a fait honneur à son sexe par son érudition, et qui lui en eût fait davantage, si avec la science des commentateurs elle n'en eût pas eu l'esprit, fit une dissertation pour prouver que *l'Amphitryon* de Plaute était fort au-dessus du moderne; mais ayant ouï dire que Molière voulait faire une comédie des *Femmes savantes*, elle supprima sa dissertation.

L'Amphitrion de Molière réussit pleinement et sans contradiction; aussi est-ce une pièce faite pour plaire aux plus simples et aux plus grossiers, comme aux plus délicats. C'est la première comédie que Molière ait écrite en vers libres. On prétendit alors que ce genre de versification était plus propre à la comédie que les rimes plates, en ce qu'il y a plus de liberté et de variété. Cependant les rimes plates, en vers alexandrins, ont prévalu. Les vers libres sont d'autant plus mal aisés à faire qu'ils semblent plus faciles. Il y a un rhythme très peu connu qu'il faut observer, sans quoi cette poésie rebute. Corneille ne connut pas ce rhythme dans son *Agésilas*.

L'AVARE*.

Cette excellente comédie avait été donnée au public en 1667; mais le même préjugé qui fit tomber *le Festin de Pierre*, parce qu'il était en prose, avait fait tomber *l'Avare*. Molière, pour ne point heurter de front le sentiment des critiques, et sachant qu'il faut ménager les hommes quand ils ont tort, donna au public le temps de revenir, et ne rejoua *l'Avare* qu'un an après. Ce public qui, à la longue, se rend toujours au bon, donna à cet ouvrage les applaudissements qu'il mérite. On comprit alors qu'il peut y avoir de fort bonnes comédies en prose, et qu'il y a peut-être plus de difficulté à réussir dans ce style ordinaire, où l'esprit seul soutient l'auteur, que dans la versification qui, par la rime, la cadence, et la mesure, prête des ornements à des idées simples, que la prose n'embellirait pas.

Il y a dans *l'Avare* quelques idées prises de Plau-

---

* Encore un chef-d'œuvre. Le dénouement, que l'on blâme, était impossible autrement. Cette pièce vaut peut-être *le Tartufe* et *le Misanthrope*. La scène troisième du premier acte entre l'avare et le valet qu'il fouille; la cinquième, entre l'avare, son fils et sa fille, quand ils veulent lui parler de leur mariage; la septième, où l'avare prend l'amant de sa fille pour juge de son refus de se marier; la scène sixième du deuxième acte, dans laquelle Frosine flatte l'avare; la scène troisième du quatrième acte, où l'avare trompe son fils par une fausse confidence; la quatrième, où maître Jacques les raccommode si comiquement; la deuxième du cinquième acte, dans laquelle maître Jacques accuse l'intendant du vol de la cassette; la troisième où Valère croit qu'on l'accuse d'avoir enlevé Élise, et le quiproquo de la cassette : voilà les beautés à étudier dans cette pièce.

FLORIAN, *Nouveaux Mélanges*.

te, et embellies par Molière. Plaute avait imaginé le premier de faire en même temps voler la cassette de l'avare, et séduire sa fille; c'est de lui qu'est toute l'invention de la scène du jeune homme qui vient avouer le rapt, et que l'avare prend pour le voleur. Mais on n'ose dire que Plaute n'a point assez profité de cette situation; il ne l'a inventée que pour la manquer; que l'on en juge par ce trait seul : l'amant de la fille ne paraît que dans cette scène, il vient sans être annoncé ni préparé, et la fille elle-même n'y paraît point du tout.

Tout le reste de la pièce est de Molière; caractères, intrigues, plaisanteries; il n'a imité que quelques lignes, comme cet endroit où l'avare parlant (peut-être mal à propos) aux spectateurs, dit: « mon voleur n'est-il point parmi vous? Ils me re-« gardent tous, et se mettent à rire. » *Quid est quod ridetis? Novi omnes, scio fures hic esse complures.* Et cet autre endroit encore, où ayant examiné les mains du valet qu'il soupçonne, il demande à voir la troisième: *ostende tertiam*.

Mais si l'on veut connaître la différence du style de Plaute et du style de Molière, qu'on voie les portraits que chacun fait de son avare. Plaute dit :

. . . . Clamat . . . . . .
Suam rem periisse, seque eradicarier,
De suo tigillo fumus si qua exit foras.
Quin, cùm it dormitum, follem sibi obstringit ob gulam,
—Cur?—Ne quid animæ fortè amittat dormiens.
—Etiamne obturat inferiorem gutturem, etc.
        (*Aulularia*, II, 4.)

« Il crie qu'il est perdu, qu'il est abimé, si la fu-
« mée de son feu va hors de sa maison. Il se met
« une vessie à la bouche pendant la nuit, de peur
« de perdre son souffle. — Se bouche-t-il aussi la
« bouche d'en bas ? »

Cependant ces comparaisons de Plaute avec Molière, toutes à l'avantage du dernier, n'empêchent pas qu'on ne doive estimer ce comique latin qui, n'ayant pas la pureté de Térence, et fort inférieur à Molière, a été, pour la variété de ses caractères et de ses intrigues, ce que Rome a eu de meilleur. On trouve aussi à la vérité dans *l'Avare* de Molière quelques expressions grossières, comme : *je sais l'art de traire les hommes ;* et quelques mauvaises plaisanteries, comme : « je marierais, si je l'avais
« entrepris, le grand Turc et la république de
« Venise. »

Cette comédie a été traduite en plusieurs langues, et jouée sur plus d'un théâtre d'Italie et d'Angleterre, de même que les autres pièces de Molière ; mais les pièces traduites ne peuvent réussir que par l'habileté du traducteur. Un poète anglais, nommé Schadwell, aussi vain que mauvais poète, la donna en anglais du vivant de Molière. Cet homme dit dans sa préface : « je crois pouvoir dire sans vanité
« que Molière n'a rien perdu entre mes mains. Ja-
« mais pièce française n'a été maniée par un de nos
« poètes, quelque méchant qu'il fût, qu'elle n'ait
« été rendue meilleure. Ce n'est ni faute d'invention,
« ni faute d'esprit que nous empruntons des Fran-
« çais ; mais c'est par paresse : c'est aussi par pa-

« resse que je me suis servi de *l'Avare* de Mo-
« lière. »

On peut juger qu'un homme qui n'a pas assez d'esprit pour mieux cacher sa vanité, n'en a pas assez pour faire mieux que Molière. La pièce de Schadwell est généralement méprisée. M. Fielding, meilleur poëte et plus modeste, a traduit *l'Avare*, et l'a fait jouer à Londres, en 1733. Il y a ajouté réellement quelques beautés de dialogue particulières à sa nation, et sa pièce a eu près de trente représentations; succès très rare à Londres, où les pièces qui ont le plus de cours ne sont jouées tout au plus que quinze fois.

GEORGE DANDIN OU LE MARI CONFONDU [*].

George Dandin réussit pleinement; mais si on ne reprocha rien à la conduite et au style, on se souleva un peu contre le sujet même de la pièce; quelques personnes se révoltèrent contre une comédie dans laquelle une femme mariée donne un rendez-vous à son amant. Elles pouvaient considérer que la coquetterie de cette femme n'est que la punition de la sottise que fait George Dandin d'épouser la fille d'un gentilhomme ridicule.

[*] Pièce très morale et très comique. La scène deuxième du premier acte, où Lubin fait confidence à George Dandin de son message pour sa femme; la quatrième, où monsieur et madame de Sotenville font enrager leur gendre qui se plaint de leur fille; la huitième, où George Dandin est obligé de demander pardon au galant de sa femme; la scène septième du deuxième acte, où Lubin raconte de nouveau à George Dandin le rendez-vous de sa femme, et la dernière scène de la pièce, dans laquelle le malheureux mari est encore obligé de demander pardon à sa coquine de femme: voilà les scènes à étudier. FLORIAN, *Nouveaux Mélanges*.

L'IMPOSTEUR OU LE TARTUFE*.

On sait toutes les traverses que cet admirable ouvrage essuya. On en voit le détail dans la préface de l'auteur au-devant du *Tartufe*.

Les trois premiers actes avaient été représentés à Versailles devant le roi, le 12 mai 1664. Ce n'était pas la première fois que Louis XIV, qui sentait le prix des ouvrages de Molière, avait voulu les voir avant qu'ils fussent achevés; il fut fort content de ce commencement, et par conséquent la cour le fut aussi.

Molière ayant opposé la protection et le zèle de ses amis aux cabales naissantes de ses ennemis, obtint du roi une permission verbale de jouer le *Tartufe*. La première représentation en fut donc faite à Paris, le 5 août 1667. Le lendemain on allait le rejouer; l'assemblée était la plus nombreuse qu'on eût jamais vue; il y avait des dames de la

---

* Tout est sublime dans ce chef-d'œuvre; et le dénouement, que plusieurs personnes n'approuvent pas, ne peut choquer après cinq actes de beautés continues.

La première scène du premier acte, où la vieille mère Pernelle, en grondant toute sa famille, expose si plaisamment et la pièce et le caractère de chacun; la cinquième, où Orgon s'informe de la santé de Tartufe, et oublie sa femme et ses enfants, malgré les railleries de Dorine; la sixième sur les faux dévots entre Orgon et Cléante, scène admirablement écrite; la quatrième du deuxième acte, où les amants se brouillent par un malentendu, et se raccommodent par les soins de Dorine; la deuxième du troisième acte, où Tartufe s'annonce; la troisième, où il fait sa déclaration à Elmire; la sixième, où Orgon lui demande pardon à genoux pour son fils qui l'a accusé; la cinquième du quatrième acte, où Orgon est sous la table, scène si singulière, si belle et si hardie: voilà les principales beautés d'un ouvrage que l'Europe admire avec raison.   FLORIAN, *Nouveaux Mélanges*.

première distinction aux troisièmes loges; les acteurs allaient commencer, lorsqu'il arriva un ordre du premier président du parlement, portant défense de jouer la pièce.

C'est à cette occasion qu'on prétend que Molière dit à l'assemblée : « *Messieurs, nous allions vous donner le Tartufe; mais monsieur le président ne veut pas qu'on le joue.* »

Au bout de quelque temps, Molière fut délivré de la persécution; il obtint un ordre du roi par écrit de représenter le *Tartufe*. Les comédiens, ses camarades, voulurent que Molière eût toute sa vie deux parts dans le gain de la troupe, toutes les fois qu'on jouerait cette pièce; elle fut représentée trois mois de suite, et durera autant qu'il y aura en France du goût et des hypocrites.

Aujourd'hui bien des gens regardent comme une leçon de morale cette même pièce qu'on trouvait autrefois si scandaleuse. On peut hardiment avancer que les discours de Cléante, dans lesquels la vertu vraie et éclairée est opposée à la dévotion imbécile d'Orgon, sont, à quelques expressions près, le plus fort et le plus élégant sermon que nous ayons en notre langue; et c'est peut-être ce qui révolta davantage ceux qui parlaient moins bien dans la chaire que Molière au théâtre.

Voyez sur-tout cet endroit :

Allez, tous vos discours ne me font point de peur;
Je sais comme je parle, et le ciel voit mon cœur.
Il est de faux dévots ainsi que de faux braves, etc.

Presque tous les caractères de cette pièce sont

originaux; il n'y en a aucun qui ne soit bon, et celui de *Tartufe* est parfait. On admire la conduite de la pièce jusqu'au dénouement; on sent combien il est forcé, et combien les louanges du roi, quoique mal amenées, étaient nécessaires pour soutenir Molière contre ses ennemis.

Dans les premières représentations l'imposteur se nommait Panulphe, et ce n'était qu'à la dernière scène qu'on apprenait son véritable nom de Tartufe, sous lequel ses impostures étaient supposées connues du roi. A cela près, la pièce était comme elle est aujourd'hui. Le changement le plus marqué qu'on y ait fait est à ce vers :

O ciel ! pardonne-lui la douleur qu'il me donne.

Il y avait :

O ciel ! pardonne-moi comme je lui pardonne.

Qui croirait que le succès de cette admirable pièce eût été balancé par celui d'une comédie qu'on appelle la *Femme juge et partie*, qui fut jouée à l'hôtel de Bourgogne aussi long-temps que le *Tartufe* au Palais-Royal ? Montfleuri, comédien de l'hôtel de Bourgogne, auteur de la *Femme juge et partie*, se croyait égal à Molière; et la préface qu'on a mise au-devant du recueil de ce Montfleuri, avertit que M. de Montfleuri était un grand homme. Le succès de la *Femme juge et partie*, et de tant d'autres pièces médiocres, dépend uniquement d'une situation que le jeu d'un acteur fait valoir. On sait qu'au théâtre il faut peu de chose pour faire réussir ce qu'on méprise à la lecture. On représenta sur le théâtre de l'hôtel de Bourgogne, à la suite de la *Femme juge et partie*, la critique du *Tartufe*. Voici ce qu'on trouve dans le prologue de cette critique :

> Molière plaît assez, c'est un bouffon plaisant,
> Qui divertit le monde en le contrefaisant ;
> Ses grimaces souvent causent quelques surprises ;
> Toutes ses pièces sont d'agréables sottises :
> Il est mauvais poète et bon comédien ;
> Il fait rire, et de vrai, c'est tout ce qu'il fait bien.

On imprima contre lui vingt libelles. Un curé de Paris s'avilit jusqu'à composer une de ces brochures, dans laquelle il débutait par dire qu'il fallait brûler Molière. Voilà comme ce grand homme fut traité de son vivant ; l'approbation du public éclairé lui donnait une gloire qui le vengeait assez : mais qu'il est humiliant pour une nation, et triste pour les hommes de génie, que le petit nombre leur rende justice, tandis que le grand nombre les néglige ou les persécute !

LE BOURGEOIS GENTILHOMME[*].

Le Bourgeois gentilhomme est un des plus heureux sujets de comédie que le ridicule des hommes ait ja-

---

[*] Chef-d'œuvre encore. La scène de M. Jourdain avec ses maîtres ; celle avec son maître de philosophie ; la troisième du troisième acte, où madame Jourdain et Nicole font la leçon à M. Jourdain ; la suivante, où Dorante vient lui emprunter de l'argent ; la dixième, où Lucile et Nicole courent après leurs amants et s'en font suivre à leur tour ; la douzième, où Cléonte demande Lucile, et est refusé parce qu'il n'est pas gentilhomme ; la dix-neuvième, où M. Jourdain reçoit Dorimène, et fait de l'esprit avec elle : voilà les beautés de cet ouvrage, dont le cinquième acte ne vaut pas les autres.

FLORIAN, *Nouveaux Mélanges*.

mais pu fournir. La vanité, attribut de l'espèce humaine, fait que des princes prennent le titre de rois, que les grands seigneurs veulent être princes; et, comme dit La Fontaine :

> Tout prince a des ambassadeurs,
> Tout marquis veut avoir des pages.

Cette faiblesse est précisément la même que celle d'un bourgeois qui veut être homme de qualité. Mais la folie du bourgeois est la seule qui soit comique, et qui puisse faire rire au théâtre; ce sont les extrêmes disproportions des manières et du langage d'un homme, avec les airs et les discours qu'il veut affecter, qui font un ridicule plaisant. Cette espèce de ridicule ne se trouve point dans des princes ou dans des hommes élevés à la cour, qui couvrent toutes leurs sottises du même air et du même langage; mais ce ridicule se montre tout entier dans un bourgeois élevé grossièrement, et dont le naturel fait à tout moment un contraste avec l'art dont il veut se parer. C'est ce naturel grossier qui fait le plaisant de la comédie; et voilà pourquoi ce n'est jamais que dans la vie commune qu'on prend les personnages comiques. *Le Misanthrope* est admirable, *le Bourgeois gentilhomme* est plaisant.

Les quatre premiers actes de cette pièce peuvent passer pour une comédie; le cinquième est une farce qui est réjouissante, mais trop peu vraisemblable. Molière aurait pu donner moins de prise à la critique, en supposant quelque autre homme que le fils du grand turc; mais il cherchait par ce divertissement plutôt à réjouir qu'à faire un ouvrage régulier.

LES FEMMES SAVANTES*.

Cette comédie, qui est mise par les connaisseurs, dans le rang du *Tartufe* et du *Misanthrope*, attaquait un ridicule qui ne semblait propre à réjouir ni le peuple ni la Cour, à qui ce ridicule paraissait être également étranger. Elle fut reçue d'abord assez froidement; mais les connaisseurs rendirent bientôt à Molière les suffrages de la ville, et un mot du roi lui donna ceux de la Cour. L'intrigue, qui en effet, a quelque chose de plus plaisant que celle du *Misanthrope*, soutint la pièce long-temps.

Plus on la vit, plus on admira comment Molière avait pu jeter tant de comique sur un sujet qui paraissait fournir plus de pédanterie que d'agrément. Tous ceux qui sont au fait de l'histoire littéraire de ce temps-là, savent que Ménage y est joué sous le nom de Vadius, et que Trissotin est le

---

* Chef-d'œuvre encore. La première scène du premier acte, où Armande et Henriette exposent leurs différents caractères; la deuxième, où Clitandre avoue à Armande qu'il ne l'aime plus; la quatrième, où Bélise veut toujours voir une déclaration d'amour dans tout ce que lui dit Clitandre; au deuxième acte, les scènes cinquième et sixième, où Martine est chassée, parce qu'elle a manqué à la grammaire; la septième, où Chrisale se plaint aux Femmes savantes et leur parle raison; au troisième acte, les scènes première, deuxième, troisième, quatrième et cinquième, où Trissotin lit ses vers, où il se prend de querelle avec Vadius; au cinquième acte, la scène première, où Henriette témoigne à Trissotin sa répugnance, et où celui-ci persiste; la scène troisième, où le notaire ne sait auquel entendre, le père disant que le gendre est Clitandre, la mère disant que c'est Trissotin, Martine philosophant mieux que personne : voilà les scènes de cet ouvrage admirable qui doivent servir de modèles. FLORIAN, *Nouveaux Mélanges*.

fameux abbé Cotin, si connu par les satires de Despréaux. Ces deux hommes étaient, pour leur malheur, ennemis de Molière; ils avaient voulu persuader au duc de Montausier que le *Misanthrope* était fait contre lui; quelque temps après, ils avaient eu chez Mademoiselle, fille de Gaston de France, la scène que Molière a si bien rendue dans les *Femmes Savantes*. Le malheureux Cotin écrivait également contre Ménage, contre Molière et contre Despréaux; les satires de Despréaux l'avaient déjà couvert de honte, mais Molière l'accabla. Trissotin était appelé aux premières représentations Tricotin. L'acteur qui le représentait avait affecté autant qu'il avait pu, de ressembler à l'original par la voix et par les gestes. Enfin, pour comble de ridicule, les vers de Trissotin, sacrifiés sur le théâtre à la risée publique, étaient de l'abbé Cotin même. S'ils avaient été bons, et si leur auteur avait valu quelque chose, la critique sanglante de Molière et celle de Despréaux ne lui eussent pas ôté sa réputation. Molière lui-même avait été joué aussi cruellement sur le théâtre de l'hôtel de Bourgogne, et n'en fut pas moins estimé : le vrai mérite résiste à la satire. Mais Cotin était bien loin de se pouvoir soutenir contre de telles attaques. On dit qu'il fut si accablé de ce dernier coup, qu'il tomba dans une mélancolie qui le conduisit au tombeau. Les satires de Despréaux coûtèrent aussi la vie à l'abbé Cassaigne. Triste effet d'une liberté plus dangereuse qu'utile, et qui flatte plus la malignité humaine qu'elle n'inspire le bon goût!

La meilleure satire qu'on puisse faire des mauvais poètes, c'est de donner d'excellents ouvrages; Molière et Despréaux n'avaient pas besoin d'y ajouter des injures.

LE MALADE IMAGINAIRE*.

C'est une de ces farces de Molière dans lesquelles on trouve beaucoup de scènes dignes de la haute comédie. La naïveté, peut-être poussée trop loin, en fait le principal caractère. Ses farces ont le défaut d'être quelquefois un peu trop basses, et ses comédies de n'être pas toujours assez intéressantes; mais avec tous ces défauts-là, il sera toujours le premier de tous les poètes comiques. Depuis lui, le théâtre français s'est soutenu, et même a été asservi à des lois de décence plus rigoureuses que du temps de Molière.

On demande pourquoi Molière ayant autant de réputation que Racine, le spectacle cependant est désert quand on joue ses comédies, et qu'il ne va presque plus personne à ce même *Tartufe* qui attirait autrefois tout Paris, tandis qu'on court encore

---

* Excellente comédie. La première scène du premier acte, où Argan compte ses mémoires; la cinquième, où il propose à sa fille de se marier, Angélique croyant qu'il parle de son amant; sa colère avec Toinette; la scène neuvième avec sa femme et le notaire: au deuxième acte, la scène sixième, dans laquelle Diafoirus fait ses compliments, et l'amant déguisé en maître à chanter chantant un duo avec sa maîtresse; la scène onzième d'Argan et de sa petite fille, à qui il fait raconter tout ce qu'elle a vu; au troisième acte, la scène troisième, où Béralde parle raison à Argan sur la médecine; la sixième, où M. Purgon vient le menacer de mille espèces de maux; la quatorzième, où Toinette joue le médecin, et devine toutes ses maladies: voilà les traits les plus comiques de cette pièce, qui fut la dernière de l'inimitable Molière. FLORIAN, *Nouveaux Mélanges*.

avec empressement aux tragédies de Racine, lorsqu'elles sont bien représentées? C'est que la peinture de nos passions nous touche encore plus que le portrait de nos ridicules; c'est que l'esprit se lasse des plaisanteries, et que le cœur est inépuisable. L'oreille est aussi plus flattée de l'harmonie des beaux vers tragiques et de la magie étonnante du style de Racine, qu'elle ne peut l'être du langage propre à la comédie; ce langage peut plaire, mais il ne peut jamais émouvoir, et l'on ne vient au spectacle que pour être ému.

Il faut encore convenir que Molière, tout admirable qu'il est dans son genre, n'a, ni des intrigues assez attachantes, ni des dénouements assez heureux, tant l'art dramatique est difficile *.

VOLTAIRE.

* Après avoir salué Despréaux, et embrassé tendrement Quinault, je vis l'inimitable Molière et j'osai lui dire:

> Le sage, le discret Térence
> Est le premier des traducteurs;
> Jamais dans sa froide élégance
> Des Romains il n'a peint les mœurs;
> Tu fus le peintre de la France;
> Nos bourgeois à sots préjugés,
> Nos petits marquis rengorgés,
> Nos robins toujours arrangés,
> Chez toi venaient se reconnaître;
> Et tu les aurais corrigés,
> Si l'esprit humain pouvait l'être.

Ah! disait-il, pourquoi ai-je été forcé d'écrire quelquefois pour le peuple! Que n'ai-je toujours été le maître de mon temps! J'aurais trouvé des dénouements plus heureux; j'aurais moins fait descendre mon génie au bas comique

VOLTAIRE, Temple du Goût.

Il n'a manqué à Térence que d'être moins froid. Quelle pureté! quelle exactitude! quelle politesse! quelle élégance! quels caractères! Il n'a man-

III. De la Comédie avant Molière.

L'Italie et l'Espagne, qui donnèrent long-temps des lois à notre théâtre, durent avoir sur la comédie la même influence que sur la tragédie. Nous empruntâmes aux Italiens leurs pastorales galantes et leurs bergers beaux-esprits. La *Silvie* de Mairet, écrite dans ce genre, et qui n'est qu'un froid tissu de madrigaux subtils, de conversations en pointes et de dissertations en jeux de mots, excita dans Paris une sorte d'ivresse qui prouvait le mauvais goût dominant, et servait à l'entretenir. Il ne fallut rien moins que *le Cid* pour faire tomber ce ridicule ouvrage; et quoique Chimène, en quelques endroits, eût elle-même payé le tribut à cette mode contagieuse, de faire de l'amour un effort d'esprit, cependant la vérité des sentiments répandus dans ce rôle et dans celui de Rodrigue, avertit le cœur des plaisirs qu'il lui fallait, et de cette espèce de mensonge qu'un art mal entendu voulait substituer à la nature. Les pointes commencèrent à tomber, mais lentement : comme elles se soutenaient dans les sociétés qui donnaient le ton, le théâtre n'en était pas encore purgé, à beaucoup près, et ce furent *les Précieuses ridicules* et *les Femmes savantes* qui portèrent le dernier coup. Les théâtres étrangers avaient communiqué au nôtre bien d'autres vices

---

que à Molière que d'éviter le jargon et le barbarisme, et d'écrire purement. Quel feu ! quelle naïveté ! quelle source de bonnes plaisanteries ! quelle imitation de mœurs ! quelles images et quel fléau du ridicule ! Mais quel homme on aurait pu faire de ces deux comiques !

LA BRUYÈRE, *Caractères.*

non moins révoltants. Les farceurs italiens, qui avaient un théâtre à Paris, où jouait Molière dans le temps même qu'il commençait à élever le sien, nous avaient accoutumés à leurs rôles de charge, à leurs caricatures grotesques ; et si les Arlequins et les Scaramouches leur restaient en propre, nous les avions remplacés par des personnages également factices, par des bouffons grossiers qui parlaient à peu près le langage de D. Japhet. Le burlesque plus ou moins marqué était la seule manière de faire rire. Les *Capitans*, sorte de poltrons qui contrefaisaient les héros, comme nos Gilles de la Foire contrefont les sauteurs, recevaient des coups de bâton sur la scène en parlant des empereurs qu'ils avaient détrônés, et des couronnes qu'ils distribuaient. Des personnages de ce genre firent réussir long-temps *les Visionnaires* de Desmarets, détestable pièce que la sottise et l'envie osèrent encore opposer aux premiers ouvrages de Molière. Corneille, entraîné par l'exemple, ne manqua pas de mettre dans son *Illusion comique* un *Capitan Matamore*, qui débute par ces vers qu'il adresse à son valet :

Il est vrai que je rêve, et ne saurais résoudre
Lequel des deux je dois le premier mettre en poudre.
Du grand-sophi de Perse, ou bien du grand-mogol.
. . . .
Le seul bruit de mon nom renverse les murailles,
Défait les escadrons et gagne les batailles [*].

---

[*] Boileau a dit depuis, dans sa belle épître sur le passage du Rhin :

Condé, dont le nom seul fait tomber les murailles,
Force les escadrons, et gagne les batailles.   FLORIAN.

Mon courage invaincu, contre les empereurs,
N'arme que la moitié de ses moindres fureurs:
D'un seul commandement que je fais aux trois Parques,
Je dépeuple l'état des plus heureux monarques.
La foudre est mon canon, les destins mes soldats.
Je couche d'un revers mille ennemis à bas.
D'un souffle je réduis leurs projets en fumée,
Et tu m'oses parler cependant d'une armée ?
Tu n'auras plus l'honneur de voir un second Mars.
Je vais t'assassiner d'un seul de mes regards,
Veillaque!.... Toutefois je songe à ma maîtresse.
Ce penser m'adoucit : va, ma colère cesse,
Et ce petit archer qui dompte tous les dieux,
Vient de chasser la mort qui logeait dans mes yeux.

Ces puériles extravagances et les turlupinades de toute espèce étaient alors ce qu'on appelait de la comédie. Les Jodelets, les paysans bouffons, les valets faisant grotesquement le rôle de leurs maîtres, les bergers à qui l'amour avait tourné la tête, comme à D. Quichotte, parlaient un jargon bizarre, mêlé des quolibets de la halle, et d'un néologisme emphatique. On retrouve jusque dans *la Princesse d'Elide*, divertissement que Molière fit pour la cour, un de ces paysans facétieux, nommé Moron, que l'auteur met dans la liste des personnages sous le nom du *plaisant* de la princesse : il y en a un autre du même genre dans un opéra de Quinault. C'était un reste du goût dépravé qui avait régné depuis la renaissance des lettres, et de cette mode ancienne d'avoir dans les cours ce qu'on nommait *le fou du prince*. En un mot, on reproduisait sous toutes les formes les personnages hors de la nature, comme les seuls qui pussent faire rire, parce qu'on n'avait pas encore imaginé que la comédie dût faire rire des spectateurs de leur propre ressemblance. Ces rôles postiches étaient distribués dans les canevas espagnols ou italiens, ou dans des intrigues qui roulaient toutes sur le même fonds, composées d'une foule d'incidents merveilleux, de travestissements, de suppositions de nom, de sexe et de naissance, de méprises de toute espèce. La coutume qu'avaient alors les femmes de porter des masques ou des coiffes abattues, favorisait toutes ces machines qui produisent quelquefois de la surprise ou font rire un moment, mais qui ne peuvent jamais attacher, parce que tout s'y passe aux dépens du bon sens, et que, dans toutes ces inventions si péniblement combinées, il n'y a rien, ni pour l'esprit, ni pour la raison. Une grossièreté plate et licencieuse, ou des fadeurs soporifiques, formaient un dialogue qui répondait à tout le reste. Un Bertrand de Cigaral disait à sa prétendue :

Oh çà ! voyons un peu quelle est votre figure,
Et si vous n'êtes point de laide regardure.
Elle a l'œil, à mon gré, mignardement hagard.

et en lui présentant sa main qu'elle repoussait avec dégoût, il disait :

Ce n'est rien, ce n'est qu'un peu de gale.
Je tâche à lui jouer pourtant un mauvais tour;
Je me frotte d'onguent cinq à six fois le jour.
Il ne m'en coûte rien ; moi-même j'en sais faire :
Mais elle est à l'épreuve, et comme héréditaire,

Si nous avons lignée, elle en pourra tenir ;
Mon père, en mon jeune âge, eut soin de m'en fournir.
Ma mère, mon aïeul, mes oncles et mes tantes,
Ont été de tout temps et *galants* et *galantes*.
C'est un droit de famille où chacun a sa part ;
Quand un de nous en manque, il passe pour bâtard.

Tel est le ton de la plaisanterie qu'on applaudissait alors, et il ne faut pas nous en scandaliser; il n'y a guère plus de vingt ans qu'on a remis un *Baron d'Albicrac*, du même auteur, et qui, d'un bout à l'autre, est dans le même goût.

Ah! petite dodue!
Pour un peu d'embonpoint vous faites l'entendue, etc.

Et ces platitudes dégoûtantes faisaient beaucoup rire, et attiraient la foule; comme fait encore aujourd'hui *D. Japhet*. Rotrou, Thomas Corneille, Boisrobert, d'Ouville et tant d'autres avaient mis à contribution toutes les *journées espagnoles* et toutes les parades italiennes, et l'on n'avait encore qu'une seule pièce d'un ton raisonnable, et qui, malgré ses défauts, sut plaire aux honnêtes gens, *le Menteur* de P. Corneille.

De Molière.

L'éloge d'un écrivain est dans ses ouvrages : on pourrait dire que l'éloge de Molière est dans ceux des écrivains qui l'ont précédé et qui l'ont suivi, tant les uns et les autres sont loin de lui. Des hommes de beaucoup d'esprit et de talent ont travaillé après lui, sans pouvoir ni lui ressembler ni l'atteindre. Quelques-uns ont eu de la gaieté; d'autres ont su faire des vers, plusieurs même ont peint des mœurs. Mais la peinture de l'esprit humain a été l'art de Molière; c'est la carrière qu'il a ouverte et qu'il a fermée : il n'y a rien en ce genre, ni avant lui ni après.

Molière est certainement le premier des philosophes moralistes. Je ne sais pas pourquoi Horace, qui avait tant de jugement, veut aussi donner ce titre à Homère. Avec tout le respect que j'ai pour Horace, en quoi donc Homère est-il si philosophe? Je le crois grand poète, parcé que j'apprends qu'on récitait ses vers après sa mort, et qu'on l'avait laissé mourir de faim pendant sa vie; mais je crois qu'en fait de vérités, il y a peu à gagner avec lui. Horace conclut de son poème de l'*Iliade*, que les peuples paient toujours les sottises des rois; c'est la conclusion de toutes les histoires.

Mais Molière est, de tous ceux qui ont jamais écrit, celui qui a le mieux observé l'homme, sans annoncer qu'il l'observait; et même il a plus l'air de le savoir par cœur que de l'avoir étudié. Quand on lit ses pièces avec réflexion, ce n'est pas de l'auteur qu'on est étonné, c'est de soi-même.

Molière n'est jamais fin; il est profond, c'est-à-dire que, lorsqu'il a donné son coup de pinceau, il est impossible d'aller au delà. Ses comédies bien lues, pourraient suppléer à l'expérience, non pas parce qu'il a peint des ridicules qui passent, mais parce qu'il a peint l'homme qui ne change point. C'est une suite de traits dont aucun n'est perdu : celui-ci est pour moi; celui-là est pour mon voisin;

et ce qui prouve le plaisir que procure une imitation parfaite, c'est que mon voisin et moi nous rions de très bon cœur de nous voir ou sots, ou faibles, ou impertinents, et que nous serions furieux si l'on nous disait d'une autre façon la moitié ce que nous dit Molière.

Eh! qui t'avait appris cet art, homme divin? T'es-tu servi de Térence et d'Aristophane, comme Racine se servait d'Euripide; Corneille, de Guilain de Castro, de Calderon et de Lucain; Boileau, de Juvénal, de Perse et d'Horace? les anciens et les modernes t'ont-ils fourni beaucoup? il est vrai que les canevas italiens et les romans espagnols t'ont guidé dans l'intrigue de tes premières pièces; que, dans ton excellente farce de *Scapin*, tu as pris à Cyrano le seul trait comique qui se trouve chez lui; que, dans le *Tartufe*, tu as mis à profit un passage de Scarron; que l'idée principale du sujet de *l'École des femmes* est tirée d'une *Nouvelle* du même auteur; que, dans le *Misanthrope*, tu as traduit une douzaine de vers de Lucrèce; mais toutes tes grandes productions t'appartiennent, et surtout l'esprit général qui les distingue n'est qu'à toi. N'est-ce pas toi qui as inventé ce sublime *Misanthrope*, le *Tartufe*, les *Femmes savantes*, et même *l'Avare*, malgré quelques traits de Plaute que tu as tant surpassé? quel chef-d'œuvre que cette dernière pièce! chaque scène est une situation, et l'on a entendu dire à un avare de bonne foi qu'il y avait beaucoup à profiter dans cet ouvrage, et qu'on en pouvait tirer *d'excellents principes d'économie*.

Et *les Femmes savantes?* Quelle prodigieuse création! quelle richesse d'idées sur un fonds qui paraissait si stérile! quelle variété de caractères! qu'est-ce qu'on mettra au-dessus du bon homme Chrysale, qui ne permet à Plutarque d'être chez lui que pour garder *ses rabats?* Et cette charmante Martine, qui ne dit pas un mot dans son patois qui ne soit plein de sens? quant à la lecture de Trissotin, elle est bien éloignée de pouvoir perdre aujourd'hui de son mérite : les lecteurs de société retracent souvent la scène de Molière, avec cette différence, que les auteurs ne s'y disent pas d'injures, et ne se donnent pas de rendez-vous chez Barbin : ils sont aujourd'hui plus fins et plus polis, et en savent beaucoup davantage.

Oublierons-nous dans *les Femmes savantes* un de ces traits qui confondent? c'est le mot de Vadius qui, après avoir parlé comme un sage sur la manie de lire ses vers, met gravement la main à la poche, en tire le cahier qui probablement ne le quitte jamais : *voici de petits vers.* C'est un de ces endroits où l'acclamation est universelle; j'ai vu des spectateurs saisis d'une surprise réelle; ils avaient pris Vadius pour le sage de la pièce.

Ces sortes de méprises sont ordinairement des triomphes pour l'auteur comique : ce fut pourtant une méprise semblable qui contribua beaucoup à faire tomber *le Misanthrope.* Il est dangereux en tout genre d'être trop au-dessus de ses juges, et nous avons vu que Racine s'en aperçut dans *Britannicus.* On n'en savait pas encore assez pour trouver le sonnet d'Oronte mauvais : ce sonnet d'ailleurs est fait avec tant d'art, il ressemble si fort à ce qu'on appelle de l'esprit, il réussirait tant aujourd'hui dans les soupers qu'on appelle charmants, que je trouve le parterre excusable de s'y être trompé. Mais s'il avait été assez raisonnable pour en savoir gré à l'auteur, je l'admirerais presque autant que Molière.

Cette injustice nous valut *le Médecin malgré lui*. Molière, tu riais bien, je crois, au fond de ton âme, d'être obligé de faire une bonne farce pour faire passer un chef-d'œuvre.* Te serais-tu attendu à trouver de nos jours un censeur rigoureux qui reproche amèrement à ton *Misanthrope* de faire rire ? Il ne voit pas que le prodige de ton art est d'avoir montré le *Misanthrope* de manière qu'il n'y a personne, excepté le méchant, qui ne voulût être Alceste avec ses ridicules ; tu honorais la vertu en lui donnant une leçon, et Montausier a répondu, il y a long-temps, à l'orateur génevois.**

Est-il vrai qu'il a fallu que tu fisses l'apologie du *Tartufe* ? Quoi ! dans le moment où tu t'élevais au-dessus de ton art et de toi-même, au lieu de trouver des récompenses, tu as rencontré la persécution ! A-t-on bien compris même de nos jours ce qu'il t'a fallu de courage et de génie pour concevoir le plan de cet ouvrage, et l'exécuter dans un temps où le faux zèle était si puissant, et savait si bien prendre

---

* M. Aimé-Martin a prouvé dans son *Commentaire* que ce fait, si souvent répété, était dénué de fondement.

** M. Aimé-Martin, a également montré que dans Alceste ce n'était pas Montausier, mais lui-même que Molière avait voulu peindre.   H.P.

les couleurs de la religion qui le désavoue? c'est dans ce temps que tu as entrepris de porter un coup mortel à l'hypocrisie, qui en effet ne s'en est pas relevée: c'est un vice dont l'extérieur au moins a depuis passé de mode; mais il a été remplacé par l'hypocrisie de *morale*, de *sensibilité*, de *philosophie*, qui elle-même a fait place à l'impudence *révolutionnaire*.

Qui est-ce qui égale Racine dans l'art de peindre l'amour? c'est Molière (dans la proportion que comporte la différence absolue des deux genres). Voyez les scènes des amants dans le *Dépit amoureux*, premier élan de son génie; dans *le Misanthrope*, entendez Alceste s'écrier: *Ah! traîtresse*, quand il ne croit pas un mot de toutes les protestations d'amour que lui fait Célimène, et que pourtant il est enchanté qu'elle les lui fasse; dans *le Tartufe*, relisez toute cette admirable scène où deux amants viennent de se raccommoder, et où l'un des deux, après la paix faite et scellée, dit pour première parole:

Ah! çà, n'ai-je pas lieu de me plaindre de vous?

Revoyez cent traits de cette force, et si vous avez aimé, vous tomberez aux genoux de Molière, et vous répéterez ce mot de Sadi: *Voilà celui qui sait comme on aime.*

Qui est-ce qui égale Racine dans le dialogue? qui est-ce qui a un aussi grand nombre de ces vers pleins, de ces vers nés, qui n'ont pas pu être autrement qu'ils ne sont, qu'on retient dès qu'on les entend, et que le lecteur croit avoir faits? C'est encore Molière. Quelle foule de vers charmants? quelle facilité! quelle énergie! sur-tout quel naturel! Ne cessons de le dire : le naturel est le charme le plus sûr et le plus durable ; c'est lui qui fait vivre les ouvrages, parce que c'est lui qui les fait aimer; c'est le naturel qui rend les écrits des anciens si précieux, parce que, maniant un idiome plus heureux que le nôtre, ils sentaient moins le besoin de l'esprit; c'est le naturel qui distingue le plus les grands écrivains, parce qu'un des caractères du génie est de produire sans effort; c'est le naturel qui a mis La Fontaine, qui n'inventa rien, à côté des génies inventeurs; enfin, c'est le naturel qui fait que les *Lettres d'une mère à sa fille* sont quelque chose, et que celles de Balzac, de Voiture, et la déclamation et l'affectation en tout genre sont, comme dit Sosie, *rien ou peu de chose*.

Les Crispins de Regnard, les paysans de Dancourt font rire au théâtre; Dufresny étincelle d'esprit dans sa tournure originale; *le Joueur* et *le Légataire* sont d'excellentes comédies; *le Glorieux*, *la Métromanie* et *le Méchant* ont des beautés d'un autre ordre, mais rien de tout cela n'est Molière : il a un trait de physionomie qu'on n'attrape point : on le retrouve jusque dans ses moindres farces, qui ont toujours un fonds de vérité et de morale. Il plaît autant à la lecture qu'à la représentation, ce qui n'est arrivé qu'à Racine et à lui; et même de toutes les comédies celles de Molière sont à peu près les seules que l'on aime à relire; plus on connaît Molière, plus on l'aime, plus on étudie Molière, plus on l'admire : après l'avoir blâmé sur quelques articles, on finit par être de son avis : c'est qu'alors on en sait davantage. Les jeunes gens pensent communément qu'il charge trop : j'ai entendu blâmer le *pauvre homme !* répété si souvent. J'ai vu depuis précisément la même scène, et plus forte encore, et j'ai compris que, lorsqu'on peignait des originaux pris dans la nature, et non pas, comme autrefois, des êtres imaginaires, l'on ne pouvait guère charger ni les ridicules, ni les passions.

Précis sur différentes pièces de Molière.

Après l'avoir caractérisé en général, jetons un coup d'œil rapide sur chacune de ses pièces, ou du moins sur le plus grand nombre, car toutes ne sont pas dignes de lui. *Mélicerte, la Princesse d'Élide, les Amants magnifiques* ne sont pas des comédies, ce sont des ouvrages de commande, des fêtes pour la cour, où l'on ne trouve rien de Molière. Un écrivain supérieur est quelquefois obligé de descendre à ces sortes d'ouvrages, qui ont pour objet de faire valoir d'autres talents que les siens, en amenant des danses, des chants et des spectacles. On ferait peut-être mieux de ne pas lui demander ce que tout le monde peut faire, et ce qui ne peut compromettre que lui ; mais, en ce genre, comme dans tout autre, il n'est pas rare d'employer les grands hommes aux petites choses, et les petits hommes aux grandes ; l'on envoyait Villars faire la paix avec Cavalier, et Tallard combattre Eugène et Marlborough. Ainsi le génie est forcé de sacrifier sa gloire pour obtenir la protection ; et si Molière n'eût pas arrangé des ballets pour la cour, peut-être que *le Tartufe* n'aurait pas trouvé un protecteur dans Louis XIV.

Au reste, quoique le talent n'aime pas à être commandé, il se tire quelquefois heureusement de cette espèce de contrainte, et si l'auteur de *Zaïre*, ne se retrouve pas dans *le Temple de la Gloire* et dans *la Princesse de Navarre*, qui ont passé avec les fêtes où ils ont été représentés, Racine fit *Bérénice* pour madame Henriette, *Athalie* pour Saint-Cyr; et Molière, à qui l'on ne donna que quinze jours pour composer et faire apprendre *les Fâcheux*, qui furent joués à Vaux devant le roi, n'en fit pas à la vérité un ouvrage régulier, puisqu'il n'y a ni plan ni intrigue, mais du moins la meilleure de ces pièces qu'on appelle *comédies à tiroirs*. Chaque scène est un chef-d'œuvre : c'est une suite d'originaux supérieurement peints. La partie de chasse et la partie de piquet sont des prodiges de l'art de raconter en vers. L'homme qui veut mettre toute la France en ports de mer est la meilleure critique de la folie des faiseurs de projets. La dispute des deux femmes sur cette question si souvent agitée, s'il faut qu'un véritable amant soit jaloux ou ne soit pas jaloux est le sujet d'une scène charmante, pleine d'esprit et de raison, et qui montre ce que pouvaient devenir, sous la plume d'un grand écrivain, ces questions de l'ancienne cour d'amour, qui étaient si ridicules quand Richelieu les faisait traiter devant lui dans la forme des thèses de théologie.

Molière ne fut pas si heureux dans *le Prince jaloux*, ou *D. Garcie de Navarre*, espèce de tragicomédie, mauvais genre qui était fort à la mode, et qu'il eut la faiblesse d'essayer, parce que ses ennemis lui avaient reproché de ne pas savoir travailler dans *le genre sérieux*. On appelait ainsi un mélange de conversations et d'aventures de roman que la galanterie espagnole avait mis en vogue, comme on donnait le nom de comédies à des farces extravagantes.

Molière, qui avait un talent trop vrai pour réussir dans un genre faux, apprit depuis à ses détracteurs, quand il fit *le Misanthrope*, *le Tartufe* et *les Femmes savantes*, que les comédies de caractère et de mœurs étaient le vrai *genre sérieux* ; mais il ne leur apprit pas à y réussir comme lui.

Il faut bien lui pardonner si, dans ses deux premières pièces, *l'Étourdi* et *le Dépit amoureux*, il suivit la route vulgaire avant d'en frayer une nouvelle. Les ressorts forcés et la multiplicité d'incidents dénués de toute vraisemblance excluent ces deux pièces du rang des bonnes comédies. Il y a même une inconséquence marquée dans le plan de *l'Étourdi*; c'est que, son valet ne lui faisant point part des fourberies qu'il médite, il est tout simple que le maître les traverse sans être taxé d'étourderie. On voit trop que l'auteur voulait à toute force amener des *contre-temps* : aussi a-t-il joint ce titre à celui de *l'Étourdi*; ce qui ne répare point le vice du sujet. Mais si les plans de Molière étaient encore aussi défectueux que ceux de ses contemporains, il avait déjà sur eux un grand avantage : c'était un dialogue plus naturel et plus raisonnable, et un style de meilleur goût. Ce mérite et la gaieté du rôle de Mascarille ont soutenu cette pièce au théâtre malgré tous ses défauts. Il n'y en a pas moins dans *le Dépit amoureux* : le sujet est absolument incroyable. Toute l'intrigue roule sur une supposition inadmissible, qu'un homme s'imagine être marié avec la femme qu'il aime, le lui soutienne à elle-même, et soit marié en effet avec une autre. Dans l'état des choses, tel que l'auteur l'établit, et tel que la décence ne permet pas même de le rapporter ici, cette méprise est impossible. Il fallait que l'on fût bien accoutumé à compter pour rien le bon sens et les bienséances, puisque la plupart des pièces du temps n'étaient ni plus vraisemblables, ni plus décentes. C'est pourtant dans cet ouvrage, dont le fond est si vicieux, que Molière fit voir les premiers traits du talent qui lui était propre. Deux scènes dont il n'y avait point de modèle, et que lui seul pouvait faire, celle de la brouillerie des deux amants et du valet avec la suivante, annonçaient l'homme qui allait ramener la comédie à son but, à l'imitation de la nature. Elles sont si parfaites, à deux ou trois vers près, qu'elles ont suffi pour faire vivre l'ouvrage, et ces deux scènes valent mieux que beaucoup de comédies.

Dès son troisième ouvrage, il sortit entièrement de la route tracée, et en ouvrit une où personne n'osa le suivre. *Les Précieuses ridicules*, quoique ce ne fût qu'un acte sans intrigue, firent une véritable révolution : l'on vit pour la première fois sur la scène le tableau d'un ridicule réel et la critique de la société. Elles furent jouées quatre mois de suite avec le plus grand succès. Le jargon des mauvais romans, qui était devenu celui du beau monde, le galimatias sentimental, le phébus des conversations, les compliments en métaphores et en énigmes, la galanterie ampoulée, la recherche des jeux de mots, toute cette malheureuse dépense d'esprit pour n'avoir pas le sens commun, fut foudroyée d'un seul coup. Un comédien corrigea la cour et la ville, et fit voir que c'est le bon esprit qui enseigne le bon ton, que ceux qu'on appelle les gens du monde croient posséder exclusivement. Il fallut convenir que Molière avait raison; et quand il montra le miroir, il fit rougir ceux qui s'y regardaient. Tout ce qu'il avait censuré disparut bientôt, excepté les jeux de mots, sorte d'esprit trop commode pour que ceux qui n'en ont pas d'autre puissent se résoudre à y renoncer.

Quand on lit ce passage de Molière : « La belle « chose de faire entrer aux conversations du Louvre « de vieilles équivoques ramassées parmi les boues « des halles et de la place Maubert! la jolie façon « de plaisanter, pour les courtisans! Et qu'un « homme montre d'esprit lorsqu'il vient vous dire : « *Madame, vous êtes dans la Place-Royale, et tout* « *le monde vous voit de trois lieues de Paris, car* « *chacun vous voit de bon œil*, à cause que Bonneuil « est un village à trois lieues de Paris : cela n'est-il « pas bien galant et bien spirituel! » Ne dirait-on pas que ce morceau a été écrit hier?

Il faut sans doute estimer le grand sens de ce vieillard qui, à la représentation des *Précieuses*, cria du milieu du parterre : *Courage, Molière! voilà la bonne comédie.* Mais en vérité j'admire Ménage, qui en sortant dit à Chapelain : « Monsieur, nous « admirions, vous et moi, toutes les sottises qui « viennent d'être si finement et si justement criti- « quées. » Le mot de l'homme du parterre n'était que le suffrage de la raison; l'autre était le sacrifice de l'amour-propre, et le plus grand triomphe de la vérité.

Si Molière, après avoir connu la vraie comédie, revint encore au bas comique dans son *Sganarelle*, qui ne se joue plus; si l'on en revoit quelques traces dans de meilleures pièces, sur-tout dans les scènes de valets, il faut l'attribuer au métier qu'il faisait, aux circonstances où il se trouvait, à l'habitude de jouer avec des acteurs accoutumés depuis long-temps à divertir la populace en la servant selon son goût. L'homme de génie était aussi chef de troupe, et les principes de l'un étaient quelquefois subordonnés aux intérêts de l'autre. C'est dans ce temps qu'il fit quelques-unes de ces petites pièces que lui-même condamna depuis à l'oubli, et dont il ne reste que les titres, *le Docteur amoureux*, *le Maître d'école*, *les Docteurs rivaux*. *L'École des maris* fut le premier pas qu'il fit dans la science de l'intrigue. Ce n'est pas, comme dans *Sganarelle*, un amas d'incidents arrangés sans vraisemblance pour produire des méprises sans effet : c'est une pièce parfaitement intriguée, où le jaloux est dupé sans être un sot, où la finesse réussit parce qu'elle ressemble à la bonne foi, et où celui qu'on trompe n'est jamais plus heureux que lorsqu'il est trompé. Boccace et d'Ouville en ont fourni les situations principales ; mais ce qu'on emprunte d'un conte diminue seulement le mérite de l'invention sans ôter rien au mérite de l'ensemble dramatique, dont la difficulté est sans comparaison plus grande. De plus, il y a ici, ce qui alors n'était pas plus connu, de la morale et des caractères. Le contraste des deux tuteurs, dont l'un traite sa pupille et sa future avec une indulgence raisonnable, et l'autre avec une rigueur outrée et bizarre; ce contraste, dont les effets sont très comiques, donne une leçon très sérieuse et sagement adaptée au système de nos mœurs, qui, accordant aux femmes une liberté décente, rend inconséquents et absurdes ceux qui veulent faire de l'esclavage le garant de la vertu. Quand Lisette dit si gaiement :

En effet, tous ces soins sont des choses infâmes.
Sommes-nous chez les Turcs pour renfermer les femmes?
Car on dit qu'on les tient esclaves en ce lieu,
Et que c'est pour cela qu'ils sont maudits de Dieu.

Lisette fait rire ; mais tout en riant elle dit une chose très sensée, et ne fait que confirmer en style de soubrette ce qu'Ariste a dit en homme sage. En effet, du moment où les femmes sont libres parmi nous, sur la foi de leur éducation et de leur honnêteté, il est sûr que des précautions tyranniques sont une marque de mépris pour elles; et sans parler de l'injustice et de l'offense, quelle contradiction plus choquante, que de commencer par les avilir pour leur donner des sentiments de vertu? Point de milieu : il faut ou les enfermer comme font les Turcs, ou s'y fier comme font les Français. C'est ce que signifie cette saillie de Lisette, et il faut être Molière pour donner tant de raison à une soubrette.

Le dénouement achève la leçon. La pupille d'Ariste, qu'il a eu soin de ne point gêner sur les goûts innocents de son âge, tient une conduite irréprochable, et finit par épouser son tuteur. L'autre qu'on a traitée en esclave, risque des démarches aussi hardies que dangereuses, que sa situation excuse, et que la probité de son amant justifie. Elle l'épouse aussi ; mais on voit tout ce qu'elle avait à craindre, s'il n'eût pas été honnête homme, et que ce veillant intraitable, qui se croyait le modèle des instituteurs, n'allait à rien moins qu'à causer la perte entière d'une jeune personne confiée à ses soins et qu'il voulait épouser. De tels ouvrages sont l'école du monde, et leur utilité se perpétue avec eux ; mais si la bonne comédie peut se glorifier de ce beau titre, c'est à Molière qu'elle le doit.

L'École des Femmes n'est pas moins instructive : la conduite n'en est pas si régulière, mais le comique en est plus fort. L'auteur a indiqué lui-même le défaut le plus sensible de sa pièce, par ce vers que dit Horace au vieil Arnolphe, lorsqu'il le rencontre dans la rue pour la troisième fois :

La place m'est heureuse à vous y *rencontrer*.

Faire *rencontrer* ainsi Horace et Arnolphe à point nommé, trois fois de suite, c'est trop montrer le besoin qu'on en a pour les confidences qui font aller la pièce; comme aussi le besoin d'un dénouement se fait trop sentir par l'arrivée des deux vieillards, l'un, père d'Horace, et l'autre, père d'Agnès, qui ne viennent au cinquième acte que pour faire un mariage. On a beau abréger au théâtre le long roman qu'ils racontent en dialogue pour expliquer leurs aventures, j'ai toujours vu qu'on n'écoutait même pas le peu qu'on en dit, parce que l'on est d'accord avec l'auteur pour ôter Agnès des mains d'Arnolphe, n'importe comment, et la donner au jeune homme qu'elle aime. On a reproché à Molière quelques dénouements semblables: c'est un défaut, sans doute, et il faut tâcher de l'éviter : mais je crois cette partie bien moins importante dans la comédie que dans la tragédie. Comme celle-ci offre de grands intérêts à démêler, on fait la plus sérieuse attention à la manière dont l'action se termine; mais comme dans la comédie il ne s'agit ordinairement que d'un mariage en dernier résultat, divertissez pendant cinq actes et amenez le mariage comme il vous plaira, le spectateur ne s'y rendra pas difficile, et je garantis le succès.

Le choix d'une place publique pour le lieu de la scène occasione aussi quelques autres invraisemblances; par exemple, celle du sermon sur les devoirs du mariage, qu'Arnolphe devait faire dans sa maison bien plus naturellement que dans la rue; mais ce sermon est d'un sérieux si plaisant, d'une tournure si originale, qu'il importe peu où il se fasse, pourvu qu'on l'entende.

Les défauts dont je viens de parler disparaissent au milieu du bon comique et de la vraie gaieté dont cette pièce est remplie. Situations, caractères, incidents, dialogue, tout concourt à ce grand objet de la comédie, d'instruire en divertissant. Il n'y a point d'auteur qui fasse plus rire et qui fasse plus penser : quelle réunion plus heureuse et plus sûre ! et si la vérité est par elle-même triste et sévère, quel art charmant que celui qui la rend si agréable ! Le rire est sans doute l'assaisonnement de l'instruction et l'antidote de l'ennui ; mais il y a au théâtre plusieurs sortes de rire. Il y a d'abord le rire qui naît des méprises, des saillies, des facéties, et qui ne tient qu'à la gaieté : c'est le plus souvent celui de Regnard. Quand le Ménechme provincial est pris pour son frère l'officier par un créancier importun qui se dit syndic et marguillier, et qu'impatienté de ses poursuites, il dit à Valentin :

Laissez-moi lui couper le nez.

et que Valentin répond froidement :

Laissez-le aller:
Que feriez-vous, monsieur du nez d'un marguillier?

la méprise et le mot font rire, et l'on dit : Que cela est gai ! Il y a ensuite le gros rire qu'excite la farce : Patelin, par exemple, lorsqu'il contrefait le malade, et que feignant de prendre M. Guillaume pour son apothicaire, il lui dit : « Ne me donnez plus de ces « vilaines pillules ; elles ont failli me faire rendre

« l'âme, » et que M. Guillaume, toujours occupé de son affaire, répond brusquement : « Eh! je vou-« drais qu'elles t'eussent fait rendre mon drap! » on rit, et l'on dit que cela est bouffon! Il y a même encore le rire qu'excite le burlesque, tel que D. Japhet, quand il appelle son valet :

> Don Pascal Zapata,
> Ou Zapata Pascal, car il n'importe guère
> Que Pascal soit devant, ou Pascal soit derrière.

on rit, et l'on dit : Que cela est fou! Je ne sais si je dois parler du sourire que fait venir au bord des lèvres la finesse des petits aperçus, tels que ceux de Marivaux; car celui-là est si froid, qu'il se concilie fort bien avec le bâillement. Enfin il y a le rire né de cet excellent comique qui montre le ridicule de nos faiblesses et de nos travers, et qui fait qu'après avoir ri de bon cœur, on dit à part soi : Que cela est vrai! Ainsi lorsqu'on voit Arnolphe, bien convaincu qu'Agnès aime Horace, faire aux pieds d'une enfant cent extravagances; quand on l'entend la conjurer d'avoir de l'amour pour lui, lui dire :

> Mon pauvre petit cœur, tu le peux, si tu veux.
> Écoute seulement ce soupir amoureux,
> Vois ce regard mourant, contemple ma personne,
> Et quitte ce morveux et l'amour qu'il te donne.
> C'est quelque sort qu'il faut qu'il ait jeté sur toi
> Et tu seras cent fois plus heureuse avec moi.
> . . . .

quand ce barbon jaloux va jusqu'à dire à cette même

enfant, qu'il faisait trembler un moment auparavant :

Tout comme tu voudras tu pourras te conduire
Je ne m'explique point ; et cela, c'est tout dire.

quand, tout honteux lui-même de s'oublier à ce point, il se dit à part :

Jusqu'où la passion peut-elle faire aller !

et que, malgré cette réflexion si juste, il continue :

Enfin à mon amour rien ne peut s'égaler.
Quelle preuve veux-tu que je t'en donne, ingrate ?
Me veux-tu voir pleurer ? Veux-tu que je me batte ?
Veux-tu que je m'arrache un côté de cheveux ?

tout le monde éclate de rire à la vue d'une pareille folie. Mais ce n'est pas tout ; la réflexion vous dit un moment après : Voilà pourtant à quel excès de délire et d'avilissement on peut se porter quand on est assez faible pour aimer dans un âge où il faut laisser l'amour aux jeunes gens. La leçon est importante ; elle pourrait fournir un beau chapitre de morale, mais aurait-il l'effet de la scène de Molière ?

Le sujet de *l'École des Femmes* contient une autre instruction non moins utile. L'auteur avait fait voir, dans *l'École des Maris*, l'imprudence et le danger d'élever les jeunes personnes dans une contrainte trop rigoureuse : il fait voir ici ce qu'on risque à les élever dans l'ignorance, et à se persuader qu'en leur ôtant toute connaissance et toute lumière, on leur donnera d'autant plus de sagesse qu'elles auront moins d'esprit. L'idée de ce système absurde, qui est celui d'Arnolphe, se trouve dans une Nouvelle de Scarron, tirée de l'espagnol, qui a pour titre *la Précaution inutile*. Un gentilhomme grenadin, nommé D. Pèdre, est précisément dans les mêmes préjugés qu'Arnolphe. Il fait élever sa future dans l'imbécillité la plus complète; il tient à peu près les mêmes propos qu'Arnolphe, et une femme de fort bon sens les combat à peu près par les mêmes motifs que fait valoir l'ami d'Arnolphe, l'homme raisonnable de la pièce; si ce n'est que dans Molière le pour et le contre est développé avec une supériorité de style et de comique dont Scarron ne pouvait pas approcher. Il y a pourtant dans ce dernier un trait d'humeur et de caractère que Molière a jugé assez bon pour se l'approprier. J'aimerais mieux, dit le gentilhomme espagnol, une femme laide et qui serait fort sotte, qu'une fort belle femme qui aurait de l'esprit. Et dans *l'École des Femmes*, Chrysale dit :

Une femme stupide est donc votre marotte!

Arnolphe répond :

Tant, que j'aimerais mieux une laide fort sotte,
Qu'une femme fort belle avec beaucoup d'esprit.

Rien n'est plus propre à la comédie que ces sortes de personnages, en qui un principe faux est devenu un travers d'esprit habituel, et qui sont au point d'être dans l'ordre moral ce que les corps contrefaits sont dans l'ordre physique. Il arrive à notre Grenadin de Scarron ce qui doit arriver; car il est clair que, pour suivre son devoir, il faut au moins le connaître, mais que, pour s'en écarter, il n'est pas nécessaire de rien savoir. Aussi, quand il se trouve la dupe de la bêtise de sa femme, il est avec elle dans le même cas que le jaloux Arnolphe avec Agnès : il ne lui reste pas même le droit de faire des reproches, puisqu'on n'est pas à portée de les comprendre. C'est une des sources du comique de la pièce, que cette ignorance ingénue d'Agnès, qui fait très naïvement des aveux qui mettent Arnolphe au désespoir, sans qu'il puisse même se plaindre d'elle; et quand elle a tout conté, et qu'il lui dit, en parlant du jeune Horace :

Mais pour guérir du mal qu'il dit qui le possède.
N'a-t-il pas exigé de vous d'autre remède ?

Elle répond ;

Non : vous pouvez juger, s'il en eût demandé,
Que pour le secourir j'aurais tout accordé.

Ce dernier trait est le plus fort de vérité et de morale; car, quoiqu'elle dise la chose la plus étrange dans la bouche d'une jeune fille, on sent qu'il est impossible qu'elle réponde autrement. Tout ce rôle d'Agnès est soutenu d'un bout à l'autre avec la même perfection. Il n'y a pas un mot qui ne soit de la plus grande ingénuité, et en même temps de l'effet le plus saillant : tout est à la fois et de caractère et de situation, et cette réunion est le comble de l'art. La lettre qu'elle écrit à Horace est admirable : ce n'est autre chose que le premier instinct, le premier aperçu d'une âme neuve et sensible; et la manière dont elle parle de son ignorance fait voir que cette ignorance n'est chez elle qu'un défaut d'éducation et nullement un défaut d'esprit; et que, si on ne lui a rien appris, on n'a pas pu du moins en faire une sotte. Quelle leçon elle donne au tuteur qui l'a si mal élevée, lorsqu'il lui reproche les soins qu'il a pris de son enfance !

Vous avez là dedans bien opéré vraiment,
Et m'avez fait en tout instruire joliment.
Croit-on que je me flatte, et qu'enfin dans ma tête
Je ne juge pas bien que je suis une bête?

On voit qu'en dépit d'Arnolphe elle ne l'est pas tant qu'il l'aurait voulu, et chaque réplique de cette enfant, qui ne sait rien, le confond, et lui ferme la bouche par la seule force du simple bon sens. Quand elle veut s'en aller avec Horace, qui lui a promis de l'épouser, son jaloux lui fait une querelle épouvantable. Elle ne répond à toutes ses injures que par des raisons très concluantes.

AGNÈS.

Pourquoi me criez-vous?

ARNOLPHE.

J'ai grand tort, en effet.

AGNÈS.

Je n'entends point de mal dans tout ce que j'ai fait.

ARNOLPHE.

Suivre un galant n'est pas une action infâme?

AGNÈS.

C'est un homme qui dit qu'il me veut pour sa femme.
J'ai suivi vos leçons, et vous m'avez prêché
Qu'il faut se marier pour ôter le péché.

MOLIÈRE.

ARNOLPHE.

Oui, mais pour femme, moi, je prétendais vous prendre;
Et je vous l'avais fait, me semble, assez entendre.

AGNÈS.

Oui : mais à vous parler franchement entre nous,
Il est plus pour cela selon mon goût que vous.
Chez vous le mariage est fâcheux et pénible,
Et vos discours en font une image terrible.
Mais las ! il le fait, lui, si rempli de plaisirs,
Que de se marier il donne des désirs.

ARNOLPHE.

Ah ! c'est que vous l'aimez, traîtresse !

AGNÈS.

Oui, je l'aime.

ARNOLPHE.

Et vous avez le front de le dire à moi-même?

AGNÈS.

Et pourquoi, s'il est vrai, ne le dirai-je pas?

ARNOLPHE.

Le deviez-vous aimer, impertinente?

AGNÈS.

Hélas !
Est-ce que j'en puis mais? Lui seul en est la cause,
Et je n'y songeais pas lorsque se fit la chose.

ARNOLPHE.

Mais il fallait chasser cet amoureux désir.

AGNÈS.

Le moyen de chasser ce qui fait du plaisir !

ARNOLPHE.

Mais ne saviez-vous pas que c'était me déplaire?

AGNÈS.

Moi ? point du tout. Quel mal cela vous peut-il faire ?

ARNOLPHE.

Il est vrai, j'ai sujet d'en être réjoui.
Vous ne m'aimez donc pas à ce compte ?

AGNÈS.

Vous ?

ARNOLPHE.

Oui.

AGNÈS.

Hélas ! non.

ARNOLPHE.

Comment, non.

AGNÈS.

Voulez-vous que je mente ?

ARNOLPHE.

Pourquoi ne pas m'aimer, madame l'impudente !

AGNÈS.

Mon Dieu ! ce n'est pas moi que vous devez blâmer.
Que ne vous êtes-vous comme lui fait aimer ?
Je ne vous en ai pas empêché que je pense.

ARNOLPHE.

Je m'y suis efforcé de toute ma puissance.
Mais les soins que j'ai pris, je les ai perdus tous.

AGNÈS.

Vraiment il en sait donc là-dessus plus que vous,
Car à se faire aimer il n'a point eu de peine.

Quel dialogue ! et quelle naïveté de langage unie à la plus grande force de raison ! Il n'y avait, avant Molière, aucun exemple de ce comique-là. Celui qui dit : *Pourquoi ne pas m'aimer ?* c'est celui-là qui est un sot, malgré son âge et son expérience; et celle qui répond : *Que ne vous êtes-vous fait aimer?* dit ce qu'il y a de mieux à dire. Toute la philosophie du monde ne trouverait rien de meilleur, et ne pourrait que commenter ce que l'instinct d'un enfant de seize ans a deviné.

Il n'y a pas jusqu'à ces deux pauvres gens, Alain et Georgette, choisis par Arnolphe comme les plus imbéciles de leur village, qui n'aient à leur manière la sorte de bon sens qui leur convient. Il faut les entendre après la peur effroyable qu'il leur a faite, quand il a su les visites d'Horace :

GEORGETTE.

Mon Dieu! qu'il est terrible!
Ses regards m'ont fait peur, mais une peur horrible,
Et jamais je ne vis un plus hideux chrétien.

ALAIN.

Ce monsieur l'a fâché : je te le disais bien.

GEORGETTE.

Mais que diantre est-ce là, qu'avec tant de rudesse
Il nous fait au logis garder notre maîtresse?
D'où vient qu'à tout le monde il veut tant la cacher,
Et qu'il ne saurait voir personne en approcher?

ALAIN.

C'est que cette action le met en jalousie.

GEORGETTE.

Et d'où vient qu'il est pris de cette fantaisie?

ALAIN.

Cela vient.... cela vient de ce qu'il est jaloux.

GEORGETTE.

Oui ; mais pourquoi l'est-il ? et pourquoi ce courroux ?

ALAIN.

C'est que la jalousie.... entends-tu bien, Georgette ?
Est une chose..., là.... qui fait qu'on s'inquiète,
Et qui chasse les gens d'autour d'une maison.

Le pauvre Alain ne doit pas être bien fort sur les définitions morales : cependant la jalousie ne lui est pas inconnue, et, n'en sachant pas assez pour en expliquer le principe, il se jette au moins sur les effets qu'il en a vus ; et, comme le plus sensible de tous, c'est qu'un jaloux écarte tout le monde autant qu'il peut, ce qui lui vient d'abord à l'esprit après qu'il a bien cherché, c'est cette idée dont on ne peut s'empêcher de rire par réflexion, que la jalousie *est une chose qui chasse les gens d'autour d'une maison*, ce qui est très vrai en soi-même, pas mal trouvé pour Alain, et fort bien exprimé à sa manière.

Je suis fort loin de vouloir insister sur tous les mots remarquables de cette pièce : il y en a presque autant que de vers. Mais je ne puis m'empêcher de citer encore une de ces saillies si frappantes de vérité, qu'elles paraissent très faciles à trouver, et en même temps si originales et si gaies, qu'on félicite l'auteur de les avoir rencontrées. Quand Arnolphe, qui a vu Horace encore enfant, est instruit que cet Horace est son rival, il s'écrie douloureusement :

Aurais-je deviné, quand je l'ai vu petit,
Qu'il croîtrait pour cela ?

Assurément, tout autre que lui trouverait fort simple ce qui lui paraît si extraordinaire, et c'est ce qui rend ce mot si comique. Arnolphe est vivement affecté, et ce qu'il y a de plus commun lui paraît monstrueux. C'est la nature prise sur le fait; et cette expression si naïve *qu'il croîtrait pour cela...* est d'un bonheur! Qu'on juge ce qu'est un écrivain dont presque tous les vers (dans ses bonnes pièces), analysés ainsi, occasioneraient les mêmes exclamations!

Quant au comique de situation, « la beauté du « sujet de *l'École des Femmes consiste sur-tout dans* « *les confidences perpétuelles que fait Horace au* « *seigneur Arnolphe;* et ce qui doit paraître le plus « plaisant, c'est qu'un homme qui a de l'esprit et « qui est averti de tout par une innocente qui est « sa maîtresse, et par un étourdi qui est son rival, « ne puisse avec cela éviter ce qui lui arrive. » Cette remarque n'est point de moi, elle est d'un homme qui devait s'y connaître mieux que personne, de Molière lui-même, qui s'exprime ainsi mot à mot par la bouche d'un des personnages de la *Critique de l'École des Femmes*, petite pièce fort jolie, qu'il composa pour répondre à ses censeurs, et qui fut jouée avec beaucoup de succès. On peut s'imaginer combien ils se récrièrent sur *l'amour-propre* d'un auteur, qui faisait sur le théâtre son apologie; et même son éloge; mais n'es-il pas plaisant que d'ignorants barbouilleurs, qui ont assez d'amour-propre pour régenter devant le public un homme qui en sait cent fois plus qu'eux, ne veuillent pas qu'il en ait assez pour prétendre qu'il sait son métier un peu mieux que ceux qui se chargent de le lui enseigner? Amour-propre pour amour-propre, lequel est le plus excusable? Ce qui est certain c'est que l'un ne produit guère que des sottises et des impertinences, et que l'autre produit l'instruction. Un grand artiste qui parle de son art répand toujours plus ou moins de lumière ; aussi les critiques qu'on a faites des bons écrivains sont oubliées, et leurs réponses sont encore lues avec fruit.

On reprocha sans doute à Molière de *défendre son talent;* mais en le défendant, il en donna de nouvelles preuves, et on l'avait attaqué avec indécence. Je conçois bien que les contemporains pardonnent plus volontiers à l'amour-propre des sots qui attaquent qu'à celui de l'homme supérieur qui se défend : les uns ne font qu'oublier leur faiblesse; l'autre fait souvenir de sa force; mais la postérité, qui n'est jalouse de personne, en juge tout autrement : elle profite de tout ce qu'on lui a laissé de bon, sans croire que l'auteur ait été obligé, plus que les autres hommes, de se dépouiller de tout amour de soi-même. De quoi s'agit-il sur-tout? D'avoir raison; et Molière a-t-il eu tort de faire une pièce très gaie, où il se moque très spirituellement de ceux qui avaient cru se moquer de lui? Il introduit sur la scène une *Précieuse*, qui en arrivant se jette sur un fauteuil, prête à s'évanouir *d'un mal de cœur affreux*, pour avoir vu cette *méchante rapsodie de l'École des Femmes*. Elle est soutenue d'un de ces marquis turlupins que Molière avait joués déjà dans *les Précieuses*, en y faisant voir des valets qui étaient les singes de leurs maîtres. Plusieurs s'étaient déchaînés contre *l'École des Femmes*, prétendant que toutes les règles y étaient violées; car alors il était de mode de les réclamer avec pédantisme, comme aujourd'hui de les rejeter avec extravagance. Un homme de la cour avait affecté de sortir du théâtre au second acte en criant au scandale. Molière se vengea en peintre : il s'amusa à dessiner ses ennemis, et fit rire de leur portrait. Il peignit leur étourderie étudiée, leurs grands airs, leur froid persiflage, leur suffisance, leurs grands éclats de rire, leurs plates railleries. Il leur associa un M. Lysidas, auteur jaloux, qui, avec un ton fort discret et fort ménagé, finit par dire plus de mal que personne de la pièce de Molière. Enfin il leur opposa un homme raisonnable, qui parle très pertinemment et fait toucher au doigt le ridicule et la déraison des détracteurs.

Molière revint encore aux marquis dans l'*Impromptu de Versailles*, petite pièce du moment, qui divertit beaucoup Louis XIV et toute la cour. C'est là qu'il se fait dire : « Quoi! toujours des marquis! » Et il répond : « Oui, toujours des marquis. Que
« diable voulez-vous qu'on prenne pour un carac-
« tère agréable de théâtre? Le marquis aujourd'hui
« est le plaisant de la comédie; et comme dans toutes
« les pièces anciennes on voit toujours un valet
« bouffon qui fait rire les auditeurs, de même main-
« tenant il faut toujours un marquis ridicule qui di-
« vertisse la compagnie. »

Les Précieuses avaient déjà valu à leur auteur plus d'une satire. Un sieur de Somaize fit *les Véritables Précieuses* ; car il est bon d'observer qu'originairement ce mot, bien loin d'avoir une acception désavantageuse, signifiait une femme d'un mérite distingué et de très bonne compagnie. Quand Molière se moqua de la prétention et de l'abus, il se crut obligé de les distinguer de la chose même ; et non content d'énoncer cette distinction dans le titre de la pièce, il déclara dans sa préface qu'il respectait *les Véritables Précieuses*. Mais comme en effet presque toutes alors étaient fort ridicules, le nom changea de signification et n'exprima plus qu'un ridicule. Il s'étendit même à d'autres objets, et l'on dit depuis, non-seulement une femme *précieuse*, mais un style *précieux*, un ton *précieux*, toutes les fois que l'on voulut désigner l'affectation d'être agréable. Ainsi l'ouvrage de Molière fit un changement dans la langue comme dans les mœurs, et ce qui était une louange devint une censure.

Mais le grand succès de l'*École des Femmes*, celui des deux pièces qui la suivirent, et la satisfaction qu'en témoigna Louis XIV, dont le bon esprit goûtait celui de Molière, et qui n'était pas fâché qu'on l'amusât des travers de ses courtisans, excitèrent bien un autre déchaînement contre le poète comique. On vit paraître successivement *la Vengeance des Marquis*, par de Villiers ; *Zélinde, ou la Critique de la Critique*, par Visé ; et *le Portrait du Peintre*, par Boursault. Les mauvais écrivains ne manquent jamais de se réunir contre le talent, sans songer que cette réunion même proûve sa supériorité. De Villiers, comédien de l'hôtel de Bourgogne, vengeait l'injure de tous ses camarades, que Molière avait joués dans *l'Impromptu de Versailles*, où il contrefaisait leur déclamation emphatique. Ainsi il y avait non-seulement querelle d'auteur à auteur, mais de théâtre à théâtre. Visé, comme auteur de mauvaises comédies, et de plus écrivain de *Nouvelles*, espèce de journal qui précéda *le Mercure*, avait un double titre pour déchirer Molière. Il en était jaloux comme s'il eût pu être son rival, et le critiquait comme s'il avait eu le droit d'être son juge. A l'égard de Boursault, on est fâché de trouver son nom parmi les détracteurs d'un grand homme. Il avait de l'esprit et du talent, et ce qui le prouve, c'est qu'on joue encore deux de ses pièces avec succès, *Ésope à la cour* et le *Mercure galant*. Mais on lui persuada que c'était lui que Molière avait eu en vue dans le rôle de Lysidas, et il fit contre lui le *Portrait du Peintre*. Toutes ces satires ne firent pas grande fortune. Dans *l'Impromptu de Versailles*, Molière, emporté par ses ressentiments, eut le tort inexcusable de nommer Boursault; et quoiqu'il ne l'attaque que du côté de l'esprit, ce n'en est pas moins une violation des bienséances du théâtre et des lois de la société. La comédie est faite pour instruire tout le monde et n'attaquer personne. Chacun peut en prendre sa part; mais il ne faut la faire à qui que ce soit. Il est vrai que les ennemis de Molière lui en avaient donné l'exemple; mais il n'était pas fait pour le suivre.

Visé fut celui de tous qui se déchaîna contre lui avec le plus de fureur. Il ne put parvenir à faire jouer sa *Zélinde*; mais il est curieux de voir de quelles armes se sert ce *galant homme* (qui fut depuis le fondateur du *Mercure galant*), dans une *Lettre sur les affaires du théâtre*. Il ne prétendait à rien moins qu'à soulever toute la noblesse de France contre molière, et à le rendre coupable du crime de lèse-Majesté. Voici comme il soutient cette belle accusation.

« Pour ce qui est des marquis, ils se vengent assez
« par leur prudent silence, et font voir qu'ils ont
« beaucoup d'esprit, en ne l'estimant pas assez pour
« se soucier de ce qu'il a dit contre eux. Ce n'est pas
« que la gloire de l'État ne les eût obligés à se plain-
« dre, puisque c'est tourner le royaume en ridicule,
« railler toute la noblesse, et rendre méprisables,
« non-seulement à tous les Français, mais encore à
« tous les étrangers, des noms éclatants, pour qui
« l'on devrait avoir du respect.

« Quoique cette faute ne soit pas pardonnable,
« elle en renferme une autre qui l'est bien moins,
« et sur laquelle je veux croire que la prudence de
« Molière n'a pas fait réflexion. Lorsqu'il joue toute
« la cour, et qu'il n'épargne que l'auguste personne
« du roi, que l'éclat de son mérite rend plus consi-
« dérable que celui de son trône, il ne s'aperçoit
« pas que cet incomparable monarque est toujours
« accompagné des gens qu'il veut rendre ridicules;
« que ce sont eux qui forment sa cour; que c'est
« avec eux qu'il se divertit; que c'est avec eux qu'il

« s'entretient, et que c'est avec eux qu'il donne de
« la terreur à ses ennemis. C'est pourquoi Molière
« devrait plutôt travailler à nous faire voir qu'ils
« sont tous des héros, puisque le prince est toujours
« au milieu d'eux, et qu'il en est comme le chef,
« que de nous en faire voir des portraits ridicules.

« Il ne suffit pas de garder le respect que nous
« devons au *demi-dieu* qui nous gouverne, il faut
« épargner ceux qui ont le glorieux avantage de l'ap-
« procher, et ne pas jouer ceux qu'il honore de son
« estime. »

Les raisonnements de ce Visé sont aussi forts que ses intentions sont loyales. Il veut que des personnages de comédie soient *tous des héros*, parce que ce sont des gens de cour; il veut qu'ils ne puissent pas être *ridicules*, parce que ce sont des gentilshommes; il veut que chacun d'eux prenne Molière à partie, et il ne songe pas que des peintures générales ne peuvent jamais offenser personne. Il serait superflu d'opposer des vérités trop connues à une déclamation trop absurde. Je ne l'ai citée que pour faire voir qu'en tout temps les mauvais critiques ont été aussi des hommes très méchants, et que, non contents de dénigrer l'ouvrage, il se croient tout permis pour perdre l'auteur. Apparemment l'animosité de Visé avait augmenté avec les succès de Molière; car dans un autre passage de ses *Nouvelles*, imprimé un an auparavant, il avait mêlé beaucoup d'éloges à ses critiques. Il est vrai que ses louanges n'étaient pas toujours flatteuses; par exemple, lorsqu'en disant beaucoup de bien de *l'École des Maris*, il la place après *les Visionnaires* de Desmarets, et lorsqu'il regarde *Sganarelle* comme la meilleure des pièces de Molière. En revanche, il dit beaucoup de mal des *Précieuses ridicules*, « dont « la réussite fit connaître à l'auteur qu'on aimait la « satire et la bagatelle, que le siècle était malade, « et que les bonnes choses ne lui plaisaient pas. »

Je ne sais de quelles *bonnes choses* il veut parler ; ce qui est sûr, c'est que de très mauvaises étaient depuis long-temps en possession de plaire ; et que si *les Précieuses* firent voir *que le siècle était malade,* ce n'est pas parce que le tableau fut applaudi, c'est parce qu'il était fidèle ; et la réussite fit voir en même temps que le siècle n'était pas incurable. Mais ce qu'il y a de plus singulier, c'est que le même auteur qui voulait armer tout à l'heure contre Molière tous les grands seigneurs du royaume, leur reprocha de l'encourager, de lui *fournir* même *des mémoires*, ce qui était arrivé en effet pour la comédie des *Fâcheux*. « Molière apprit, dit-il, que « les gens de qualité ne voulaient rire qu'à leurs « dépens ; qu'ils étaient les plus dociles du monde, « et voulaient qu'on fît voir leurs défauts en public. » Eh ! oui, M. Visé, voilà précisément ce que Molière avait deviné, et ce dont vous ne vous seriez pas douté. Il a découvert que la comédie était un miroir de la vie humaine, où personne n'était fâché de se voir, pourvu qu'il y pût voir ses voisins, parce que l'amour-propre se sauve dans la foule, et que chacun s'amuse aux dépens de tous les autres. Cela vous paraît de la *bagatelle*, et sans doute *la rareté et la curiosité* des tréteaux d'Espagne et d'Italie vous paraît une *bonne chose;* mais si vous en saviez autant que Molière, vous verriez que cette *bagatelle*, c'est la vraie comédie.

Le Mariage forcé, comédie-ballet en un acte, était encore un de ces intermèdes bouffons qui faisaient partie des spectacles de la cour. On l'appela *le Ballet du Roi*, parce que Louis XIV y dansa. Le principal rôle est un Sganarelle, nom qui désignait, dans les anciennes farces, un personnage imbécile ou grotesque. Il n'y a aucune intrigue dans la pièce; mais accoutumé à placer partout la critique des mœurs, Molière se moque ici du verbiage scientifique que les pédants de l'école avaient conservé, quoiqu'il fût passé de mode partout ailleurs, et il joue dans les deux docteurs Pancrace et Marphurius, la manie de philosopher hors de propos, la morgue de la science et la sottise du pyrrhonisme. La fureur de Pancrace à propos de *la forme du chapeau* n'était point un tableau chargé, dans un temps où l'on rendait encore des arrêts en faveur d'Aristote; et quand Sganarelle donne des coups de bâton au pyrrhonien Marphurius, en lui représentant que, selon sa doctrine, il ne doit pas être sûr que ce soient des coups de bâton, il se sert d'un argument proportionné à la folie de cette doctrine.

C'est malgré lui que Molière fit *le Festin de Pierre*. Ce vieux canevas était originaire d'Espagne, où il avait fait une grande fortune, et il était bien juste qu'un peuple qui voyait avec édification la vierge et les diables danser ensemble, et les sept sacrements en ballet, vît avec une sainte terreur marcher une statue sur la scène, et l'enfer s'ouvrir pour engloutir un athée. Mais comme le peuple est partout le même, ce sujet n'eut pas moins de succès à Paris, sur le théâtre d'Arlequin. Toutes les troupes comiques (il y en avait alors quatre à Paris), voulurent avoir et eurent en effet leur *Festin de Pierre* comme celle des Italiens ; car il faut remarquer que ce sont toujours les ouvrages faits pour la multitude qui ont de ces prodigieux succès de mode, attachés à un nom qui suffit pour attirer la foule à tous les théâtres. Il n'y eut qu'un *Misanthrope* et qu'un *Tartufe* ; mais il y eut dans l'espace de peu d'années cinq *Festin de Pierre*. Molière, pour contenter sa troupe, fut obligé d'en faire un, mais ce fut le seul qui ne réussit pas. Ce n'est pas qu'il ne valût beaucoup mieux que tous les autres ; mais il était en prose, et c'était alors une nouveauté sans exemple. On n'imaginait pas qu'une comédie pût n'être pas en vers, et la pièce tomba. Ce ne fut qu'après la mort de Molière, que Thomas Corneille versifia *le Festin de Pierre*, en suivant, à peu de chose près, le plan et le dialogue de la pièce en prose. Il réussit, et c'est le seul que l'on joue encore. La scène de M. Dimanche est comique, et le morceau sur l'hypocrisie annonçait, dans l'auteur original, l'homme qui devait bientôt faire *le Tartufe*.

L'Amour Médecin est la première pièce où Molière ait déclaré la guerre à la Faculté, et cette guerre dura jusqu'à la fin de sa vie ; car son dernier ouvrage, *le Malade imaginaire,* fut encore fait contre les médecins. Comme, malgré l'utilité réelle de la médecine et le mérite supérieur de plusieurs de ceux qui l'ont cultivée, il n'y a point de science qui soit plus susceptible de tous les genres de charlatanisme, puisqu'elle domine sur les hommes par le premier de tous les intérêts, l'amour de la vie et la crainte de la mort : c'est un objet qui ne devait point échapper à un poète comique. D'ailleurs le pédantisme, qui, chez les médecins du dernier siècle, était l'enseigne de la science, prêtait beaucoup au ridicule; et l'on sait combien Molière en a tiré parti. Ce ridicule a disparu, parce qu'il ne tenait qu'aux formes extérieures; mais l'esprit de corps qui ne change point, et tous les préjugés, tous les travers qui en résultent, ont fourni au poète observateur une foule de mots heureux, devenus proverbes, et qu'on cite d'autant plus volontiers, qu'ils sont encore aujourd'hui tout aussi vrais que de son temps. C'est aussi dans cette pièce qu'il a caractérisé les *donneurs d'avis*, par une scène charmante dont tout l'esprit est dans ce mot si connu : *M. Josse, vous êtes orfèvre.* On assure que *l'Amour Médecin*, qui a trois actes, fut fait et appris en cinq jours. Ce n'était pas assez pour cela d'être Molière, il fallait aussi être chef de troupe.

Le Misanthrope.

Autant Molière avait été jusque-là au-dessus de tous ses rivaux, autant il fut au-dessus de lui-même dans *le Misanthrope.* Emprunter à la morale une des plus grandes leçons qu'elle puisse donner aux hommes, leur démontrer cette vérité qu'avaient méconnue les plus fameux philosophes anciens, que la sagesse même et la vertu ont besoin d'une mesure* sans laquelle elles deviennent inutiles, où même nuisibles; rendre cette leçon comique sans compromettre le respect dû à l'homme honnête et vertueux, c'était là sans doute le triomphe d'un poète philosophe, et la comédie ancienne et moderne n'offrait aucun exemple d'une si haute conception. Aussi arriva-t-il d'abord à Molière ce que nous avons vu arriver à Racine. Les spectateurs ne purent pas l'atteindre: il avait franchi de trop loin la sphère des idées vulgaires. Le *Misanthrope* fut abandonné, parce qu'on ne l'entendit pas. On était encore trop accoutumé au gros rire: il fallut retirer la pièce à la quatrième représentation. Ces méprises si fréquentes nous font rougir, et ne nous corrigent pas de la précipitation de nos jugements. Ce n'est pas que l'exemple du *Misanthrope* et d'*Athalie* puisse se renouveler aisément; ce sont des chefs-d'œuvre d'un ordre trop supérieur; mais on peut assurer que, dans tous les temps, des ouvrages d'un très grand mérite, confondus d'abord dans l'opinion et dans l'égalité du succès avec les productions les plus médiocres, n'arrivent à leur place qu'avec bien des années, et que la jalousie, qui est dans le secret, a le plaisir de les voir long-temps dans la foule avant que la voix publique les ait vengés d'une concurrence

---

* Retinuitque, quod est difficillimum, ex sapientiâ modum.

TAC. *Agric.* IV.

indigne, et proclamés dans le rang qui leur est dû.

Molière se conduisit en homme habile; il sentit que le *Misanthrope* n'avait besoin que d'être entendu; et puisque cette pièce ne pouvait par elle-même attirer le public, il trouva le moyen de l'y faire revenir en le servant selon son goût. Il donna la farce du *Fagotier*, et à la faveur de *Sganarelle*, on eut la complaisance d'écouter le *Misanthrope*, dont le succès alla toujours en croissant, à mesure que les spectateurs, en s'instruisant, devenaient plus dignes de l'ouvrage*. Il était, depuis un siècle, en possession du premier rang que le *Tartufe* seul lui disputait, quand un écrivain d'autant plus fameux par son éloquence, qu'il la fit servir plus souvent au paradoxe qu'à la raison, a intenté à Molière une accusation très grave, et lui a reproché d'avoir joué la *vertu* et de l'avoir rendue ridicule.

Rousseau débute ainsi : « Vous ne sauriez me « nier deux choses : l'une, qu'Alceste est dans cette « pièce un homme droit, sincère, estimable, un « véritable homme de bien; l'autre, que l'auteur lui « donne un personnage ridicule. C'en est assez, « ce me semble, pour rendre Molière inexcusable. »

Il faut absolument, avec un dialecticien aussi subtil que Rousseau, se servir des mêmes armes que lui, et argumenter en forme. Ainsi d'abord je distingue la majeure et je nie la conséquence. *L'auteur donne au Misanthrope un personnage ridicule:* oui; mais ce ridicule porte-t-il sur ce qu'il est *droit, sincère, homme de bien?* Non. Il porte sur des tra-

* Voyez plus haut, p. 339, la note où ce fait est démenti.   F.

vers réels, qui tiennent à l'excès de ces bonnes qualités. Et qui peut douter que l'excès ne gâte les meilleures choses? Ce principe est si reconnu, qu'il serait superflu de le prouver. Or, si tout excès est blâmable et dangereux, la comédie n'a-t-elle pas droit d'en montrer le vice et le danger? et si elle y joint le ridicule, ne se sert-elle pas de l'arme qui lui est propre? Je dis plus : si ce ridicule tombait sur la vertu même, il ne serait pas supporté; l'auteur le plus maladroit ne l'essaierait pas. Serait-ce donc Molière qui aurait commis une faute si grossière? Aurait-il ignoré le respect que tous les hommes ont pour la vertu? Quand le Misanthrope est indigné de tous les traits de médisance que Célimène et sa société viennent de lancer sur les absents, sur des gens qu'ils voient tous les jours en qualité d'amis; quand il leur dit avec une noble sévérité :

Allons, ferme! poussez, mes bons amis de cour :
Vous n'en épargnez point, et chacun a son tour.
Cependant aucun d'eux à vos yeux ne se montre,
Qu'on ne vous voie en hâte aller à sa rencontre,
Lui présenter la main, et, d'un baiser flatteur
Appuyer le serment d'être son serviteur.

Quelqu'un alors s'avise-t-il de rire? ceux mêmes à qui l'apostrophe s'adresse, et qui sont de grands rieurs, ne le sont pourtant pas dans ce moment; ils sentent si bien la vérité du reproche, que l'un d'eux, pour toute excuse, cherche à rejeter la faute sur Célimène, enfin d'embarrasser Alceste qui l'aime:

Pourquoi s'en prendre à nous? Si ce qu'on dit vous blesse;
Il faut que le reproche à madame s'adresse.

Mais la réplique d'Alceste est accablante :

> Non ? morbleu ! c'est à vous, et vos ris complaisants
> Tirent de son esprit tous ces traits médisants.
> Son humeur satirique est sans cesse nourrie
> Par le coupable encens de votre flatterie ;
> Et son cœur à railler trouverait moins d'appas,
> S'il avait observé qu'on ne l'applaudit pas.
> C'est ainsi qu'aux flatteurs on doit par-tout se prendre
> Des vices où l'on voit les humains *se répandre*.

La semonce est forte ; mais elle est bien fondée, si morale, si instructive, que ceux qui sont tancés si vertement gardent le silence, et il n'y a que Célimène, que la légèreté de son âge et de son caractère, et les avantages que lui donnent sur Alceste son sexe et l'amour qu'il a pour elle, enhardissent à le railler sur son humeur contrariante. Mais quoiqu'en effet il ait parlé avec un ton d'humeur qui est un peu au delà des convenances de la société, où l'on ne s'exprime pas si durement, cependant la vérité a tant d'empire, on en sent si bien toute l'utilité, que tous les spectateurs en cet endroit applaudissent très sérieusement au courage du Misanthrope. Si son humeur ne portait jamais que sur de pareilles choses, ce ne serait qu'un censeur juste et rigoureux, et non plus un personnage de comédie. Mais Molière, qui vient de montrer ce qu'il a de bon, fait voir sur-le-champ, et presque dans la même scène, ce qu'il a d'outré et de répréhensible. On vient lui apprendre que la querelle qu'il a eue avec Oronte, à propos du sonnet, peut avoir des suites fâcheuses, et que, pour les prévenir, les maréchaux de France le mandent à leur tribunal. C'est ici que le caractère se montre, et que le sage commence à extravaguer.

Quel accommodement veut-on faire entre nous ?
La voix de ces messieurs me condamnera-t-elle
A trouver bons les vers qui font notre querelle ?
Je ne me dédis point de ce que j'en ai dit.
Je les trouve méchants.

PHILINTE.

Mais d'un plus doux esprit....

ALCESTE.

Je n'en démordrai point : les vers sont exécrables.

PHILINTE.

Vous devez faire voir des sentiments traitables.
Allons, venez.

ALCESTE.

J'irai, mais rien n'aura pouvoir
De me faire dédire.

PHILINTE.

Allons vous faire voir.

ALCESTE.

Hors qu'un commandement exprès du roi ne vienne,
De trouver bons les vers dont on se met en peine,
Je soutiendrai toujours, morbleu qu'ils sont mauvais,
Et qu'un homme est pendable après les avoir faits.

On rit aux éclats, comme de raison.

Par la sambleu, messieurs, je ne croyais pas être
Si plaisant que je suis.

Vraiment non, il ne le croit pas ; et c'est pour cela qu'il l'est beaucoup. Mais je dirai ici à Rousseau : Eh bien, commencez-vous à croire qu'un homme *droit*, *sincère*, *estimable*, peut être fort *ridicule* ? Et qui est-ce qui l'est ici ? Est-ce la *vertu* d'Alceste, ou sa mauvaise humeur si mal placée, et son amour si mal entendu pour la vérité ? La grande importance mise aux petites choses n'est-elle pas de sa nature *très ridicule* ? N'est-ce pas un défaut de raison, un travers de l'esprit ? Et si ce travers vient ou d'une humeur chagrine et brusque, ou d'un rigorisme outré sur l'obligation d'être toujours vrai, le poète qui nous le fait sentir n'est-il pas un précepteur de morale ? Appliquons les principes aux faits. Sans doute il faut être sincère ; mais quelle règle de morale nous oblige à dire à un homme qu'il fait mal des vers ? Est-ce là une vérité bien importante ? Assurément les mauvais vers et la mauvaise prose sont le plus petit mal qu'il y ait au monde. Qu'importe à la morale d'Alceste que le sonnet d'Oronte soit bon ou mauvais ? Cette question nous ramène à la fameuse scène du sonnet : jugeons la conduite du Misanthrope sur les préceptes du bon sens. A qui était-il responsable de son jugement ? Qui l'obligeait à le donner ? Parlait-il au public ? Avait-il les motifs qui peuvent, dans ce cas, faire un devoir de la sincérité, ou ceux qui peuvent la faire excuser ? S'agissait-il d'empêcher un homme de se tromper sur sa vocation et de se livrer à des illusions dangereuses ? Était-ce un ami qui voulût être éclairé, et qu'il ne fût pas permis d'abuser ? Rien de tout cela : c'est un homme du monde qui s'est amusé à ce qu'on appelle des vers de société.

Et qui ne sait que ces sortes de vers sont toujours assez bons pour ce qu'on veut en faire? Qui empêchait Alceste de se sauver par cette excuse, qui est toujours de mise : Monsieur, je ne m'y connais pas ; ou de payer l'amour-propre du rimeur de quelqu'une de ces phrases vagues qui ne signifient rien? — Mais la vérité? — Je sais qu'on peut faire de belles phrases sur ce grand mot; mais qu'est-ce qu'une vérité qui n'est bonne à rien? Il y a plus : Oronte la demandait-il bien sérieusement? Ceux qui lisent leurs ouvrages au premier venu demandent-ils la vérité ou des louanges? Mais je suppose qu'il la demandât; à quoi bon la lui dire? Qu'un sot s'avise de dire à quelqu'un : Monsieur, trouvez-vous que j'aie de l'esprit? Faut il lui répondre : Non? Eh bien? c'est justement la question que fait tout homme qui vient vous lire ses vers; et, pour le dire, en passant, je crois que dans ces sortes de confidences on ne doit la vérité qu'à celui qui est en état d'en profiter. La critique en particulier n'est utile qu'au talent : en public, elle est utile au goût; hors ces deux cas, à quoi sert-elle? Je veux encore qu'Alceste, entraîné par sa franchise, se soit expliqué naïvement sur le sonnet d'Oronte, et qu'il ait cru que la vérité ne l'offenserait pas. Mais lorsqu'Oronte répond :

Et moi, je vous soutiens que mes vers sont fort bons;

n'était-ce pas pour un homme de bon sens, un avertissement de ne pas aller plus loin? Alceste avait satisfait à ce qu'il croyait son devoir, il avait déclaré sa pensée. Qui le forçait à soutenir si obstinément une vérité si indifférente? N'est-il pas clair que tout le dialogue qui suit n'est qu'un combat où l'amour-propre du censeur lutte contre l'amour-propre du poète? Un philosophe sans humeur n'eût-il pas trouvé tout simple qu'un poète, et sur-tout un mauvais poète, défendît ses vers à outrance? Est-ce encore le bon sens, est-ce la morale, est-ce la probité qui engage cette dispute, dont tout le fruit est un éclat fâcheux, et l'inconvénient de se faire un ennemi gratuitement? La chose en valait-elle la peine? Et y avait-il quelque proportion entre l'effet et la cause?

J'ai porté cette discussion jusqu'à l'évidence; je conclus : donc le ridicule ne porte que sur ce qui est du ressort de la censure comique, sur ce qui est outré, déplacé, répréhensible; donc la vertu n'est point compromise, puisqu'un homme honnête n'en demeure pas moins respectable malgré des défauts d'humeur et des travers d'esprit. Donc Molière, non-seulement n'est point *inexcusable*, mais il n'a pas même besoin d'excuse, et ne mérite que des éloges pour avoir donné une leçon très importante, non pas, comme tant d'autres poètes, aux vicieux, aux sots, à la multitude, mais à la vertu, à la sagesse, en leur apprenant dans quelles justes bornes elles doivent se renfermer, quels excès elles doivent éviter pour être utiles, et à celui qui les possède, et à tout le reste des hommes.

Ce qui paraîtrait inconcevable, si l'on n'était pas accoutumé aux contradictions de Rousseau, c'est l'aveu qu'il fait lui-même un moment après en ces propres termes : « Quoique Alceste ait des « défauts réels dont on n'a pas tort de rire, on « sent pourtant au fond du cœur un respect pour « lui, dont on ne peut se défendre. » Cette phrase si remarquable est l'éloge complet de la pièce; car elle renferme tout ce que le poète a fait, et tout ce qu'il pouvait faire de mieux. Ce que j'ai dit n'en est que le développement; mais la conséquence que j'en tire est fort différente de celle de Rousseau, qui ajoute tout de suite : « En cette occasion, la « force de la vertu l'emporte sur l'art du poète. » Un homme qui aurait été d'accord avec lui-même, et qui n'aurait pas eu un paradoxe à soutenir, aurait dit : Rien ne fait mieux voir à la fois et la force de la vertu, et celle du talent de Molière, puisqu'en faisant *rire des défauts réels*, il fait toujours *respecter la vertu*, et ne permet pas que le ridicule aille jusqu'à elle. Ou il n'y a plus de logique au monde, ou il faut admettre cette conséquence, dont tous les termes sont contenus dans des prémisses avouées.

Quel était le but de Rousseau ? Il voulait prouver que la comédie était un établissement contraire aux bonnes mœurs. S'il n'eût attaqué que quelques ouvrages où en effet elles sont blessées, et qui ne sont que l'abus de l'art, cette marche ne l'aurait pas mené loin. Il attaque une comédie regardée comme une des plus morales dont la scène puisse se vanter, bien sûr que s'il abat le *Misanthrope*, ce chef-d'œuvre entraînera tout le reste dans sa chute. S'il lui échappe des aveux qui le condamnent, c'est qu'il croit pouvoir s'en tirer; et quoique cette confiance le trompe, il a du moins rempli un objet qui n'est pas indifférent pour la célébrité, celui d'étonner par la singularité des opinions nouvelles et par le talent de les soutenir.

C'en est une bien nouvelle assurément, que celle-ci : « Molière a mal saisi le caractère du Misanthrope. « Pense-t-on que ce soit par erreur? Non, sans « doute ; mais le désir de faire rire aux dépens du « personnage l'a forcé de le dégrader contre la vé- « rité du caractère. » Et quel est celui que Rousseau voudrait qu'on eût donné au Misanthrope? Le voici : « Il fallait que le Misanthrope fût toujours furieux « contre les vices publics, et toujours tranquille « sur les méchancetés personnelles dont il est la « victime. » En conséquence, Alceste, selon lui, doit trouver tout simple qu'Oronte, dont il a blâmé les vers, s'en venge par des calomnies; que ses juges lui fassent perdre son procès, quoiqu'il dût le gagner, et que sa maîtresse le trompe malgré les assurances qu'elle lui a données de son amour. Ce caractère est fort beau; mais c'est la sagesse parfaite, et il serait plaisant que Molière eût imaginé de la jouer. Cette espèce d'impertubabilité stoïcienne n'est pas, je crois, très conforme à la nature; mais à coup sûr elle l'est encore moins à l'esprit du théâtre. Molière pensait que la comédie doit peindre l'homme; il a cru que si jamais elle pouvait nous présenter un tableau instructif, c'était en nous montrant combien le sage même peut avoir de faiblesses dans l'âme, de défauts dans l'humeur et de travers dans l'esprit; enfin, pour me servir des expressions même du Misanthrope :

> Que c'est à tort que sages on nous nomme,
> Et que dans tous les cœurs il est toujours de l'homme.

Quelle leçon pour l'amour-propre, qui nous est s[i] naturel à tous ! Quel avertissement d'être attentif sur nous et indulgents pour les autres ! Cela ne vaut il pas mieux (même dans les rapports moraux, e[t] en mettant de côté l'effet dramatique) que de nou[s] offrir un modèle presque entièrement idéal? Ne vaut il pas mieux nous montrer les défauts que nou[s] avons, et dont nous pouvons corriger au moins un[e] partie, qu'une perfection qui est trop loin de nous[?] Ce n'est donc pas seulement pour *faire rire* que Mo lière a peint son Misanthrope tel qu'il est, c'est pou[r] nous instruire. Ainsi, lorsque Alceste veut fuir dan[s] un désert, où, dit-il, *on n'a point à louer les ver[s] de messieurs tels*, le parterre rit, il est vrai; mais l[a] raison répond à cette boutade plaisante, que si l[a] sagesse est bonne à quelque chose, c'est à savoi[r] vivre avec les hommes, et non pas dans un désert, où elle ne peut servir à rien, et qu'il vaut encor[e] mieux avoir un peu de complaisance pour les mau- vais vers que de rompre avec le genre humain. Quand il s'écrie, dans son éloquente indignation, au sujet des calomnies d'Oronte :

> Lui qui d'un homme honnête à la cour tient le rang,
> A qui je n'ai rien fait qu'être sincère et franc,
> Qui me vient malgré moi, d'une ardeur empressée,
> Sur des vers qu'il a faits demander ma pensée;

Et parce que j'en use avec honnêteté ;
Et ne le veux trahir, lui, ni la vérité,
Il aide à m'accabler d'un crime imaginaire :
Le voilà devenu mon plus grand adversaire,
Et jamais de son cœur je n'aurai de pardon,
Pour n'avoir pas trouvé que son sonnet fût bon.
Et les hommes, morbleu, sont faits de cette sorte !

Le parterre *rit*; mais la raison répond : Oui, c'est ainsi qu'ils sont faits, et ils ont grand tort ; mais comme vous ne leur ôterez pas leur amour-propre, ne les choquez pas du moins sans nécessité. Vous n'étiez pas tenu en conscience de démontrer à Oronte que son sonnet ne valait rien. Quelques compliments en l'air ne vous auraient pas plus compromis que les formules qui finissent une lettre ; c'est une monnaie dont tout le monde sait la valeur, et l'on n'est pas un fripon pour s'en servir. On ne ment pas plus en disant à un auteur que ses vers sont bons qu'en disant à une femme qu'elle est jolie, et les choses restent ce qu'elles sont.

Quand on entend cet excellent dialogue entre Alceste et Philinte :

PHILINTE.

Contre votre partie éclatez un peu moins,
Et donnez au procès une part de vos soins.

ALCESTE.

Je n'en donnerai point ; c'est une chose dite.

PHILINTE.

Mais qui voulez-vous donc qui pour vous sollicite ?

ALCESTE.

Qui je veux ! la raison, mon bon droit, l'équité.

PHILINTE.

Aucun juge par vous ne sera visité?

ALCESTE.

Non. Est-ce que ma cause est injuste ou douteuse?

PHILINTE.

J'en demeure d'accord, mais la brigue est fâcheuse;
Et....

ALCESTE.

Non, j'ai résolu de n'en pas faire un pas.
J'ai tort ou j'ai raison.

PHILINTE.

Ne vous y fiez pas.

ALCESTE.

Je ne remûrai point.

PHILINTE.

Votre partie est forte
Et peut par sa cabale entraîner....

ALCESTE.

Il n'importe.

PHILINTE.

Vous vous tromperez.

ALCESTE.

Soit. J'en veux voir le succès.

PHILINTE.

Mais....

ALCESTE.

J'aurai le plaisir de perdre mon procès.

le parterre *rit* de ces saillies d'humeur, quoiqu'au fond Alceste ait raison sur le principe. Rousseau prouve très bien, ce que tout le monde savait déjà, qu'il serait à souhaiter que l'usage de visiter ses juges fût aboli; mais il en conclut très mal que l'auteur a tort de *faire rire* ici aux dépens d'Alceste, car il y a encore ici un excès. On pourrait dire à Alceste : Sans doute il vaudrait mieux que la justice seule pût tout faire; mais d'abord ce qui est permis à votre partie ne vous est pas défendu; et si vous opposez à l'usage la morale rigide, je vais vous convaincre qu'elle est d'accord avec la démarche que je vous conseille. Ne conviendrez-vous pas qu'il vaut encore mieux empêcher une injustice, si on le peut, *que d'avoir le plaisir de perdre son procès?* Eh bien! d'après ce principe que vous ne pouvez pas nier, vous avez tort de vous refuser à ce qu'on vous demande; car, sans révoquer en doute l'équité de vos juges, n'est-il pas très possible qu'on leur ait montré l'affaire sous un faux jour, que votre rapporteur n'ait pas fait assez attention à des pièces probantes? Faites parler la vérité, et vous pourrez prévenir un arrêt injuste, c'est-à-dire une mauvaise action, un scandale, un mal réel. Que pourrait opposer à ce raisonnement un homme sans passion et sans humeur? Rien. Mais le Misanthrope dira :

Ce sont vingt mille francs qu'il m'en pourra coûter.
Mais pour vingt mille francs j'aurai droit de pester
Contre l'iniquité de la nature humaine,
Et de nourrir pour elle une immortelle haine.

Son caractère est conservé : il est parti d'un principe vrai; mais l'humeur qui le domine l'emporte beaucoup trop loin, et il déraisonne. De tous les exemples que j'ai cités, Rousseau conclut : *Il fallait faire rire le parterre.* Je réponds : Oui, c'est ce que doit faire le poète comique; mais c'est ici le cas de rappeler le mot d'Horace : *Qui empêche de dire la vérité en riant*[*] ? et Molière l'a dite à ceux qui savent l'entendre.

Enfin, lorsque le Misanthrope propose à Célimène de l'épouser à condition qu'elle le suivra dans la solitude où il veut se retirer, et que sur son refus il la quitte avec indignation, et renonce à tout commerce avec les hommes, on peut encore lui dire : C'est vous qui avez tort. D'abord, pourquoi vous êtes-vous attaché à une coquette dont vous connaissiez le caractère ? Ensuite, pourquoi poussez-vous la faiblesse jusqu'à lui pardonner toutes ses intrigues que vous venez de découvrir, et vouloir prendre pour votre femme celle qu'il vous est impossible d'estimer ! C'est à cause de ses vices qu'il faut la quitter, et non pas parce qu'elle refuse de vous suivre dans un désert, car c'est un sacrifice qu'elle ne vous doit pas, et que personne ne s'engage à faire en se mariant. Il n'y a pas là de quoi fuir les hommes, ni même les femmes ; car apparemment elles ne sont pas toutes aussi fausses que votre Célimène, et vous-même estimez beaucoup Éliante. Croyez-moi, épousez une femme qui soit telle qu'Éliante vous paraît être ; elle vous donnera ce qui vous manque, c'est-à-dire plus de modération, d'indulgence et de douceur.

Voilà ce que la réflexion pouvait suggérer au Misanthrope ; mais il fallait qu'il soutînt son caractère, et le parti extrême qu'il prend à la fin de la pièce est le dernier trait du tableau. Il est toujours

---

[*] . . . . Ridendo dicere verum
Quid vetat ?   (*Sat.* I, 1.)

dans l'excès, et c'est l'excès que Molière a voulu livrer au *ridicule*.

Quoique son dessein soit si clairement marqué, Rousseau est tellement déterminé à ne voir en lui que le projet absurde d'immoler la vertu à la risée publique, qu'il croit saisir cette intention jusque dans une mauvaise pointe que se permet Alceste, quand Philinte dit à propos de la fin du sonnet :

La chute en est jolie, amoureuse, admirable.

Le Misanthrope dit, en grondant entre ses dents :

La peste de ta chute, empoisonneur au diable !
En eusses-tu fait une à te casser le nez !

Là-dessus Rousseau se récrie qu'il est impossible qu'Alceste, qui, un moment après va critiquer les jeux de mots, en fasse un de cette nature. Mais ne dit-on pas tous les jours en conversation ce qu'on ne voudrait pas écrire ? Et qui ne voit que ce quolibet échappe à la mauvaise humeur qui se prend au dernier mot qu'on entend, et qui veut dire une injure à quelque prix que ce soit ? La colère n'y regarde pas de si près, et l'homme de l'esprit le plus sévère peut manquer de goût quand il se fâche. Cette excuse est si naturelle, que Rousseau l'a prévue ; mais il la trouve insuffisante ; et revient à son refrain : *Voilà comme on avilit la vertu.* En vérité, s'il ne faut qu'un calembourg pour la compromettre, elle est aujourd'hui bien exposée.

Rousseau fait une autre chicane au Misanthrope ; il lui reproche de tergiverser d'abord avec Oronte, et de ne pas lui dire crûment, du premier mot, que son sonnet ne vaut rien, et il ne s'aperçoit pas que le détour que prend Alceste pour le dire, sans trop blesser ce qu'un homme du monde et de la cour doit nécessairement avoir de politesse, est plus piquant cent fois que la vérité toute nue. Chaque fois qu'il répète *je ne dis pas cela*, il dit en effet tout ce qu'on peut dire de plus dur; en sorte que, malgré ce qu'il croit devoir aux formes, il s'abandonne à son caractère dans le même temps où il croit en faire le sacrifice. Rien n'est plus naturel et plus comique que cette espèce d'illusion qu'il se fait, et Rousseau l'accuse de fausseté dans l'instant où il est le plus vrai; car qu'y a-t-il de plus vrai que d'être soi-même en s'efforçant de ne pas l'être?

Le censeur génevois n'épargne pas davantage le rôle de Philinte : il prétend que *ses maximes ressemblent beaucoup à celles des fripons*. Il est vrai que Rousseau n'en donne pas la moindre preuve, et qu'il ne cite rien à l'appui de son accusation : c'est que le langage de Philinte est effectivement celui d'un honnête homme qui hait le vice, mais qui se croit obligé de supporter les vicieux, parce que, ne pouvant les corriger, il serait insensé de s'en rendre très inutilement la victime. Ses principes de douceur et de prudence ne ressemblent nullement à ceux des fripons: Rousseau a oublié que ceux-ci ne manquent jamais de mettre en avant une morale d'autant plus sévère, qu'elle ne les engage à rien dans la pratique: il a oublié que personne ne parle plus haut de probité que ceux qui n'en ont guère [*].

[*] La critique de Rousseau sur les caractères d'Alceste et de Philinte, a

Je n'aurais pas entrepris cette réfutation après celle de deux écrivains supérieurs, MM. d'Alembert et Marmontel, si elle ne m'eût servi à répandre un plus grand jour sur une partie des beautés de cette admirable comédie. Comme elle m'a entraîné un peu loin, je passe rapidement sur les autres parties de l'ouvrage, sur le contraste de la prude Arsinoë et de la coquette Célimène, aussi frappant que celui d'Alceste et de Philinte; sur les deux rôles de marquis, dont la fatuité risible égaie le sérieux que le caractère du Misanthrope et sa passion pour Célimène répandent de temps en temps dans la pièce; sur les traits profonds dont cette passion est peinte, sur la beauté du style qui réunit tous les tons; et je dois d'autant moins fatiguer l'admiration, que d'autres chefs-d'œuvre nous attendent et vont la partager.

Des farces de Molière, d'Amphitryon, de l'Avare, des Femmes savantes, etc.

La Comtesse d'Escarbagnas, le Médecin malgré lui, les Fourberies de Scapin, le Malade imaginaire, M. de Pourceaugnac, sont dans ce genre de bas comique qui a donné lieu au reproche que le sévère Despréaux fait à Molière, d'avoir *allié Tabarin à Térence*. Le reproche est fondé : nous avons vu quelle excuse pouvait avoir l'auteur, obligé de travailler pour le peuple. Mais ne pourrait-on pas excuser aussi jusqu'à un certain point ce genre de pièces, du moins tel que Molière l'a traité? Convenons d'abord qu'il n'y attachait aucune prétention;

---

fourni à Fabre d'Églantine, qui l'a en quelque sorte mise en action, le sujet d'une de nos meilleures comédies du second ordre, *le Philinte de Molière* Voyez notre *Répertoire*, t. XIII, p. 181, l'art. FABRE D'ÉGLANTINE. H. P.

et ce qui le prouve, c'est que presque toutes ne furent imprimées qu'après sa mort. Convenons encore que la variété d'objets est si nécessaire au théâtre, comme partout ailleurs, et le rire une si bonne chose en elle-même, que, pourvu qu'on ne tombe pas dans la grossière indécence ou la folie burlesque, les honnêtes gens peuvent s'amuser d'une farce sans l'estimer comme une comédie. Mais à cette tolérance en faveur de l'ouvrage ne se mêlera-t-il pas encore de l'estime pour l'auteur, si, lors même qu'il descend à la portée du peuple, il se fait reconnaître aux honnêtes gens par des scènes où le comique de mœurs et de caractères perce au milieu de la gaieté bouffonne? C'est ce que Molière a toujours fait. Quand deux médecins assis près de M. de Pourceaugnac, l'un à droite, l'autre à gauche, délibèrent gravement en sa présence, et dans tous les termes de l'art, sur les moyens de le guérir de sa prétendue folie, et que, sans lui adresser seulement la parole, ils le regardent comme un sujet livré à leurs expériences, cette scène n'est-elle pas d'autant plus plaisante, qu'elle a un fond de vérité, qu'un pareil tour n'est pas sans exemple, et qu'il y a encore des médecins capables de faire devenir presque fou d'humeur et d'impatience l'homme le plus raisonnable, s'il était mis entre leurs mains comme insensé? Quand Scapin démontre au seigneur Argante qu'il vaut encore mieux donner deux cents pistoles que d'avoir le meilleur procès, et qu'il lui détaille tout ce qu'on peut avoir à souffrir et à payer dès que l'on est entre les griffes de la chicane; cette leçon si vivement tracée, qu'elle frappe même un vieil avare, et le détermine à un sacrifice d'argent, cette leçon n'est-elle pas d'un bon comique? et n'est-il pas à souhaiter qu'on ne se borne pas toujours à en rire, et qu'on s'avise quelque jour d'en profiter? Si la thèse de réception soutenue par *le Malade imaginaire*, si le mauvais latin, et la cérémonie et l'argumentation ne sont qu'une caricature, le personnage du *Malade imaginaire*, tel qu'il est dans le reste de la pièce, n'est-il pas trop souvent réalisé? La fausse tendresse d'une belle-mère qui caresse un mari qu'elle déteste, pour s'approprier la dépouille des enfants, est-elle une peinture chimérique dont l'original n'existe plus? *La comtesse d'Escarbagnas* ne représente-t-elle pas au naturel cette manie provinciale de contrefaire gauchement le ton et les manières de la capitale et de la cour? A l'égard des valets intrigants et fourbes, tels que le Mascarille de *l'Étourdi*, Scapin, Hali, Sylvestre, Sbrigani, et tous les Crispins que Regnard mit à la mode, à compter du premier Crispin qui se trouve dans *le Marquis ridicule* de Scarron, ce n'était dans Molière qu'un reste d'imitation de l'ancienne comédie grecque et latine. C'est dans Plaute et Térence, qui copiaient les Grecs, qu'existe le modèle de ces sortes de personnages, bien plus vraisemblables chez les Anciens que parmi nous : c'étaient des esclaves, et en cette qualité ils étaient obligés de tout risquer pour servir leurs maîtres. Mais dans nos mœurs, ce dévouement dangereux est incompatible avec la liberté qu'on laisse aux domestiques : aussi les intrigues de valets sont-elles passées de mode sur la scène, parce que les valets, du moins ceux qui sont en livrée, ne mènent plus aucune intrigue dans le monde. Regnard, qui avait de la gaieté, et qui en mit beaucoup dans ses rôles de Crispins, ne put pas se résoudre à se passer d'un ressort qu'il savait mettre en œuvre ; mais Molière ne s'en servit jamais dans aucune de ses bonnes pièces.

J'avoue que je ne saurais me résoudre à ranger *le Bourgeois gentilhomme* dans le rang de ces farces dont je viens de parler. J'abandonne volontiers les deux derniers actes : je conviens que, pour ridiculiser dans M. Jourdain cette prétention si commune à la richesse roturière, de figurer avec la noblesse, il n'était pas nécessaire de le faire assez imbécile pour donner sa fille au fils du grand-turc et devenir mamamouchi : ce spectacle grotesque est évidemment amené pour remplir la durée de la représentation ordinaire de deux pièces, et divertir la multitude, que ces sortes de mascarades amusent toujours. Mais les trois premiers actes sont d'un très bon comique : sans doute celui du *Misanthrope* et du *Tartufe* est beaucoup plus profond ; mais il n'y en a pas un plus vrai ni plus gai que le personnage de M. Jourdain. Tout ce qui est autour de lui le fait ressortir : sa femme, sa servante Nicole, ses maîtres de danse, de musique, d'armes et de philosophie ; le grand seigneur, son ami, son confident et son débiteur ; la dame de qualité dont il est amoureux ; le jeune homme qui aime sa fille, et qui ne peut l'obtenir de lui parce qu'il n'est pas gentilhomme, tout sert à mettre en jeu la sottise de ce pauvre bourgeois, qui est presque parvenu à se persuader qu'il est noble, ou du moins à croire qu'il a fait oublier sa naissance; si bien que, quand sa femme lui dit, *descendons-nous tous deux que de bonne bourgeoisie?* M. Jourdain dit naïvement: *voilà le coup de langue?* Il faut être M. Jourdain pour se plaindre d'un *coup de langue* quand on lui rappelle qu'il est le fils de son père. Mais d'ailleurs, sous combien de faces diverses Molière a multiplié ce ridicule si commun, et fait voir tout ce qu'il coûte! On lui emprunte son argent pour parler de lui *dans la chambre du roi!* on prend sa maison pour régaler à ses dépens la maîtresse d'un autre; et tout le monde, femme, servante, valets, étrangers, se moquent de lui. Mais Molière a su tirer encore des autres personnages un comique inépuisable: l'humeur brusque et chagrine de madame Jourdain; la gaieté franche de Nicole; la querelle des maîtres sur la prééminence de leur art; les préceptes de modération débités par le philosophe, qui un moment après se met en fureur, et se bat en l'honneur et gloire de la philosophie; la leçon de M. Jourdain, à jamais fameuse par sa découverte qui ne sera jamais oubliée, que depuis quarante ans *il faisait de la prose sans le savoir*; la futilité de la scholastique si finement raillée; le repas donné à Dorimène par M. Jourdain, sous le nom du courtisan Dorante; la galanterie niaise du bourgeois, et le sang-froid cruel de l'homme de cour qui l'immole à la risée de Dorimène, tout en lui empruntant sa maison, sa table et sa bourse; la brouillerie des deux jeunes amants et de leurs valets, sujet traité si souvent par Molière, et avec une perfection toujours la même et toujours différente : tous ces morceaux sont du grand peintre de l'homme, et nullement du farceur populaire. C'est là sans doute le mérite qui avait frappé Louis XIV lorsqu'on représenta devant lui *le Bourgeois gentilhomme*, que la cour ne goûta pas, apparemment à cause de la mascarade des derniers actes. Le roi dont l'esprit juste avait senti tout ce que valaient les premiers, dit à Molière, qui était un peu consterné : *Vous ne m'avez jamais tant fait rire*; et aussitôt la cour et la ville furent de l'avis du monarque.

Si j'ai cru devoir réfuter Rousseau au sujet du *Misanthrope*, je crois devoir convenir qu'il a raison sur *George Dandin*, dont il trouve le sujet immoral. Ce n'est pas que, sous le point de vue le plus général et le plus frappant, la pièce ne soit utilement instructive, puisqu'elle enseigne à ne point s'allier à plus grand que soi, si l'on ne veut être dominé et humilié; mais aussi l'on ne peut nier qu'une femme qui trompe son mari le jour et la nuit, et qui trouve le moyen d'avoir raison en donnant des rendez-vous à son amant, ne soit d'un mauvais exemple au théâtre; et il peut être plus dangereux de ne voir dans la mauvaise conduite de la femme que des tours plaisants, qu'il n'est utile de voir dans *George Dandin* la victime d'une vanité imprudente. Au reste, M. et Madame de Sotenville sont du nombre de ces originaux qui venaient souvent se placer sous les pinceaux de Molière, et qui dans ses moindres compositions font retrouver la main du maître.

Amphitryon, dont le sujet est pris dans un merveilleux mythologique et des transformations hors de nature, ne peut par conséquent blesser la morale, puisqu'il est hors de l'ordre naturel; mais il blesse un peu la décence, puisqu'il met l'adultère sur la scène, non pas, à la vérité, en intention, mais en action. On a toléré ce qu'il y a d'un peu licencieux dans ce sujet, parce qu'il était donné par la Fable et reçu sur les théâtres anciens; et on a pardonné ce que les métamorphoses de Jupiter et de Mercure ont d'invraisemblable, parce qu'il n'y a point de pièce où l'auteur ait eu plus de droit de dire au spectateur : Passez-moi un fait que vous ne pouvez pas croire, et je vous promets de vous divertir. Peu d'ouvrages sont aussi réjouissants qu'*Amphitryon*. On a remarqué, il y a long-temps, que les méprises sont une des sources de comique les plus fécondes; et comme il n'y a point de méprise plus forte que celle que peut faire naître un personnage qui paraît double, aucune comédie ne doit faire rire plus que celle-ci; mais comme le moyen est forcé, le mérite ne serait pas grand, si l'exécution n'était pas parfaite. Nous verrons, à l'article de Plaute, ce que l'auteur moderne lui avait emprunté et combien il avait enchéri sur son modèle. Je ne sais pourquoi Despréaux, si l'on en croit le *Bolœana*, jugeait si sévèrement *Amphitryon*, et semblait même préférer celui de Plaute. Il blâme la distinction, un peu longue, il est vrai, et même un peu subtile, de l'amant et de l'époux, dans les scènes d'Alcmène et de Jupiter : c'est un défaut qui n'est pas dans Plaute; mais ce défaut tient à beaucoup de différents mérites que Plaute n'a pas non plus. En effet il fallait une scène d'amour à la première entrevue de Jupiter et d'Alcmène, qui devait nécessairement être un peu froide, comme toute scène entre deux amants également satisfaits; mais celle-ci amène la querelle entre Alcmène et Amphitryon, querelle qui produit la réconciliation entre Jupiter sous la forme du mari, et la femme qui le croit tel réellement; et cette réconciliation, qui par elle-même n'est pas sans intérêt, en répand beaucoup sur le rôle d'Alcmène, qui, par la vivacité de sa douleur et de ses ressentiments, nous montre combien elle est sincèrement attachée à son époux. Cet aperçu n'était rien moins qu'indifférent dans le plan de la pièce; il était même très important que la pureté des sentiments d'Alcmène et sa sensibilité vraie rachetât et couvrît ce qu'il y a d'involontairement déréglé dans ses actions : rien n'était plus propre à sauver l'immoralité du sujet. Plaute est peut-être excusable de n'y avoir pas même songé, sur un théâtre beaucoup plus libre que le nôtre; mais il faut savoir gré à Molière d'en être venu à bout par une combinaison dont personne ne lui avait fourni l'idée, et que personne, ce me semble, n'avait encore observée.

Molière a bien d'autres avantages sur Plaute. En établissant la mésintelligence d'un mauvais ménage entre Sosie et Cléanthis, il donne un résultat tout différent à l'aventure du maître et du valet, et double ainsi la situation principale en la variant. Il donne à Cléanthis un caractère particulier, celui de ces épouses qui s'imaginent avoir le droit d'être insupportables, parce qu'elles sont honnêtes femmes. Il porte bien plus loin que Plaute le comique de détail, qui naît de l'identité des personnages. Enfin ne pouvant, par la nature extraordinaire du sujet, y mettre autant de vérité caractéristique et d'idées morales que dans d'autres pièces, il y a semé plus que partout ailleurs les traits ingénieux, l'agrément et les jolis vers. Il a sur-tout tiré un grand parti du mètre et du mélange des rimes : et par la manière dont il s'en est servi, il a justifié cette innovation, et prouvé qu'il entendait très bien ce genre de versification que l'on croit aisé, et dont les connaisseurs savent la difficulté, le mérite et les effets.

La prose qui avait fait tomber *le Festin de Pierre* dans sa nouveauté, nuisit d'abord aux succès de *l'Avare* et le retarda; mais cependant, comme cette comédie est infiniment supérieure au *Festin de Pierre*, son mérite l'emporta bientôt sur le préjugé, et *l'Avare* fut mis au nombre des meilleures productions de l'auteur. On a souvent demandé de nos jours s'il valait mieux écrire les comédies en prose qu'en vers. Celui qui le premier a mis dans le dialogue en vers autant de naturel qu'il pourrait y en avoir en prose a résolu la question, puisque, sans rien ôter à la vérité, il a donné un plaisir de plus, et cet homme-là c'est Molière. S'il ne versifia point *l'Avare*, c'est qu'il n'en eut pas le temps ; car il était obligé de s'occuper, non-seulement de sa gloire particulière, mais aussi des intérêts de sa troupe, dont il était le père plutôt que le chef, et il fallait concilier sans cesse deux choses qui ne vont pas toujours ensemble, l'honneur et le profit *.

L'Avare est une de ces pièces où il y a le plus d'intentions et d'effets comiques. Le principal caractère est bien plus fort que dans Plaute, et il n'y a nulle comparaison pour l'intrigue. Le seul défaut de celle de Molière est de finir par un roman postiche tout semblable à celui qui termine si mal *l'Ecole des Femmes*; et il est reconnu que les dénouements sont la partie faible de l'auteur. Mais, à cette faute près, quoi de mieux conçu que l'Avare? L'amour même ne le rend pas libéral, et la flatterie la mieux adaptée à un vieillard amoureux n'en peut rien arracher. Quelle leçon plus humiliante pour lui, et plus instructive pour tout le monde, que le moment où il se rencontre, faisant le métier du plus vil usurier, vis-à-vis de son fils, qui fait celui d'un jeune homme à qui l'avarice de ses parents refuse l'honnête nécessaire! Tel est le faux calcul des passions : on croit épargner sur des dépenses indispensables, et l'on est contraint tôt ou tard de payer des dettes usuraires. Molière d'ailleurs n'a rien oublié pour faire détester cette malheureuse passion, la plus vile de toutes, et la moins excusable. Son Avare est haï et méprisé de tout ce qui

---

* Voyez plus haut, p. 318, au sujet de cette comédie et de la question qu'élève ici La Harpe, l'opinion de Voltaire.   H. P.

l'entoure : il est odieux à ses enfants, à ses domestiques, à ses voisins, et l'on est forcé d'avouer que rien n'est plus juste. Rousseau fait un reproche très sérieux à Molière, de ce que le fils d'Harpagon se moque de lui quand son père lui dit : *Je te donne ma malédiction*. La réponse du fils, *Je n'ai que faire de vos dons*, lui paraît scandaleuse. Il prétend que c'est nous apprendre à mépriser la malédiction paternelle ; mais voyons les choses telles qu'elles sont. La malédiction paternelle est sans doute d'un grand poids, lorsque, arrachée à une juste indignation, elle tombe sur un fils coupable qui a offensé la nature, et que la nature condamne. Mais, en vérité, le fils d'Harpagon n'a offensé personne en avouant qu'il est amoureux de Marianne quand son père offre de la lui donner ; et s'il persiste à dire qu'il l'aimera toujours quand Harpagon convient que ses offres n'étaient qu'un artifice pour avoir le secret de son fils, et veut exiger qu'il y renonce, sa résistance n'est-elle pas la chose du monde la plus naturelle et la plus excusable ? La malédiction d'Harpagon est-elle même bien sérieuse ? Est-ce autre chose, dans cette occasion, qu'un trait d'humeur d'un vieillard jaloux et contrarié ? Le fils a-t-il tort de n'y mettre pas plus d'importance que son père n'en met lui-même ? La malédiction dans la bouche d'Harpagon n'est qu'une façon de parler, et Rousseau nous la représente comme un acte solennel : c'est ainsi qu'on parvient à confondre tous les faits et toutes les idées.

La scène où maître Jacques le cuisinier donne

le menu d'un repas à son maître, qui veut l'étrangler dès qu'il en est au rôti, et où maître Jacques le cocher s'attendrit sur le jeûne de ses chevaux ; celle où Valère et Harpagon se parlent sans jamais s'entendre, l'un ne songeant qu'aux beaux yeux de son Élise, et l'autre ne concevant rien aux *beaux yeux de sa cassette ;* celle qui contient l'inventaire des effets vraiment curieux qu'Harpagon veut faire prendre pour de l'argent comptant, et bien d'autres encore, sont d'un comique divertissant, dont il faut assaisonner le comique moral.

Le sujet des *Femmes savantes* paraissait bien peu susceptible de l'un et de l'autre. Il était difficile de remplir cinq actes avec un ridicule aussi mince et aussi facile à épuiser que celui de la prétention au bel-esprit. Molière, qui l'avait déjà attaqué dans *les Précieuses*, l'acheva dans *les Femmes savantes*. Mais on fut d'abord si prévenu contre la sécheresse du sujet, et si persuadé que l'auteur avait tort de s'obtiner à en tirer une pièce en cinq actes, que cette prévention, qui aurait dû ajouter à la surprise et à l'admiration, s'y refusa d'abord, et balança le plaisir que faisait l'ouvrage et le succès qu'il devait avoir. L'histoire du *Misanthrope* se renouvela par un autre chef-d'œuvre, et ce fut encore le temps qui fit justice. On s'aperçut de toutes les ressources que Molière avait tirées de son génie pour enrichir l'indigence de son sujet. Si d'un côté Philaminte, Armande et Bélise sont entichées du pédantisme que l'hôtel de Rambouillet avait introduit dans la littérature, et du platonisme de l'amour qu'on avait essayé aussi de mettre à la mode, de l'autre se présentent des contrastes multipliés sous différentes formes : la jeune Henriette, qui n'a que de l'esprit naturel et de la sensibilité, et qui répond si à propos à Trissotin qui veut l'embrasser :

Excusez-moi, Monsieur, je n'entends pas le grec;

la bonne Martine, cette grosse servante, la seule de tous les domestiques que la maladie de l'esprit n'ait pas gagnée; Clitandre, homme de bonne compagnie, homme de sens et d'esprit, qui doit haïr les pédants, et qui sait s'en moquer; enfin, et par-dessus tout, cet excellent Chrysale, ce personnage tout comique et de caractère et de langage, qui a toujours raison, mais qui n'a jamais une volonté; qui parle d'or quand il retrace tous les ridicules de sa femme, mais qui n'ose en parler qu'en les appliquant à sa sœur; qui, après avoir mis la main de sa fille Henriette dans celle de Clitandre, et juré de soutenir son choix, un moment après trouve tout simple de donner cette même Henriette à Trissotin, et sa sœur Armande à l'amant d'Henriette, et qui appelle cela un *accommodement*. Le dernier trait de ce rôle est celui qui peint le mieux cette faiblesse de caractère, de tous les défauts le plus commun, et peut-être le plus dangereux. Quand Trissotin, trompé par la ruine supposée de Philaminte et de Chrysale, se retire brusquement, et qu'Henriette, de l'aveu même de Philaminte, détrompée sur Trissotin, devient la récompense du généreux Clitandre, Chrysale, qui dans toute cette affaire n'est que spectateur, et n'a rien mis du sien, prend la main de son gendre, et, lui montrant sa fille, s'écrie d'un air triomphant :

Je le savais bien, moi, que vous l'épouseriez,

et dit au notaire du ton le plus absolu :

Allons, Monsieur, suivez l'ordre que j'ai prescrit,
Et faites le contrat ainsi que je l'ai dit.

Que voilà bien l'homme faible, qui se croit fort quand il n'y a personne à combattre, et qui croit avoir une volonté quand il fait celle d'autrui! Qu'il est adroit d'avoir donné ce défaut à un mari d'ailleurs beaucoup plus sensé que sa femme, mais qui perd, faute de caractère, tout l'avantage que lui donnerait sa raison! Sa femme est une folle ridicule; elle commande : il est fort raisonnable; il obéit. Voltaire a bien raison de dire à ce grand précepteur du monde :

> Et tu nous aurais corrigés,
> Si l'esprit humain pouvait l'être.

En effet, les hommes reconnaissent leurs défauts plus souvent et plus aisément qu'ils ne s'en corrigent; mais pourtant c'est un acheminement à se corriger, et il n'en est pas de tous les défauts comme de la faiblesse, qui ne se corrige jamais, parce qu'elle n'est que le manque de force, et qu'elle n'en est pas un abus.

Mais si Chrysale est comique quand il a tort, il ne l'est pas moins quand il a raison : son instinct tout grossier s'exprime avec une bonhomie qui fait voir que l'ignorance sans prétention vaut cent fois mieux que la science sans le bon sens. Le pauvre homme ne met-il pas tout le monde de son parti quand il se plaint si pathétiquement qu'on lui ôte sa servante, parce qu'elle ne parle pas bien français?

Qu'importe qu'elle manque aux lois de Vaugelas,
Pourvu qu'à la cuisine elle ne manque pas?
J'aime bien mieux, pour moi, qu'en épluchant ses herbes
Elle accommode mal les noms avec les verbes,
Qu'elle dise cent fois un bas et méchant mot,
Que de brûler ma viande et saler trop mon pot.
Je vis de bonne soupe, et non de beau langage.
Vaugelas n'apprend point à bien faire un potage.
Et Malherbe et Balzac, si savants en bons mots,
En cuisine peut-être auraient été des sots.
. . . .
Mes gens à la science aspirent pour vous plaire,
Et tous ne font rien moins que ce qu'ils ont à faire.
Raisonner est l'emploi de toute la maison,
Et le raisonnement en bannit la raison.
L'un me brûle mon rôt en lisant quelque histoire;
L'autre rêve à des vers quand je demande à boire.
Enfin je vois par eux votre exemple suivi.
Et j'ai des serviteurs et ne suis point servi,
Une pauvre servante au moins m'était restée,
Qui de ce mauvais air n'était point infectée;
Et voilà qu'on la chasse avec un grand fracas,
A cause qu'elle manque à parler Vaugelas!
Je vous le dis, ma sœur tout ce train-là me blesse;
Car c'est, comme j'ai dit, à vous que je m'adresse.
Je n'aime point céans tous vos gens à latin,
Et principalement ce monsieur Trissotin.

C'est lui qui dans des vers vous a tympanisées :
Tous les propos qu'il tient sont des billevesées.
On cherche ce qu'il dit après qu'il a parlé,
Et je lui crois, pour moi, le timbre un peu fêlé.

Ce style-là, il faut l'avouer, est d'une fabrique qu'on n'a point retrouvée depuis Molière : cette foule de tournures naïves confond lorsqu'on y réfléchit. Est-il possible, par exemple, de peindre mieux l'effet que produit le phébus et le galimatias, dans la conversation comme dans les livres, que par ce vers si heureux !

On cherche ce qu'il dit après qu'il a parlé.

Ce pourrait être encore la devise de plus d'un bel esprit de nos jours.

Molière n'a pas même négligé de distinguer les trois rôles de *Savantes* par différentes nuances : Philaminte, par l'humeur altière qui établit le pouvoir absolu qu'elle a sur son mari; Armande, par des idées sur l'amour follement exaltées, et par une fierté à la fois dédaigneuse et jalouse, qu'on est bien aise de voir humiliée par les railleries fines d'Henriette, et par la franchise de Clitandre; Bélise, par la persuasion habituelle où elle est que tous les hommes sont amoureux d'elle, persuasion poussée, il est vrai, jusqu'à un excès qui passe les bornes du ridicule comique, et qui ressemble à la démence complète. Ce rôle m'a toujours paru le seul, dans les bonnes pièces de Molière, qui soit réellement ce qu'on appelle chargé. Il est sûr qu'une femme à qui l'on dit le plus sérieusement du monde, *Je veux être pendu si je vous aime*, et qui prend cela pour une déclaration détournée, a, comme le disait tout à l'heure le bonhomme Chrysale, *le timbre un peu fêlé*.

On sait que la querelle de Trissotin et de Vadius est tracée d'après une aventure toute semblable, qui se passa chez Mademoiselle, au palais du Luxembourg. On a blâmé Molière, avec raison, de s'être servi des propres vers de l'abbé Cotin : c'est sûrement la moindre de toutes les personnalités ; mais il ne faut s'en permettre aucune sur le théâtre : les conséquences en sont trop dangereuses. Il eût été si facile de construire un madrigal ou un sonnet, comme il avait fait celui d'Oronte ! Peut-être craignit-il que le parterre n'allât s'y tromper encore une fois, et voulut-il, pour être sûr de son fait, donner du Cotin tout pur. Quoi qu'il en soit, ce Cotin était un homme très savant, qui d'abord n'eut d'autre tort que de vouloir être orateur et poète à force de lecture, et de croire qu'il suffisait d'entendre les Anciens pour les imiter : c'est ce qui nous valut de lui de fort mauvais ouvrages. Il eut ensuite un tort encore plus grand, qui lui valut de fort bons ridicules : ce fut d'imprimer une satire contre Despréaux, et d'intriguer à la cour contre Molière ; tous deux en firent une justice cruelle. Il ne faut pourtant pas croire, comme on l'a rapporté dans vingt endroits (Voyez ci-dessus, p. 328.), qu'il en mourut de chagrin si le chagrin le tua, ce fut un peu tard ; il mourut à quatre-vingt-cinq ans.

Le Tartufe.

J'ai réservé *le Tartufe* pour la fin de ce chapitre : c'est le pas le plus hardi et le plus étonnant qu'ait jamais fait l'art de la comédie. Cette pièce en est le *nec plus ultra* : en aucun temps, dans aucun pays, il n'a été aussi loin. Il ne fallait rien moins que *le Tartufe* pour l'emporter sur *le Misanthrope*; et pour les faire tous les deux, il fallait être Molière. Je laisse de côté les obstacles qu'il eut à surmonter pour la représentation, et dont il n'eût jamais triomphé, s'il n'avait eu affaire à un prince tel que Louis XIV, et de plus, s'il n'avait eu le bonheur d'en être particulièrement aimé : je ne m'arrête qu'aux difficultés du sujet. Que l'on propose à un poète comique, à un auteur de beaucoup de talent, un plan tel que celui-ci : Un homme dans la plus profonde misère vient à bout par un extérieur de piété, de séduire un homme honnête, bon et crédule, au point que celui-ci loge et nourrit chez lui le prétendu dévot, lui offre sa fille en mariage, et lui fait, par un acte légal, donation entière de sa fortune. Quelle en est la récompense? Le dévot commence par vouloir corrompre la femme de son bienfaiteur, et n'en pouvant venir à bout, il se sert de l'acte de donation pour le chasser juridiquement de chez lui, et abuse d'un dépôt qui lui a été confié, pour faire arrêter et conduire en prison celui qui l'a comblé de bienfaits. — J'entends le poète se récrier : Quelle horreur! on ne supportera jamais sur le théâtre le spectacle de tant d'atrocités, et un pareil monstre n'est pas justiciable de la comédie. Voilà sans doute ce qu'on eût dit du temps de Molière, et ce que diraient encore ceux qui ne font que des comédies ; car d'ailleurs ce sujet, tel que je viens de l'exposer, pourrait frapper les faiseurs de drames ; et en le chargeant de couleurs bien noires, ils ne désespéreraient pas d'en venir à bout. Molière seul, *qui n'alla pas jusqu'au drame*, comme l'a dit très sérieusement le très sérieux M. Mercier, s'avance et dit : C'est moi qui ai imaginé ce sujet qui vous fait trembler; et quand vous en verrez l'exécution, il vous fera rire, et ce sera une comédie. On ne le croirait pas, s'il ne l'eût pas fait; car à coup sûr, sans lui, il serait encore à faire.

Molière, qui croyait que la comédie pouvait attaquer les vices les plus odieux, pourvu qu'ils eussent un côté comique, n'eut besoin que d'une seule idée pour venir à bout du *Tartufe*. Il est vrai qu'elle est étendue et profonde, et son ouvrage seul pouvait nous la révéler. — L'hypocrisie, telle que je veux la peindre, est vile et abominable; mais elle porte un masque, et tout masque est susceptible de faire rire. Le ridicule du masque couvrira sans cesse l'odieux du personnage; je placerai l'un dans l'ombre, et l'autre en saillie, et l'un passera à la faveur de l'autre. Ce n'est pas tout : je renforcerai mes pinceaux pour couvrir de comique les scènes où je montrerai mon Tartufe; je rendrai la crédulité de la dupe encore plus risible que l'hypocrisie de l'imposteur; Orgon, trompé seul quand tout s'unit pour le détromper, en sera si impatientant, qu'on désirera de le voir amené à la conviction par tous les moyens possibles ; et ensuite je mettrai l'innocence et la bonne foi dans un si grand danger, qu'on me pardonnera de les en tirer par un ressort aussi extraordinaire que tout le reste de mon ouvrage.

C'est l'histoire du *Tartufe*, et j'aurai plus d'une fois occasion de démontrer que la conception de plusieurs chefs-d'œuvre tient essentiellement à une seule idée, mais qui suppose, comme de raison, la force nécessaire pour l'exécuter. Jamais Molière n'en a déployé autant que dans *le Tartufe* : jamais son comique ne fut plus profond dans les vues, plus vif dans les effets : jamais il ne conçut avec plus de verve et n'écrivit avec plus de soin. Il eut même ici un mérite particulier, celui d'une intrigue plus intéressante qu'aucune autre qu'il' eût faite. C'est un spectacle touchant, que toute cette famille désolée autour d'un honnête homme près d'être si cruellement puni de son excessive bonté pour un scélérat qui le trompait ; et cet intérêt n'est point romanesquement échafaudé, ni porté au delà des bornes raisonnables de la comédie.

L'exposition vaut seule une pièce entière : c'est une espèce d'action. L'ouverture de la scène vous transporte sur-le-champ dans l'intérieur d'un ménage où la mauvaise humeur et le babil grondeur d'une vieille femme, la contrariété des avis et la marche du dialogue font ressortir naturellement tous les personnages que le spectateur doit connaître, sans que le poète ait l'air de les lui montrer. Le sot entêtement d'Orgon pour Tartufe, les simagrées de dévotion et de zèle du faux dévot, le caractère tranquille et réservé d'Elmire, la fougue impétueuse de son fils Damis, la saine philosophie de son frère Cléante, le gaieté caustique de Dorine, et la liberté familière que lui donne une longue habitude de dire son avis sur tout, la douceur timide de Marianne, tout ce que la suite de la pièce doit développer, tout, jusqu'à l'amour de Tartufe pour Elmire, est annoncé dans une scène, qui est à la fois une exposition, un tableau, une situation. A peine Orgon a-t-il parlé, qu'il se peint tout entier par un de ces traits qui ne sont qu'à Molière. On peut s'attendre à tout d'un homme qui, arrivant dans sa maison, répond à tout ce qu'on lui dit par cette seule question : *Et Tartufe?* et s'apitoie sur lui de plus en plus quand on lui dit que Tartufe a fort bien mangé et fort bien dormi. Cela n'est point exagéré : c'est ainsi qu'est fait ce que les Anglais appellent l'*infatuation*, mot assez peu usité parmi nous, mais nécessaire pour exprimer un travers très commun. La distinction entre la vraie piété et la fausse dévotion si solidement établie par Cléante, est en même temps la morale de la pièce et l'apologie de l'auteur. Elle est si convaincante, que le bon Orgon n'y trouve d'autre réponse que celle qui a été, et qui sera à jamais sur cette matière le refrain des imbéciles ou des fripons :

Mon frère, ce discours sent le libertinage.

On sait la réplique de Cléante :

Voilà de vos pareils le discours ordinaire.

Et tous deux disent ce qu'ils doivent dire.

Le jargon mystique, que Tartufe mêle si plaisamment à sa déclaration, tempère par le ridicule ce que son hypocrisie et son ingratitude ont de vil et de repoussant. Il était de la plus grande importance que cette scène fût conduite de manière à préparer et à motiver celle du quatrième acte, où le grand nœud de la pièce est tranché et Tartufe démasqué. Mais combien de ressorts devaient y concourir! D'abord il fallait que cette déclaration, qui dans la bouche d'un homme tel que Tartufe, et dans les circonstances du moment, doit paraître si révoltante, fût pourtant reçue de façon qu'Elmire, dans l'acte suivant, ne parût pas revenir de trop loin, quand elle est obligée, pour faire tomber le fourbe dans le piége, de risquer une démarche qui ressemble à des avances. Il fallait de plus qu'Elmire ne s'empressât pas d'accuser Tartufe, et laissât ce premier mouvement à la jeunesse bouillante de son fils. Comme l'imposteur vient à bout, à force d'adresse, d'infirmer le témoignage de Damis, et de le tourner à son avantage au point d'augmenter encore la prévention et l'aveuglement d'Orgon ; si Elmire eût figuré dans cette première tentative, son mari n'eût pas même voulu l'entendre dans une seconde. Mais le poëte a eu soin d'accommoder à ses fins le caractère et la conduite d'Elmire : non seulement il lui attribue une sagesse indulgente et modérée, fort éloignée de la pruderie qui s'effarouche d'une déclaration, et qui fait un éclat de ses refus; mais il parle plus d'une fois, dans les premiers actes, des visites et des galanteries que lui attirent ses charmes, en sorte qu'on peut lui supposer un peu de cette coquetterie assez innocente qui ne hait pas les hommages, et qui s'en amuse plus qu'elle ne s'en offense. Il ne fallait rien moins pour ne pas rompre en visière à un personnage aussi abject et aussi dégoûtant que Tartufe, parlant d'amour en style béatifique à la femme de son bienfaiteur.

Mais si la scène où Orgon est caché sous la table était difficile à amener, était-il plus aisé de l'exécuter? Ce n'était pas trop de tout l'art de Molière pour faire passer une situation si délicate et si périlleuse au théâtre. Si ce n'eût pas été la leçon la plus forte et la plus nécessaire par les circonstances, c'eût été le plus grand scandale : si le spectateur n'était pas bien convaincu de l'honnêteté d'Elmire, bien indigné de la fausseté atroce de Tartufe, bien impatienté de l'imbécile crédulité d'Orgon, la situation la plus énergique où le génie de la comédie ait placé trois personnages à la fois était trop près de l'extrême indécence pour être supportée sur la scène. Heureusement elle est si connue, qu'il suffit de la rappeler; car elle est si hardie, qu'il ne serait pas possible d'analyser ici, sans blesser les bienséances, ce qui, sur le théâtre, ne s'en éloigne pas un moment, pas même lorsque Tartufe rentre dans la chambre d'Elmire après avoir été visiter la galerie qui en est voisine. Qu'on se représente ce seul instant et tout ce qu'il fait envisager, et qu'on juge ce que l'auteur hasardait. On objecterait en vain que la présence d'Orgon, quoique caché, justifie tout :

non, ce n'était pas assez; les murmures éclateraient, et l'on trouverait le tableau beaucoup trop licencieux, si le spectateur ne voulait pas avant tout la punition d'un monstre qu'il est impossible de confondre autrement, et si l'on n'avait pas affaire à un homme tel qu'Orgon, qui a besoin de pouvoir dire au cinquième acte :

Je l'ai vu, dis-je, vu, de mes propres yeux vu,
Ce qui s'appelle vu.

En un mot, si la scène n'avait pas été fort sérieuse sous ce rapport, elle pouvait devenir, sous tous les autres, beaucoup trop gaie.

Mais quel surcroît de comique! et comme l'auteur enchérit sur ce qu'il semble avoir épuisé, quand madame Pernelle joue avec Orgon le même rôle que cet Orgon a joué avec tous les autres personnages de la pièce, lorsqu'elle refuse obstinément de se rendre à toutes les preuves qu'il allègue contre Tartufe!

Juste retour, Monsieur, des choses d'ici-bas!
Vous ne vouliez pas croire, et l'on ne vous croit pas.

Cette progression d'effets comiques, si imprévue, et pourtant si naturelle, est le plus grand effort de l'art.

Il y en a beaucoup aussi sans doute dans la manière dont Tartufe s'y prend pour en imposer à sa dupe, quand Damis l'accuse, en présence d'Elmire qui n'en disconvient pas, d'avoir voulu déshonorer Orgon. Mais ici Molière, qui savait se servir de tout, a employé très heureusement un moyen que Scarron lui avait indiqué. Jamais il ne fut mieux dans la cas de dire, *je prends mon bien où je le trouve*; car une idée perdue dans une assez mauvaise *Nouvelle*, que personne ne lit, lui a fourni une scène admirable. Voici ce qu'il a trouvé dans Scarron : Un gentilhomme rencontre dans les rues de Séville un insigne fripon nommé Montafer, qu'il avait connu à Madrid, où il avait été témoin de tous ses crimes. Il voit tout le peuple attroupé autour de ce scélérat, qui avait su, à force de grimaces, se donner dans Séville la réputation d'un Saint. Il ne peut contenir son indignation, et le charge de coups en lui reprochant son impudente hypocrisie. Le peuple irrité se jette sur l'imprudent gentilhomme, et le maltraite au point de le mettre en danger de la vie, si Montafer, saisissant en habile coquin l'occasion de jouer une nouvelle scène, plus capable que tout le reste de le faire canoniser par la multitude, ne se jetait au-devant des plus emportés, et ne prenait la défense de son accusateur : Il faut entendre ici Scarron : on jugera mieux l'usage que Molière a fait de ce morceau : « Il le releva de terre « où on l'avait jeté, l'embrassa et le baisa, tout « plein qu'il était de sang et de boue, et fit une ré- « primande au peuple. Je suis le méchant, disait- « il, je suis le pécheur; je suis celui qui n'a jamais « rien fait d'agréable aux yeux de Dieu. Pensez- « vous, parce que vous me voyez vêtu en homme « de bien, que je n'aie pas été toute ma vie un lar- « ron, le scandale des autres et la perdition de moi- « même ? Vous vous trompez, mes frères; faites-

« moi le but de vos injures et de vos pierres, et
« tirez sur moi vos épées. Après avoir dit ces paroles
« avec une fausse douceur, il s'alla jeter, avec un
« zèle encore plus faux, aux pieds de son ennemi,
« et les lui baisant, il lui demanda pardon. »

Voilà précisément les actions et le langage de Tartufe, lorsqu'il défend Damis contre la colère de son père, et qu'il se met à genoux en s'accusant lui-même et se dévouant à tous les châtiments possibles. On ne peut nier que Molière ne doive à Scarron cette idée si ingénieuse, de faire de l'aveu d'une conscience coupable un acte d'humilité chrétienne. Mais d'abord la situation est bien plus forte dans *Tartufe*, parce que l'accusation est bien plus importante et plus directe : et quelle comparaison de la prose qu'on vient de lire à des vers tels que ceux-ci :

Oui, mon frère, je suis un méchant, un coupable,
Un malheureux pécheur tout plein d'iniquité,
Le plus grand scélérat qui jamais ait été.
Chaque instant de ma vie est chargé de souillures,
Elle n'est qu'un amas de crimes et d'ordures ;
Et je vois que le ciel, pour ma punition,
Me veut mortifier en cette occasion.
De quelque grand forfait qu'on puisse me reprendre,
Je n'ai garde d'avoir l'orgueil de m'en défendre.
Croyez ce qu'on vous dit, armez votre courroux,
Et comme un criminel chassez-moi de chez vous.
Je ne saurais avoir tant de honte en partage,
Que je n'en aie encor mérité davantage.
. . . .
Ah! laissez-le parler : vous l'accusez à tort,

Et vous ferez bien mieux de croire à son rapport,
Pourquoi sur un tel fait m'être si favorable !
Savez-vous, après tout, de quoi je suis capable ?
Vous fiez-vous, mon frère, à mon extérieur ?
Et pour tout ce qu'on voit me croyez-vous meilleur ?
Non, non, vous vous laissez tromper à l'apparence,
Et je ne suis rien moins, hélas ! que ce qu'on pense.
Tout le monde me prend pour un homme de bien ;
Mais la vérité pure est que je ne vaux rien.

Ce caractère de Tartufe est d'une profondeur effrayante. Il ne se dément pas un moment; il n'est jamais déconcerté; il prend ici Orgon par son faible, et se tire du plus grand embarras par le seul moyen qui puisse lui réussir. Un honnête homme faussement accusé ne tiendrait jamais ce langage ; mais aussi Orgon n'est pas un homme qui connaisse le langage de la vertu et de la probité. Celui de la raison, dans la bouche de Cléante, lui a paru du libertinage ; et celui de l'imposture, dans la bouche de Tartufe, lui paraît le sublime de la dévotion.

Remarquons encore que Tartufe, tout amoureux qu'il est d'Elmire, est en garde contre elle autant qu'il peut l'être. Il commence par la soupçonner d'un intérêt très vraisemblable, celui qu'elle peut avoir à le détourner du mariage qu'on lui propose avec la fille d'Orgon. Les premiers mots qu'il lui dit sont d'un homme toujours de sang-froid, et qu'il n'est pas aisé de tromper :

Ce langage à comprendre est assez difficile,
Madame, et vous parliez tantôt d'un autre style.

Enfin, malgré toutes les douceurs que lui prodigue Elmire, il ne prend aucune confiance en ses discours; et il veut d'abord, pour être en pleine sûreté, la mettre dans sa dépendance. Il devine tout, excepté ce qu'il ne peut absolument deviner; et quand il se trouve surpris par Orgon, il pourrait dire ce vers d'une ancienne comédie :

J'avais réponse à tout, hormis à *qui va là ?*

La dernière observation que je ferai sur ce rôle, c'est que l'auteur ne lui a donné ni confident ni monologue; il ne montre ses vices qu'en action. C'est qu'en effet l'hypocrite ne s'ouvre jamais à personne; il ment toujours à tout le monde, excepté à sa conscience et à Dieu, supposé qu'un hypocrite achevé ait une conscience et qu'il croie un Dieu; ce qui n'est nullement vraisemblable. S'il peut y avoir de véritables athées, ce sont sur-tout les hypocrites.

Le seul reproche qu'on ait fait à cette inimitable production, c'est un dénouement amené par un ressort étranger à la pièce; mais je ne sais si cette prétendue faute en est réellement une. Tartufe est si coupable, qu'il ne suffisait pas, ce me semble, qu'il fût démasqué; il fallait qu'il fût puni, et il ne pouvait pas l'être par les lois, encore moins par la société. Un hypocrite brave tout en se réfugiant chez ses pareils, et en attestant Dieu et la religion; et n'était-ce pas donner un exemple instructif, et faire au moins du pouvoir absolu un usage honorable, que de l'employer à la punition d'un si abominable homme, et de montrer que le méchant peut quelquefois se perdre par sa propre méchanceté, et tomber dans le piège qu'il tendait aux autres? Je conviens que ce dénouement n'est pas conforme aux règles ordinaires ; mais dans un ouvrage où le talent de Molière lui avait appris à agrandir la sphère de la comédie, *l'art* pouvait lui apprendre aussi à *franchir les limites de l'art;* et si dans ce dénouement il a le plaisir de satisfaire sa reconnaissance pour Louis XIV, il y trouve un moyen de satisfaire en même temps l'indignation du spectateur [*].

Molière est sur-tout l'auteur des hommes mûrs et des vieillards ; leur expérience se rencontre avec ses observations, et leur mémoire avec son génie. Il observait beaucoup : il y était porté par son caractère, et c'est sans doute le premier secret de son art; mais il faudrait avoir ses yeux pour observer comme lui. Il était habituellement mélancolique, cet homme qui a écrit si gaiement. Ceux dont il saisissait les travers et les faiblesses étaient souvent bien plus heureux que lui : j'en excepterais les jaloux, s'il ne l'avait pas été lui-même.

Molière jaloux, lui qui s'est tant moqué de la jalousie! Eh! oui, comme les médecins qui recommandent la sobriété et qui ont des indigestions; comme les hommes sensibles qui prêchent l'indif-

---

[*] M. Lemercier, qui dans la partie de son *Cours analytique de littérature* où il traite de la comédie, a souvent parlé de Molière soit pour le comparer aux comiques anciens et modernes, soit pour relever d'une manière ingénieuse et fine les beautés de ses ouvrages, a fait une analyse fort étendue du *Tartufe*, auquel il applique toutes les règles qui, selon lui, constituent l'art de la comédie. H. PATIN.

férence. Chapelle prêchait aussi Molière, et lui reprochait sa jalousie : *Vous n'avez donc pas aimé*, lui dit l'homme infortuné qui aimait. Il aima sa femme toute sa vie, et toute sa vie elle fit son malheur. Il est vrai que, lorsqu'il fut mort, elle parvint à lui obtenir la sépulture ; elle demandait même pour lui des *autels*. Cela fait souvenir des Romains, qui mettaient leurs empereurs au rang des dieux quand ils les avaient égorgés.

Il fit plus de trente pièces de théâtre en moins de quinze ans, et pas une ne ressemble à l'autre. Il était cependant à la fois auteur, acteur, et directeur de comédie. On lui a reproché de trop négliger la langue, et on a eu raison. Il aurait sûrement épuré sa diction, s'il avait eu plus de loisir, et si sa laborieuse carrière n'eût pas été bornée à cinquante-cinq ans.

Il était d'un caractère doux et de mœurs pures ; on raconte de lui des traits de bonté. Il était adoré de ses camarades, quoiqu'il leur fît du bien ; et il mourut presque sur le théâtre, pour n'avoir pas voulu leur faire perdre le profit d'une représentation. Il écoutait volontiers les avis, quoique probablement il ne fît pas grand cas de ceux de sa servante. Il encourageait les talents naissants. Le grand Racine, alors à son aurore, lui lut une tragédie : Molière ne la trouva pas bonne, et elle ne l'était pas ; mais il exhorta l'auteur à en faire une autre, et lui fit un présent. C'était mieux voir que Corneille, qui exhorta Racine à faire des comédies et à quitter la tragédie. Molière n'était point envieux : quelques grands hommes l'ont été. Ce fut son suffrage qui contribua, autant que celui de Louis XIV, à ramener le public aux *Plaideurs*, qui étaient tombés. Il était alors brouillé avec Racine : ce moment dut être bien doux à Molière.

On s'occupait quelque temps avant sa mort à lui faire quitter l'état de comédien, pour le faire entrer à l'Académie française. Cette compagnie, qui n'a jamais éloigné volontairement aucun talent supérieur, a du moins adopté Molière dès qu'elle l'a pu, par l'hommage le plus éclatant. Elle lui a décerné un éloge public, et a placé son buste chez elle, avec cette inscription également honorable pour nous et pour lui :

Rien ne manque à sa gloire, il manquait à la nôtre.
LA HARPE, *Cours de Littérature**.

MORCEAUX CHOISIS.

I. Le Misanthrope.

Non, je ne puis souffrir cette lâche méthode
Qu'affectent la plupart de nos gens à la mode,
Et je ne hais rien tant que les contorsions
De tous ces grands faiseurs de protestations,
Ces affables donneurs d'embrassades frivoles,
Ces obligeants diseurs d'inutiles paroles,
Qui de civilités avec tous font combat,
Et traitent du même air l'honnête homme et le fat.

---

* On doit encore consulter l'*Éloge de Molière*, par Chamfort, discours couronné par l'Académie française en 1769, et les *Etudes sur Molière*, par Cailhava.   F.

Quel avantage a-t-on qu'un homme vous caresse,
Vous jure amitié, foi, zèle, estime, tendresse,
Et vous fasse de vous un éloge éclatant,
Lorsqu'au premier faquin il court en faire autant?
Non, non, il n'est point d'âme un peu bien située*,
Qui veuille d'une estime ainsi prostituée;
Et la plus glorieuse a des régals peu chers**,
Dès qu'on voit qu'on nous mêle avec tout l'univers :
Sur quelque préférence une estime se fonde;
Et c'est n'estimer rien, qu'estimer tout le monde.
Puisque vous y donnez, dans ces vices du temps,
Morbleu! vous n'êtes pas pour être de mes gens.
Je refuse d'un cœur la vaste complaisance
Qui ne fait de mérite aucune différence :
Je veux qu'on me distingue; et, pour le trancher net,
L'ami du genre humain n'est pas du tout mon fait.
. . . .
. . . .
Non, vous dis-je, on devrait châtier sans pitié
Ce commerce honteux de semblant d'amitié.
Je veux que l'on soit homme, et qu'en toute rencontre
Le fond de notre cœur dans nos discours se montre;
Que ce soit lui qui parle, et que nos sentiments
Ne se masquent jamais sous de vains compliments....

Mes yeux sont trop blessés; et la cour et la ville
Ne m'offrent rien qu'objets à m'échauffer la bile.
J'entre en une humeur noire, en un chagrin profond,
Quand je vois vivre entre eux les hommes comme ils font.
Je ne trouve partout que lâche flatterie,
Qu'injustice, intérêt, trahison, fourberie;
Je n'y puis plus tenir, j'enrage, et mon dessein

---

* *Située*, pour *placée*, ne se dit plus dans le sens où ce mot est employé.
** Expression impropre et désagréable.

MOLIÈRE.

Est de rompre en visière à tout le genre humain.
. . . .
Ma haine est générale, et je hais tous les hommes :
Les uns, parce qu'ils sont méchants et malfaisants ;
Et les autres, pour être aux méchants complaisants,
Et n'avoir pas pour eux ces haines vigoureuses
Que doit donner le vice aux âmes vertueuses.
Le Misanthrope, act. I, sc. 1.

II. Le Philanthrope.

Mon Dieu ! des mœurs du temps mettons-nous moins en peine
Et faisons un peu grace à la nature humaine ;
Ne l'examinons point dans la grande rigueur,
Et voyons ses défauts avec quelque douceur.
A force de sagesse, on peut être blâmable :
Il faut parmi le monde une vertu traitable.
La parfaite raison fuit toute extrémité,
Et veut que l'on soit sage avec sobriété.
Cette grande raideur des vertus des vieux âges
Heurte trop notre siècle et les communs usages ;
Elle veut aux mortels trop de perfection :
Il faut fléchir au temps sans obstination ;
Et c'est une folie, à nulle autre seconde,
De vouloir se mêler de corriger le monde.
J'observe, comme vous, cent choses tous les jours
Qui pourraient mieux aller prenant un autre cours ;
Mais quoiqu'à chaque pas je puisse voir paraître,
En courroux, comme vous, on ne me voit point être ;
Je prends tout doucement les hommes comme ils sont,
J'accoutume mon âme à souffrir ce qu'ils font ;
Et je crois qu'à la cour, de même qu'à la ville,
Mon flegme est philosophe autant que votre bile.
. . . .
Oui, je vois ces défauts dont votre âme murmure,

Comme vices unis à l'humaine nature ;
Et mon esprit enfin n'est pas plus offensé
De voir un homme fourbe, injuste, intéressé,
Que de voir des vautours affamés de carnage,
Des singes malfaisants, et des loups pleins de rage.
Ibid.

  III. Les Femmes savantes.

..... C'est à vous que je parle, ma sœur ;
Le moindre solécisme en parlant vous irrite,
Mais vous en faites, vous, d'étranges en conduite ;
Vos livres éternels ne me contentent pas ;
Et, hors un gros Plutarque à mettre mes rabats,
Vous devriez brûler tout ce meuble inutile,
Et laisser la science aux docteurs de la ville ;
M'ôter, pour faire bien, du grenier de céans
Cette longue lunette à faire peur aux gens,
Et cent brinborions dont l'aspect m'importune ;
Ne point aller chercher ce qu'on fait dans la lune,
Et vous mêler un peu de ce qu'on fait chez vous,
Où nous voyons aller tout sens dessus dessous ;
Il n'est pas bien honnête, et pour beaucoup de causes,
Qu'une femme étudie et sache tant de choses.

Former aux bonnes mœurs l'esprit de ses enfants,
Faire aller son ménage, avoir l'œil sur ses gens,
Et régler la dépense avec économie,
Doit être son étude et sa philosophie.
Nos pères, sur ce point, étaient gens bien sensés,
Qui disaient qu'une femme en sait toujours assez,
Quand la capacité de son esprit se hausse
A connaître un pourpoint d'avec un haut-de-chausse.
Les leurs ne lisaient point ; mais elles vivaient bien ;
Leurs ménages étaient tout leur docte entretien ;

Et leurs livres, un dé, du fil et des aiguilles,
Dont elles travaillaient au trousseau de leurs filles.

Les femmes d'à-présent sont bien loin de ces mœurs :
Elles veulent écrire et devenir auteurs :
Nulle science n'est pour elles trop profonde,
Et céans, beaucoup plus qu'en aucun lieu du monde,
Les secrets les plus hauts s'y laissent concevoir;
Et l'on sait tout chez moi, hors ce qu'il faut savoir.
On y sait comme vont lune, étoile polaire,
Vénus, Saturne et Mars, dont je n'ai point affaire;
Et, dans ce vain savoir qu'on va chercher si loin,
On ne sait comme va mon pot, dont j'ai besoin.

Mes gens à la science aspirent pour vous plaire,
Et tous ne font rien moins que ce qu'ils ont à faire :
Raisonner est l'emploi de toute ma maison,
Et le raisonnement en bannit la raison.
L'un me brûle mon rôt en lisant quelque histoire,
L'autre rêve à des vers quand je demande à boire;
Enfin, je vois par eux votre exemple suivi,
Et j'ai des serviteurs, et ne suis point servi.
Une pauvre servante au moins m'était restée,
Qui de ce mauvais air n'était point infectée :
Et voilà qu'on la chasse avec un grand fracas,
A cause qu'elle manque à parler Vaugelas.
Je vous le dis, ma sœur, tout ce train-là me blesse;
Car c'est, comme j'ai dit, à vous que je m'adresse.
Je n'aime point céans tous vos gens à latin,
Et principalement ce monsieur Trissotin.
C'est lui qui dans des vers vous a tympanisées;
Tous les propos qu'il tient sont des billevesées :
On cherche ce qu'il dit après qu'il a parlé;
Et je lui crois, pour moi, le timbre un peu fêlé.

Les Femmes savantes, act. II, sc. 7.

IV. La véritable et la fausse dévotion.

Et comme je ne vois nul genre de héros
Qui soit plus à priser que les parfaits dévots,
Aucune chose au monde et plus noble et plus belle
Que la sainte ferveur d'un véritable zèle ;
Aussi je ne vois rien qui soit plus odieux
Que le dehors plâtré d'un zèle spécieux ;
Que ces francs charlatans, que ces dévots de place,
De qui la sacrilège et trompeuse grimace
Abuse impunément et se joue à leur gré
De ce qu'ont les mortels de plus saint et sacré ;
Ces gens qui, par une âme à l'intérêt soumise,
Font de dévotion métier et marchandise,
Et veulent acheter crédit et dignités
A prix de faux clins d'yeux et d'élans affectés ;
Ces gens, dis-je, qu'on voit d'une ardeur non commune
Par le chemin du ciel courir à la fortune ;
Qui, brûlant et priant, demandent chaque jour,
Et prêchent la retraite au milieu de la cour ;
Qui savent ajuster leur zèle avec leurs vices,
Sont prompts, vindicatifs, sans foi, pleins d'artifices ;
Et, pour perdre quelqu'un, couvrent insolemment
De l'intérêt du ciel leur fier ressentiment ;
D'autant plus dangereux dans leur âpre colère,
Qu'ils prennent contre nous des armes qu'on révère,
Et que leur passion, dont on leur sait bon gré,
Veut nous assassiner avec un fer sacré.
De ce faux caractère on en voit trop paraître ;
Mais les dévots de cœur sont aisés à connaître ;
Ce titre par aucun ne leur est débattu ;
Ce ne sont point du tout fanfarons de vertu ;
On ne voit pas en eux ce faste insupportable,

MOLIÈRE. 425

Et leur dévotion est humaine et traitable.
Ils ne censurent point toutes nos actions;
Ils trouvent trop d'orgueil dans ces corrections,
Et laissent la fierté des paroles aux autres;
C'est par leurs actions qu'ils reprennent les nôtres;
L'apparence du mal a chez eux peu d'appui,
Et leur âme est portée à juger bien d'autrui.
Point de cabale en eux, point d'intrigues à suivre;
On les voit pour tous soins se mêler de bien vivre;
Jamais contre un pécheur ils n'ont d'acharnement;
Ils attachent leur haine au péché seulement,
Et ne veulent point prendre avec un zèle extrême
Les intérêts du ciel plus qu'il ne veut lui-même.

Tartufe, act. I, sc. 6.

V. Trissotin et Vadius.

TRISSOTIN.

Vos vers ont des beautés que n'ont point tous les autres.

VADIUS.

Les Graces et Vénus règnent dans tous les vôtres.

TRISSOTIN.

Vous avez le tour libre, et le beau choix des mots.

VADIUS.

On voit par-tout chez vous l'Ithos et le Pathos.

TRISSOTIN.

Nous avons vu de vous des églogues d'un style
Qui passe en doux attraits Théocrite et Virgile.

VADIUS.

Vos odes ont un air noble, galant et doux,
Qui laisse de bien loin votre Horace après vous.

TRISSOTIN.

Est-il rien d'amoureux comme vos chansonnettes?

VADIUS.

Peut-on rien voir d'égal aux sonnets que vous faites.

TRISSOTIN.

Rien qui soit plus charmant que vos petits rondeaux?

VADIUS.

Rien de si plein d'esprit que tous vos madrigaux?

TRISSOTIN.

Aux ballades sur-tout vous êtes admirable.

VADIUS.

Et dans les bouts-rimés je vous trouve adorable.

TRISSOTIN.

Si la France pouvait connaître votre prix.

VADIUS.

Si le siècle rendait justice aux beaux esprits.

TRISSOTIN.

En carrosse doré vous iriez par les rues.

VADIUS.

On verrait le public vous dresser des statues.
 (*à Trissotin.*)
Hom! c'est une ballade, et je veux que tout net
Vous m'en....

TRISSOTIN (*à Vadius*).

Avez-vous vu certain petit sonnet
Sur la fièvre qui tient la princesse Uranie?

VADIUS.

Oui. Hier il me fut lu dans une compagnie.

TRISSOTIN.

Vous en savez l'auteur ?

VADIUS.

Non ; mais je sais fort bien
Qu'à ne le point flatter son sonnet ne vaut rien.

TRISSOTIN.

Beaucoup de gens pourtant le trouvent admirable.

VADIUS.

Cela n'empêche pas qu'il ne soit misérable.
Et, si vous l'avez vu, vous serez de mon goût.

TRISSOTIN.

Je sais que là-dessus je n'en suis point du tout,
Et que d'un tel sonnet peu de gens sont capables.

VADIUS.

Me préserve le ciel d'en faire de semblables !

TRISSOTIN.

Je soutiens qu'on ne peut en faire de meilleur,
Et ma grande raison est que j'en suis l'auteur.

VADIUS.

Vous ?

TRISSOTIN.

Moi.

VADIUS.

Je ne sais donc comment se fit l'affaire.

TRISSOTIN.

C'est qu'on fut malheureux de ne pouvoir vous plaire.

VADIUS.

Il faut qu'en écoutant j'aie eu l'esprit distrait,
Ou bien que le lecteur m'ait gâté le sonnet.
Mais laissons ce discours et voyons ma ballade.

TRISSOTIN.

La ballade, à mon goût, est une chose fade ;
Ce n'en est plus la mode, elle sent son vieux temps.

VADIUS.

La ballade pourtant charme beaucoup de gens.

TRISSOTIN.

Cela n'empêche pas qu'elle ne me déplaise.

VADIUS.

Elle n'en reste pas pour cela plus mauvaise.

TRISSOTIN.

Elle a pour les pédants de merveilleux appas.

VADIUS.

Cependant nous voyons qu'elle ne vous plaît pas.

TRISSOTIN.

Vous donnez sottement vos qualités aux autres.

VADIUS.

Fort impertinemment vous me jetez les vôtres.

TRISSOTIN.

Allez, petit grimaud, barbouilleur de papier.

VADIUS.

Allez, rimeur de balle, opprobre du métier.

TRISSOTIN.

Allez, fripier d'écrits, impudent plagiaire.

VADIUS.

Allez cuistre.....

PHILAMINTE.

Hé ! messieurs, que prétendez-vous faire ?

TRISSOTIN *à Vadius*.

Va, va restituer tous les honteux larcins
Que réclament sur toi les Grecs et les Latins.

VADIUS.

Va, va-t'en faire amende honorable au Parnasse
D'avoir fait à tes vers estropier Horace.

TRISSOTIN.

Souviens-toi de ton livre, et de son peu de bruit.

VADIUS.

Et toi, de ton libraire, à l'hôpital réduit.

TRISSOTIN.

Ma gloire est établie, en vain tu la déchires.

VADIUS.

Oui, oui, je te renvoie à l'auteur des satires.

TRISSOTIN.

Je t'y renvoie aussi.

VADIUS.

J'ai le contentement
Qu'on voit qu'il m'a traité plus honorablement.
Il me donne en passant une atteinte légère,
Parmi plusieurs auteurs qu'au Palais on révère;
Mais jamais dans ses vers il ne te laisse en paix,
Et l'on t'y voit partout être en butte à ses traits.

TRISSOTIN.

C'est par là que j'y tiens un rang plus honorable.
Il te met dans la foule ainsi qu'un misérable,
Il croit que c'est assez d'un coup pour t'accabler,
Et ne t'a jamais fait l'honneur de redoubler;
Mais il m'attaque à part comme un noble adversaire,
Sur qui tout son effort lui semble nécessaire;
Et ses coups, contre moi redoublés en tous lieux,
Montrent qu'il ne se croit jamais victorieux.

VADIUS.

Ma plume t'apprendra quel homme je puis être.

TRISSOTIN.

Et la mienne saura te faire voir ton maître.

VADIUS.

Je te défie en vers, prose, grec et latin.

TRISSOTIN.

Hé bien! nous nous verrons seul à seul chez Barbin!

Les Femmes savantes, act. III, sc. 5.

VI. Don Juan, M. Dimanche et Sganarelle.

D. JUAN (*faisant de grandes civilités.*)

Ah! monsieur Dimanche, approchez; que je suis ravi de vous voir, et que je veux de mal à mes gens, de ne vous pas faire entrer d'abord! J'avais donné ordre qu'on ne me fît parler à personne; mais cet ordre n'est pas pour vous, et vous êtes en droit de ne trouver jamais de porte fermée chez moi.

M. DIMANCHE.

Monsieur, je vous suis fort obligé.

D. JUAN (*parlant à ses laquais*).

Parbleu! coquins, je vous apprendrai à laisser M. Dimanche dans une antichambre, et je vous ferai connaître les gens.

M. DIMANCHE.

Monsieur, cela n'est rien.

D. JUAN.

Comment? vous dire que je n'y suis pas; à monsieur Dimanche, au meilleur de mes amis?

M. DIMANCHE.

Monsieur, je suis votre serviteur. J'étais venu...

D. JUAN.

Allons, vite! un siège pour monsieur Dimanche.

M. DIMANCHE.

Monsieur, je suis bien comme cela.

D. JUAN.

Point, point; je veux que vous soyez assis comme moi.

M. DIMANCHE.

Cela n'est point nécessaire.

D. JUAN.

Otez ce pliant, et apportez un fauteuil.

M. DIMANCHE.

Monsieur, vous vous moquez, et.....

D. JUAN.

Non, non; je sais ce que je vous dois, et je ne veux point qu'on mette de différence entre nous deux.

M. DIMANCHE.

Monsieur.

D. JUAN.

Allons, asseyez-vous!

M. DIMANCHE.

Il n'est pas besoin, monsieur, et je n'ai qu'un mot à vous dire. J'étais.....

D. JUAN.

Mettez-vous là, vous dis-je.

M. DIMANCHE.

Non, monsieur, je suis bien; je viens pour...

D. JUAN.

Non, je ne vous écoute point, si vous n'êtes point assis.

M. DIMANCHE.

Monsieur, je fais ce que vous voulez. Je...

D. JUAN.

Parbleu ! monsieur Dimanche, vous vous portez bien.

M. DIMANCHE.

Oui, monsieur, pour vous rendre service. Je suis venu.....

D. JUAN.

Vous avez un fonds de santé admirable, des lèvres fraîches, un teint vermeil, et des yeux vifs.

M. DIMANCHE.

Je voudrais bien.....

D. JUAN.

Comment se porte madame Dimanche, votre épouse ?

M. DIMANCHE.

Fort bien, monsieur, Dieu merci.

D. JUAN.

C'est une brave femme.

M. DIMANCHE.

Elle est votre servante, monsieur. Je venais...

D. JUAN.

Et votre petite fille Claudine, comment se porte-t-elle ?

M. DIMANCHE.

Le mieux du monde.

D. JUAN.

La jolie petite fille que c'est! je l'aime de tout mon cœur.

M. DIMANCHE.

C'est trop d'honneur que vous lui faites, monsieur. Je vous.....

D. JUAN.

Et le petit Colin, fait-il toujours bien du bruit avec son tambour?

M. DIMANCHE.

Toujours de même, monsieur. Je....

D. JUAN.

Et votre petit chien Brusquet, gronde-t-il toujours aussi fort, et mord-il toujours bien aux jambes les gens qui vont chez vous?

M. DIMANCHE.

Plus que jamais, monsieur, et nous ne saurions en chevir*.

D. JUAN.

Ne vous étonnez pas, si je m'informe des nouvelles de toute la famille; car j'y prends beaucoup d'intérêt.

M. DIMANCHE.

Nous vous sommes, monsieur, infiniment obligés. Je.....

D. JUAN (*lui tendant la main*).

Touchez donc là, monsieur Dimanche. Êtes-vous bien de mes amis?

---

* En jouir, le posséder.

M. DIMANCHE.

Monsieur, je suis votre serviteur.

D. JUAN.

Parbleu! Je suis à vous de tout mon cœur.

M. DIMANCHE.

Vous m'honorez trop. Je....

D. JUAN.

Il n'y a rien que je ne fisse pour vous.

M. DIMANCHE.

Monsieur, vous avez trop de bonté pour moi.

D. JUAN.

Et cela sans intérêt, je vous prie de le croire.

M. DIMANCHE.

Je n'ai point mérité cette grace, assurément. Mais monsieur....

D. JUAN.

Or çà, Monsieur Dimanche, sans façon, voulez-vous souper avec moi?

M. DIMANCHE.

Non, monsieur, il faut que je m'en retourne tout à l'heure. Je....

D. JUAN (*se levant.*).

Allons! vite un flambeau pour conduire monsieur Dimanche, et que quatre ou cinq de mes gens prennent des mousquetons pour l'escorter.

M. DIMANCHE (*se levant de même*).

Monsieur, il n'est pas nécessaire, et je m'en irai bien tout seul. Mais....

(*Sganarelle ôte les siéges promptement.*)

D. JUAN.

Comment! Je veux qu'on vous escorte, et je m'intéresse trop à votre personne; je suis votre serviteur, et de plus votre débiteur.

M. DIMANCHE.

Ah! monsieur....

D. JUAN.

C'est une chose que je ne cache pas, et je le dis à tout le monde.

M. DIMANCHE.

Si....

D. JUAN.

Voulez-vous que je vous reconduise?

M. DIMANCHE.

Ah! monsieur! vous vous moquez. Monsieur....

D. JUAN.

Embrassez-moi donc, s'il vous plaît; je vous prie encore une fois d'être persuadé que je suis tout à vous, et qu'il n'y a rien au monde que je ne fisse pour votre service. (*Il sort*).

SGANARELLE.

Il faut avouer que vous avez en monsieur un homme qui vous aime bien.

M. DIMANCHE.

Il est vrai; il me fait tant de civilités et tant de compliments, que je ne saurais jamais lui demander de l'argent.

SGANARELLE.

Je vous assure que toute sa maison périrait pour

vous, et je voudrais qu'il vous arrivât quelque chose, que quelqu'un s'avisât de vous donner des coups de bâton, vous verriez de quelle manière.....

M. DIMANCHE.

Je le crois; mais, Sganarelle, je vous prie de lui dire un petit mot de mon argent.

SGANARELLE.

Oh! ne vous mettez pas en peine, il vous paiera le mieux du monde.

M. DIMANCHE.

Mais vous, Sganarelle, vous me devez quelque chose en particulier.

SGANARELLE.

Fi, ne parlez pas de cela.

M. DIMANCHE.

Comment? je....

SGANARELLE.

Ne sais-je pas bien que je vous dois?

M. DIMANCHE.

Oui, mais....

SGANARELLE.

Allons, monsieur Dimanche, je vais vous éclairer.

M. DIMANCHE.

Mais mon argent....

SGANARELLE (*prenant M. Dimanche par le bras*).

Vous moquez-vous?

M. DIMANCHE.

Je veux....

SGANARELLE (*le tirant*).

Eh!

M. DIMANCHE.

J'entends!

SGANARELLE (*le poussant vers la porte*).

Bagatelles.

M. DIMANCHE.

Mais....

SGANARELLE (*le poussant encore*).

Fi!

M. DIMANCHE.

Je....

SGANARELLE (*le poussant tout-à-fait hors du théâtre*).

Fi, vous dis-je!

Don Juan, act. IV, sc. 3 et 4.

MONTAIGNE (MICHEL, seigneur de), philosophe moraliste, fameux par son livre des *Essais*, naquit le 28 février 1533 au château de Montaigne, en Périgord, d'une famille anciennement nommée *Eyghem*. Son père, homme éclairé, dont il était le troisième enfant, apporta à son éducation un soin particulier, et l'environna dès sa plus tendre enfance des chefs-d'œuvre des anciens. Ce fut à leur école que Michel Montaigne prit ce goût exquis, et ce style énergique et franc dont il n'aurait trouvé aucun modèle autour de lui. Les détails qu'il donne sur son éducation, ne sont pas les moins instructifs ni les moins curieux de son ouvrage. Il fut confié avant le développement de la parole à un maître, allemand, très versé dans la langue latine, et qui ignorait entièrement le français. Ce maître qui en avait deux autres en sous-ordre, portait continuellement le jeune Montaigne entre ses bras, et ne lui parlait qu'en latin. Quant au reste de la maison, c'était une règle inviolable que ni le père, ni la mère, ni les domestiques ne s'exprimeraient en sa compagnie, qu'en autant de mots latins que chacun en avait appris pour *jargonner* avec l'enfant. *Nous nous latinisâmes tant*, dit-il, *qu'il en regorgea jusqu'à nos villages tout autour, où il y a encore, et ont pris pied par l'usage, plusieurs appellations latines d'artisans et d'outils.* Quant au grec, Montaigne l'étudia *par art*, mais sous forme *d'ébats et d'exercices: nous pelutions*, dit-il, *nos déclinaisons à la manière de ceux qui par certains jeux de tablier*, apprennent l'arithmétique et la géométrie.* On lui faisait ainsi goûter la science et le devoir sans forcer sa volonté, et on l'élevait avec tant de douceur que pour ne pas troubler son cerveau encore tendre, en l'arrachant trop brusquement au sommeil profond, auquel les enfants sont sujets, son père le faisait éveiller au son de quelque instrument.

Malgré le succès que tant de soins semblaient devoir promettre, ce bon père, craignant de *faillir en chose qu'il avait tant à cœur*, et n'ayant plus autour de lui ceux qui l'avaient jusque là si bien secondé dans ses vues, finit par se ranger à la coutume, et envoya son fils, âgé d'un peu plus de six ans, à Bordeaux, au collège de Guienne, alors très florissant, et où le jeune élève, au moyen de ce

---

* Échiquier.

qu'il savait, passa d'emblée aux premières classes. Il y eut pour maître l'Écossais Buchanan, un des meilleurs poètes latins modernes, et ce Marc-Antoine Muret, le premier de ces rhéteurs qu'on nommait *Cicéroniens*.

Montaigne s'applaudit d'avoir eu de tels maîtres; mais il avoue qu'en sortant de leur classe à l'âge de treize ans, il n'en savait guère plus que ce qu'il avait appris par les soins et l'affection de son *bon père*; c'est toujours le nom qu'il lui donne. On voit toutes les fois qu'il en parle, qu'il s'anime à ce doux souvenir; il émeut le lecteur par les épanchements de sa tendresse filiale, et lui fait partager les sentiments qu'il éprouve.

Ce fut par obéissance pour son père qu'il consacra à l'étude du droit quelques années de sa jeunesse. Mais il venait de parcourir les champs fleuris de la littérature ancienne, et son esprit, ennemi de toute contrainte, ne put souffrir long-temps la sécheresse monotone et du texte et des gloses. Il fut pourvu cependant d'une charge de conseiller au parlement de Bordeaux vers 1554, et fut honoré d'une haute estime comme magistrat; mais au bout de quelques années il renonça à des fonctions trop peu d'accord avec ses goûts : il voulait vivre, non *selon les temps, selon les hommes, selon les affaires, mais selon lui*, et, désormais indépendant, il s'appliqua dans la retraite à la littérature et à la philosophie.

Pendant que Montaigne exerçait les fonctions de conseiller, il s'était lié avec Pibrac, Paul de Foix et le chancelier de l'Hospital; mais l'intimité qu'il eut avec ces différents personnages, ne saurait se comparer à la vive et tendre amitié qui s'établit entre lui et Étienne de La Boétie *.

Rien de plus touchant que ce mot de Montaigne à ce sujet. « Si on me presse de dire pourquoi je l'aimais, je sens que cela ne se peut exprimer qu'en répondant : *parce que c'était lui, parce que c'était moi.* » Il dit encore: « Nous nous cherchions avant que de nous être vus, *nous nous embrassions par nos noms* : et à notre première rencontre qui fut par hasard en une grande fête et compagnie de ville, nous nous trouvâmes si pris, si connus, si obligés entre nous, que rien dès-lors ne nous fut si proche que l'un à l'autre. »

Un sentiment aussi profond ne pouvait être passager; il fit pendant quatre ans le bonheur des deux amis, lorsqu'une mort prématurée vint frapper La Boétie. Les beaux jours de Montaigne se changèrent en une nuit obscure. Les plaisirs qui s'offraient à lui, au lieu de contribuer à le consoler, redoublaient au contraire les regrets de sa perte. *Nous étions à moitié de tout*, dit-il, *il me semble que je lui dérobe sa part.* Et il ajoute : *J'étais si accoutumé à être deuxième partout, qu'il me semble n'être plus qu'à demi.*

Montaigne s'était marié à l'âge de trente-trois ans, et quoiqu'il donne à entendre qu'en formant cet engagement, il céda plutôt à la convenance et à l'u-

---

* Auteur du *Traité de la Servitude volontaire*, qui n'a point été joint à ses *Œuvres posthumes*, publiées par Montaigne, mais qu'on imprime maintenant à la suite des *Essais*.

sage qu'à son inclination naturelle, il affirme qu'il observa plus sévèrement les lois du mariage qu'il n'avait promis ni espéré.

Retiré dans le château de son père avec sa femme qu'il aimait *à la simple façon du vieil âge*, et sa fille Léonore*, qu'il aimait avec la tendresse éclairée et la *sévère douceur* qu'il recommande. Ce fut dans ce lieu qu'il entreprit, en 1572, la composition de ses *Essais*, dont les deux premiers livres parurent en 1580.

Il quitta ensuite sa paisible retraite pour aller visiter la Suisse, l'Allemagne et l'Italie, espérant que des courses lointaines et les eaux minérales de ces diverses contrées apporteraient quelque soulagement à la maladie de la pierre dont il était attaqué depuis long-temps, et qui était héréditaire dans sa famille.

Le journal de ce voyage, dicté d'abord très négligemment à un valet, continué ensuite non moins négligemment par l'auteur, et jeté au rebut, fut découvert cent-quatre-vingts ans après la mort de Montaigne, parmi les vieux papiers de sa maison. C'est une suite de détails fastidieux sur sa santé, qui l'occupait entièrement, mais au milieu de ce fatras en mauvais style, « on y admire, dit M. Le Clerc, « dans quelques morceaux épars, l'énergie du grand « écrivain ; et ces détails mêmes trop puérils et trop « multipliés, nous font connaître, avec son esprit, « les coutumes et les préjugés de son temps ; on y

---

* Il avait perdu ses autres enfants en bas âge.

« remarque aussi des passages qui intéressent la po-
« litique, l'histoire et les arts. »

Montaigne était un de ces hommes rares que les honneurs viennent trouver ; il obtint à Rome, par l'autorité du saint Père, des lettres de citoyen romain ; et ce fut pendant son séjour dans cette ville, qu'il fut élu maire de Bordeaux. Cette charge était la première de la province, et fut exercée avant et après lui par des maréchaux ; mais notre philosophe préférait aux honneurs le repos et la jouissance de soi-même : *On peut*, disait-il, *se prêter à autrui, mais il ne faut se donner qu'à soi*, et il voulut d'abord refuser la place. Un ordre de Henri III l'ayant forcé de l'accepter, il retourna à Bordeaux, et préserva cette ville des horreurs de la guerre civile par sa sagesse et sa modération. Les Bordelais pleins de vénération pour lui, le continuèrent dans sa charge après ses deux années de gestion, et ne le virent ensuite s'éloigner d'eux qu'avec tous les regrets de la reconnaissance et de l'amour.

Environ à cette époque, Montaigne partagea de plus près les maux de l'état, dont il avait su jusque là se préserver. Il devint tour à tour le jouet de toutes les factions. *Je fus*, dit-il, *peloté à toutes mains : au Gibelin, j'étais Guelfe ; au Guelfe, Gibelin*; et pour surcroît de malheur, une fièvre pestilentielle vint, en 1586, infester sa demeure. S'étant enfui avec sa famille, il erra pendant six mois loin de sa maison, pouvant à peine se procurer un asyle chez ceux auxquels il avait autrefois accordé l'hospitalité. Ce fut cependant au milieu de tant de troubles et de revers, qu'il composa une partie du troisième livre de ses *Essais*, dont il compléta l'impression à Paris, en 1588.

Pendant le séjour qu'il fit dans cette ville, Montaigne adopta sous le nom de sa *fille d'Alliance*, Marie de Gournay, qui avait conçu pour lui une très grande estime, à la lecture de ses premiers *Essais*. Cette demoiselle, qui vint exprès à Paris avec sa mère pour voir Montaigne, et le consoler des maux dont il était accablé, conserva toute sa vie le titre dont l'avait honorée le philosophe; elle s'en est qualifiée dans des éditions qu'elle a donnée des *Essais*, et a défendu dans une préface apologétique, en 1635, les écrits et la doctrine de celui qu'elle nommait son père.

A son retour de Paris, Montaigne s'arrêta quelque temps à Blois, où se tenaient les états-généraux. Il n'avait vu à Paris que des séditions, il ne vit à Blois que des assassinats; épouvanté de l'avenir qui semblait menacer la France, ses souffrances physiques s'en augmentèrent, et l'idée d'une mort prochaine le poursuivait partout; ses craintes en effet n'étaient que trop fondées. Après avoir tant souffert des maux publics, il n'eut point le temps de voir réaliser le juste espoir qu'il avait conçu de Henri-le-Grand. La troisième année de ce beau règne, il fut attaqué d'une esquinancie mortelle, et d'une paralysie sur la langue. Sentant sa fin approcher, il écrivit à sa femme de lui faire venir quelques gentilshommes de son voisinage pour l'assister dans ses derniers moments : lorsqu'ils furent arrivés, il fit dire la messe dans sa chambre, et au moment de l'élévation, ayant voulu se metttre sur son séant, les mains jointes, il expira dans cet acte de piété, le 13 septembre 1592, à l'âge de cinquante-neuf ans, sept mois et quelques jours. Son corps fut transféré à Bordeaux, et inhumé dans l'église d'une commanderie de Saint-Antoine, qui a passé depuis aux Feuillants.

Montaigne vécut sous les règnes de François Ier, Henri II, François II; Charles IX, Henri III, et Henri IV. Chevalier de l'ordre du roi, confident et ami des princes les plus puissants, il put prétendre aux places les plus brillantes de l'état, et préféra toujours l'humble solitude de son château et la médiocrité, à l'éclat de la fortune et des grandeurs.

N'ayant point d'enfants mâles, Montaigne laissa par son testament, à Charron, qui avait adopté sa philosophie, les armes pleines de sa famille, à laquelle celui-ci, à son tour, marqua sa reconnaissance par le legs universel de ses propres biens.

L'institut proposa en 1812 l'éloge de Montaigne pour prix d'éloquence; ce fut le discours de M. Villemain qui remporta la palme académique.

W.

JUGEMENTS.

I.

Ce sont ici mes humeurs et opinions; je les donne pour ce qui est en ma créance, non pour ce qui est à croire; je ne vise ici qu'à découvrir moi-même, qui serai par aventure autre demain si nouvel apprentissage me change. Je n'ai point l'autorité d'être cru, ni ne le désire, me sentant trop mal instruit pour instruire autrui.

. . . .

Que si ces *Essais* étaient dignes qu'on en jugeât, il en pourrait advenir, à mon avis, qu'ils ne plairaient guères aux esprits communs et vulgaires, ni guères aux singuliers et excellents; ceux-là n'y entendraient pas assez, ceux-ci y entendraient trop : ils pourraient vivoter en la moyenne région.

. . . .

Mon langage n'a rien de facile et de poli : il est âpre et dédaigneux, ayant ses dispositions libres et déréglées : et me plaît ainsi; sinon par mon jugement, par mon inclination. Mais je sens bien que par fois je m'y laisse trop aller, et qu'à force de vouloir éviter l'art et l'affectation, j'y retombe d'une autre part.

MONTAIGNE, *Essais*, liv. I, chap. 25 et 44, et liv. II, chap. 17.

II.

C'est la beauté, la vivacité, et l'étendue de l'imagination qui font passer pour bel esprit. Le commun des hommes estime le brillant, et non pas le solide, parce qu'on aime davantage ce qui touche les sens que ce qui intéresse la raison. Ainsi, en prenant beauté d'imagination pour beauté d'esprit, Montaigne avait l'esprit beau, et même extraordinaire. Ses idées sont fausses, mais belles; ses expressions irrégulières ou hardies, mais agréables;

ses discours mal raisonnés, mais bien imaginés. On voit dans tout son livre un contraste d'original qui plaît infiniment: tout copiste qu'il est, il ne sent point son copiste, et son imagination forte et hardie donne toujours le tour d'original aux choses qu'il copie. Il a enfin ce qu'il est nécessaire d'avoir pour imposer. Je pense avoir assez montré que ce n'est point en convainquant la raison qu'il se fait admirer de tant de gens, mais en tournant l'esprit à son avantage, par la vivacité toujours victorieuse de son imagination dominante.

MALEBRANCHE, *Recherches de la Vérité*.

III.

Montaigne, avant Corneille, était le seul livre qui attirât l'attention du petit nombre d'étrangers qui pouvaient savoir le français. Mais le style de Montaigne n'est ni pur, ni correct, ni précis, ni noble : il est énergique et familier ; il exprime naïvement de grandes choses; c'est cette naïveté qui plaît ; on aime à voir le caractère de l'auteur; on se plaît à se retrouver dans ce qu'il dit de lui-même, à converser, à changer de discours et d'opinion avec lui. J'entends souvent regretter le langage de Montaigne, c'est son imagination qu'il faut regretter : elle était forte et hardie; mais sa langue était bien loin de l'être.

. . . .

Quelle injustice de dire que Montaigne n'a fait que commenter les anciens ! il les cite à propos, et c'est ce que les commentateurs ne font pas. Il pense, et ces messieurs ne pensent pas; il appuie ses pensées de celles des grands hommes de l'antiquité; il les juge; il les combat; il converse avec eux, avec son lecteur, avec lui-même : toujours original dans la manière dont il présente les objets, toujours peintre; et, ce que j'aime, sachant toujours douter.

VOLTAIRE, *Discours à l'Académie* et *Lettre à M. de Tressan.*

IV.

L'ouvrage de Montaigne est un vaste répertoire de souvenirs et de réflexions nées de ces souvenirs. Son inépuisable mémoire met à sa disposition tout ce que les hommes ont pensé. Son jugement, son goût, son instinct, son caprice même lui fournissent à tout moment des pensées nouvelles. Sur chaque sujet il commence par dire tout ce qu'il sait, et, ce qui vaut mieux, il finit par dire ce qu'il croit. Cet homme qui dans la discussion, cite toutes les autorités, écoute tous les partis, accueille toutes les opinions; lorsqu'enfin il vient à décider, ne consulte que lui seul, et donne son avis, non *comme bon, mais comme sien*. Une telle marche est longue, mais elle est agréable, elle est instructive, elle apprend à douter; et ce commencement de la sagesse en est quelquefois le dernier terme. Peut-être aussi cette manière de composer, convenait mieux au caractère de Montaigne, ennemi d'un long travail et d'une application soutenue. Il parle beaucoup de morale, de politique, de littérature, il agite à la fois mille questions; mais il ne propose jamais un système. Sa réserve tient à sa paresse autant qu'à son jugement. Il lui en coûterait de poser des principes, de tirer des conséquences et d'établir, à force de raisonnements, la vérité, ou ce que l'on prend pour elle. Cette entreprise lui paraîtrait trop laborieuse, et la justesse de son esprit l'avertit que souvent elle ne serait pas moins inutile que téméraire. Il aime mieux se borner à ce qu'il voit au moment où il parle, et semble vouloir n'affirmer qu'une chose à la fois. Ce n'est pas le moyen de faire secte; aussi jamais philosophe n'en fut plus éloigné que Montaigne; il dit trop naïvement le pour et le contre. Au moment où vous croyez tenir sa pensée, vous êtes déconcertés par un changement soudain, qu'au reste il ne prévoyait pas lui-même plus que vous. Une pareille incertitude, qui prouve plus de franchise que de faiblesse, n'aurait pas dû, ce semble, exciter la sévère indignation de Pascal. Cet inexorable moraliste, si grand par son génie encore au-dessus de ses ouvrages, ne craint pas d'affirmer que Montaigne met toutes choses dans un doute si universel et si général, que l'homme, doutant même s'il doute, son incertitude roule sur elle-même dans un cercle perpétuel et sans repos*.

VILLEMAIN, *Éloge de Montaigne.*

---

* Les défauts de Montaigne sont grands : il est plein de mots sales et déshonnêtes. Cela ne vaut rien. Ses sentiments sur la mort et sur l'homicide volontaire sont horribles. Il inspire une nonchalance du salut, sans crainte et sans repentir. Son livre n'étant point fait pour porter à la piété, il n'y était pas obligé; mais on est toujours obligé de n'en pas détourner. Quoi qu'on puisse dire, pour excuser ses sentiments trop libres sur plusieurs choses, on ne saurait excuser, en aucune sorte, ses sentiments tout païens

V.

La première chose qui frappe quand on lit Montaigne, c'est le style. Sa physionomie gasconne ne lui messied pas; et son air suranné est, je crois, un de ses attraits. Au seizième siècle, au fond de sa province, où a-t-il pris le nerf et la vivacité de ses expressions, l'à-propos et la variété de ses tournures? D'où lui est venue l'idée de cette énergie entraînante, qui subjugue et ne laisse pas respirer le lecteur? Etudiez un chapitre des *Essais*, et vous direz : Cet homme a deviné l'art d'écrire.

En effet il n'a point eu de modèle; son style naît comme ses idées : il écrit d'original. Et il était difficile qu'un génie aussi fort que le sien, venant à une pareille époque, ne se créât pas une langue. Figurez-vous Montaigne commençant à rédiger ses *Essais*; jusques-là il avait mis *tous ses efforts à former sa vie* : c'était son seul *métier*, son seul *ouvrage* : il ne fut jamais *faiseur de livres*. Peut-être n'aurait-il pas été embarrassé s'il eût fallu parler latin : le latin, en quelque façon, était sa langue maternelle; mais il écrit pour sa famille, pour ses amis, c'est dans leur langue qu'il doit s'exprimer. Quel maître va-t-il choisir? D'un côté, il voit de prétendus beaux esprits, qui, négligeant le naturel, courent après les pointes et les gentillesses italiennes, ou s'égarent en suivant de trop près les anciens. Ils veulent

---

sur la mort; car il faut renoncer à toute piété, si on ne veut au moins mourir chrétiennement: or il ne pense qu'à mourir lâchement et mollement par tout son livre.   PASCAL, *Pensées*.

paraître ingénieux, extraordinaires : cette misérable affectation fait tout leur mérite. Ils se donnent la torture pour enfanter quelque laborieuse fadaise; et *pourvu qu'ils se gorgiasent en la nouvelleté, il ne leur chault de l'efficace.* C'est à l'efficace que prétendait Montaigne; et malgré toute l'estime qu'il témoigne pour les efforts et la science de Ronsard, il devait quelquefois se moquer du *Prince des poètes.* D'une autre part, s'offre à lui un langage *artificiel,* celui des Péripatéticiens modernes : les actions, les idées les plus communes ne sont plus reconnaissables sous ce déguisement. *On les a couvertes et revêtues d'une autre robe, pour l'usage de l'école.* C'est la robe d'Aristote et d'Averroës : des topiques, des virtualités, des idéalités, des entéléchies, etc., quel épouvantail et quel jargon! Ces docteurs *artialisent la nature,* c'est à dire la défigurent, l'obscurcissent, et s'en éloignent à mesure que leurs traités et leurs commentaires s'accumulent.

Montaigne les laisse argumenter sans qu'ils s'entendent : il veut être entendu de tout le monde, et il a recours au langage vulgaire. Ne pourra-t-il pas imiter le style coulant et poli d'Amyot? Ces périodes harmonieuses lui plaisent et l'enchantent; mais il veut des choses, et des mots aussi forts que les choses. La langue française, encore trop faible, et indigne de lui, s'affaisse et plie sous ses idées; les expressions manquent à son génie; et ses conceptions si nouvelles, si grandes, quand pour la première fois elles ont frappé son imagination, semblent sous sa plume se dénaturer et se retrécir.

Que lui reste-t-il donc à faire ? Il invente lui-même un idiome, ou plutôt, de la langue usitée, il compose une langue toute nouvelle. Le latin, l'analogie, les figures, la hardiesse viennent à son secours : *il appesantit, il enfonce la signification* des termes qui existent ; il en forge quelques-uns, sans qu'il s'en aperçoive, car il condamne cette licence ; mais il est entraîné malgré lui. Comparaisons claires et justes, images inattendues, hyperboles vigoureuses, répétitions, alliances de mots, proverbes, locutions provinciales, rien ne lui coûte pourvu qu'il rende aussitôt ce qu'il sent. *C'est aux paroles à servir et à suivre : et que le Gascon y arrive, si le Français n'y peut aller.* Il sacrifie tout à son idée, à sa fantaisie même ; il néglige et les lois de l'usage, qui ne lui fourniraient que peu d'expressions et de tournures, et les lois de la grammaire, dont les règles étaient encore incertaines : il écrit avec son imagination : son style est tout à lui.

De là cette empreinte naïve du génie, qui efface tous les défauts ; cette simplicité, cette franchise de langage, qui semble avoir été celle des premiers hommes, quand ils n'avaient pas encore besoin de farder leurs pensées : cette aimable légèreté, ce charmant badinage, cette ironie enjouée, cette force comique, qui saisit avec tant de finesse et peint avec tant de vérité les ridicules ; de là, dans les morceaux un peu plus sérieux, ce ton familier, qui nous rend, pour ainsi dire, contemporains et amis de l'auteur, qui nous fait converser avec lui et qui nous le fait voir, tantôt discutant une question morale ou littéraire au milieu de sa petite société, tantôt seul avec lui-même, écrivant ou réfléchissant dans sa *librairie;* de là cette élévation, ce sublime, cette assurance qui n'est donnée qu'à la vertu éloquente, cette impétuosité fière et mâle, ces *mouvements inaccoutumés*, dont la *soudaineté* fait tant d'impression sur l'âme qui sait les sentir, cet abandon, cet élan dans la phrase et les idées, cette négligence victorieuse et persuasive, dont les grands effets viennent à l'appui d'un ancien axiome, qui n'est jamais plus évident que lorsqu'on l'applique à Montaigne : *C'est le cœur qui fait l'éloquence* *; de là enfin, dans tous les genres, cette fécondité d'images, ces tableaux animés, ces tours originaux et hardis, qui donnent en quelque sorte un corps et une vie à la pensée, ces métaphores pittoresques, si nécessaires à l'écrivain philosophe, lorsqu'il n'a pour s'énoncer qu'une langue encore informe, et pauvre d'expressions en même temps abstraites et claires; ces traits piquants, ces plaisantes saillies, qui font toujours sourire parce que la nature les a dictés; cette rapidité pressante dans les récits, cette variété dans les descriptions, cette fidélité dans les portraits : qualités qui toutes réunies forment cette grande qualité de l'écrivain, nommée par les Grecs *Energie*, et par les modernes, *Poésie de style*, dont les subdivisions sont très étendues; dont la perfection est le chef-d'œuvre de l'art d'écrire, et dont Montaigne a donné parmi nous le premier modèle.

* Pectus est quod disertos facit. (Quintil. *Instit. Orat.* X, 7.)

Et je n'entends pas par poésie de style, ce jargon précieux, ambitieusement figuré, qui s'arrogeant le nom de style poétique, tandis qu'il n'en a véritablement aucun, déprave et corrompt de jour en jour le beau caractère de la langue française: assemblage monstrueux dans ses prétentions, qui, loin de réunir, comme on veut le croire, les avantages de la versification et de la prose, est également dépourvu de la propriété de l'une et des agréments de l'autre. J'entends l'heureuse licence d'expression, l'*étrangeté* de formes, l'abondance variée de tons et de tournures, la richesse de comparaisons et d'images, qui nous étonnent sans cesse dans Montaigne, soit qu'après avoir convaincu l'homme de sa petitesse, il s'écrie avec un sourire moqueur: *Enfle-toi, pauvre homme, et encore, et encore, et encore...;* soit qu'il tourne en dérision un régent de collège, et sa belle harangue *in genere demonstrativo*, soit qu'il compare l'homme orgueilleux quand il est ignorant, et modeste s'il est instruit, aux épis de blé *qui vont s'élevant et se haussant la tête droite et fière, tant qu'ils sont vides,* mais qui, *lorsqu'ils sont pleins et grossis de grains en leur maturité, commencent à s'humilier et baisser les cornes;* ou que par une autre comparaison, non moins juste et plus vive encore, il nous représente le philosophe présomptueux, qui s'efforce en vain de saisir notre être, flottant comme une ombre entre le naître et le mourir, sous les traits d'un insensé, qui *voudrait empoigner l'eau,* et qui, *à mesure qu'il la serrerait et la presserait davantage, perdrait d'autant plus* ce qu'il voulait tenir et empoigner; soit qu'avec la touche vigoureuse et ferme du peintre le plus exercé, il nous fasse voir son héros, le héros de Cicéron, l'intrépide et vertueux Épaminondas, qui, *horrible de fer et de sang, va fracassant et rompant une nation invincible contre tout autre que contre lui seul, et gauchit au milieu d'une telle mêlée, au rencontre de son hôte et de son ami.* Qu'elle vivacité! quelle souplesse! quelle énergie***! Voilà cette poésie de style, que Montaigne ne devait qu'à la nature et à la lecture assidue et réfléchie des anciens, don précieux du génie, qui ne se rencontre que dans nos grands classiques, et qui ne ressemble en rien à l'afféterie étudiée, à l'emphase mesquine de nos modernes**.

J. V. Le Clerc, *Eloge de Montaigne.*

* C'est encore dans Montaigne que l'on trouve la peinture de *l'homme de cœur*, « qui tombe obstiné en son courage; qui pour quelque danger de la mort voisine, ne relâche aucun point de son assurance; qui regarde encore en rendant l'âme son ennemi d'une vue ferme et dédaigneuse; est battu non pas de lui, mais de la fortune, est tué sans être vaincu. » Sénèque avait dit dans une de ses *Épîtres* : « Occidi, non me vicisti, vicit tua fortunam meam. »

L'un de nos meilleurs prosateurs, l'auteur du *Voyage d'Anacharsis*, termine sa belle description de la mort de Léonidas par cette réflexion : « Le dévouement de Léonidas et de ses compagnons produisit plus d'effet que la victoire la plus brillante. » Que ces expressions paraissent faibles et décolorées à côté de cette énergique pensée de l'auteur des *Essais* : « Il y a des *pertes triomphantes à l'envi des victoires;* ni ces quatre victoires sœurs, de Salamine, de Platée, de Mycale, de Sicile, *n'osèrent oncques opposer toute leur gloire ensemble à la gloire de la déconfiture du roi Léonidas et des siens, au pas des Thermopyles.* » (*Essais*, I, 30.) F.

** « Les quatre grands poètes, dit Montesquieu, Platon, Malebranche, Shaftesbury, Montaigne. Dans la plupart des auteurs, dit-il encore, je vois l'homme qui écrit, dans Montaigne, l'homme qui pense. » (*Pensées diverses.*)

Madame de Sévigné ne montre pas moins d'admiration pour Montaigne:

« Voici un amusement que j'ai trouvé. C'est un tome de Montaigne, que je ne croyais pas avoir apporté. Ah! l'admirable homme! Qu'il est de bonne compagnie! C'est mon ancien ami; mais à force de m'être ancien il m'est nouveau. Je ne puis lire qu'avec les larmes aux yeux ce que dit le maréchal de Montluc du regret qu'il a de ne s'être pas communiqué à son fils, et de lui avoir laissé ignorer la tendresse qu'il avait pour lui. C'est à madame d'Eslissac, *de l'Amour des pères envers leurs enfants*. Mon Dieu, que ce livre est plein de bon sens. » (*Lettre à madame de Grignan.*)

Délille qui ne pouvait pas oublier Montaigne dans son poème de *l'Imagination*, lui a consacré ces jolis vers :

> Riche du fonds d'autrui, mais riche par son fonds,
> Montaigne les vaut tous: dans ses brillants chapitres,
> Fidèle à son caprice, infidèle à ses titres,
> Il laisse errer sans art sa plume et son esprit,
> Sait peu ce qu'il va dire, et peint tout ce qu'il dit:
> Sa raison, un peu libre, et souvent négligée,
> N'attaque pas le vice en bataille rangée:
> Il combat, en courant, sans dissimuler rien;
> Il fait notre portrait en nous faisant le sien:
> Aimant et haïssant ce qu'il hait, ce qu'il aime,
> Je dis ce que d'un autre il dit si bien lui-même:
> « C'est lui, c'est moi. » Naïf, d'un vain faste ennemi,
> Il sait parler en sage, et causer en ami.
> Heureux ou malheureux, à la ville, en campagne,
> Que son livre charmant toujours vous accompagne.
>
> F.

Voyez encore le jugement de La Harpe sur Montaigne, t. XVII, p. 458 du *Répertoire*, et les articles CRITIQUE et USAGE, par Marmontel.

On peut encore consulter avec fruit les *Éloges de Montaigne*, composés par MM. Droz, Jay, Mazure, Biot et Victorin Fabre, qui tous ont été imprimés.

H. P.

FIN DU DIX-NEUVIÈME VOLUME.

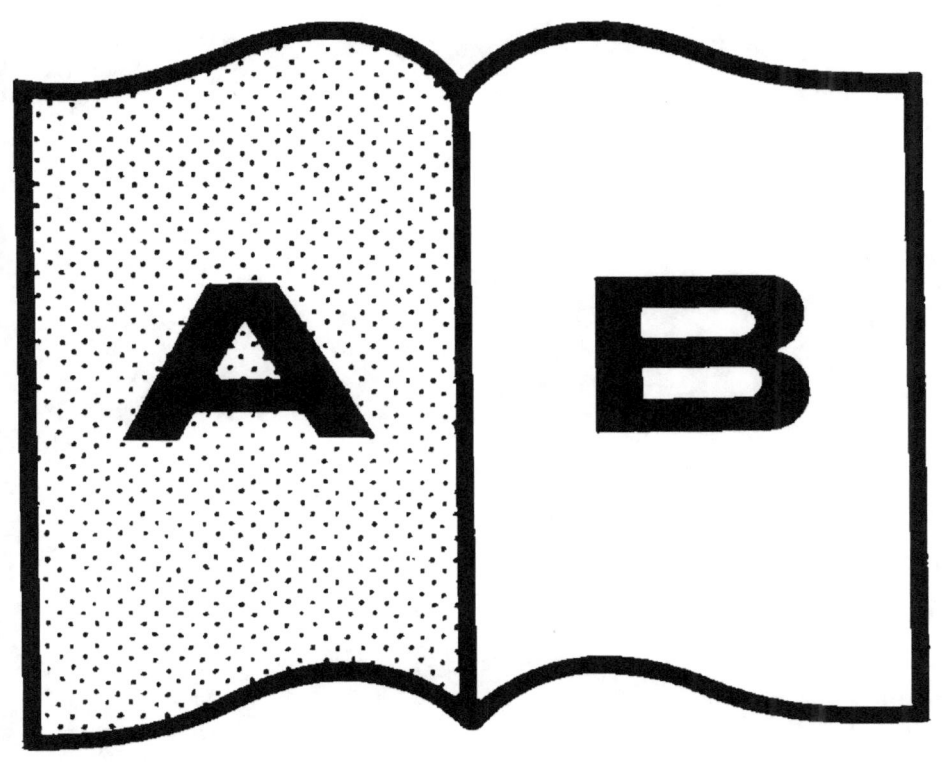

Contraste insuffisant

NF Z 43-120-14

www.ingramcontent.com/pod-product-compliance
Lightning Source LLC
Chambersburg PA
CBHW070537230426
43665CB00014B/1715